Kunst-Reiseführer in der Reihe DuMont Dokumente

Zur schnellen Orientierung – die wichtigsten Orte Korfús auf einen Blick:

(Auszug aus dem ausführlichen Ortsregister S. 349)

In der vorderen Umschlagklappe: Karte der Insel Korfú

In der hinteren Umschlagklappe: Plan der Stadt Korfú

Klaus Gallas

Korfu

Das antike Kerkyra im Ionischen Meer –
Geschichte, Kultur, Landschaft

DuMont Buchverlag Köln

Umschlagvorderseite: Frauenkloster Panajía Wlachérna, Südspitze der Halbinsel Análipsis

Umschlagklappe vorn: Korfú-Stadt, Mitrópolis: Ikone des Hl. Georg von Michael Damaskenos, Ende 16. Jh. Vgl. Abb. 63

Umschlagrückseite: Jáson- und Sosipátros-Kirche (um 1000) in Gharítsa (südlicher Vorort von Korfú-Stadt)

Frontispiz: Südansicht der Stadt Korfú. Stich von Hendrich van Cliven, 1525–1589

Alle Aufnahmen stammen vom Verfasser

Klappenkarten: Gerda Rebensburg, Köln

AMK = Archäologisches Museum Kerkyra
Hinweis: *Kerkyra* bezieht sich auf die antiken Epochen,
Korfú auf die Epochen seit der frühchristlichen Zeit

CIP-Kurztitelaufnahme der Deutschen Bibliothek

Gallas, Klaus:
Korfu : d. antike Kerkyra im Ion. Meer –
Geschichte, Kultur, Landschaft / Klaus Gallas.
– Köln : DuMont, 1986.
(DuMont-Kunst-Reiseführer)
ISBN 3-7701-1807-3

Satz und Druck: Rasch, Bramsche
Buchbinderische Verarbeitung: Bramscher Buchbinder Betriebe

Printed in Germany   ISBN 3-7701-1807-3

Inhalt

Für Michael Karavas

Vorwort

Korfú ist eine der beliebtesten Ferieninseln Griechenlands; die geographische Nähe zu Italien und Jugoslawien erlaubt neben der Flugreise auch eine Anreise mit dem PKW. Korfú, eine der vegetationsreichsten Inseln, ist zugleich auch ein Paradies für Botaniker. Einzigartig ist die Blütenpracht nicht nur im Frühjahr, sondern auch im Herbst. Die Stadt hat ganz und gar nichts Griechisches, aufgrund ihrer jahrhundertelangen Zugehörigkeit zur Adriarepublik Venedig strahlt sie den Charme mittelalterlicher Städte Italiens aus. Die Insel hingegen überrascht immer wieder mit ihrer atemberaubenden Natur, erinnert mit ihren uralten Olivenbäumen an homerische Landschaften, an das sagenhafte Reich des Alkinoos und seiner Tochter Nausikaa, die auf Korfú den gestrandeten Odysseus bewirtet haben sollen.

Das Buch möchte Ihre Reise vorbereiten helfen, vor allem aber nützliche Informationen für den Inselaufenthalt geben. Es wird Sie zu vielen versteckten landschaftlichen und kunstgeschichtlichen Schönheiten führen.

Die heutigen Orts- und Kirchennamen wurden entsprechend ihrer neugriechischen Aussprache transkribiert; die ikonographischen Namen hingegen wurden der internationalen Kunstgeschichtsschreibweise angepaßt, so daß z. B. eine dem Hl. Georg geweihte Kirche Ajios Jeórjios heißt, der Heilige selbst jedoch Hagios Geórgios.

Dank sage ich an dieser Stelle vor allem meinen Co-Autoren, Dr. Claudius C. Müller (München), Prof. Lic. Dr. Klaus Wessel (München) und Dr. Eckhard Willing (Berlin), die mit ihren Spezialbeiträgen dieses Buch wesentlich bereichert haben. Erstmals wird z. B. das Asiatische Museum Kerkyra gebührend beschrieben, werden seine qualitätsvollen Exponate von internationalem Rang aus dem Schatten des Unbekanntsein herausgehoben.

Bei meinen Reisen und Recherchen auf der Insel war mir mit ganz besonderer Freundlichkeit behilflich seine Exzellenz, der Metropolit von Kerkyra und Páxos, K.K. Timótheos. Ebenso danke ich Jean Karathános und Ioánnis Tránakas von EOT Kerkyra, Níkos Kourkoumélis, Spýros Soútzios (von der Pinakothek Kerkyra) und Theódoros Kritikós. Dank sage ich auch den Mitarbeitern der Eforía Kerkyra für die freundliche Genehmigung für Fotografien in den Museen der Insel, Foto A. Dundler (München) für hervorragende SW-Fotolaborarbeit und Kim Atabaki (München) für die Erstellung des Maschinenmanuskriptes; Marielouise Cremer (Köln) stellte mir freundlicherweise diverses Bildmaterial zur Verfügung.

München, April 1986 *Klaus Gallas*

Mythologie

Über keine griechische Insel, über keine antike Stadt Griechenlands sind die mythologischen Berichte nach wie vor so rätselhaft und geheimnisvoll wie über *Korfú,* das in der Antike von den Griechen *Kerkyra* genannt wurde. Seit Schliemann Ende des 19. Jh., entgegen den hartnäckigen Zweifeln der Geschichts- und Mythenforscher an dem historischen Wahrheitsgehalt der homerischen Epen, mit seinen Entdeckungen von Troja, Mykene und Tiryns bewiesen hatte, daß die Mythen durchaus historische Geschehnisse, wie etwa den Trojanischen Krieg, zum Inhalt haben, konnten nahezu alle geographischen Beschreibungen Homers lokalisiert und die meisten Berichte über geschichtliche Ereignisse der ersten Griechen in Homers Epen mit Hilfe archäologischer Forschungsergebnisse belegt werden.

Nur das *Land der Phäaken,* und damit der ›märchenhafte‹ *Palast des Alkinoos,* bereits von den Griechen der Antike mit Kerkyra/Korfu in Zusammenhang gebracht, konnte bisher durch keinerlei Bodenfunde archäologisch nachgewiesen werden. Auf ganz Korfú scheint es während der mykenischen Epoche und schon gar nicht z. Zt. der Minoer irgendeine bedeutende Siedlung gegeben zu haben.

Doch eben diese Rätsel und Geheimnisse der mit Korfú verbundenen Mythen sind es, die auf viele Menschen unserer hochtechnisierten Welt eine fast unwiderstehliche Faszination ausüben, verbunden mit der Frage nach den griechischen Göttern und ihren Geschichten, den Mythen.

In den Mythen sind die Götter und Heroen der Griechen bis heute lebendig geblieben. Überall in der griechischen Kunst begegnen wir Darstellungen mythologischen Inhalts, und folgerichtig gehört denn auch die Beschäftigung mit der griechischen Mythologie zur beliebtesten Lektüre von Bildungsreisenden, die Korfú, das griechische Festland, die Ägäischen Inseln oder überhaupt Landschaftsräume des Mittelmeeres, die je unter griechischem Einfluß gestanden haben, bereisen wollen. Im altgriechischen Sprachgebrauch sind ›Mythen‹ ganz einfach ›Worte‹, vornehmlich Erzählungen und Schöpfungen der menschlichen Phantasie, die sehr verschiedenartige Gegenstände behandeln können.

Im Mythos findet eine Konzentration aufs Wesentliche des Vergangenen statt, eine Typisierung, vielleicht sogar, wie Jung und Kerényi annehmen, Idealisierung im Sinne einer Rückführung menschlichen und göttlichen Handelns auf tiefenpsychologische Urbilder. Also bezieht sich Mythos zwar auf Vergangenes, aber nicht, um zu beschreiben, was wirklich ist, sondern um der Gegenwart Sinn zu geben, um ewige Wahrheiten und menschliches Schicksal überhaupt zum Ausdruck zu bringen.

In den Mythen wird berichtet: vom Ursprung und der Verteilung der Welt, von der Schöpfung und dem Wesen des Menschen, von der Entstehung und der Eigenart der Naturerscheinungen und dem rhythmischen Wechsel der Jahreszeiten, von Licht und Finsternis, dem Guten und Bösen, von der Urgeschichte der Welt, der Menschheit und deren letzter Bestimmung, von anderen ›Welten‹, wie denen der Götter und der Toten, von den persönlichen Beziehungen zwischen Göttern und Menschen und insbesondere von den Heroen. Und damit schließlich auch von der ›Geschichte‹ der Griechen und von ihrer antiken Welt.

Endlich: Mythen wurden – nicht nur bei den Griechen – auch erzählt und schriftlich überliefert, um sowohl traditionelle Bräuche und gesellschaftliche Institutionen als auch Namen von Personen und Örtlichkeiten ›geschichtlich‹ abzuleiten und zu rechtfertigen. Bis Heinrich Schliemann in der 2. Hälfte des 19. Jahrhunderts nach archäologischen Studien mit seinen Ausgrabungen begann, hielten die Fachgelehrten der Altertumswissenschaft seiner Zeit diese ›geschichtlichen‹ Teile des griechischen Mythos für wenig ergiebiges Quellenmaterial, um damit die Ur- und Frühgeschichte der Griechen und ihrer antiken Welt wissenschaftlich erforschen zu können.

Erst als Schliemann den Mythos buchstäblich und – mit großem Erfolg – beim Wort nahm, begann die Fachwelt danach zu fragen, welchen Aussagewert z. B. Homers ›Ilias‹ und ›Odyssee‹ für die Ur- und Frühgeschichte der ägäischen Welt im Sinne moderner Geschichtswissenschaft wohl hätten.

Selbstverständlich mußte – und muß – bei der Interpretation solcher ›Quellen‹ streng vermieden werden, sie allzu unkritisch als Geschichtsschreibung zu werten. »Solche Versuche, die Mythen in Geschichte zu verwandeln, deren Aussichtslosigkeit man z. B. aus dem Vergleich der Nibelungensage mit der Geschichte veranschaulichen kann, können nur diskreditieren; die geschichtliche Grundlage ist unter dem frei rankenden Beiwerk der Märchen und Legenden völlig verhüllt worden, und es ist ein vergebliches Beginnen, geschichtliche Einzelheiten erkennen zu wollen, wenn eine geschichtliche Überlieferung fehlt, durch welche diese kontrolliert werden können.«[1]

Als Erzählungen einer schöpferischen Fantasie haben Mythen also wenig mit Geschichtsschreibung im modernen Sinne gemein, auch wenn sich in ihren Erzählungen religiöse Bräuche, kultische Riten, Gesellschaftsstrukturen wie Matriarchat und Patriarchat sowie geschichtliche Ereignisse widerspiegeln. Aber Mythen wurden in der Antike, speziell während der hellenistischen und römischen Epoche, auch politisch mißbraucht. Da für die Griechen all die Götter- und Heldengeschichten – von altersher mündlich überliefert, anfangs nur von fahrenden Sängern weitergegeben – authentische älteste Geschichte waren, die man nicht selten bei politischen Streitigkeiten als Legitimation seiner Position durch deren Rückführung auf die ›historischen Wurzeln‹ heranzog, versuchte man, sie für sich günstig umzugestalten. Man erfand immer neue Mythen, selbstverständlich mit politischer Färbung, und veränderte die alten Überlieferungen im Sinne von historischen Fälschungen,

---

1 Nilsson, Martin P.: *Geschichte der griechischen Religion*, Bd. I, S. 25, München [4]1976

so daß sich heute in den Mythen unendlich viele Widersprüche offenbaren, die nur schwer zu enträtseln sind.

Wichtigste Stütze sind dem Mythenforscher heute neben echten historischen Quellen (die aber höchst selten sind und immer die Urzeit der Mythenentstehung unberücksichtigt lassen) archäologische Befunde, die seit Schliemann und den begeisterten, ja nicht selten zu gutgläubigen Pionieren der Archäologie durch verfeinerte und kritischere wissenschaftliche Methoden an Aussagekraft bedeutend gewonnen haben.[1]

Doch lassen wir die Quellen selber sprechen; hören wir, was u. a. Homers Epos ›Odyssee‹ (um 800 v. Chr. entstanden, dann um 700 v. Chr. von einer zweiten Person bearbeitet und erweitert), die älteste uns bekannte schriftliche Überlieferung der Griechen, wenn auch nur in einer kaiserzeitlichen Fassung erhalten, die ›Oden‹ Pindars (518–446 v. Chr.), die dramatische Schilderung des ›Peloponnesischen Krieges‹ von Thukydides (um 460–400? v. Chr.), in dem Korfú so schicksalhaft beteiligt war, und die Berichte des Pausanias, der zwischen 160 und 180 n. Chr. den ersten ›Reiseführer Griechenlands‹ verfaßte, über die Insel Korfú zu erzählen haben, inwieweit sie sich widersprechen und in welchen Fällen die eine oder andere Version der mythischen Schilderung sich durch archäologische Ergebnisse untermauern läßt.

Der Inselname
Korfú – Korkyra/Kerkyra – Scheria/Drepane

Korfú ist ein verhältnismäßig junger Name der zweitgrößten ionischen Insel, die zugleich die am nördlichsten und westlichsten gelegene Insel Griechenlands ist. Die älteste uns bekannte Quelle, die für die Insel den Namen *Korfú* (von: »eis tous Korfous« = »zu den Bergspitzen«) erwähnt, findet sich bei Luitprandus, Bischof von Cremona, der 968 über seine Gesandtschaft im Auftrag König Ottos I. am byzantinischen Kaiserhof des Nikephoros Phokas in Konstantinopel einen für die Geschichtsforschung sehr wertvollen Bericht verfaßte. Bei den antiken Historikern wird die Insel mal *Korkyra*, mal *Kerkyra* genannt, wobei die Verfasser nicht immer eindeutig unterscheiden, ob sie damit die Stadt oder die Insel meinen. In den Bereich des Mythos gehört der Name *Scheria*, der bereits von Thukydides und anderen antiken Autoren mit der Insel Kerkyra/Korfú identifiziert wurde. Nach Homer führte der König der Phäaken Nausithoos, die in ihrer Heimat Hypereia von den Kyklopen bedrängten Phäaken zum märchenhaften Scheria. An keiner Stelle der Odyssee spricht jedoch Homer eindeutig von einer Insel.

> »Aber Athene ging zu Gau und Stadt der Phaiakenmänner, die früher einst in der weiträumigen Hypereia wohnten, nahe den Kyklopen, den übermächtigen Männern, die ihnen beständig

1 Diese Anfangsabschnitte der Mythologie folgen im wesentlichen dem einführenden Text im Kunstreiseführer ›Rhodos‹, S. 9/10, Köln 1984, vom selben Autor

Schaden taten und an Kräften stärker waren. Von dort hatte sie aufstehen lassen und weggeführt Nausithoos, der gottgleiche, und angesiedelt auf Scheria, fern von erwerbsamen Menschen. Und er zog eine Mauer um die Stadt und baute Häuser und schuf Tempel der Götter und verteilte die Äcker.«
(deutsch von W. Schadewaldt, 6.2–10)

Ganz anders versucht Apollonios Rhodios in seinem Werk ›Die Argonauten‹ den mythischen Ursprung der Phäakeninsel zu erklären.[1] Er nennt die Insel *Drepane* (Sichel) und schildert, wie die Phäaken aus einem Blutstropfen des Uranos entstanden, als Kronos den Vater mit einer Sichel entmannte. Nach anderen antiken Autoren lag Drepane an der Nordwestspitze Siziliens, unterhalb der antiken Stadt Eryx, und wäre somit dem heutigen Trapani identisch.

Nausikaa und Odysseus

Die Odyssee ist voller fantasiereicher Beschreibungen Scherias und des Phäakenvolkes, das mit den Göttern Umgang hatte. Die Schilderungen dieses ionischen Adelsstaats mit seiner hochentwickelten Kultur und der Wunderschiffe des von Poseidon beschützten Seefahrervolkes werden von den Mythenforschern großenteils der Märchen- und Fabelwelt zugerechnet. Breiten Raum nimmt die Erzählung von Nausikaa ein. Sie rät dem schiffbrüchigen Odysseus, wie er sich ihrem Vater Alkinoos, dem weisen König der Phäaken, nähern solle, um seiner Gastfreundschaft gewiß zu sein. So vertraut sich Odysseus erst NausikaasMutter Arete an, und tatsächlich wird ihm dann die fürstliche Gastfreundschaft des Königs zuteil. Drei Tage, während derer eines der schnellen Geisterschiffe der Phäaken für Odysseus' Rückkehr nach Ithaka ausgerüstet wird, verweilt der Held am Hofe des Alkinoos. Odysseus erzählt von seiner zehnjährigen Irrfahrt und nimmt an Sportspielen der Höflinge und Prinzen teil. Alkinoos bietet ihm schließlich seine Tochter Nausikaa zur Frau an. Odysseus freilich muß ablehnen, da er seiner Gattin Penelope Treue geschworen habe.

Scheria war die letzte Station auf der Irrfahrt des Odysseus, von hier aus segelt er – an Bord eingeschlafen – mit dem schnellen Zauberschiff direkt nach Ithaka. Poseidon aber zürnte den Phäaken, weil sie – als die Retter der Schiffbrüchigen – Odysseus seiner Rache entzogen hatten. So strafte er die Phäaken, indem er das zurückkommende Schiff – das durch keine Naturgewalt untergehen konnte – kurz vor dem Einlaufen in den Hafen zu einem Felsen versteinern ließ. Dieses versteinerte Schiff der Phäaken, das Odysseus glücklich nach Ithaka gebracht hatte, wird mit verschiedenen der Küsten Korfús vorgelagerten Felsinseln identifiziert. Die beiden berühmtesten Inselchen sind: *Pondikoníssi* an der Südspitze der Análipsis-Halbinsel (Farbt. 3) und *Karáwi* (griech. = Segelschiff), ein Felsriff vor der nördlichen Westküste, das in der Mittagshitze tatsächlich der Gestalt eines Segeldreiecks ähnelt.

---

1 Apollonios Rhodios (*Anfang 3. Jh. v. Chr.), 4/990 ff.

*Odysseus vor Nausi-
kaa, Attische Hals-
amphora, um
460–450 v. Chr.
(Staatl. Antiken-
sammlungen
München, Inv. Nr.
2322)*

Wie stark der Mythos des versteinerten Phäaken-Schiffes über Jahrhunderte auf die korfische Bevölkerung gewirkt hat, erfahren wir aus einer mittelalterlichen Legende: »Unten an dem Berg Pantokrátor, gegenüber dem Kloster Palaiokastritsa, ist hoch draußen im Meere ein versteinertes Karáwi (Segelschiff) mit Masten und allem Zubehör. Das war ein algerisches Schiff und kam, um das Kloster zu berauben. Als es die Mönche von weitem sahen, gingen sie und lugten aus danach, und der Abt mit dem Weihrauchkessel und dem Kreuz in Händen rief zu Gott und sprach: Mein Gott, wenn das Schiff da zum Guten kommt, so möge es kommen, wenn aber zum Bösen, so bleibe es dort als Stein. Und Gott erhörte ihn und versteinerte das Schiff, und so steht es dort seit damals.«[1]

Bei einer so auffallenden Parallele zum Phäakenmythos ist es nicht verwunderlich, daß bereits Anfang unseres Jahrhunderts gerade an diesem Küstenstreifen Korfús Mythenforscher und Archäologen den Palast des Alkinoos zu finden glaubten. Aber sowohl Dörpfeld als auch Bulle fanden bei ihrem Bemühen, den Palast in neuem Glanze erstehen zu lassen, nur spärliche frühgeschichtliche Funde (s. S. 19): ersterer war in Palaiokastrítsa und am Kap Kefáli bei Ajios Stéfanos erfolglos, letzterer auf der Halbinsel am Porto Timone bei Afiónas (s. S. 256). Eine Wiederentdeckung der vergessenen Anfänge Europas, der minoisch-mykenischen Welt, wie sie Schliemann in Troja und Mykene und Evans auf Kreta gelungen war, blieb ihnen hier auf Korfú versagt. Noch heute bleibt der ›historische Kern‹ dieses Mythos für uns im Dunkel. Wir wissen nichts über das Land und das Volk der Phäaken, nicht einmal, ob dieses Land tatsächlich eine Insel war. Aber gerade diese bleibenden Rätsel und

---

1 H. Bulle: *Ausgrabungen bei Aphiona auf Korfu*, in: AM Athen, Bd. 59, S. 152/153, 1934

13

Geheimnisse um Scheria und Korfú, um Odysseus und Nausikaa, faszinieren und regen unsere Fantasie an.

Doch hören wir, was uns Homer über das Volk der Phäaken und den Palast des Alkinoos zu sagen hat:

»Nausikaa! Was hat die Mutter dich so nachlässig geboren! Da liegen die Gewänder dir ungepflegt, die schimmernden, dir aber ist die Hochzeit nahe, wo du selber schöne anziehen mußt und andere auch darreichen denen, die dich geleiten sollen. Denn von daher geht dir eine gute Kunde rings unter die Menschen aus, und es freuen sich der Vater und die hehre Mutter. Aber laß uns zum Waschen gehen, zugleich mit dem aufgehenden Frühlicht, und ich will mit dir kommen als Gehilfin, damit du aufs schnellste fertig wirst. Denn nicht lange mehr, wirklich! wirst du Jungfrau bleiben. Denn schon freien um dich die besten in dem Volke unter allen Phaiaken, wo du auch selber dein Geschlecht hast. Doch auf! treibe noch vor Morgen deinen berühmten Vater, daß er die Maultiere und den Wagen richten lasse, der die Gürtel und Röcke und schimmernden Tücher fahre. Auch ist es für dich selber so viel besser, als zu Fuß zu gehen, denn es sind die Waschgruben weit von der Stadt . . .

Doch als sie nun wieder nach Hause fahren wollte, nachdem sie die Maultiere angeschirrt und die schönen Gewänder zusammengefaltet hätte, da dachte wieder auf anderes die Göttin, die helläugige Athene: daß sie den Odysseus weckte und er die Jungfrau mit dem schönen Antlitz sähe, die ihm den Weg zur Stadt der Phaiaken vorangehen sollte. Da warf sie den Ball nach einer Magd, die Königstochter, verfehlte die Magd und warf ihn in den tiefen Wirbel, und darüber schrien sie laut auf. Und es erwachte der göttliche Odysseus und setzte sich auf und erwog in seinem Sinne und in dem Gemüte . . .

Allein, wenn wir die Stadt betreten, um die eine Umwallung ist, eine hohe, und ein schöner Hafen ist beiderseits der Stadt: schmal ist der Zugang und beiderseits geschweifte Schiffe sind den Weg entlang hinaufgezogen, denn alle haben, jeder für sich, dort für die Schiffe ihren Standplatz. Und dort ist ihnen auch der Markt zu beiden Seiten des schönen Poseidontempels, mit herbeigeschleppten Steinen eingefaßt, die in die Erde eingegraben sind. Dort halten sie auch das Gerät der schwarzen Schiffe instand, Tauwerk und Segel, und schärfen die Ruderblätter. Denn den Phaiaken liegt nichts an Bogen und Köcher, sondern an Masten und Ruderwerk der Schiffe und ebenmäßigen Schiffen, auf die sie stolz sind, wenn sie mit ihnen das graue Meer durchfahren . . .

Aber Odysseus ging zu den berühmten Häusern des Alkinoos, und viel bedachte sich sein Herz, während er stehen blieb, ehe er die eherne Schwelle betrat. Denn wie von der Sonne oder von dem Monde ging ein Glanz durch das hochbedachte Haus des großherzigen Alkinoos. Eherne Wände zogen sich hüben und drüben von der Schwelle bis hinein in das Innere, und ringsherum war ein Gesims von blauem Glasfluß. Goldene Türen verschlossen das feste Haus nach innen, und silberne Pfosten standen auf der ehernen Schwelle, ein silberner Türsturz war darüber und golden war der Türring. Goldene und silberne Hunde waren zur rechten und zur linken, die Hephaistos gefertigt hatte mit kundigem Sinne, um das Haus zu bewachen des großherzigen Alkinoos . . .

Draußen vor dem Hofe aber ist ein großer Garten, nahe den Türen, vier Hufen groß, und um ihn ist auf beiden Seiten ein Zaun gezogen. Da wachsen große Bäume, kräftig sprossend: Birnen und Granaten und Apfelbäume mit glänzenden Früchten, und Feigen, süße, und Oliven, kräftig sprossend. Denen verdirbt niemals die Frucht noch bleibt sie aus, winters wie sommers, über das ganze Jahr hin. Sondern der West bläst immerfort und treibt die einen hervor und kocht reif die anderen. Birne altert auf Birne und Apfel auf Apfel, Traube auf Traube und Feige auf Feige...

Fremder [Odysseus]! so ist mir nicht mein Herz in der Brust beschaffen, daß es blindlings erzürnt; alles Gebührliche ist besser. – Wenn doch, Zeus Vater und Athene und Apollon! ein solcher Mann, wie du bist, der so denkt wie ich, hier bleiben und meine Tochter haben und mein Eidam heißen wollte! Ein Haus würde ich und Habe geben, wenn du denn willig bleiben wolltest. Doch wider Willen wird dich keiner zurückhalten von den Phaiaken, möchte nicht dieses Zeus, dem Vater, lieb sein!...

Da antwortete und sagte zu ihr der vielkluge Odysseus: ›Nausikaa, Tochter des großherzigen Alkinoos! So möge es Zeus denn geben jetzt, der starkdröhnende Gemahl der Hera; daß ich nach Hause komme und den Tag der Heimkehr sehe! Dann werde ich auch dort zu dir, so wie zu einem Gotte, immer die Tage alle beten, denn du hast mich am Leben erhalten, Jungfrau!‹«

(deutsch von W. Schadewaldt; 6/25–40, 110–118, 262–272; 7/84–93, 112–121, 309–316; 8/463–468)

Iason und Medea

Von einem völlig anderen genealogischen Stammbaum der Phäaken und der Hochzeit von Iason und Medea auf der Insel Drepane/Korfú berichtet die *Argonautensage*.

Im Mittelpunkt dieser Erzählung steht die Vernichtung des Pelias, des unrechtmäßigen Königs von Iolkos,[1] durch die Göttin Hera. Da Pelias der Göttin kein Opfer darbringen wollte, Hera aber – aus nicht genannten Gründen – dem König kein Leid zufügen konnte, sann sie nach einer List. Sie fügte es, daß *Iason*, der rechtmäßige Thronerbe von Iolkos, sich mit den edelsten Griechen auf der Argo nach Kolchos[2] begab, dort mit Hilfe der Zauberin Medea das Goldene Vlies[3] raubte und später wieder den Thron seines Vaters Aison gewann. Die Abenteuer des Iason und der Medea gehören zu dem raffinierten Plan der Göttin, deren Augenmerk einzig darauf gerichtet war, daß – als Nebenereignis und mit Hilfe der Zauberin Medea – Pelias in grausamer Weise von seinen Töchtern zerstückelt wurde.

Im Verlauf dieser Expedition gelangten die Argonauten auch nach Drepane/Korfú. Hier fanden sie herzliche Gastfreundschaft bei Alkinoos und Arete. Da die Kolcher die sofortige Auslieferung Medeas von König Alkinoos forderten, schien der Plan Heras nochmals gefährdet. Arete, die kluge Gattin des Königs, entlockte ihrem Gemahl das Versprechen,

---

1 Das heutige Volos am Pagasäischen Golf
2 Landschaft an der östlichen Südküste des Schwarzen Meeres, Heimat der Medea; Hauptstadt war Aia
3 Fell eines übernatürlichen Widders, das in einem Hain bei Aia von einem nie schlafenden Drachen bewacht wurde

Genealogische Tafel der korfischen Götter

(⚭ = Liebes- oder Eheverbindung)

1. Nach Quellen der Odyssee:

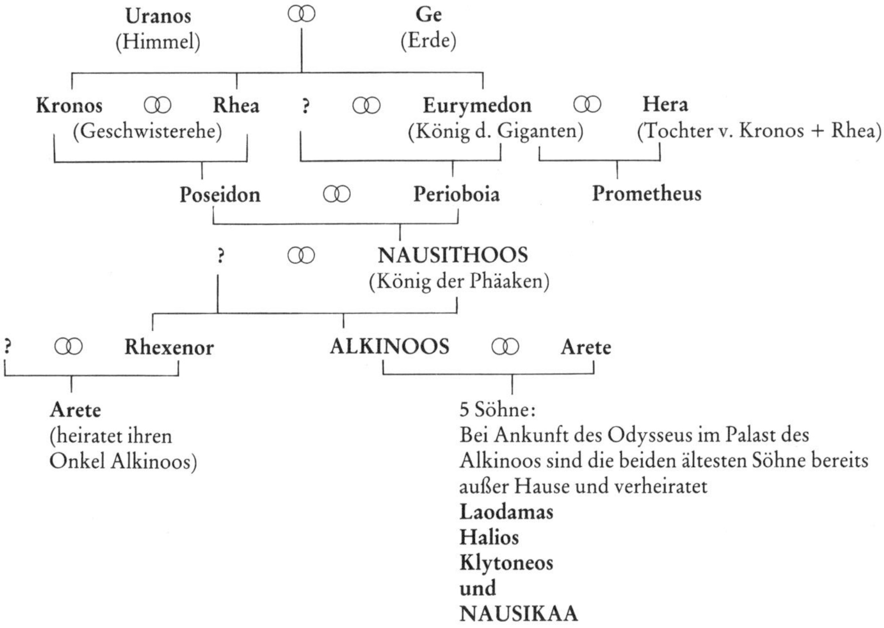

```
        Uranos          ⚭              Ge
        (Himmel)                      (Erde)
  ┌──────────┴──────────┐   ┌───────────┼──────────────────┐
Kronos  ⚭  Rhea      ?  ⚭  Eurymedon       ⚭        Hera
(Geschwisterehe)          (König d. Giganten)   (Tochter v. Kronos + Rhea)
  └──────────┬──────────┘   └─────────┬──────────┘ └────────┬────────┘
      Poseidon     ⚭     Perioboia              Prometheus
        └───────────┬───────────┘
              ?      ⚭      NAUSITHOOS
                            (König der Phäaken)
          ┌──────────────────┴──────────────────┐
    ?  ⚭  Rhexenor          ALKINOOS  ⚭  Arete
    └────────┬──────────┘   └──────┬──────┘
```

Arete
(heiratet ihren
Onkel Alkinoos)

5 Söhne:
Bei Ankunft des Odysseus im Palast des
Alkinoos sind die beiden ältesten Söhne bereits
außer Hause und verheiratet
Laodamas
Halios
Klytoneos
und
NAUSIKAA

---

2. Nach Quellen der Argonautensage:

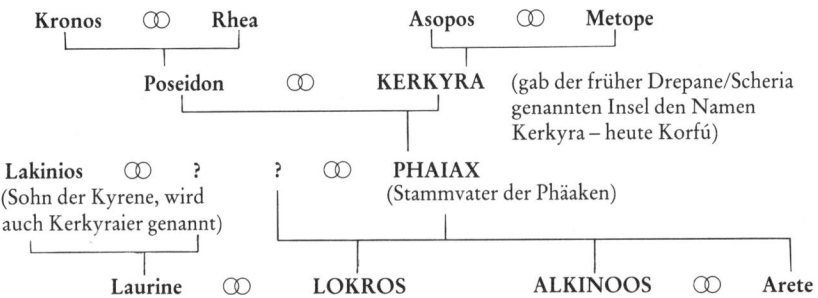

```
   Kronos  ⚭  Rhea          Asopos  ⚭  Metope
     └───────┬──────┘        └───────┬──────┘
        Poseidon     ⚭     KERKYRA   (gab der früher Drepane/Scheria
        └─────────┬─────────┘         genannten Insel den Namen
                                      Kerkyra – heute Korfú)
 Lakinios  ⚭  ?        ?  ⚭  PHAIAX
 (Sohn der Kyrene, wird      (Stammvater der Phäaken)
 auch Kerkyraier genannt)
     └────────┬──────────┐       ┌────────┴────────┐
       Laurine  ⚭  LOKROS    ALKINOOS  ⚭  Arete
```

(wandert mit einem Teil
der Phäaken nach Süditalien
aus und wird dort bei einem

Streit zwischen Herakles und
seinem Schwiegervater Lakinios
erschlagen)

falls Iason und Medea vermählt seien, die junge Frau nicht den Kolchern auszuliefern. Gleichzeitig ließ sie dem Liebespaar diese wichtige Botschaft mitteilen, woraufhin es noch in der gleichen Nacht in der Höhle der Makris, die einst Dionysos mit Honig genährt hatte, seine Vermählung feierte. Fortan wurde diese Grotte ›Höhle der Medea‹ genannt; ein mythischer Ort, der ebenfalls auf Korfú bisher nicht lokalisiert werden konnte.

Eindrucksvoll schildert Apollonios Rhodios die Hochzeitsfeier von Iason und Medea auf Korfú:

»Gleich im Kruge mischten sie Wein den seligen Göttern,
Wie es gebührlich, und schleppten die Schafe zum Opferaltare,
Breiteten noch in derselbigen Nacht das bräutliche Lager
In der geheiligten Grotte, wo Makris hauste, die Tochter
Des Entdeckers des Honigs, des Aristaios, der mühsam
Öl zu bereiten erfand und die Arbeit der Bienen zu nutzen . . .
Dort nun bereiteten sie das große Lager, und darüber
Legten sie goldig-schimmernd das Vlies, damit es die Hochzeit
Ziere und diese mit Liedern besungen würde. Auch Nymphen
Kamen weißbekleidet und brachten soeben gepflückte
Bunte Blumen; ein Leuchten wie Feuer umschimmerte alle,
Solch ein Glanz entstrahlten die goldenen Flocken des Vlieses,
Und der Anblick entflammte ein süßes Sehnen, doch hielt sie
Scheue Ehrfurcht zurück, das Fell mit der Hand zu berühren . . .
Noch heißt dieser Ort Medeas heilige Grotte,
Wo die Nymphen dereinst die duftenden Schleier gewunden
Und das Paar vermählt. Jedoch die Helden der Argo
Schwangen in ihren Händen die Kriegsspeere, damit nicht
Plötzlich ein feindlicher Haufe in stürmischem Angriff sich nahe.
Ihre Häupter bekränzt mit schönbeblätterten Zweigen,
Sangen sie zu dem hellen Getön der Leier des Orpheus
Hochzeitslieder vor dem Eingang der bräutlichen Kammer.
Mochte doch Jason nicht wähnen, daß er in Alkinoos' Lande
Hochzeit feiere, nein, daheim im Palaste des Vaters,
Heimgekehrt zurück nach Jolkos; und ebenso fühlte
Auch Medea; sie waren ja zur Vermählung genötigt.«

(deutsch von Th. von Scheffer; 4./1130–1133, 1141–1148, 1153–1164)

Historische Einführung

Vor- und Frühgeschichte

Auf der Insel Korfú lassen sich früheste menschliche Spuren bereits für das mittlere Paläolithikum nachweisen. Diese ersten Menschen lebten vor ca. 50 000–40 000 Jahren vornehmlich in dem flachen und küstennahen Gebiet von *Ghardhíki*, südlich des 463 m hohen Ajios Mathaíos-Berges.

Vorgeschichtliche Bodenfunde beweisen, daß Korfú im Paläolithikum und Neolithikum von der *Sesklo- und Dimini-Kultur* Nordgriechenlands, im heutigen Thessalien und (Süd-) Makedonien, beeinflußt war. Stratigraphische und typologische Untersuchungen, die von C 14-Datierungsergebnissen unterstützt werden, machen deutlich, daß die Insel Korfú vom 5. bis 3. vorchristlichen Jahrtausend an verhältnismäßig stark besiedelt war. Während dieser Jahrtausende siedelten Menschen weit verstreut auf der Insel: sowohl an der Südspitze beim Kap Asprókawos (bei dem verlassenen Kloster Arkudhílas) als auch an der Westküste bei Ghardhíki, Érmones, Afiónas und Kefáli, an der Ostküste bei Mesóngi, Ajios Ioánnis und natürlich bei den geschützten Häfen von Korfú und Ghuwía, aber auch an den südlichen Gebirgsausläufern des Pantokrátors bei Spartíllas, doch besonders an der Nordküste bei Kassiópi und Sidhári.

Wann auf Korfú der Übergang vom Nomadentum zur Seßhaftigkeit erfolgte, ist ungewiß. Zu Beginn des Neolithikums lebten die Menschen hier, wie in allen anderen Landschaftsräumen des Mittelmeeres und in allen anderen frühen Kulturen, noch in der einfachen, *aneignenden Wirtschaftsform* des Wildbeuters, Jägers und Sammlers, bis sich mit zunehmender Siedlungsverdichtung, die sich über die ganze Insel erstreckte, die sog. ›neolithische Revolution‹ vollzog, d.h., die Menschen wandten sich langsam der *produzierenden Wirtschaftsform* als Pflanzer und Tierzüchter zu – es entstand das *Bauerntum*. Auf dieser neuen Produktions- und Wirtschaftsstufe erfolgte dann auch eine gewisse Verfeinerung der Lebensqualität, was sich besonders in der Gestaltung der Gebrauchsartikel widerspiegelt. Hierzu gehört vor allem die Erfindung des Brennofens, der ganz neue Möglichkeiten auf dem Gebiet der Keramik und der Herstellung von gebrannten Ziegeln erschloß.

Entwicklungen dieser Art fanden auf Korfú an mindestens 20 (uns bisher bekannten) Siedlungsplätzen statt. Anhand von Bodenfunden, die z. B. in Sidhári aus fünf verschiedenen ›Kultur-Schichten‹ stammen, läßt sich für die Vorgeschichte des märchenhaften Landes

Siedlungsplätze in Korfú während des Paläothikums und des Neolithikums

Map labels:
Erikússa
ALBANIEN
Antinióti
Mathrákion · Sidhári · Almirós
Kéfali · Rekíni/Ropílla
Arillas
Karáwi · Afiónas · Spartíllas
Wórin
Epíros
Dhukádhes
Iátri
Ghuwía
Wromólimni
Stenón
GRIECHENLAND
Ermones · Kombítsi
Molóchi · KÉRKYRA
Waripaládhes
Aj. Theodhóroi
Ionisches Meer
Kérkyras
Aj. Ioánnis
Küstenzone
Ghardhíki Korissión
Mesóngi
Bukári
Borós
N
0   10 km
Arkudhíllas

der Phäaken eine relative Chronologie vom mittleren Paläolithikum bis zur Epoche Früh-
helladisch I aufzeigen, wobei der zeitliche Beginn vom FH I allgemein mit der absoluten
Datierung von 2500 v. Chr. angegeben wird. Mit Hilfe der C 14-Methode konnte für Sidhári
das frühe Neolithikum mit 5820 (+ 120) v. Chr. datiert werden, etwa 100 Jahre später
besitzen die Siedler von Sidhári die Fähigkeit, monochrome Keramik herzustellen.

Bronzezeit

Auch über die bronzezeitliche Kulturepoche Korfús, das 3./2. vorchristliche Jahrtausend,
wissen wir kaum etwas. Gewiß wurde die Insel irgendwann während der Bronzezeit, *noch*

vor Einwanderung der Griechen, von Illyrern besiedelt; das waren indogermanische Stämme des Balkans, speziell aus *Illyricum*, dem heutigen Gebiet von der adriatischen Küste Albaniens bis hin zum Morawafluß in Serbien. Die Annahme einer illyrischen Einwanderung läßt sich zumindest aufgrund des wohl illyrischen Namens Korkyra untermauern. Nach Apollonios Rhodios gab es vor der illyrischen Küste sogar noch eine zweite Insel mit Namen Kerkyra, der er den Beinamen ›Melaine‹ (die Schwarze) gibt, womit er (s. IV,. 566–571) deren dunkle Wälder anspricht; unsere Insel Korfú hingegen nennt er stets Makris oder Drepano (s. Mythologie, S. 12). ›Kerkyra Melaine‹ wurde später von den Römern Corcyra nigra genannt, woraus die Venezianer Curzola machten; die Jugoslawen nennen die Insel heute Korčula.

Die frühe Bronzezeit brachte den Ägäiskulturen einen jähen Aufschwung. Fortschreitende Arbeitsteilung und Spezialisierung führten zu einer komplexeren Gesellschaftsstruktur – eine Entwicklung, die sich besonders an Städtebau und Architekturformen ablesen läßt. Viele neue Keramikstile entstanden, manche offensichtlich in dem Bestreben, Metallgefäße zu imitieren. Korfú, weit abseits von der jung aufblühenden minoischen Kultur Kretas im 2. vorchristlichen Jahrtausend, scheint nur geringen Anteil an dieser Entwicklung gehabt zu haben. Jedenfalls lassen sich auf der Insel keine bronzezeitlichen Siedlungen mit auch nur geringsten minoischen Einflüssen archäologisch nachweisen. Daß der minoische Seehandel auch Korfú berührt habe, läßt sich aufgrund der derzeitigen Bodenfunde nicht nachzeichnen. Auf der zweitgrößten ionischen Insel vollzog sich eine völlig andere Entwicklung.

Korfú und das griechische Festland waren etwa bis 2200 v. Chr., wie die Forschung einhellig meint, größtenteils von nicht-griechischen Stämmen bewohnt. Erst mit den wohl bis ca. 1900 v. Chr. andauernden Völkerwanderungen aus dem Norden drangen dann die Vorfahren der mykenischen Griechen in Hellas ein – die Achäer und Ionier – und vermischten sich mit den nicht-griechischen Völkern der frühhelladischen Epoche. Wahrscheinlich haben sich wesentliche griechische Elemente, auch die griechische Sprache der Einwanderer, bereits damals durchsetzen können.

Die Vorfahren der mykenischen Griechen siedelten sich vornehmlich auf der Peloponnes an und gründeten dort mit Mykene, Tiryns und Pylos die wichtigsten Zentren mykenischer Kultur. Die schnell erstarkten Mykener waren den Minoern seit 1600 v. Chr. in der gesamten Ägäis ein ernstzunehmender Konkurrent. Als gegen 1450 v. Chr. die minoische Kultur Kretas plötzlich ihr Ende fand, errang die mykenische Kultur ihren Höhepunkt. Aber auch ihr Untergang zeichnete sich bereits ab.

Unser Wissen über ein mykenisches oder zumindest von der mykenischen Kultur beeinflußtes Korfú ist mehr als dürftig. Der mykenische Palast des Alkinoos, den sowohl Odysseus als auch Iason und Medea besucht hatten, konnte bisher nicht gefunden werden. Es bleibt abzuwarten, ob die korfische Erde je ihre Geheimnisse einer staunenden Öffentlichkeit preisgeben wird.

Daß Mykener auch auf Korfú gewesen sind, ist gewiß; daß sie Handelsniederlassungen auf der Insel hatten, ist anzunehmen, doch Siedlungs- oder Baureste konnten bisher nicht nachgewiesen werden. Es existiert lediglich ein singulärer, doch sehr wichtiger Fund aus der mykenischen Epoche Korfús, der 1868 von nicht bekanntem Fundort der Insel in die Privatsammlung Woodhouse gelangte: ein 36,8 cm langes Kurzschwert aus Bronze, das der Epoche SH III (1400–1100 v. Chr./Spätmykenisch) angehört. Das sehr schlank und spitz geformte dolchartige Schwert befindet sich heute im Britischen Museum, London.

In wenigen Jahrzehnten sanken gegen 1200 v. Chr. die mykenischen Zentren, und wohl auch jenes von Korfú, in Schutt und Asche. Was damals genau geschah, wissen wir nicht. Zum einen hat es den Anschein, als seien zu dieser Zeit neue Völker, z. B. die Philister, im Bereich der Hochkulturen erschienen und hätten diese angegriffen. Zum anderen aber gibt es Indizien, die darauf hindeuten, daß jetzt auch die mykenische Welt, modern gesprochen, die ›Grenzen des Wachstums‹ erreicht hatte. Ein wirtschaftlicher Zusammenbruch des inzwischen überalterten und starren bronzezeitlichen Gesellschafts- und Tauschsystems hätte so auch Mykener und Minoer zu plündernd umherziehenden ›Seevölkern‹ werden lassen, die sich mit Gewalt holten, was durch friedlichen Handel nicht mehr zu erlangen war. Aus ägyptischen Texten geht jedenfalls hervor, daß man im Nilreich die Ägäis und ihre Inseln als Operationsbasis der ›Seevölker‹ ansah. Für mykenische Eroberungszüge am Ausgang der Bronzezeit und dafür, daß sich die Fürstenhäuser der ersten Griechen gegenseitig zerfleischten, sprechen auch die griechischen Mythen, die sich auf die Zeit der Heroen beziehen. Sie alle sind voller Erzählungen von Beutezügen: der zehnjährige Kampf gegen Troja, durchgeführt sicherlich nicht um einer noch so schönen Frau willen, eher wohl, um die Macht der strategisch günstig an der Einfahrt der Dardanellen gelegenen Stadt zu brechen; der Zug der Sieben gegen Theben, die Fahrt Iasons und der Argonauten (die auch nach Korfú gelangten, s. S. 15), und andere mehr. Mykener scheinen sich auf Sizilien, Rhodos, Zypern und an der syrisch-palästinensischen Küste niedergelassen zu haben, nachdem ihre heimischen Städte zerstört waren. In der Zeit nach 1200 v. Chr., z. T. noch infolge der Beutezüge der Mykener und anderer Völker, kam es zu Flucht- und Wanderungsbewegungen in ganz Griechenland. Die Errungenschaften der minoisch-mykenischen Bronzezeit gerieten größtenteils in Vergessenheit, ein allgemeiner kultureller Rückfall war die Folge. Die Altertumswissenschaft spricht von den ›dunklen Jahrhunderten‹ der griechischen Geschichte, was besagt, daß wir Näheres über diese Zeit nicht wissen.

Irgendwann im 12. Jh. v. Chr. müssen die Dorer aus dem Norden nach Griechenland eingewandert sein. Die Griechen der Antike sprechen in ihren Mythen von Pelasgern, Dorern und anderen Stämmen, die das Land besiedelten.[1] Die Dorer sollten im folgenden die neu entstehende griechische Kultur entscheidend prägen. Nach 1000 v. Chr. zeichnen sich in der griechischen Welt, und somit auch auf der Insel Korfú, allmählich die Grundlagen der griechischen Antike ab. Eisen war bald das vorherrschende Metall, das gleich einer Revolution die neue Epoche der Eisenzeit ankündigte.

---

1 Gallas, Klaus: *Kreta. Von den Anfängen Europas bis zur kretovenezianischen Kunst*, S. 55 f., Köln 1985

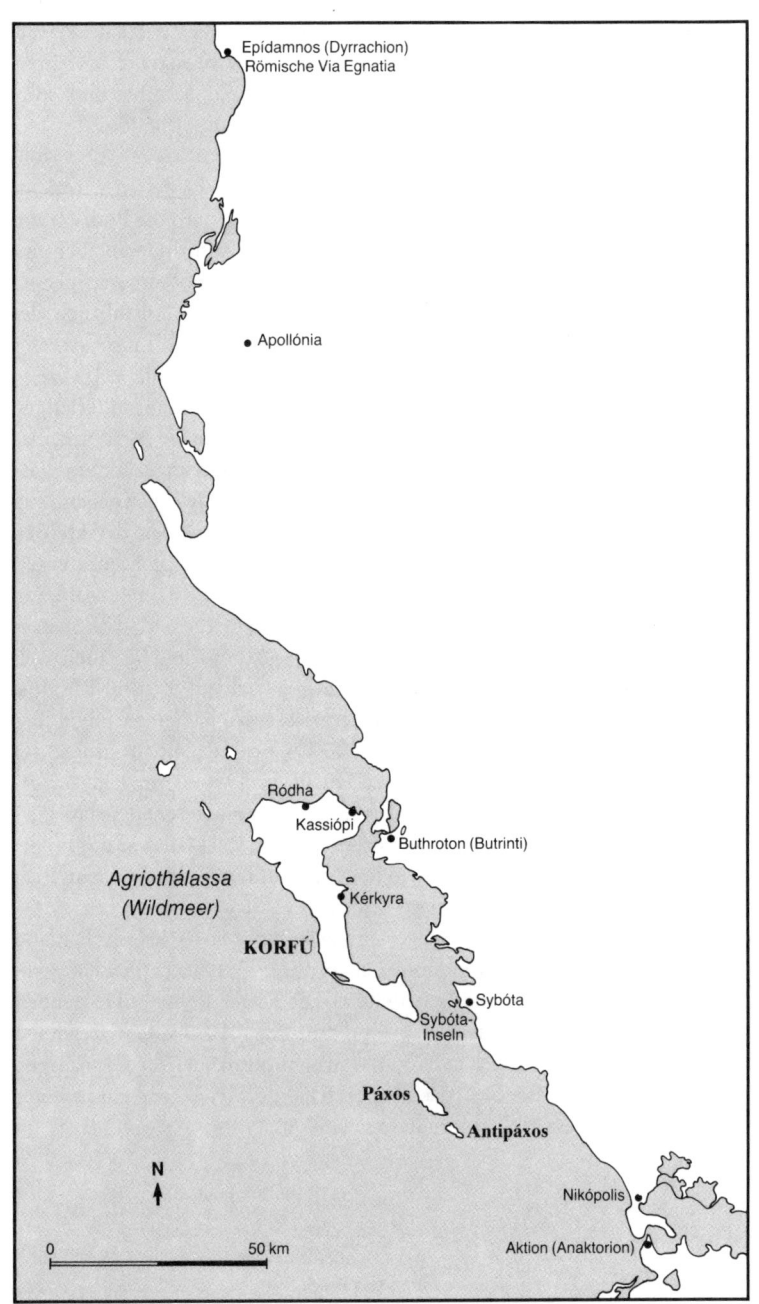

Epídamnos (Dyrrachion)
Römische Via Egnatia

Apollónia

Ródha

Kassiópi

Buthroton (Butrinti)

Agriothálassa
(Wildmeer)

Kérkyra

KORFÚ

Sybóta
Sybóta-
Inseln

Páxos

Antipáxos

N

Nikópolis

0   50 km

Aktion (Anaktorion)

Kerkyra und
andere antike
Stadtgründun-
gen auf der
Insel Korfú
bzw. an der
Küste des
Ionischen
Meeres

Blütezeit als Kolonie Korinths

Das Dunkel der korfischen Frühgeschichte wird seit der 2. Hälfte des 8. vorchristlichen Jahrhunderts mit greifbaren historischen Daten und Namen von Herrscherpersönlichkeiten aufgehellt. Geschichte der Insel Korfú ist von diesem Zeitpunkt an immer identisch mit der historischen Entwicklung der Stadt Korfú. Die Inselbevölkerung war zu allen Jahrhunderten von der Gründung der korinthischen Kolonie (734 v. Chr.) bis zur endgültigen Eingliederung (1864) der Insel in das griechische Mutterland – also mehr als 2500 Jahre – von dem politischen Geschick der jeweils in der Stadt Korfú regierenden (Fremd-)Herrschaft abhängig und mußte sich stets deren Entscheidungen unterwerfen.

Ionische Griechen von der Insel Euböa, aus Erétria, dem heutigen Néa Psará, sollen im 8. Jh. v. Chr., noch vor den Korinthern, die Insel Korfú besiedelt haben. So berichtet es jedenfalls Plutarch (ca. 45 – nach 120 n. Chr.) in seinen Moralia (293AB); ein wichtiger siedlungsgeschichtlicher Hinweis, der jedoch bisher durch archäologische Bodenfunde nicht bestätigt werden konnte.

Modern ausgedrückt, befand sich das Wirtschafts- und Gesellschaftssystem nach der Einwanderungswelle in das griechische Mutterland im 8. Jh. v. Chr. an einer Wachstumsgrenze. Mit der ständigen Zunahme der Bevölkerung wuchsen auch für Athen, Korinth und für viele andere Städte der Antike die Versorgungsprobleme. Der nicht vermehrbare Ackerboden, der nur mit primitiven Mitteln bestellt werden konnte, brachte einen viel zu geringen Ertrag und konnte die Bevölkerung nicht mehr ernähren. Es folgte das Zeitalter der großen Kolonisationen. Expansionen in neue Landschaftsräume und deren Eroberung sollten der (Über-)Bevölkerung neues Siedlungsland und neuen Lebensraum erschließen. Immer gab es aber einzelne Abenteurer, die mit einer kleinen treuen Schar nicht nach Richtlinien einer von Athen und Korinth gemeinsam geplanten Kolonisationspolitik ihr Glück suchten, sondern aus Existenznot den sozialen Spannungen im Mutterlande den Rücken kehrten und in die Ferne aufbrachen. Minderheiten, die an Brauchtum und Traditionen ihrer hellenischen Heimat festhielten, brachten die hohe Zivilisation der Griechen zum Westen: nach Korfú, Sizilien und Unteritalien.

Im Jahre 734 v. Chr. segeln korinthische Schiffe in Richtung Westen nach Sizilien. Auf halber Fahrt läßt der Flottenführer Archias den Bakchiaden[1] Chersikrates mit Auswanderern auf Korfú zurück. Noch im selben Jahr gründen Archias auf der Halbinsel Ortyga die Stadt Syrakus und Chersikrates auf der Halbinsel Análipsis die Stadt Korkyra/Kerkyra[2]; das heutige Korfú liegt außerhalb, nördlich der antiken Stadt, also auf dem Inselfestland. Die Wahl einer Halbinsel für die beiden Stadtgründungen war sicherlich kein Zufall. Beide Städte, Syrakus wie Kerkyra, konnten aufgrund ihrer topographischen Lage besser verteidigt werden.

---

1 Korinthisches Adelsgeschlecht, das seinen Stammbaum bis auf Herakles zurückführt
2 Fortan werden hier Insel und Stadt für den Zeitraum der Antike ›Kerkyra‹ und für den Zeitraum seit der byzantinischen Epoche (ab 337 n. Chr.) ›Korfú‹ genannt

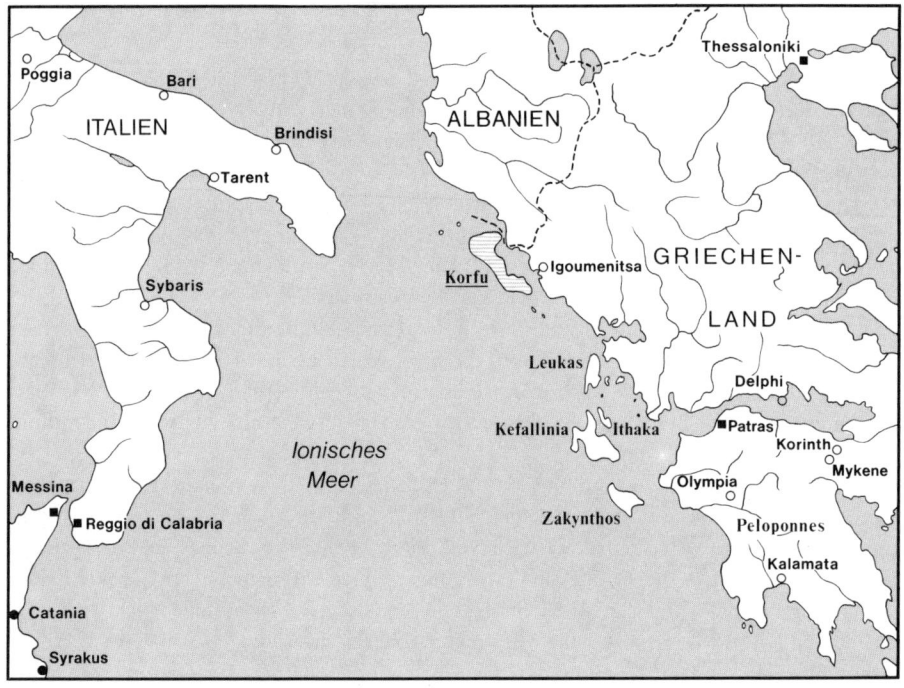

Welch immense Bedeutung der Zwischenhandelsstützpunkt Kerkyra für die Mutterstadt Korinth gehabt hat, schildern eindringlich Adelige aus Kerkyra in einer athenischen Volksversammlung des Jahres 433 v. Chr.: »Kerkyra liegt für die Überfahrt nach Italien und Sizilien so günstig, da es die Unterstützung der Peloponnesier von dort verhindern, andererseits Flotten, die von hier nach dort fahren, geleiten kann. Auch in anderer Hinsicht ist die Lage Kerkyras höchst vorteilhaft.«[3]

Die Wahl der Ostküste Kerkyras für die Kolonie Korinths, also der Italien abgewandte Küstenverlauf, ist im Hinblick auf die Küstenschiffahrt der Antike leicht nachvollziehbar. Die Fahrt über das offene Meer war für die damaligen Schiffe der Griechen viel zu gefährlich, so daß man nicht den direkten Seeweg (Patras–Syrakus, ca. 550 km), sondern die Fahrt entlang der Küste (ca. 800 km) nach Syrakus wählte. Wer heute auf Korfú das Naturschauspiel der Küsten des Lichts an der Ostküste beobachtet, ist leicht geneigt, die Meerenge zwischen Korfú und dem Festland als ruhigen Binnensee zu beschreiben; das Gefühl, daß man sich auf einer Insel befindet, mag sich an keiner Stelle der Ostküste so recht einstellen.

3 Thukydides: I, 36.2 (deutsch von August Horneffer)

Vergegenwärtigen wir uns ferner, daß noch heute das Meer an der Westküste im Volksmund ›Agriothálassa‹ (= Wildmeer) genannt wird, so ist es verständlich, daß die Griechen der Antike die Gefahr der direkten Fahrt über das ›Wildmeer‹ meiden wollten und mußten, um eine erfolgreiche Kolonisation gen Westen durchzusetzen.

Die Ostküste mit den beiden natürlichen Häfen bei Kerkyra und die Nordküste bei Kassiópi wurden schnell die wichtigsten Siedlungsgebiete. Die Stadt Kerkyra entwickelte sich in wenigen Jahrzehnten dank ihrer günstigen Lage zwischen Griechenland und Italien zu einer blühenden und wohlhabenden Stadt, die selbstbewußt bald ihre politische Zukunft selber bestimmte und sich mehr und mehr von ihrer Mutterstadt Korinth löste.

Das kontinuierlich erstarkte Kerkyra stellte sich um 664 v. Chr.[1] der Flotte der Mutterstadt Korinth, um irgendwelche Zwistigkeiten militärisch auszutragen. Das war die älteste (erste) uns schriftlich überlieferte Seeschlacht der Griechen, die Kerkyra siegreich für sich entscheiden konnte. Damit war der Kontakt mit Korinth jedoch nicht abgebrochen; ganz im Gegenteil: gemeinsam bauten Kerkyra und Korinth ihre Seeherrschaft über das Adriatische Meer immer stärker aus, so daß sie allmählich auch die Macht der chalkischen[2] Gründungen von Zankle (756 v. Chr.)[3], das heutige Messina auf Sizilien, und Rhegion (um 725–700 v. Chr.)[4], das heutige Reggio di Calabria, brechen konnten. Damit wuchsen aber auch Eifersucht und Feindseligkeit zwischen Korinth und Kerkyra.

Gründeten Kerkyra und Korinth im Jahre 630 v. Chr. noch gemeinsam[5] an der Festlandküste die Stadt *Anaktorion*, ca. 5 km westlich von Wonítsa bei dem heutigen Néa Kamarína, so verfolgte Kerkyra schon wenig später eigene Kolonisationspläne, um die Küste nördlich der Meerenge durch weitere Stadtgründungen an der Festlandküste fest unter seine Kontrolle zu bekommen: 626/25 v. Chr. Gründung von *Epidamnos* (auch Dyrrachion genannt), bei dem heutigen Durres in Albanien gelegen. Der Streit zwischen Korinth und Kerkyra um diese Stadt gab den ersten Anlaß zum Peloponnesischen Krieg (431–404 v. Chr.); später war die Stadt Ausgangspunkt der römischen Handelsstraße Via Egnatia über Thessaloniki nach Byzanz. 588 v. Chr. Gründung von *Apollonia*, ebenfalls im heutigen Albanien, bei Poian, gelegen. Auch die Stadt Leukás (Lefkás), auf der gleichnamigen Insel, soll eine Gründung der Kerkyräer sein.

Periandros von Korinth, einer der Sieben Weisen und zugleich einer der strengsten Tyrannen des archaischen Griechenlands, förderte Handel und Wirtschaft gleichermaßen wie er mit kriegerischen Mitteln auch die Kolonisationsaktivitäten Korinths unterstützte. Die

---

1 Nach Thukydides (1.13) fand die Schlacht ungefähr 260 Jahre vor dem Ende (404 v. Chr.) des Peloponnesischen Krieges statt
2 Chalkis war die bedeutendste antike Stadt auf der zweitgrößten griechischen Insel Euböa
3 Zankle wurde von Chalkiern der in Unteritalien gegründeten Stadt Kyme besiedelt
4 Rhegion soll eine Gründung von Chalkiern aus Zankle sein
5 Nach Thukydides war Anaktorion eine Gründung Kerkyras und Korinths (S. 1, 55.1)

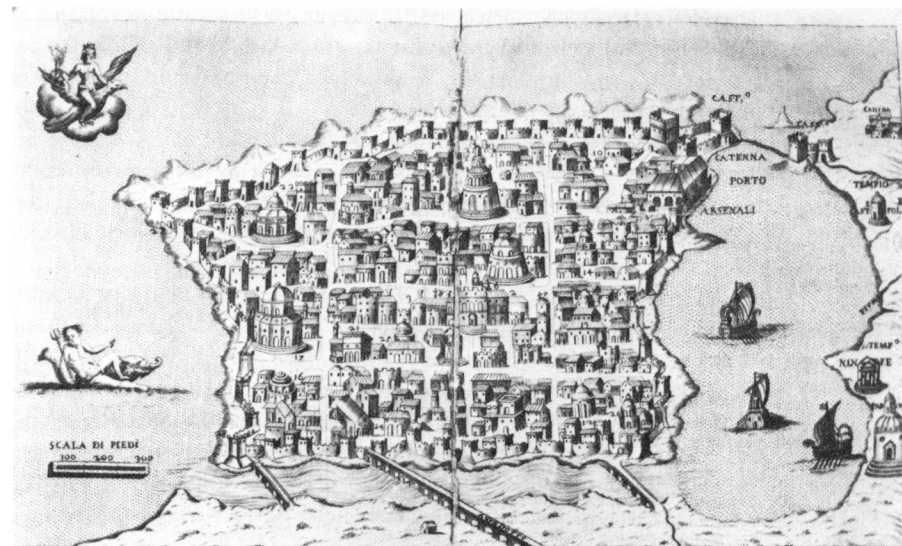

PIANTA DI CHERSSOPOLI HORA PALEOPOLI CON DOI PORTI ANTICA CITTA DI CORFV

Fantasie-Rekonstruktion des antiken Kerkyra (Palaiópolis) nach Andrea Marmora (1672). Marmora geht davon aus, daß die Analípsis-Halbinsel im Norden (hier unten) bei Gharítsa vom Inselfestland durch einen Kanal getrennt war (südlich vom Menekrates-Denkmal). Rechts der See ist das heutige Gelände des Flughafens

44jährige Tyrannenherrschaft Periandros' (628–584 v. Chr.)[1] bedeutete für Korinth den Höhepunkt seiner Machtentfaltung.

Um den alten Küstenseeweg nach Sizilien und Unteritalien für die korinthischen ›Handels‹-Schiffe zu sichern, strebte Periandros die Alleinherrschaft im Adriatischen Meer an; Korinth rüstete erneut gegen Kerkyra: im Jahre 600 v. Chr. gelang die (Rück-)Eroberung der einstigen korinthischen Kolonie.

In den nächsten Jahrzehnten entwickelte sich das von Korinth beherrschte Kerkyra zu einer blühenden Stadt. Architektur und Bildhauerei gehörten zu den führenden Kunstrichtungen auf der Insel. Tempel und öffentliche Gebäude Kerkyras entstanden im gleichen Glanz wie jene von Korinth, Syrakus oder Athen. Die antike Stadt erstreckte sich einst über die gesamte Análipsis-Halbinsel von dem heutigen Gharítsa bis nach Kanóni, wobei das Zentrum im Bereich von MonRepos lag, nordwestlich davon breitete sich die Agorá aus. Unsere Kenntnis von der antiken Stadt (s. S. 25) basiert nur auf den Beschreibungen von

---

1 Die genaue Zeit der Tyrannenherrschaft des Periandros ist ungewiß; man spricht allgemein von der 40jährigen Tyrannei und datiert sie in die Zeit 600–560 v. Chr.

Thukydides. Nach der römischen Herrschaft über Kerkyra begann die Demontage der antiken Stadt: Byzantiner und Venezianer, Franzosen, Engländer und die Korfioten selbst haben alle gleichermaßen über Jahrhunderte die steinernen Zeugen der Antike abgetragen, um bestes Baumaterial billig für ihre neue Stadt und Festung zu erhalten. Moderne Wohngebäude, Hotels und der Flughafen bedecken heute die Halbinsel. Vereinzelt ragen aus dem Boden steinerne Zeugen der Antike heraus; viel könnten sie uns sagen, stünde dem Forschungsdrang der Archäologen nicht das Profitdenken von Bodenspekulanten entgegen. So bleibt es meist bei Untersuchungen von Oberflächenfunden und kleineren Grabungen – das geheimnisvolle Reich des Alkinoos und seiner Nachkommen harrt weiterhin seiner Entdeckung. Nur der Artemis-Tempel aus der Zeit des Periandros, entstanden um 590 v. Chr., mit seiner einzigartigen Gorgo-Giebelkomposition (Abb. 39, 40 u. S. 72ff., 93ff.) läßt erahnen, welche Bedeutung Kerkyra auch auf dem Gebiet der (archaischen) Kunst Griechenlands hatte.

Nach dem Tode Periandros' löste sich Kerkyra erneut von der Mutterstadt Korinth, strebte seine Unabhängigkeit an, mied aber Bündnisverträge mit anderen griechischen Stadtstaaten, wodurch die Insel in eine immer stärkere (wohl gewollte) Selbstisolierung geriet. Dennoch sympathisierte Kerkyra mit Athen, das im 6. Jh. v. Chr. die Handelsmacht Korinths brechen konnte. Geschickt wußte sich Kerkyra aus den Perserkriegen herauszuhalten: entsandte zwar 60 Schiffe zur Schlacht bei Salamis (480 v. Chr.), die aber unbeteiligt am Kap Maleia (Südspitze der östlichen Peloponnes-Halbinsel) auf den Ausgang des Kampfes warteten.

Den Seesieg bei Salamis hatte Athen allein der politischen Weitsicht des Themistokles (ca. 524–459 v. Chr.) zu verdanken. Er ließ ab 493 v. Chr. Piräus als Kriegshafen ausbauen und erreichte 483 v. Chr. bei der athenischen Volksversammlung die Zustimmung für den Bau einer Kriegsflotte, bestehend aus 100 modernsten Trieren.[1] Damit war die nahezu uneingeschränkte Seeherrschaft Korinths und Kerkyras, die bis dahin die einzigen bedeutenden Seemächte Griechenlands waren, zumindest in Frage gestellt.

Der jahrzehntelange Streit zwischen Korinth und Kerkyra um die gemeinsame Kolonie Epidamnos entflammte nochmals in der 2. Hälfte des 5. vorchristlichen Jahrhunderts; er zog sich mehr als zwei Jahre hin und lieferte schließlich so viel Zündstoff unter den griechischen Stadtstaaten, daß Sparta den 446/445 v. Chr. mit Athen geschlossenen ›30jährigen Frieden‹ für gebrochen erklärte: fast drei Jahrzehnte tobte nun der Peloponnesische Krieg (431–404 v. Chr.), von dem wir durch Thukydides genaue Kenntnis haben. Er schildert auch im Detail, wie Athen und Sparta den Waffengang zwischen Korinth und Kerkyra zum Anlaß für den Kriegsausbruch nehmen, um ihre seit Generationen anhaltende Rivalität miteinander auszutragen:

435 v. Chr. belagerte Kerkyra die Stadt Epidamnos, der eine Flotte aus Korinth zu Hilfe eilte. Der Versuch Kerkyras, die korinthischen Schiffe friedlich aus dem Geschehen heraus-

---

1 Etwa 35 m lange Kriegsschiffe mit Rammsporn, die von 170 Mann in 2 × 3 Reihen übereinander gerudert wurden

zuhalten, mißlang. Vor *Aktion*, an der Einfahrt zum Golf von Ambrakikós, gegenüber von Leukás, konnte die Flotte Kerkyras die korinthischen Schiffe in die Flucht schlagen; etwa zur gleichen Zeit eroberten die kerkyräischen Belagerer die von Korinth unterstützte Stadt Epidamnos.

Monate der Waffenruhe folgten, während Korinth eine neue Flotte bauen ließ und Ruderer von der ganzen Peloponnes anwarb. Angesichts dieser drohenden Gefahr suchte Kerkyra die Bundesgenossenschaft Athens, die ihm jedoch aufgrund des Friedensvertrages mit Sparta verweigert wurde. An der Seemacht Kerkyra als eventuelle Unterstützung für die eigene Flotte interessiert, schloß Athen jedoch mit Kerkyra einen ›Schutzvertrag‹ ab: einer würde dem anderen im Angriffsfalle militärische Hilfe gewähren. 433 v. Chr. verließen 150 Schiffe den korinthischen Hafen mit dem Ziel Kerkyra. 110 Schiffe der ehemaligen Kolonie Korinths und 10 weitere aus Athen stellten sich im Hochsommer bei den Sýbota-(heute Sýwota-)Inseln[1], nördlich von Párgha, unmittelbar gegenüber der Südspitze Korfús, zum Kampf; vergeblich versuchten sie Kerkyra zu verteidigen. Ein Jahr später, im Herbst 432 v. Chr., beschloß die Volksversammlung des Peloponnesischen Bundes den Krieg gegen Athen und seine Verbündeten.

Die Niederlage Kerkyras bei Sýbota und die innenpolitischen Auseinandersetzungen der Parteien der *Demokraten* (von Athen unterstützt) und der *Oligarchen* (d. h. der Aristokraten und des Landadels, die von Korinth Hilfe erhielten), führten schließlich zu einem blutigen Bürgerkrieg, der den politischen und wirtschaftlichen Niedergang der einst blühenden Stadt Kerkyra eingeleitet hat.

Die tiefe Abneigung, ja Feindschaft der Aristokraten Kerkyras gegen das demokratische Athen war einer der Hauptanlässe der bürgerkriegsähnlichen Auseinandersetzungen auf Kerkyra. Die Schwächung Athens durch den begonnenen Peloponnesischen Krieg, die verheerende Pest (429) und schließlich das Aufbegehren der reichen Insel Lesbos 428 v. Chr. (das militärische Gegenmaßnahmen Athens erforderte) nutzten die kerkyräischen Aristokraten zum Abfall von Athen. Immer heftiger wurde nun die blutige Revolution auf der Insel. 427 v. Chr. siegten nach erbittertem Kampf die Demokraten mit Unterstützung Athens, das ohne den Flottenstützpunkt Kerkyra seine Interessen auf Sizilien kaum noch verteidigen konnte.

Die aus der Stadt vertriebenen Aristokraten sammelten sich erneut zum Kampf. »Sie verbrannten (ihre) Schiffe hinter sich, damit ihnen keine Hoffnung bliebe, wenn sie das Land nicht eroberten, bestiegen den Istoneberg,[2] verschanzten sich dort, belästigten die Stadt und brachten das Land in ihre Gewalt.«[3] 425 v. Chr. begannen die Demokraten eine Offensive

---

1 Andere Forscher glauben, daß die antiken Sýbota-Inseln mit den Hügeln in dem Sumpfgebiet der Thýanis-Flußmündung (auch Kálamas-Fluß genannt), nördlich von Igoumenítsa, identisch seien

2 Die geographische Lage konnte bisher noch nicht mit Sicherheit bestimmt werden; die einen meinen, der Istoneberg sei identisch mit dem Pantokrátor, andere glauben, es handele sich um den Berg bei Wístonas, oberhalb von Palaiokastrítsa an der Westküste

3 Thukydides: 3.85,2 (deutsch von August Horneffer)

gegen die Oligarchen, die sich ins Gebirge zurückgezogen hatten. »In Kerkyra angekommen, fochten (die Athener) dort gemeinsam mit der im Besitz der Stadt befindlichen (demokratischen) Partei gegen diejenigen (aristokratischen) Kerkyräer, die sich auf dem Berg Istone festgesetzt hatten und auf dem Lande, wo sie (als Landadel und Großgrundbesitzer) Herr waren, viel Schaden taten. Die Schanzen[1] auf dem Berge wurden durch einen Sturmangriff genommen, die Leute jedoch flohen geschlossen auf eine Höhe, und es kam ein Vergleich zustande, nach welchem sie ihre Söldnertruppen, wie auch ihre eigenen Waffen auslieferten und die Entscheidung über ihre Person dem athenischen Volke übertrugen. Die Feldherren schafften sie unter sicherem Geleit nach der Insel Ptychía[2] (Falteninsel), bis man sie nach Athen weiterschicken konnte …«[3]

Geschwächt und ausgezehrt konnte sich Kerkyra von den Folgen des Bürgerkrieges nicht mehr erholen; zwölf Jahre später verlor die Insel in einem sehr gewagten militärischen Abenteuer als Bündnispartner Athens für immer ihre politische Eigenständigkeit. Die einstige Seemacht Kerkyra, die in der Antike eine ähnliche Bedeutung wie später die Adria-Republik Venedig gehabt hatte, sollte fortan nur noch Spielball der Weltpolitik sein. Mit allerletzter Kraft beteiligte sich Kerkyra 415 v. Chr. an der großen sizilischen Expedition Athens, die 413 v. Chr. vor Syrakus mit der katastrophalen Niederlage der Verbündeten des griechischen Mutterlandes endete. Athen war außenpolitisch unzureichend informiert, verkannte die Lage auf Sizilien und mußte zwangsläufig scheitern.

Nach Thukydides flohen 40000 Griechen[4] ins Innere Siziliens, die größtenteils später in den Steinbrüchen von Syrakus ihren Tod fanden. Die Flucht über See hatte ihnen der abergläubische Flottenführer Nikias unmöglich gemacht: aufgrund einer Mondfinsternis (27. August 413 v. Chr.) verzögerte er die Abfahrt der griechischen Flotte aus dem Hafen von Syrakus. So blieb den Syrakusern Zeit genug, die Hafenausfahrt zu blockieren und jeden Ausbruchsversuch blutig niederzuschlagen. »Der Untergang der athenischen Expedition in Sizilien ist ein Wendepunkt nicht allein in der Geschichte Griechenlands, sondern der gesamten Alten Welt.«[5]

Die folgenden zwei Jahrhunderte der griechischen Geschichte Kerkyras verlaufen glanzlos. Nur wenige Jahre nach der Katastrophe von Sizilien bricht 410 v. Chr. auf Kerkyra die alte Feindschaft zwischen Demokraten und Oligarchen erneut aus. Es folgt der endgültige Bruch mit Athen, dafür beginnt die Abhängigkeit von Sparta. Peloponnesier unter der Führung Spartas belagern 375/74 v. Chr. die Stadt Kerkyra, die sich nur mit erneuter Hilfe Athens von der tödlichen Umklammerung befreien kann. Die Retter kehren jedoch nicht

---

1 Mit Schanzen ist hier sicherlich eine Burg gemeint, von der weder auf dem Pantokrátor noch bei Wístonas Baureste gefunden wurden; geht die Gründung der Festung von Angelókastro etwa bis auf diese Zeit zurück?

2 Ptychía ist identisch mit der Insel Vido, nördlich der Stadt Korfú

3 Thukydides: 4.46 (deutsch von A. Horneffer)

4 Die Vernichtung des athenischen Heeres s. Thukydides 7.47–87

5 Bengston, Hermann: *Griechische Geschichte*, S. 217, München ⁴1976

nach Athen zurück; als einfache Landarbeiter ›dürfen‹ sie auf Kerkyra bleiben, um nicht in die Sklaverei zu kommen.

Ein Jahr später, 373 v. Chr., schließt sich Kerkyra dem 378/77 v. Chr. geschlossenen 2. Attischen Seebund an.

Noch im gleichen Jahr überfällt Mnasippos im Auftrag Spartas die Insel, belagert die Stadt, deren Bewohner an die Grenze des Hungertodes getrieben werden, verwüstet die Insel, macht reiche Beute und versklavt viele Kerkyräer.

Die Insel wird mehr und mehr in die politischen Machtkämpfe zwischen Athen und Sparta einbezogen, muß neue Auseinandersetzungen zwischen den Demokraten und Aristokraten (361 und 353 v. Chr.) erdulden und verläßt schließlich wieder den 2. Attischen Seebund. Demosthenes (384–322 v. Chr.) gelingt es für kurze Zeit, das Bündnis zwischen Athen und Kerkyra zu erneuern.

Im Jahre 303 v. Chr. kann Kleonymos aus dem südpeloponnesischen Herakliidenge-schlecht Kerkyra für Sparta erobern. Vorübergehend wird die Insel von Kassandros (355–297 v. Chr.), einem Nachfolger auf dem Königsthron Alexanders d. Gr. (356–323 v. Chr.), besetzt, der mit dem Anschluß der Insel Leukás an Makedonien die Grenzen seines Reiches bis in das Adriatische Meer vorverlegen kann. Um 299/98 v. Chr. greift Agathokles die Stadt Kerkyra an, entreißt sie dem makedonischen König und bringt Stadt und Insel unter die Herrschaft von Syrakus. Als Mitgift für seine Tochter Lanassa geht das nun sizilische Kerkyra 295 v. Chr. in den Besitz von Pyrrhos, König der Molosser in Epiros.

Die große politische Kraft in hellenistischer Zeit war, neben Agathokles von Sizilien seit 307 v. Chr. (Eroberung von Athen), Demetrios Poliorketes in Griechenland, der 291/90 v. Chr. auch Kerkyra für kurze Zeit besetzte; aber schon 281 v. Chr. gelang Pyrrhos die Rückeroberung der Insel.

In der Mitte des 3. vorchristlichen Jahrhunderts nahmen die Beutezüge der illyrischen Seeräuber verstärkt zu, so daß sich die Kerkyräer ab 229 v. Chr. dem Schutze Roms anver-trauten. Die Römer wurden Ende des 3. Jh. v. Chr. fast überall in Griechenland freudig als Retter empfangen, säuberten sie doch das Adriatische Meer von den Illyrern, die im Auf-trage ihrer Königin Teuta (230–228 v. Chr.) weite Teile des Mittelmeeres unsicher machten; auch befreiten sie Athen und seine Verbündeten von dem makedonischen Joch. Der Jubel über die Befreiung war in Griechenland so groß, daß die Römer sogar gleichberechtigt, quasi als ›Stammesbrüder‹, neben den Hellenen an den Isthmischen Spielen teilnehmen durften.

Kerkyra unter römischer Herrschaft (229 v. Chr. – 336 n. Chr.)

Der außenpolitische Anlaß für das Ein-(und Über)greifen der Römer auf die Ostküste des Adriatischen Meeres war die Belagerung der kerkyräischen Stadt Epidamnos durch das Heer der illyrischen Königin Teuta 229 v. Chr. Später wurden die illyrische Küste, das Adriati-

Die Insel Korfú mit der gleichnamigen Festung aus dem Jahre 1414; Norden ist hier unten. (Nach Chr. ▷ Bondelmonti). Älteste bekannte Darstellung der Insel

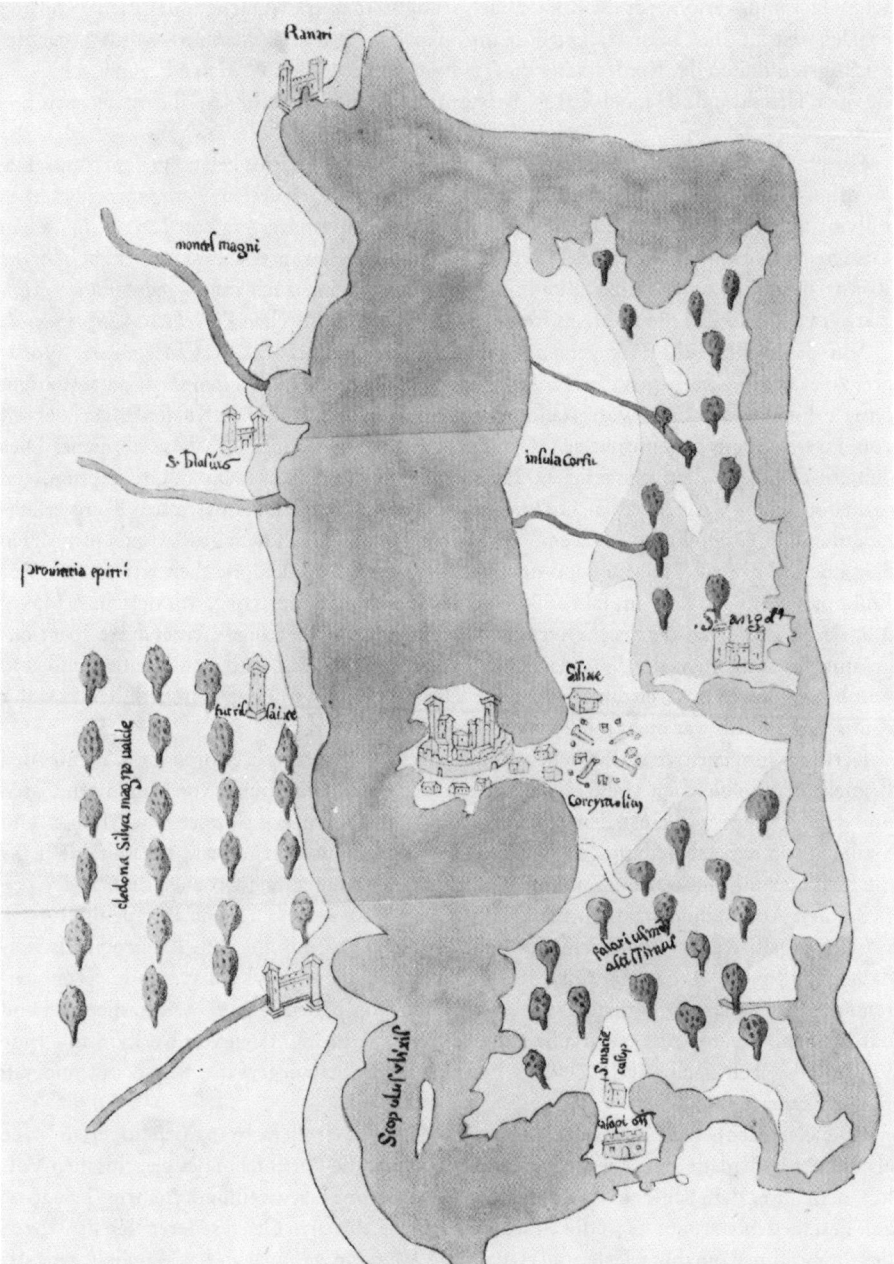

Ranari

monsef magni

S. Blafius

prouintia epirri

infula Corfu

S. angel

Siline

Corcyrra oliu

hurril fai ice

cledonia Silua magra ualide

falari castmu abi Stirrus

Scopulus vlixis

S. maria calapi

calapi ciu

sche Meer und Kerkyra für die Römer das Sprungbrett vom Okzident zum Orient; von hier aus leiteten sie ihre militärischen Expansionen gen Osten. Epidamnos wurde einer der wichtigsten Häfen der Römer: über die Via Egnatia, die in diesem Hafen begann, schickten sie über Thessaloniki Handelswaren, Kriegsmaterial und römische Landheere bis nach Byzanz.

Durch den Verrat des illyrischen Statthalters Demetrios Pharios gelang es dem römischen Konsul Fulvius Centumalus, mit 200 Schiffen Epidamnos zu befreien; wenig später besetzen Fulvius und Demetrios auch die Insel Kerkyra. Im Friedensvertrag von 228 v. Chr. erhält Demetrios als Dank einen Teil des illyrischen Adria-Reiches; er erwies sich aber auch für die Römer nicht als zuverlässiger Bündnispartner und beging auch ihnen gegenüber Verrat. Kerkyra gehörte ab 228 v. Chr. als freier Inselstaat zum römischen *Protekturat Illyricum*.

Nur das militärische Engagement Antigonos Dosons (229/222 v. Chr.) an der Nordgrenze Makedoniens gegen die Dardaner ermöglichte den Römern den Griff nach Illyrien, ohne auf makedonischen Widerstand zu stoßen, denn die illyrischen Küstenländer, derzeit von Piraten regiert, gehörten seit Generationen zum Machtbereich Makedoniens. Dies deutete einerseits den allmählichen Niedergang des von Alexander d. Gr. begründeten makedonischen Weltreiches an, andererseits läßt es das Hegemonialbestreben Roms erkennen, dem der Osten keine Kraft entgegenstellen konnte. Nach dem großartigen römischen Sieg über Hannibal (218–201) und dem verlustreichen 1. Makedonischen Krieg (215–205) Philipps V. erklärte Rom im Jahre 200 v. Chr. Makedonien den Krieg. Mit diesem 2. Makedonischen Krieg, an dem sich Kerkyra auf seiten Roms beteiligte, veränderte Rom das gesamte Machtgefüge der hellenistischen Welt, sprengte den östlichen Staatenbund und schob seine eigenen Grenzen weiter nach Osten vor. Der imperialistische Charakter der römischen Politik war nicht mehr zu verkennen.

Kerkyra hingegen hatte jegliche weltpolitische Bedeutung verloren und diente den Römern in dem gleichen Maße als der bedeutende Flottenstützpunkt von Italien gen Osten und zum Orient wie einst den Korinthern und Athenern gen Westen nach Italien und Sizilien. Von Kriegsbeteiligungen der Insel hören wir nur noch selten etwas, damit dürfte für die Bevölkerung eine bessere Zukunft, ein ›goldenes Zeitalter‹ angebrochen sein.

Bei den Auseinandersetzungen zwischen Cäsar (100–44 v. Chr.) und Pompeius (106–48 v. Chr.) ergriff Kerkyra die Partei des Pompeius und half ihm bei dem Ausbruch aus Epidamnos (48 v. Chr.), das von Cäsars Truppen umstellt war. Kerkyra sympathisierte während des römischen Bürgerkrieges schon lange mit Pompeius, da er 67 v. Chr. die Insel und das Ionische Meer von der Seeräuberplage befreite. Seine im Hafen von Kerkyra ankernde Flotte teilte sich nach der Flucht des Pompeius sein Schwiegervater Scipio mit anderen Republikanern.

»Die Geschichte des Griechentums im römischen Kaiserreiche ist in noch höherem Maße als die der hellenistischen Zeit doppelgesichtig. Es ist die Geschichte des griechischen Volkes, dem unter dem Schutze der römischen Legionen eine fast zweihundertjährige Friedenszeit beschieden war, und es ist die Geschichte des griechischen Geistes, der in den Provinzen des Imperium Romanum feste und dauerhafte Wurzeln geschlagen hat. Freilich, was das

Römische Münze des Septimius Severus (145/46–211 n. Chr.) mit dem Phäakenschiff

Griechentum auf der einen Seite, im Westen, gewann, das ging der griechischen Kultur auf der anderen Seite, im Osten, wieder verloren... Der eigentliche Kern des griechischen Kulturgebietes ist nicht mehr das alte Hellas, das infolge der veränderten Weltlage längst an die Peripherie gerückt war – es ist dies wie einst im 6. Jh. v. Chr. das westliche Kleinasien, im besonderen sind es die großen Städte der Westküste, die noch einmal unter dem Patronat der philhellenischen römischen Kaiser eine hohe geistige und materielle Blüte, vor allem im 2. Jh. n. Chr., erlebt haben.«[1] Besonders Kerkyra, ›vor den Toren Roms gelegen‹, profitierte von dieser Friedenszeit. Es stand auch in der Kaiserzeit unter dem Schutze Roms und erhielt von Kaiser Claudius (41–54)[2] die Bestätigung seines autonomen Status.

Die Insel wurde im Laufe der Jahrhunderte ein Lieblingsaufenthalt der Römer; seit der Zeit des Flaminius (174 v. Chr.) besuchten neben Sulla (138–78 v. Chr.) auch Cicero (106–43 v. Chr.), Cato (95–46 v. Chr.) und viele andere namhafte römische Staatsmänner Kerkyra. Kaiser Nero (54–69) war nicht nur in der blühenden Stadt auf der Análipsis-Halbinsel, sondern er besuchte auch Kassiópi an der Nordküste, um dort im Zeus-Heiligtum dem Göttervater ein Lied vorzutragen.

Wie stark Kerkyra und seine ruhmreiche Geschichte in der Erinnerung der Römer verankert waren, verdeutlicht uns die Aufführung der ›Seeschlacht zwischen Kerkyräern und Korinthern‹ (664 v. Chr.) bei den ›Hunderttägigen Spielen‹ anläßlich der Eröffnung des Kolosseums in Rom durch Kaiser Titus (79–81) im Jahre 80. Auf einer Münze des Septimius Severus (145/6–211) scheint sogar das steuerlose Phäakenschiff – das spätere Symbol im Stadtwappen von Kerkyra – dargestellt worden zu sein, das an die mythische Vergangenheit des Alkinoos erinnert.

Die Ausweitung der Grenzen des Imperium Romanum bis weit in die asiatischen Landschaftsräume hinein führte im 4. Jh. erneut zu einer Machtverschiebung im Abendland. Nachdem Diokletian (284–305) 293 eine Neuordnung der römischen Reichsverwaltung durchgeführt hatte, von Nikomedia (nahe dem Marmarameer) aus über das östliche Reich regierte und Maximianus (ca. 240–310), den er 285 zum zweiten Augustus[3] ernannt hatte, als

---

1 Bengston, Hermann: *Griechische Geschichte*, S. 501 f., München ⁴1976
2 Die Jahreszahlen der nachchristlichen Zeit erscheinen hier ohne die Angabe ›n. Chr.‹; bei Herrschern bedeuten sie die Regierungszeit, bei sonstigen Personen die Lebensdaten
3 Offizieller römischer Kaisertitel

Herrscher in Rom einsetzte, waren die Verlagerung des politischen Schwerpunktes von Italien zum Osten und der Zerfall der römischen Reichseinheit eingeleitet. Nachdem sich langsam die Provinzialteilung Kaiser Konstantins d. Gr. (305–337) herausgebildet hatte und um 337 abgeschlossen war, gehörte Kerkyra zur *Praefectura praetoria Illyrici, Italiae et Africae*. Konstantin vereinte das Reich zwischenzeitlich zwar nochmals, regierte aber das Imperium vom östlichen Teil aus. Er ließ die alte Stadt Byzantion (heute Istanbul) ab 324 aus- bzw. umbauen und machte sie ab 330 unter dem neuen Namen Konstantinopel (die Stadt Konstantins) zur Reichshauptstadt.

Die politische Neuordnung Roms und die Machtverschiebung innerhalb des Imperiums zum Osten waren begleitet von dem Aufbegehren des Christentums. Die Kraft dieser Entwicklung konnte auch nicht durch die blutigen Christenverfolgungen des ›gottlosen‹ Heidenkaisers Diokletian gebrochen werden. Vier Ereignisse waren es schließlich, die im wesentlichen in der 1. Hälfte des 4. Jh. den Sieg des Christentums begünstigten und damit die Grundlagen für die neue Weltreligion schufen:

1. Das Toleranzedikt des Kaisers Galerius (305–311), 311 in Thessaloniki veröffentlicht; es erweiterte das Edikt des Kaisers Gallienus aus der Zeit um 261: hatte letzterer verfügt, daß die Christen Kultgebäude ungehindert bauen und benutzen dürften, formuliert Galerius, mit politischer Zielrichtung, die Christen dürften ihren Kult frei ausüben, um »zu ihrem Gott für unser Wohlergehen, für das des Volkes und ihr eigenes zu flehen, damit das Staatswesen in jeder Beziehung unversehrt bleibe und sie selbst sorglos zuhause bleiben könnten.«[1]

2. Das Toleranzedikt von Mailand (312), mit dem Konstantin d. Gr. jenes von Galerius erneuert, aber zusätzlich *allen* Religionen freie Ausübung gewährt, »damit auch anderen die Erlaubnis gegeben ist, die religiösen Bräuche ihrer eigenen Wahl zu beobachten. Dies entspricht offenbar der Ruhe in unserer Zeit: jeder soll die Freiheit haben, seinem eigenen Willen entsprechend eine Gottheit zu erwählen und sie zu verehren. Wir verfügen dies, damit es nicht den Anschein habe, als werde irgendein Kult oder irgendeine Religion durch uns benachteiligt. – Bezüglich der Christen bestimmen wir weiterhin, daß jene Stätten, an denen sie ehemals zusammenzukommen pflegten und über die früher in einem vorausgegangenen Schreiben eine bestimmte Verfügung (!) getroffen war, von denen, die sie nachweislich von unserer Staatskasse oder von anderer Seite käuflich erworben, *unentgeltlich* und ohne Rückforderung des Kaufpreises ohne Zögern und Zaudern an die Christen zurückerstattet werden.«[2]

3. Der Sieg Konstantins d. Gr. am 28. Okt. 312 an der Milvischen Brücke in Rom über Kaiser Maxentius (306–312).

---

1 Nach Eusebius, Bischof von Kaisaraia (339), in: Beck, Hans-Georg: *Das byzantinische Jahrtausend*, S. 90, München 1978

2 Nach Eusebius, in: Beck, Hans-Georg: *Byzantinisches Lesebuch*, S. 216, München 1982

4. Das 1. ökumenische Konzil in Nikaia (325), bei dem die dogmatischen und kanonischen Grundlagen für die Institution der christlichen Kirche postuliert wurden.

Unsere Kenntnis von der Entwicklung des frühen Christentums auf der Insel Korfú ist mehr als dürftig. Wir wissen nur so viel, daß die Christianisierung der Insel bereits im 1. nachchristlichen Jahrhundert von Jáson, einem Schüler des Apostels Paulus, und seinem Begleiter Sosipátros begonnen wurde, beide sollen unter der Herrschaft Kaiser Caligulas (37–41) auf Korfú den Märtyrertod erlitten haben. Nach byzantinischen Berichten dürften zuvor Jáson in seiner kilikischen Heimatstadt Tarsus und Sosipátros in der Stadt Ikónion des kleinasiatischen Lykaoniens (Phrygiens) Bischöfe gewesen sein. Nach weiteren Berichten war Sosipátros der 1. Bischof der Insel und bauten die beiden Heiligen auf der Insel Vido (Ptýchia) die erste christliche Kirche Korfús, die sie dem heiligen Stephanos weihten.

Seit dem 4. Jh. kennen wir vereinzelte Namen von Bischöfen der Insel Korfú, wobei in der frühchristlichen Zeit die korfischen Bischöfe der Metrópolis von Nikópolis unterstellt waren.

Frühchristliche und byzantinische Epoche (337–1204)

Erst der Tod Kaiser Theodosios' I. (379–395) führte zur bleibenden Reichsteilung in West- und Ostrom. Neue Herrscher waren seine beiden Söhne Honorius (* 384–423) in Ravenna und Arkadius (*377–408) in Konstantinopel. Die beiden minderjährigen Söhne, bereits zu Lebzeiten des Vaters zu Augusti ernannt (Arkadius 383 6jährig und Honorius 393 9jährig), wurden Herrscher des geteilten Imperium Romanum. Kerkyra fiel bei dieser Reichsaufteilung dem Oströmischen Reich zu, das später von den Historikern ›Byzantinisches Reich‹ genannt wird. Für Jahrhunderte (bis 754, s. S. 37) blieben aber noch weite Gebiete der Ionischen Inselwelt, wie etwa Korfú und Paxós, Itháka und Leukás sowie Kefallinía und Zákynthos, der ›päpstlichen Jurisdiktion‹ – also dem Bischof von Rom – unterstellt, waren also nicht, wie die anderen griechischen (byzantinischen) Bistümer, dem Patriarchen von Konstantinopel verpflichtet.

In der 1. Hälfte des 5. Jh. rückt ein Name in den Mittelpunkt der Kirchengeschichte Korfús: Bischof Ioviános, der auf Befehl des Kaisers (?) große Teile der antiken Stadt im Bereich der Agorá niederreißen ließ und mit dem antiken Baumaterial eine fünfschiffige Basilika von ähnlichen Dimensionen wie die Ajios Dimítrios-Basilika in Thessaloníki errichten ließ. Dieser Teil der antiken Stadt scheint dann das Zentrum der frühchristlichen Stadt Korfú geworden zu sein; heute ein südlicher Vorort (Palaiópolis = die alte Stadt), der in mittelbyzantinischer Zeit nach Norden verlegten Stadt.

Im Weströmischen Reich stand das 5. nachchristliche Jahrhundert ganz im Zeichen der Bedrohung durch die Völkerwanderungen der Hunnen, Vandalen, West- und Ostgoten, die Italien und Sizilien überschwemmten, von deren Kriegs- und Beutezügen aber auch Korfú und die anderen Ionischen Inseln nicht verschont blieben.

Korfú und die Festlandküste von Albanien im Jahre 1571. (Von B. Jenichen)

Die heranstürmenden Völkerscharen aus dem Norden und Osten Europas ließen nicht nur die Schwächen des Reiches offen zutage treten, sondern leiteten auch den katastrophalen Untergang des westlichen Imperiums ein: brachte der Tod Attilas (453) noch einen Aufschub, werden dann auch die letzten Kraftreserven der West-Römer durch den Sturmlauf Geiserichs aufgezehrt (der 466 auch Korfú verwüstet), so daß der Germane Odoaker am 23. August 476 Rom erobern kann. Faktisch hat das Weströmische Reich mit diesem Datum aufgehört zu existieren. Den Byzantinern gelang es zwar, daß Odoaker Konstantinopel und sein Kaisertum als Oberhoheit über Ost- und Westrom anerkannte, er auch den kaiserlichen Titel ›magister militum per Italiam‹ trug, Italien war jedoch fest in germanischer Hand.

Mit dem Sieg Theoderichs d. Gr. im Jahr 493 über Odoaker war auch die letzte Hoffnung der Byzantiner auf ein vereintes Reich gebrochen. »Aus dem Chaos, welches das weströmische Kaisertum verschlang, ragte aber eine Macht empor, welche die zum Tummelplatz der

Barbarenvölker gewordene alte Kaiserstadt wieder zu einem geistigen Weltzentrum machen sollte: die römische Kirche.«[1]

Auch die Wirren des 6.–8. Jh. gingen an Korfú nicht spurlos vorüber. Immer wieder wurde die Insel von den Byzantinern als Operationsbasis für die Verteidigung kaiserlicher Interessen in Italien und auf Sizilien gebraucht. 535 ankerte Belisar (505–565), einer der bedeutendsten Feldherren Kaiser Justinians I. (527–565), mit seiner Flotte in Korfú, bevor er zur entscheidenden Befreiungsschlacht um Rom (10. Dez. 536) nach Italien segelte. Wenig später überfiel Totila, König der Ostgoten (541–552), bei seinem Sturmlauf über Italien und Sizilien auch Korfú (541), verwüstete große Teile der Insel und zerstörte die junge früh-christliche Stadt. Wahrscheinlich war die 2. Hälfte des 6. Jh. der Zeitpunkt, an dem sich die Korfioten allmählich auf der Halbinsel mit den beiden Bergspitzen (»eis tous Korfous«) niederließen und ihre ›alte Stadt‹ nicht wieder aufbauten, da eine Stadt auf der felsigen Halbinsel besser zu verteidigen war. In der Mitte des 7. Jh. konnte Korfú abermals nur durch militärisches Eingreifen Konstantinopels von arabischen Seeräubern befreit werden.

Verweilen wir noch einen Augenblick bei der Weltpolitik des 8. Jh.! Korfú spielte darin keine aktive Rolle, sondern war eher Spielball der Weltmächte. Es geht vielmehr um das politische Umfeld für die *Entstehung des westlichen Kaiserreiches*. Italien sah sich in der Mitte des 8. Jh. erneut einer bedrohlichen Gefahr aus dem Norden ausgesetzt: die Langobarden brachten die Herrschaft des Papstes und der römischen Kirche ins Wanken. Papst Stephan II. (752–757) konnte zwar mit dem Langobardenkönig Aistulf (749–757) einen 40jährigen Frieden abschließen, der jedoch nicht mehr als vier Monate die streitenden Parteien auseinanderhielt. Da auch Verhandlungen mit Kaiser Konstantin V. (741–775) über einen Bündnispakt negativ verliefen, stand Rom den Langobarden machtlos gegenüber. Durch die Wirren des Ikonoklasmus (726–780 und 815–843) innenpolitisch geschwächt und von außen durch die Sarazenen bedroht, vermochte Byzanz Rom keine Hilfe zu gewähren. In seiner Not wagte Papst Stephan II. eine Reise über die Alpen und wurde in Ponthion am 6. Januar 754 von Pippin d. J. (714/15–768) mit allen Ehren empfangen. Pippin leistete dem Papst den Treueid und rüstete gegen die Langobarden. Stephan II. taufte Pippins Söhne Karl (d. Gr.) und Karlmann. Die von Pippin und Stephan II. besiegelten Verträge zwischen der römischen Kirche und dem König der Franken legten das Fundament für den *römischen Kirchenstaat* einerseits und für das neue *westliche Kaiserreich* andererseits. Auf zwei Feldzügen entriß Pippin schließlich den Langobarden große Ländereien Italiens, die zwar de jure dem byzantinischen Kaiser gehörten, de facto jedoch durch die ›Pippinische Schenkung‹ dem Papst in Rom. Knapp vier Jahrzehnte später krönte Papst Leo III. (795–816) Pippins Sohn, Karl d. Gr., am 25. Dez. 800 in Rom zum römischen Kaiser.

Damit war für Byzanz der Westen endgültig verloren und die seit Jahrhunderten sich immer schärfer abzeichnende Grenze zwischen dem lateinischen Westen und dem griechischen Osten unwiderruflich gezogen. Die Reaktion aus Konstantinopel war entsprechend;

1 Ostrogorsky, Georg: *Geschichte des byzantinischen Staates*, S. 48, München ³1963

nach 754 unterstellte Konstantin V., trotz heftigster Proteste aus Rom, das gräzisierte Kalabrien und Sizilien sowie das griechische Illyrium mit Korfú und den anderen Ionischen Inseln der Jurisdiktion des Patriarchen von Konstantinopel.[1] Um Korfú und die westlichen Grenzgebiete stärker an Byzanz zu binden, beschloß Nikephoros I. (802–811) in den ersten Jahren des 9. Jh. (vor 809) die neue Themengründung Kephallenia, das Korfú und die anderen Ionischen Inseln einschloß. Unter ›Themen‹ verstand man Verwaltungsregionen, die von Strategen, die die oberste militärische und zivile Gewalt ausübten, regiert wurden. Seit dem 10. Jh. bekam Korfú auch einen eigenen Metropoliten und stand nicht länger unter der kirchlichen Hoheit von Nikópolis. 968 ist auch der neue Name ›Korfú‹ erstmals durch Quellen belegt (s. S. 11); das bedeutet, daß spätestens zu dieser Zeit die byzantinische Stadt als Festung auf der Halbinsel mit dem Zwillingsfelsen angelegt war, die noch heute Pálaio Frúrio genannt wird.

Nachdem im 11. Jh. das Adriatische Meer, Korfú und die illyrische Küste mehrfach von den Arabern beherrscht wurden, betrat eine neue Macht die Bühne der Weltpolitik: die Normannen. Während die Normannenbrüder Roger I. und Robert Guiskard in nur 11 Jahren (von 1061–1072) die Araberherrschaft (901–1072) auf Sizilien brechen konnten und Roger I. erster Normannenkönig auf Sizilien wurde, mußte Byzanz mit dem verlorengegangenen Sizilien alle Expansionspläne nach Westen aufgeben. Für fast 100 Jahre ist nun auch Korfú dem Machtstreben der Normannen ausgeliefert: 1081 besetzt Robert Guiskard die Insel, die er bis 1085 halten kann; ein Jahr zuvor greift erstmals die Adria-Republik Venedig als Verbündeter des byzantinischen Kaisers Alexios I. Komnenos in das Kriegsgeschehen ein und besiegt bei Epidamnos die normannische Flotte. 1087 erfolgt die normannische Rückeroberung durch Roberts Sohn Bohemund, der später Fürst von Antiocheia wurde. Knapp ein halbes Jahrhundert gehörte Korfú dann wieder zum Machtbereich des byzantinischen Kaisers, bis Roger II. (1095–1154), dessen Tochter Konstanze 1186 den deutschen König und römischen Kaiser Heinrich VI. (1165–1197) heiratete, es 1147 wieder für das Normannenreich erobern kann. Ab 1199 regiert der Genuese Leo Capilo Vetrono die Insel für kurze Zeit.

Im Mai 1203 beschließen in Korfú Venezianer und Kreuzfahrer, das Ziel ihres unglückseligen 4. Kreuzzuges zu ändern und Konstantinopel zu erobern, um ein neues lateinisches Kaiserreich zu gründen. Am 29. Mai verlassen unter der Führung des greisen Dogen Enrico Dandolo (1192–1205) und des Markgrafen Bonifaz von Montferrat 480 Galeeren den Hafen von Korfú. Knapp ein Jahr später, am 13. April 1204, wurde die einstige Hauptstadt der Christen von ›christlichen‹ Kreuzfahrern im Zeichen des Kreuzes erobert; erstmals nach knapp 900 Jahren brach die von Konstantin d. Gr. gegründete Stadtmauer unter dem Sturmlauf der Feinde zusammen. Drei Tage regierten Feuer und Tod die Stadt...

---

1 Andere Historiker verlegen diese Ereignisse in die Zeit um 732/33 (z. B.: Denis A. Zakythinos, *Byzantinische Geschichte*, 304–1071, S. 110, Wien 1979)

Venezianisches Zwischenspiel (1204–1214)

Noch im selben Jahr verteilten die Sieger ihre ›Beute‹ und zersplitterten große Teile im Westen des byzantinischen Reiches. Markgraf Bonifaz von Montferrat, der Führer des 4. Kreuzzuges, dem vertraglich zugesichert war, neuer Kaiser des lateinischen Kaisertums zu werden, war dem Dogen Enrico Dandolo zu mächtig. Die Venezianer entschieden sich für den schwachen Grafen Balduin von Flandern und wählten ihn zum ersten Kaiser (1204–1205) des lateinischen Kaiserreiches in Konstantinopel (1204–1261); Thomas Morosini, ein Venezianer, wurde hingegen erster lateinischer Patriarch in Konstantinopel. Das bisher einheitliche Kaiserreich zerfiel in eine Vielzahl von Staaten, zum Teil unter fränkischer, zum Teil unter griechischer Herrschaft. Die legitimen Nachfolger der byzantinischen Reichstradition verwalteten den Rest ihrer östlichen Reichsgebiete von *Nikaia* aus, bis Michael VIII. (1259–1282) ab 1261 als erster Kaiser der Palaiologen-Dynastie (1259–1453) wieder in Konstantinopel residierte. Michael I. (1204–1215) gründete in Arta den zweitwichtigsten Reststaat von Byzanz: das Reich von Epiros (1204–1340), mit dem Ziel, das byzantinische Kaisertum in Konstantinopel wiederherzustellen.

Eigentlicher Gewinner des 4. Kreuzzuges war die Adria-Republik Venedig, die den größten Teil der ›Beute‹ erhielt: neben den wichtigsten Küstenstädten auf dem Wege nach Konstantinopel auch Kreta und die Ionischen Inseln mit Korfú, das sie de facto erst 1207, nach der Unterwerfung der Genuesen, verwalten konnte. Gegenüber dem lateinischen Kaisertum waren sie entgegen allen anderen Kleinstaaten von der Lehnspflicht vertraglich für immer befreit. Venedig ist im Begriff, eine Weltmacht zu werden.

Korfú gehört zum Reich Epiros (1214–1267)

Schon 1214 gelingt es Michael I. Angelos Komnenos, Korfú den Venezianern zu entreißen und unter die Herrschaft der Angeloi von Epiros, der letzten byzantinischen Herrschaftsfamilie vor 1204, zu stellen. Für Korfú – nun zwar wieder zum griechischen Reich gehörig – war damit eine fast 150jährige Besetzung fremder Truppen und verschiedener Herrscher eingeleitet. Michael I. gründete noch während seiner Herrschaft an der Westküste Korfús eines der gewaltigsten Festungswerke der Insel: Angelókastro, das noch heute an die kurze epirotische Epoche erinnert (s. S. 108; Abb. 58, 111).

Nach dem Tode des Hohenstaufers Friedrich II. (1194–1250), Normannenkönig Siziliens, deutscher König und römischer Kaiser, greift sein Sohn Manfred (1232–1266) wieder nach byzantinischem Territorium. 1258 erobert er weite Gebiete der epirotischen Küste und die Insel Korfú. Michael II. (1231–1271), König des geschwächten Reiches von Epiros, läßt ihn gewähren. Als Zeichen der Anerkennung von Manfreds Machtansprüchen vermählt er ihm ein Jahr später seine Tochter Helena und schenkt dem letzten normannisch-staufischen König von Sizilien Korfú als Mitgift.

Das Ende der Normannenherrschaft auf Sizilien bedeutet auch für Korfú eine neue Gewaltherrschaft. Karl von Anjou, von Papst Clemens IV. (1265–1268) mit dem Königreich Sizilien belehnt, erobert 1266 Sizilien, weite Gebiete, die unter normannischer Herrschaft standen, und auch Korfú.

Korfú unter den Anjou (1267–1386)

Mehr als ein Jahrhundert mußten die Korfioten das Joch der Anjou erdulden, die mit unbarmherziger Strenge ihre Regierungsgewalt auf Korfú ausübten. Als entschiedener Geg-

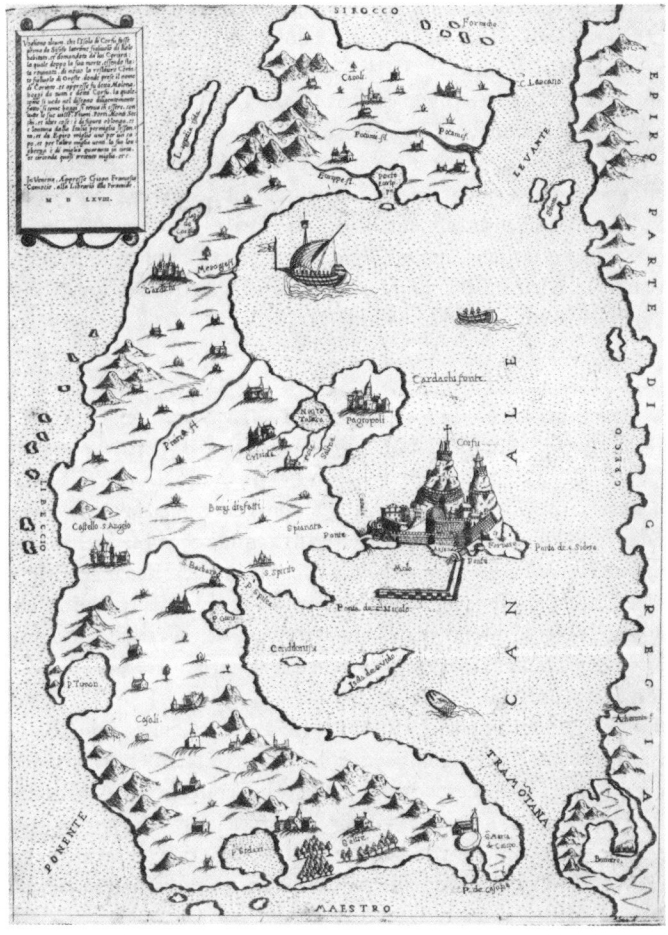

Korfú im Jahre 1568.
(Von G. F. Camocin)

ner der Orthodoxie schaffte schon Karl von Anjou das Amt des griechischen Metropoliten ab und errichtete für die katholischen Christen der Besatzungsmacht ein lateinisches Bistum. Die orthodoxe Bevölkerung fand bei dem ›Megalos Protopapas‹ religiösen Beistand; eine kirchliche Institution der orthodoxen Christen, die von den Anjou geduldet wurde. Während die Herrschaft Karl von Anjous auf Sizilien am 31. März 1282 mit der ›Sizilianischen Vesper‹ beendet war, konnte der Franzose mit dem Königreich Neapel für fast zwei Jahrhunderte (bis 1435) den Grundstein für eine Herrschaft des Hauses Anjou in Süditalien legen. Korfú, nun zum Königreich Neapel gehörend, war fortan von den außenpolitischen Entscheidungen der Anjou in Neapel abhängig.

Um die Mitte des 14. Jh. fiel es den Königen in Neapel immer schwerer, die Insel fest unter ihrer Kontrolle zu halten; nicht zuletzt deshalb, weil die Korfioten stark mit den Venezianern sympathisierten. Nach dem Tode Philipps II. von Neapel (1374) gelang es 1380 seiner Witwe Johanna I. nicht, die Eroberung Korfús durch Jakob von Baur aus Navarra (das heutige Baskenland) zu verhindern. Doch schon zwei Jahre später eroberte Karl III. von Neapel die Insel zurück; die Venezianer machten ihm ein Kaufangebot für die Insel (30 000 Dukaten als Kaufpreis oder 3000 Dukaten als jährliche Pacht), das er nicht akzeptierte. Der Tod Karls III. bei seinem Ungarnfeldzug 1386 und die Bitte der Korfioten, Korfú möge der Adria-Republik Venedig angeschlossen werden, veranlaßte den Dogen Antonio Venier (1382–1400), Giovianni Miani als Unterhändler nach Korfú zu schicken. Miani war beauftragt, auf Korfú Ländereien zu kaufen, falls erforderlich, zu besetzen. Die Venezianer bemächtigten sich der Insel ohne Waffengewalt; am 28. Mai 1386 wehte das Banner mit dem Markuslöwen über Korfú. Venedig bestätigte den Korfioten alle ihre Freiheiten und garantierte die Unantastbarkeit ihres Besitzes; darüber hinaus versprachen die Signori, Korfú nie zu verkaufen oder anderweitig aufzugeben; bis zum Untergang der Adria-Republik Venedig im Jahre 1797 stand Korfú nun für mehr als 400 Jahre unter dem Schutz der Venezianer.

Venezianische Epoche (1386–1797)

> »Mit einem Aufwand von Schätzen haben die Venezianer aus Korfú den Schild ihrer Meeresherrschaft und das staunenswürdige Bollwerk Italiens gegen die Türken gemacht.«
>
> (Provveditore Francesco Grimani, 1760)[1]

1395 stellte Venedig großzügig finanzielle Mittel für den Ausbau der Stadt auf der Halbinsel mit den Zwillingsgipfeln zur Verfügung, ohne jedoch Rechtsanspruch auf die Insel zu haben. Erst durch einen Vertrag mit dem Königreich Neapel und einer Zahlung von 30 000 Dukaten an Margaretha, die Witwe Karls III., ging Korfú am 16. August 1402 in den rechtmäßigen Besitz Venedigs über.

---

1 Gregorovius, F.: *Korfú. Eine ionische Idylle*, S. 12, Leipzig 1882

Venezianische Münze des Alvise Pisani
(1735–1741) mit Festung Korfú (1736)

Von Anfang an bemühte sich Venedig um eine äußerst liberale und ausgewogene Kolonialpolitik gegenüber Korfú, da die Insel für die Seerepublik Venedig von weitreichender Bedeutung war.

In erster Linie war Korfú das natürliche Verteidigungsbollwerk an der südlichen Grenze des Adriatischen Meeres und somit von eminenter Wichtigkeit für den Schutz Venedigs. Darüber hinaus war die Insel vortrefflich geeignet als Stützpunkt für die venezianische Handelsflotte einerseits und für eine solide Militärbasis für Expansionen zum griechischen Festland und ins östliche Mittelmeer andererseits. Auch starteten im Hafen von Korfú die jährlichen Pilgerfahrten ins Heilige Land.

Bei aller Liberalität war die Verwaltung der Insel jedoch fest mit der Staatsgewalt Venedigs verbunden: So verwaltete in den ersten Jahren ein jeweils für zwei Jahre von der Signoria[2] gewählter Bailo (Zivilgouverneur) die Insel, dem von 1420 an ein Provveditore (Militärgouverneur) gleichberechtigt zur Seite gestellt wurde. Verschiedentlich lag die Macht beider Ämter auch in den Händen einer Person, immer war es jedoch ein Vertrauter Venedigs. Nachdem im Jahre 1500 Modon (das griechische Methóni) an der südlichen Westküste der Peloponnes von Sultan Bajazid II. erobert wurde, verlegten die Venezianer sogar den Sitz eines ihrer höchsten Ämter von Modon nach Korfú: das des ›Provveditore generale de Levante‹, der für alle politischen Belange und militärischen Operationen im Mittelmeer zuständig war. Die Bedeutung Korfús, das faktisch für Venedig die Stellvertreterrolle im Mittelmeer ausübte, wird auch durch ein Beispiel der Münzprägung deutlich: der Doge Alvise Pisani (1735–1741) ließ 1736 eine Silbermünze prägen (die sog. Galeazza), auf deren Rückseite die venezianische Festung der Insel Korfú abgebildet ist. Zur Wirtschaftskraft der Insel Korfú: im Jahre 1762 beliefen sich die Einnahmen für Venedig von Korfú und den Ionischen Inseln auf 548000 Dukaten, das waren etwa 25 % der Gesamteinnahmen der Adria-Republik!

Den Korfioten war für ihre eigenen Belange eine autonome Selbstverwaltung zugesichert. Aus verschiedenen Regierungserlassen Venedigs (1422, 1440 und 1487) erfahren wir, mit wieviel Nachdruck sich die Signoria für die Rechte der Korfioten verbürgte; so ordnete sie

---

2 Regierung Venedigs, bestehend aus (im 15./16. Jh.): dem Dogen, den sechs Räten des Dogen und den Oberhäuptern der Quarantia (Rat der Vierzig); im 18. Jh. lag die Staatsgewalt vornehmlich in den Händen der sechs Savii Grandi

u. a. an, daß der Bailo und Provveditore für den Fall, daß sie die den Korfioten garantierten Freiheiten einschränken sollten, mit 100 Dukaten Strafe belegt würden.

Die korfische Selbstverwaltung folgte streng aristokratischen Prinzipien. Der Adel hatte sich auf Korfú bereits seit Karl von Anjou so fest etabliert, daß jede neue Regierung die Freiheiten des alten Adels als unantastbar akzeptierte und ihm sowohl seinen Grundbesitz als auch seine (vor allem Lehns-)Rechte bestätigte. An diesen uralten tradierten Rechten rüttelte auch Venedig nicht; sicherlich, um die Gefahr einer Revolution zu vermeiden. Für die venezianische Epoche sind 15 Baronate bekannt, die bis 1797 durch Aussterben von drei Adelsfamilien auf 12 reduziert wurden. Handwerker waren von der korfischen Regierung der Aristokraten ausgeschlossen, der im Laufe der Zeit bis zu 150 Räte angehörten. 1582 legten die Stadtväter ein ›Goldenes Buch‹ an, in dem alle adeligen Korfioten ihren Stammbaum eintragen und somit ihren rechtmäßigen Adelstitel nachweisen mußten. 1599 wurde verfügt, daß ›natürliche‹ Söhne von Adeligen nicht in das ›Goldene Buch‹ eingetragen werden durften. Ab 1633 gab es dann auch auf Korfú den Geld-Adel.

Weniger unbeschwert war das Verhältnis zwischen der römischen und orthodoxen Kirche. Venedig und auch der Vatikan (so durch Bullen von Leo X., 1521, und Paul III., 1540, bestätigt) bemühten sich zwar um Beilegung der kirchlichen Fehden, die Auseinandersetzungen der geistlichen Würdenträger konnten jedoch nur zeitweise beigelegt werden. Vornehmlich entbrannte der Streit über Mischehen, denen der katholische Erzbischof mit allem

Nordansicht der Stadt Korfú aus dem Jahre 1486. (Nach Breydenbach)

Nachdruck entgegentrat (teilweise auch mit Entführung der katholischen Braut!). Das Begehren der orthodoxen Christen auf Korfú, wieder einen eigenen Metropoliten zu haben, wurde aber auch von Venedig nicht erfüllt. Der Protopapas der Orthodoxen stand immer im Schatten des lateinischen Bischofs.

Die von den Venezianern festgelegte Amtssprache Italienisch, das bis 1852 Amtssprache blieb, macht den starken kulturellen Einfluß Venedigs und Italiens auf Korfú deutlich. Kein anderer griechischer Landschaftsraum zeigt noch heute soviel Kulturerbe Venedigs wie Korfú. Malerei (s. S. 84) und Architektur des späten Mittelalters zeigen unverkennbar den Geist italienischer Künstler. Die außerhalb von Pálaio Frúrio angelegte und 1576/88 von M. Sammicheli befestigte Stadt westlich der Esplanade, die heutige Altstadt, ist ein Meisterwerk italienischer Stadtbaukunst, wie es in Griechenland ohne Beispiel ist. Beeindruckend ist ebenfalls die venezianische Festung ›Fortezza Vecchia‹ (Pálaio Frúrio), wie sie vor Jahrhunderten auf der Halbinsel stand, die Breydenbach 1486, zur 100-Jahrfeier der venezianischen Herrschaft über Korfú, in einem zeitgenössischen Stich festgehalten hat (s. S. 43).

Aus der 400jährigen Geschichte der venezianischen Epoche seien nur einige für die Insel bedeutende historische Ereignisse erwähnt:

Nach einem Erlaß Venedigs aus dem Jahre 1406 durften in der ganzen Adria-Republik Juden nicht mehr gesteinigt werden, die auf Korfú bereits seit 1325 älteste Privilegien besaßen. Nach dem neuen Gesetz mußten sie bei Vergehen 300 Dukaten Strafe zahlen. 1571 setzte Venedig seine strenge Judenpolitik fort und verwies alle Juden aus dem venezianischen Hoheitsgebiet; ein Dekret des Dogen Alvise Mocenigo I. (1570–1577) vom 24. November 1572 gestattete *allein Korfú*, Juden aufzunehmen. Während zu jener Zeit nur etwa 400 jüdische Mitbürger in Korfú lebten, waren es 1760 nach entsprechenden Aufzeichnungen 1171, ein Jahrhundert später, 1879, sogar 2652.

Eine Pest im Jahre 1410 brachte großes Leid über die Insel, das durch die drohende Türkengefahr verstärkt wurde. Angesichts der Unruhen im Mittelmeer ließ Venedig 1414 die Vorstadt auf dem Inselfestland befestigen. Korfú blieb im 15. Jh. von den heranstürmenden türkischen Völkerscharen verschont und bewährte sich hervorragend bei der Verteidigung Venedigs.

Auf dem asiatischen Festland, an der Grenze Europas, bahnte sich in der 1. H. d. 15. Jhs. eine Katastrophe an. Schon in den letzten Jahrzehnten des 14. Jhs. wanderten Griechen nach Kreta und Korfú aus, den beiden stärksten venezianischen Wachposten des Mittelmeeres. Tiefgreifende religiöse Spannungen neben der Furcht vor den Türken waren die Gründe: ganz besonders die auf dem Konzil von Basel/Ferrara/Florenz (1431–1442) formulierten Unionsbestrebungen zwischen der orthodoxen und der römischen Kirche sowie der ›palamitische Streit‹ um die Gotteserfahrung. 1453, nach der Eroberung Konstantinopels durch Sultan Mehmed II., setzte die Flucht von Intellektuellen und Künstlern, Priestern und Mönchen vornehmlich nach Kreta und Korfú ein.

Der Mönch Georgios Kaloheireti rettete 1453 mit anderen Flüchtlingen aus Konstantinopel die Gebeine des Hl. Spyrídon und jene der Hl. Theodora, Kaiserin von 842–856, die 843 auf der Synode von Konstantinopel den Ikonoklasmus beendete. Die Reliquien der

Heiligen gelangten erst nach Paramythiá, nahe dem ehemaligen Bischofssitz von Photike (7. Jh.), einem kleinen Dorf an den westlichen Abhängen des Korílles-Gebirges in Epiros, bevor sie 1456 nach Korfú überführt wurden. Spyrídon, um 270 auf Zypern geboren, war Schafhirte, ehe er Bischof von Tremithós wurde. 343 nahm er am Konzil von Sardes teil(?), drei Jahre später starb er auf Zypern, wo seine Gebeine bis zum Ende des 7. Jh. ruhten, die erst dann nach Konstantinopel gelangten. Als 1456 die Reliquie des Hl. Spyrídon nach Korfú kam, ernannte man ihn noch im selben Jahr zum Schutzheiligen der Stadt. Die Reliquie ist jedoch nicht Eigentum der orthodoxen Kirche, sondern gehört seit Generationen dem korfischen Grafengeschlecht Bulgari-Stamatella! – Der Heilige Spyrídon wird so sehr verehrt und ist so sehr von den Korfioten geliebt, daß noch heute jeder zweite männliche Bewohner der Insel Spyrídon heißt!

Nach Korfú gelangte auch Katharina Centurione, die Gemahlin von Thomas Palaiologos, Bruder des letzten byzantinischen Kaisers Konstantin XI. Palaiologos (1449–1453), die in dem heute nicht mehr erhaltenen Kloster der Hll. Jáson und Sosipátros am 16. August 1462 starb. Thomas, der letzte Erbe des oströmisch-byzantinischen Reiches, floh 1460 nach der türkischen Eroberung von Morea (Mistrá auf der südlichen Peloponnes) zu Papst Pius II. (1458–1464) in Rom, wo er im Jahre 1465 starb.

Im 16. Jh. gefährdeten erneut starke türkische Flottenverbände das gesamte Mittelmeer, aber auch das Abendland. Das Adriatische und das Ionische Meer blieben nicht verschont. 1537 erfolgte ein dreiwöchiger, schwerer Angriff auf Korfú: zu Lande bei der Pótamosmündung und zu Wasser begannen die Türken am 26. August die Belagerung der Stadt Cheireddin Barbarossa (1467–1546), Eroberer von Algerien, befehligte die Seekräfte, Ajas Pascha das Landheer, dem nach 10 Tagen die Belagerten nachgaben. Nun überschwemmten die Türken plündernd und mordend die Insel und führten fast 20000 Korfioten, nahezu die Hälfte der Gesamtbevölkerung, in die Sklaverei.

Nur wenige Jahrzehnte später griffen die Türken Korfú 1571 erneut an, gaben aber nach fünf Tagen (durch ein Erdbeben verängstigt?) die Belagerung wieder auf. Noch im gleichen Jahr versammelte sich in Korfú und in der Meerenge von Benítses eine Allianz christlicher Seefahrer, um Europa von dem türkischen Würgegriff, der das Abendland bedrohlich umklammerte, zu befreien. 208 Galeeren standen unter dem Oberbefehl des erst 24jährigen Don Juan d'Austria, unehelichen Sohnes Kaiser Karls V. (1519–1556), dem Schiffe Papst Pius' V. (1566–1572) und des Dogen Alvise Mocenigo I., aber auch aus Spanien und Genua sowie aus Sizilien und Neapel unterstellt waren. Am 7. Oktober kam es zur Entscheidungsschlacht des Christentums über den Islam. Die aus Korfú auslaufenden Schiffe stellten sich an der südwestlichen Festlandsspitze Griechenlands, bei der Insel Oxía im Golf von Patras, den türkischen Schiffen, die aus Lepanto (das heutige Náfpaktos) kamen, das die Türken 1499 den Venezianern entrissen hatten. Italiener und Spanier kämpften in der schicksalhaften *Seeschlacht von Lepanto* siegreich für das Christentum. Einer der Kämpfenden, der bei dieser Schlacht seinen linken Arm verlor, ist der Welt noch heute als Dichter von Ritterromanen bekannt: Miguel de Cervantes (? 1547–1616), Autor des ›Don Quijote de la Mancha‹.

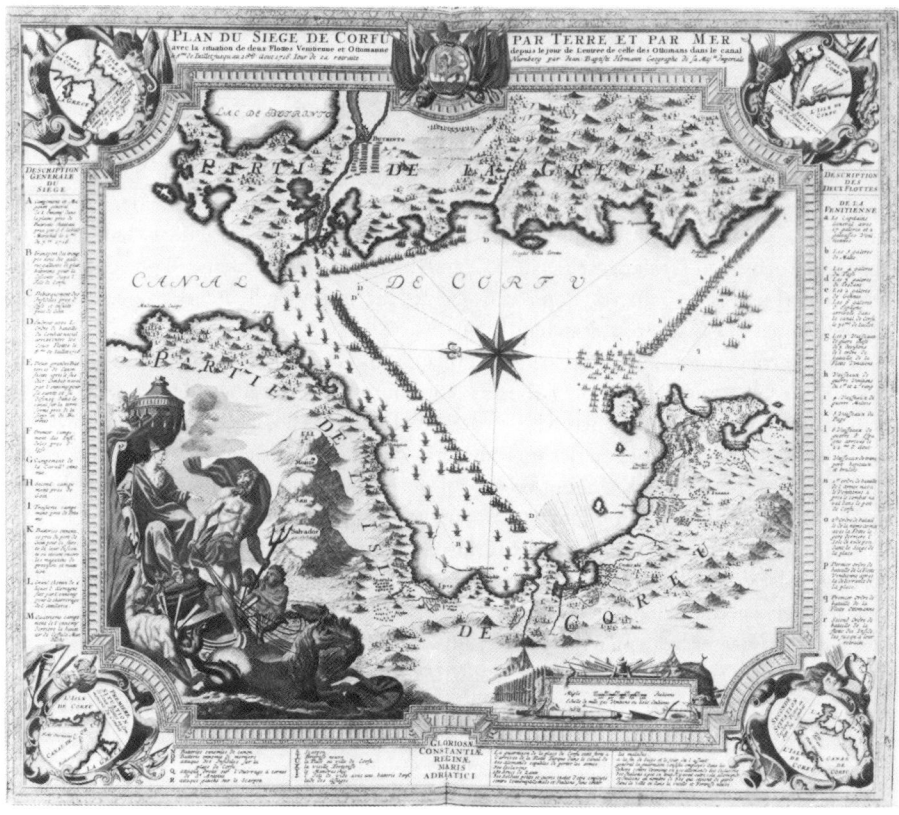

Seeschlacht um Korfú im Jahre 1716 zwischen Venezianern und Türken. (Nach Homann)

Korfú wurde von diesem Kampf nicht berührt; Venedig mußte jedoch zwei Jahre später, 1573, den Türken Zypern überlassen.

Anfang des 17. Jh. erhielt Korfú eine neue Befestigung, die 1645 fertiggestellt war. In der nun von starken Festungsanlagen geschützten Stadt entwickelte sich reges, urbanes Leben, öffentliche Bauten im Stil der italienischen Renaissance entstanden (Farbt. 7, 9 u. Abb. 4, 11). 1657 erfolgte die Gründung der ›Neugriechischen Akademie‹ (Accademia degli Assicurati), die 1808 in der ›Ionischen Akademie‹ und 1824 in der ersten Universität des neuen griechischen Staates aufging. Die türkische Eroberung der seit 1204 von den Venezianern beherrschten Insel Kreta im Jahre 1669 brachte erneut viele Flüchtlinge nach Korfú. Intellektuelle, Künstler und Geistliche vermittelten der geistigen und kulturellen Entwicklung der Stadt neue Impulse. Besonders die Ikonenmalerei mit Künstlern der Kretischen Schule brachte Meisterwerke hervor, wie sie ein halbes Jahrhundert zuvor von dem Kreter Michael Damaskenos auf Korfú geschaffen wurden (s. S. 85).

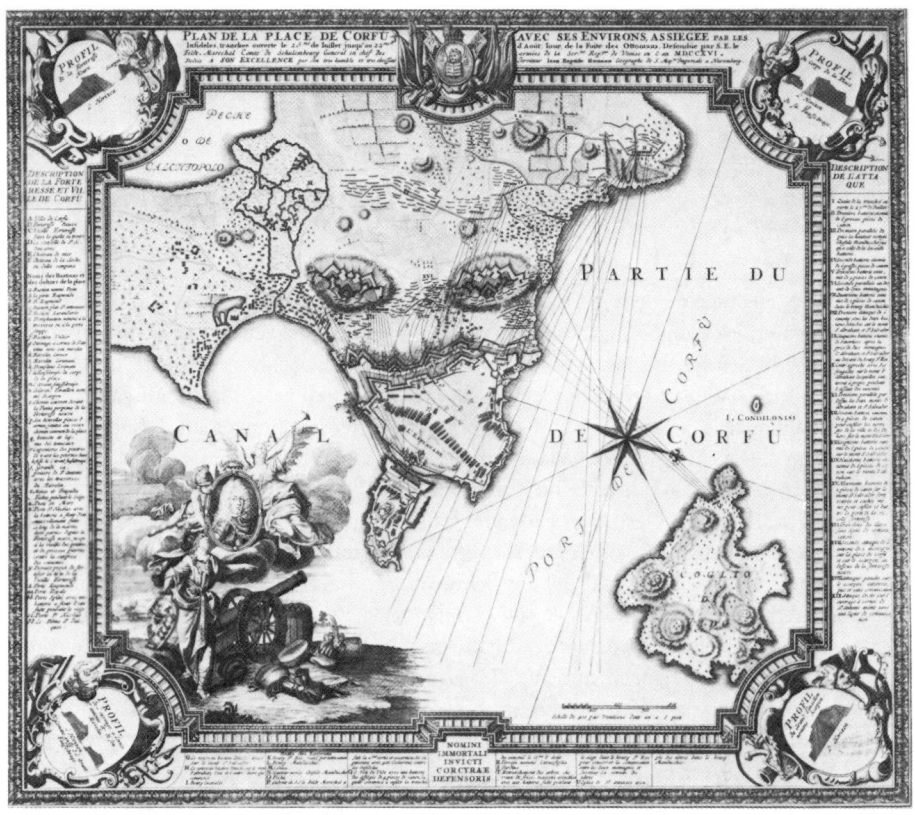

Korfu und die türkischen Angriffe im Jahre 1716. (Nach Homann)

Das 17. Jh. stand aber auch im Zeichen des Hl. Spyrídon, der die Stadt zweimal von der Pest erlöste: 1629, am Palmsonntag, und 1673, am 1. Sonntag im November. Schon früher, zum Osterfest 1550, rettete der Stadtheilige die Bevölkerung von einer langandauernden Hungerkatastrophe. Und ein weiteres Mal griff der Heilige in das Schicksal der Insel Korfú ein: bei der türkischen Belagerung Anfang August 1716 fegten so heftige Gewitter und Regenschauer über die Insel hinweg, daß die Türken am 11. August die Insel verließen. Für die Korfioten ein Wunder ihres Heiligen.[1]

Der seit 1714 neu entflammte Krieg der Türken gegen die Adria-Republik war zugleich der Abschied Venedigs von der politischen Weltbühne; ein Abschied, bei dem Korfú und der Deutsche Johann Matthias von der Schulenburg (1661–1747), Reichsgraf aus Emden bei

1 Wahrscheinlich war Korfú für die Türken strategisch unbedeutend geworden, nachdem Prinz Eugen von Savoyen wenige Tage zuvor, am 5. 8. 1716, die Türken bei Peterwardein (Kroatien) schlagen konnte

47

*Venezianische Münze zu Ehren von Schu-
lenburgs Sieg über die Türken im Jahre
1716*

Magdeburg, einen heldenhaften Sieg für die Seerepublik erringen konnten. Korfú bewährte
sich als das starke Verteidigungsbollwerk, für das es Venedig ausgewählt hatte. Die Venezianer, zu sehr in den letzten Jahrzehnten durch Kriege geschwächt, waren nicht mehr fähig,
die jahrhundertelang beherrschen Gebiete Griechenlands zu verteidigen und gaben (wohl
zum Erstaunen der Türken) nach und nach weite Teile der Peloponnes auf. Erst der überra-
schend schnelle Rückzug der Venezianer auf die letzte Bastion im Adriatischen Meer und das
Nachrücken der Türken führten zum Kampf um Korfú.

Venedig war in Not. Der Doge Giovanni Corner II. (1709–1722) wandte sich an seinen
Verbündeten Eugen von Savoyen mit der Bitte um Vermittlung eines fähigen Generals zur
Verteidigung Korfús. Die Wahl fiel auf Schulenburg, der 1715 von der Signoria mit dem
Oberbefehl beauftragt wurde. Am 8. Juli 1716 landeten 30 000 türkische Soldaten und 3000
Reiter bei Ghuwía und Ypsos an der Ostküste, nördlich der Stadt. Das Kontingent der
Verteidiger bestand hingegen nur aus 8000 (meist freiwilligen, ausländischen) Soldaten.
Vielen Korfioten war zu diesem Zeitpunkt die Alternative, die Stadt kampflos aufzugeben
und unter dem Halbmond weiterzuleben, angenehmer als Krieg. So waren es hauptsächlich,
neben wenigen Griechen, Slawen, Italiener und vor allem Deutsche, die Schulenburg, der
stets in den ersten Reihen kämpfte, zum Sieg führte. Noch zu Lebzeiten erhielt Schulenburg
höchste Ehrerweisungen Venedigs: eine venezianische Silbermünze mit seinem Bildnis und
der Aufschrift ›Auspiciis Venetum virtus germana tuetur‹ (Im Auftrag Venedigs bewährte
sich deutsche Tapferkeit) wurde geprägt, und ein Marmorstandbild wurde ihm 1717 errichtet, das heute am Eingang zur Alten Festung steht.

In der Folge der Französischen Revolution, 1789, kam es zu erheblichen Machtverschie-
bungen in Europa, von denen auch die Adria-Republik Venedig nicht verschont blieb.
Angesichts der französischen Truppen Napoleons, die auf Venedig marschierten, beschloß
am 12. Mai 1797 der Große Rat unter Vorsitz des letzten Dogen Lodovico Manin
(1789–1797), der Forderung Napoleons nachzukommen und alle Machtbefugnisse einem
von Bürgern zusammengestellten *demokratischen* Stadtrat zu übergeben. Kampflos wurde
Venedig genommen: Nach einer genau 1100jährigen Regierungszeit der Dogen (697–1797)

1 KORFU-STADT Esplanade mit den Arkaden (Listón) von Matthieu de Lesseps (1807) und dem ▷
Campanile der Ájios Spyrídon-Kirche (rechts); im Hintergrund die Neue Festung

2 KORFU-STADT Ájios Jeórjios-Kirche, bei der Alten Festung, in Form eines dorischen Tempels von
G. Whitmore aus dem Jahre 1830   3 KORFU-STADT Kapodhístriu-Straße bei der Esplanade

4 KORFU-STADT Platía Dhimarchíu mit der ehemaligen venezianischen Loggia (17. Jh.), heute Rathaus der Stadt, und der katholischen Bischofskirche San Giacomo (17. Jh., rechts)
5 KORFU-STADT Platía Wrachlióti

6   Korfu-Stadt   Platía Ajía Eléni

7 KORFU-STADT Platía Ajía Eléni
8 KORFU-STADT Nördlicher Teil der Kapodhístriu-Straße mit der ›Lesegesellschaft‹, der Nomarchía und dem Erzbischöflichen Palast

9 KORFU-STADT Platía Kremastí mit Panajía-Kirche (Ende 17. Jh.) und venezianischem Brunnen von 1669

10 KORFU-STADT Schloß mit dem Museum für Asiatische Kunst, im Vordergrund Bronzestatue des 2. Lord-hochkommissars Fr. Adam (1824–1832)

11

12

11–21 Architekturdetails von Gebäuden in KORFU-STADT

11 Südfassade der ehemaligen venezianischen Loggia aus dem 17. Jh.

12 Nordfenster der Panajía Kremastí-Kirche (Ende 17. Jh.)

13 Südfenster der Ájios Spyrídon-Kirche (1589)

14 Kremastí-Brunnen von 1669

15 Flachrelief der Muttergottes mit Christus vom Südportal der Panajía Kremastí-Kirche (Ende 17. Jh.)

13

14

15

16

17

20

18 19

21

16 Maitland-Rotunde auf der
    Esplanade von George
    Whitmore (nach 1824)

17 Arkaden (Listón) von Mat-
    thieu de Lesseps (1807)

18 Francesco Morosini,
    Skulptur aus dem Jahre
    1691, Ostfassade der ehe-
    maligen venezianischen
    Loggia

19 Stadtwappen von Korfú,
    Südfassade der ehemaligen
    venezianischen Loggia

20, 21 Erzengel von Giuseppe
        Toretti (1694–1774),
        Giebelfirst der Panto-
        krátor-Kirche

25, 26 PONDIKONÍSSI-INSEL
(auch Mäuseinsel genannt):
frühchristliche Marmorspolien
(5./6. Jh.)

27 KORFU-STADT Antike Stadt- ▷
mauer (5. Jh. v. Chr.) mit byzantinischen Blendarkaden im oberen
Wandbereich

22–24 KORFU-STADT Neue Festung:
Reliefs mit dem venezianischen
Markuslöwen (22 Nordostpor-
tal; 23, 24 Westwand)

28 Basilika von PALAIÓPOLIS (auch Basilika des Ioviános genannt (1. H. 5. Jh.) in Gharítsa

29 KORFU-STADT Menékrates-Denkmal (um 600 v. Chr.), Odhos Kypru 1

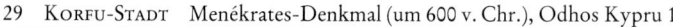

30 KORFU-STADT Grund-
mauern der hellenisti-
schen Stadt, nordöstlich
vom Kloster Theodhóroi

31 KORFU-STADT Kloster
Theodhóroi mit den
Resten des Artemis-
Altars

32–34   Korfu-Stadt   Fest des Hl. Spyrídon (7. April)

35 KORFU-STADT Fischmarkt

36 KORFU-STADT Gemüsemarkt

37 KORFU-STADT Café unter den Arkaden

besetzten *erstmals* fremde (französische) Truppen Venedig. Unschätzbare Kunstwerke aller Epochen Europas wurden Kriegsbeute Napoleons und gingen für immer verloren. Bei dem Friedensvertrag von Campo Formio vom 17. Oktober fiel Venedig an Österreich, Korfú und die Ionischen Inseln fielen an Frankreich.

Korfú im 19. und 20. Jahrhundert

Nur zwei Jahre gehörte Korfú zu Frankreich. Anfangs waren die Korfioten von der von Napoleon importierten Demokratie begeistert. Der Adel hatte endgültig abgedankt. Die Selbstbestimmung des Volkes trat an die Stelle der jahrhundertealten aristokratischen Regierung. Die erste Schule wurde eröffnet, die den Korfioten von Venedig stets verweigert worden war. Eine Bibliothek und die erste Druckerei, überhaupt Bildungseinrichtungen jeglicher Art, wurden jetzt gegründet. Doch die ständigen Übergriffe der französischen Truppen auf die Zivilbevölkerung sowie die hohe Steuerlast, die Napoleon der Bevölkerung auferlegt hatte, brachten große Unzufriedenheit und Unruhen mit sich.

Am 4. November 1798 besetzten türkische und russische Truppen die Insel Korfú, vertrieben die Franzosen und gründeten am 2. März 1799 auf den Ionischen Inseln den *ersten griechischen Staat der Neuzeit:* ›EPTANISSOS POLITEIA‹ (auch ›Heptanés‹ genannt: Sieben-Insel-Staat), der unter den Schutz Rußlands und der Türkei gestellt wurde. Schon am 21. März 1800 überließ die türkische Regierung den neugegründeten Staat allein dem Schutz des Zaren Paul I. (1796–1801). Nun erhielt Korfú auf Drängen der russisch-orthodoxen Kirche wieder einen eigenen griechisch-orthodoxen Metropoliten. Die Regierungsgeschäfte übernahmen anfangs Spyrídon Theotókis (1722–1803) und Ioánnis Kapodístrias (1776–1831), letzterer wurde später sogar Außenminister des Zarenhofes, vertrat Alexander I. (1801–1825) beim Wiener Kongreß und wurde 1. Ministerpräsident des befreiten Griechenlands.

Mit dem Vertrag von Tilsit im Jahre 1807 mußte Zar Alexander I. von Rußland die Ionischen Inseln wieder an Napoleon abtreten. Sieben Jahre, bis 1814, blieb Korfú erneut unter französischer Herrschaft. Der französische Gouverneur François Donzelot verwaltete die Ionischen Inseln wie eine französische Provinz. 1808 veranlaßte er die Gründung der Ionischen Akademie. Auf die ›Völkerschlacht‹ bei Leipzig (16.–19. Oktober 1813) folgte die totale Niederlage Napoleons. Auf dem Wiener Kongreß (1814/15) beschlossen die Sieger die politische Neuordnung Europas: Korfú und die Ionischen Inseln wurden für ein halbes Jahrhundert, von 1814–1864, englisches Protektorat. Sir Thomas Maitland war der erste Lordhochkommissar (1816–1824), der im ionischen Parlament die Macht ausübte. Ihm folgten neun weitere Vertreter der englischen Krone; der letzte Lordhochkommissar war Henry Knight Storks (1859–1864). Noch heute erinnern viele öffentliche Gebäude der Stadt

◁ 38 Moní Palaiokastrítsa (Westküste), Mönch im Klosterhof

und das gut ausgebaute Straßensystem, das die gesamte Insel erschließt, an die englische Herrschaft. Unter der Regierung Frederick Adams (1824–1832) schuf 1824 Lord Guilford aus der Ionischen Akademie die erste griechische Universität. Seit mehr als 100 Jahren (ab 1864) geschlossen, existiert sie seit 1985 zumindest auf dem Papier wieder und soll irgendwann in den Gebäuden der Alten Festung untergebracht werden.

Der europäische Streit um die griechische Königsnachfolge des Wittelsbacher Otto I. (1833–1862), Sohn des bayerischen Königs Ludwig I., führte zu einem Kompromiß, der die Eingliederung der Ionischen Inseln in das griechische Mutterland garantierte: am 13. Juli 1863 erklärte sich England bereit, Korfú und die anderen Ionischen Inseln an Griechenland zurückzugeben; der siebzehnjährige dänische Thronerbe wurde als Georg I. König von Griechenland (1863–1913); am 21. Mai 1864 war Korfú wieder griechisch. Bevor die Engländer die Insel verließen, sprengten sie große Teile der Neuen und Alten Festung in die Luft; auch zerstörten sie die gesamten Festungsanlagen auf der Insel Vido.[1]

Korfú und die anderen Ionischen Inseln erlebten unter der englischen Herrschaft aber auch eine, im Keim bereits von den Franzosen ermöglichte, kulturelle Blüte. Noch bevor die Universität eröffnet war, gründete Pávlos Prosaléntis (1784–1837), ein Schüler von Antonio Canova (1757–1822), 1815 eine Kunstakademie, ganz ähnlich wie die 1840 von Nikólaos Chalikiópoulos-Mántzaros (1795–1874) ins Leben gerufene Schule für Moderne Musik (Ajios Spyrídon-Philharmonie), die weit über die Grenzen Korfús hinaus großes Ansehen besaß. Berühmteste Ehrenmitglieder waren u. a. Gioacchino Rossini (1842) und Charles Gounod (1874). Die korfische Musiktradition hatte ihren Anfang jedoch bereits in der venezianischen Epoche. 1733 wurde in der Loggia eine Oper etabliert, die den Namen ›San Giacomo-Opera‹ erhielt. Das neoklassizistische Opernhaus aus dem Jahr 1903 wurde im 2. Weltkrieg Opfer der deutschen Fliegerangriffe.

Internationalen Ruhm errang auch der Dichterkreis um Dionysios Solomós (1798–1857) (s. S. 241). Der aus Zákynthos stammende Dichter lebte von 1828 bis zu seinem Tode auf Korfú und hat sich vor allem durch Werke in der Neugriechischen Volkssprache (Dhimotikí) verdient gemacht. Seine ›Hymne an die Freiheit‹, 1864 von Mántzaros vertont, blieb bis heute die Nationalhymne Griechenlands. Ein anderer Komponist Korfús, Spýros Samarás (1861–1917), schuf gemeinsam mit dem korfischen Dichter Kóstis Palamás (1859–1943) die Olympische Hymne für die ersten neuzeitlichen Spiele 1896 in Athen, die ebenfalls noch heute bei jeder Olympiade erklingt.

Im 20. Jh. blieb auch Korfú nicht von den beiden Weltkriegen verschont. Die 1864 vertraglich von England geforderte ›Neutralität‹ Korfús (bzw. Griechenlands) machte die Insel 1916 zu einem Stützpunkt der Alliierten England, Frankreich und Italien. Nach der Eroberung des Königreiches Serbien durch Deutschland und Österreich kamen serbische Truppen nach Korfú; im Achíllion (Achilleion) bei Ghastúri, dem ›märchenhaften‹ Sissi-Schloß,

---

1 Der antike, von Thukydides überlieferte Name der Insel ist Ptychía. Der heutige Name geht auf den venezianischen Besitzer Guido (Vido) Malipieri zurück.

Die Ermordung von I. Kapodístrias in Nauplia am 27. September 1831. (Gemälde von Charálambos Pachís, Pinakothek Kerkyra)

wurde am 20. Juli 1917 die ›Deklaration von Korfú‹ unterzeichnet, in der die Richtlinien für die Gründung des jugoslawischen Staates (ab 1. Dezember 1918 vereinigtes Königreich der Kroaten, Serben und Slowenen) formuliert waren.

Als 1923 bei der Grenzfestlegung zwischen Albanien und Griechenland der italienische Vertreter, General Tellini, ermordet wurde, bombardierten und besetzten im August für kurze Zeit italienische Truppen Korfú.

Im 2. Weltkrieg wurde Korfú 1940 nochmals von Italien erobert. Nach der Landung amerikanischer Truppen auf Sizilien und der Kapitulation Italiens bombardierten am 14. September 1943 deutsche Flugzeuge die Stadt, der eine deutsche Besetzung folgte. Am 12. Oktober 1944 erlitt Korfú eine weitere Belagerung: englische Truppen erkämpften die Insel und befreiten Korfú von deutschen Truppen.

Kunst auf Korfú

Werke aus der Frühzeit unserer Kulturgeschichte, die wir heute in den Museen als ›Kunst‹ betrachten, sind in den seltensten Fällen von den Menschen, die sie geschaffen haben, als Kunstwerke gedacht und gefertigt worden. Immer wieder stellt sich uns beim Betrachten der Erzeugnisse unserer abendländischen Vorfahren die Frage nach dem Ursprung und dem frühen Werden der Kunst. Nicht selten stehen wir staunend vor den befremdlichen Zeugnissen des Neolithikums und der frühen Bronzezeit des 2. vorchristlichen Jahrtausends. Wir sehen in den Museen eine Vielzahl von Ausstellungsstücken, bewundern die erstaunliche handwerkliche Technik, fühlen uns auch direkt angesprochen, und doch waren alle diese Exponate meist ›nur‹ Gebrauchsartikel, ohne jeden Anspruch, Kunst sein zu wollen. Wir stehen vor Statuetten – Gottheiten, Adoranten nennen wir sie –, deren Sinn und Bedeutung wir allenfalls erahnen können.

Großartige Hinterlassenschaften der Vorfahren der ersten Europäer kennen wir von Zypern und Kreta, aber auch von den Kykladeninseln und der Peloponnes. Korfú hingegen lag am Rande der ersten europäischen Hochkultur und ist äußerst arm an Zeugnissen dieser frühen Epochen. Eindrucksvolle neolithische Kunst wie auf Zypern oder Meisterwerke der minoischen Kunst wie auf Kreta kennen wir auf Korfú nicht. Neolithikum und Bronzezeit, aber auch die mykenische Epoche scheinen die Insel nur wenig berührt und somit in ihrer kulturellen Entwicklung kaum geprägt zu haben.

Erst als die Griechen während der archaischen Epoche ihre Expansionen gen Westen vorantrieben (s. S. 20), entstand auch auf Korfú eine hochentwickelte Kunst von überregionaler Bedeutung.

Archaische Bildhauerei des 7./6. Jh. v. Chr.

Wie wir schon im einführenden Kapitel zur Geschichte gehört haben, stand das 8. vorchristliche Jahrhundert ganz im Zeichen der großen Kolonisationsbewegung gen Westen: nach Sizilien und Unteritalien. Die Menschen aus Chalkis und Eretria von Euböa, aus Korinth und Athen sowie von Kreta und Rhodos, sie alle drängten nach wirtschaftlicher Expansion und wollten sich jene Handelswege, die seit Jahrzehnten von griechischen Kaufleuten und Abenteurern erkundet worden waren, nicht nur sichern, sondern durch Kolonisierung fest

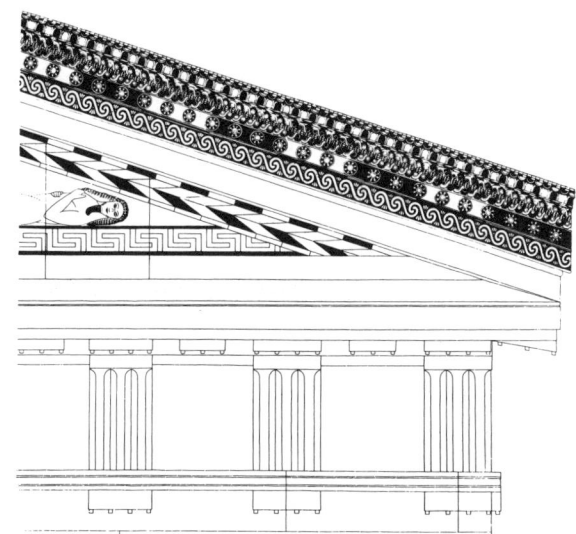

Ältere Terrakotta-Sima des Arte-
mis-Tempels, um 600/590 v. Chr.
(Nach Gerhart Rodenwaldt:
Korkyra. Archaische Bauten und
Bildwerke. Bd. 1: Der Artemis-
tempel, Abb. 93, S. 121, Berlin
1940)

Matrize für die Herstellung von
Goldblechen (Ende 7. Jh. v. Chr.)
mit mythologischen Darstellun-
gen (obere Reihen) sowie Tier-
friesdekor (untere Reihen).
(Oxford, Ashmoleon Museum,
Inv. Nr. G 437; Umzeichnung
von Klaus Reinholdt)

an sich binden. Die Kolonisationsplätze wurden nach wirtschaftlichen und strategischen Erwägungen ausgewählt, in erster Linie mußten sie gut zu verteidigen sein (s. S. 23).

Langsam, nachdem die Pionierzeit der Siedlungsanfänge abgeschlossen war, entwickelte sich in den griechischen Oasen, inmitten der ›Barbaren‹ griechisches Leben: und plötzlich wetteiferten griechisches Kulturgut und griechischer Geist der Kolonien mit den jahrhundertealten kulturellen Errungenschaften des Mutterlandes. Die – modern gesprochen – Neureichen in den wohlhabenden griechischen Städten auf Korfú und Sizilien, aber auch in Unteritalien trachteten nach Selbstdarstellung und Anerkennung. Alles, was Künstler in den Kolonien schufen, mußte folglich immer etwas besser, schöner und größer als im Mutterland sein; so waren ihre Tempel tatsächlich nicht nur ein klein wenig größer, sondern hier zeigte sich eine neue Grundrißhaltung (s. S. 53), durch welche die Allseitigkeit der Tempel des griechischen Mutterlandes von der klaren und eindeutigen *Frontalität der Tempel* in den Kolonien abgelöst wurde; eine Bauidee, die von den Griechen auf Sizilien bis zum Untergang ihrer Epoche beibehalten wurde.

Frei und ungezwungen, kümmerten sich die Baumeister in den griechischen Kolonien anfangs wenig um orthodoxe Regeln des griechischen Tempelbaus und um ausgewogene Proportionen, sondern sie bauten hier mit einer geradezu archaischen Unbekümmertheit, die zwangsläufig zu chaotisch-monumentalen Maßeinheiten führen mußte, wie wir es noch beim *Artemis-Tempel* (s. S. 53), dem ersten großen Beispiel der griechischen Steinarchitektur, sehen werden.

Auch sonst mußten die Kunstwerke in den Kolonien stets schöner und anspruchsvoller sein. Wir werden sehen, daß auch das Terrakotta-Sima des älteren Artemis-Tempels von Kerkyra ein wenig schmuckreicher war als Beispiele im griechischen Mutterland. In der archaischen Plastik zeigen die Beispiele auf Korfú den Beginn einer neuen Kunstepoche an, die sicherlich weit über die Insel hinausgewirkt hat. Doch die erhaltenen korfischen Zeugnisse dieser Epoche sind so gering, daß an ihnen die herausragende Qualität und Bedeutung der archaischen Kunst Kerkyras nur angedeutet werden kann. Erwähnt sei hier aber die Matrize für Goldblech-Herstellungen (Ende 7. Jh. v. Chr.) aus Oxford, die aus einer Privatsammlung stammt. Die vier Bildstreifen zeigen das reiche Repertoire korfischer Künstler der archaischen Epoche.

Liegender Löwe, um 630/620 v. Chr.
(Abb. 41 und 44)

Und der Pelide stürmte von drüben, *so wie ein Löwe,*
Ein sehr wilder, welchen die Männer zu töten begehren,
Alle versammelt, die ganze Gemeinde; erst geht er verachtend
Hin, sobald ihn aber dann einer der kampfschnellen Jäger
Trifft mit dem Speere, so reißt er sich duckend das Maul auf, und Schaum steht
Ihm um die Zähne, es stöhnt sein wehrhaftes Herz ihm in Innern,

Und mit dem Schwanz auf beiden Seiten die Flanken und Hüften
Peitschend, spornt er sich selber an, sich im Kampf zu versichern …

Aber nachdem sie zur Tochter des großen Kroniden[1] gebetet,
Schritten sie[2] durch die Nacht, die schwarze, *zwei Löwen vergleichbar*,
Über Leichen und Mord, durch schwarzes Blut und durch Waffen.

(Homer: ›Ilias‹, deutsch von Roland Hampe, 20/164–171; 10/296)

Diese beiden Stellen aus der ›Ilias‹, die die Belagerung und den Kampf um Troja, um die strategisch so wichtige Dardanellen-Einfahrt zum Schwarzen Meer schildert, macht deutlich, welche Bedeutung die Griechen dem Löwen zugemessen haben: der ›König der Tiere‹ war das Sinnbild für Männlichkeit und Tapferkeit, für Mut und grenzenlose Kraft. Vom Orient beeinflußt, wird der Löwe schlechthin als apotropäischer Dämon zum Beschützer von Burgen und Palästen, wie wir es schon am Löwentor von Mykene erkennen können. Aber auch als Grabwächter hatte er seine Funktion und wurde seit der dädalisch-archaischen Kunstepoche auch als Großplastik oft in eindrucksvoller Weise dargestellt.

Unser korfisches Löwenbeispiel ist ein Meisterwerk der fr
harchaischen Epoche, gehört in die Zeit um 630/620 v. Chr. und zeigt engste Stilverwandtschaft mit korinthischen Löwendarstellungen der Großplastik, ist vielleicht sogar das Werk einer korinthischen Schule der Mutterstadt Kerkyras. Langgestreckt lagert der Löwe in lauernd sprungbereiter Haltung, losgelöst von den starren Fesseln der orientalischen und ägyptischen Kunst. Wildheit und ungebändigte Kraft gehen von dem Tier aus; beim Umschreiten der Plastik wird es erst recht deutlich.

Der Künstler dieses Meisterwerkes fertigte den Löwen aus einem monolithischen, wohl korfischen Kalkstein, wobei er wahrscheinlich nur Löwenbeispiele aus der orientalischen Kunst kannte. Eindrucksvoll ist der leicht nach rechts gewandte Kopf des Tieres. Alle Details des Löwenantlitzes verdichtete der Meister zu fließend ineinander übergehenden Ornamenten, umrahmt von der Mähne des Tieres, die als Halskrause das Ganze umschließt: die großen, tiefliegenden Augen und die wulstartigen Brauen wirken ganz ornamental, darunter die geschwungenen Falten der Oberlippe und die der Wangen, die das leicht geöffnete Maul umschließen; diese ornamentale Verdichtung erinnert an korinthische Vasenbilder, wie wir sie z. B. von der Löwendarstellung des protokorinthischen Aryballos in Berlin kennen.

Schließlich die Polychromie. Wir müssen uns das Werk mit kräftigen Farben bemalt vorstellen. Nur so können wir die Wirkung des in Stein gefaßten kraftvollen Tieres in seiner Zeit erahnen. Freistehend säumte der Löwe als Grabornament einst die Gräberstraße der außerhalb der antiken Stadt liegenden Nekropole: für die Lebenden dürfte der ›König der

---

1 Göttin Athene
2 Meríones von Kreta, ein Freund des Idomeneos, und Odysseus, die gemeinsam vor Troja kämpften

Tiere‹ Sinnbild der Tapferkeit und des unerschrockenen Mutes des Verstorbenen gewesen sein.

Noch etwas zu der weitverbreiteten Meinung, der kauernde Löwe gehöre zum Menékrates-Rundbau: Tatsächlich fand man den Löwen und das Menékrates-Denkmal im Jahre 1843 nur knapp 7 m voneinander entfernt, doch sowohl die Konstruktion als auch die sehr sichere Datierung des Rundbaus aufgrund der griechischen Inschrift in die Zeit um 600 v. Chr. lassen keinen Zweifel daran, daß die beiden Denkmäler nichts miteinander zu tun haben. Besonders die kegelförmige Abdeckung des Rundbaus (s. Abb. 29) mit seiner etwa 7 bis 8° flachen Neigung macht deutlich, daß diese gewölbte Fläche für die 1,21 m × 0,41 m große Plinthe des kauernden Löwen keine geeignete Auflagefläche gewesen sein kann.

Westgiebel des Artemis-Tempels
(Abb. 39 und 40)

In den spärlichen Resten des Artemis-Tempels (s. S. 90 ff.) erkennen wir einen der ersten und gewaltigsten Tempel der in frühharchaischer Zeit am Anfang ihrer großartigen Entwicklung stehenden Steinarchitektur. Zur Zeit Periandros' von Korinth (s. S. 25) um 590 v. Chr. entstanden, nimmt er eine führende Rolle in der archaischen Bauplastik besonders aufgrund seiner gewaltigen, ungebändigte Kraft vermittelnden Giebelkomposition ein, die ganz ohne Beispiel ist. Wir vermuten zwar einen korinthischen Vorgängerbau, den wir aber nicht kennen. Die Architektur (nicht die Bildhauerei) dieses großartigen, durchaus eigenständigen Werkes kerkyräischer Baumeister blieb auf das Mutterland ganz ohne Wirkung (s. S. 70), in den griechischen Kolonien, auf Sizilien und in Unteritalien hingegen wurden diese neuen Bauideen begierig aufgegriffen.

Der Artemis-Tempel muß in irgendeinem sehr wichtigen Bezug zur Mutterstadt Korinth und somit überhaupt zu dem ersten griechischen Tempel *mit zwei* Giebelkompositionen gestanden haben, der nach Ovid eine Erfindung der Korinther war. In seiner 13. Olympischen Ode des Jahres 464 v. Chr. spricht der Dichter davon, daß die Korinther zuerst das *doppelte Bild* des ›Königs der Vögel‹ geschaffen haben; gemeint sind damit die Giebelflächen an der westlichen und östlichen Tempelschmalseite; für die Griechen Synonym für die Schwingen des Adlers.[1]

Die Giebelkomposition des Artemis-Tempels steht am Anfang der Entwicklung zur Lösung des Hauptproblems der künstlerischen Ausgestaltung des Giebelfeldes griechischer Tempel schlechthin. Einheitliche Proportionen und Größenverhältnisse aller Steinskulpturen zu erreichen, war das erstrebte Ziel. Die unterschiedlichen Giebelhöhen von Mitte und Ecken, bedingt durch die Giebelschrägen, waren für die Künstler der archaischen Epoche zwanghafte Fesseln ihrer künstlerischen Entfaltung. Der Giebelhöhe jeweils angepaßt, füll-

---

1 Im Altgriechischen bezeichnete man den Giebel eines Tempels als ›aietos‹ (Adler)

Gorgo, Pegasos und Chrysaor, Rekonstruktion.
(Nach G. Rodenwaldt, a. a. O., Bd. 2, S. 20,
Abb. 4)

Medusa mit ihren Kindern Pegasos und Chrysaor,
bronzenes Schildband aus Olympia. (Nach Emil
Kunze: Zum Giebel des Artemistempels in Korfú,
AM Athen Bd. 78, 1963, Abb. 4, Beilage 37)

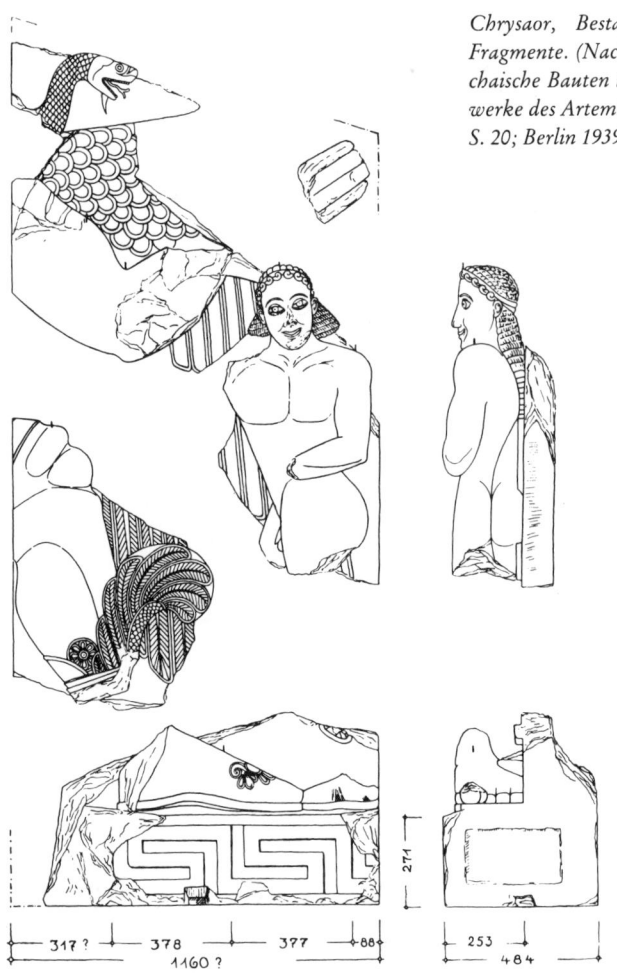

Chrysaor, Bestandszeichnung der erhaltenen Fragmente. (Nach G. Rodenwaldt: Korkyra. Archaische Bauten und Bildwerke. Bd. 2: Die Bildwerke des Artemistempels, Abb. 30, S. 44, Abb. 4, S. 20; Berlin 1939)

ten sie die Giebelecken mit liegenden und gelagerten Figuren sowie bei zunehmender Höhe des Giebeldreiecks mit hockenden und sitzenden Skulpturen und schließlich in der Mitte mit stehenden Gestalten, die in der Frühzeit jedoch immer völlig unterschiedlich proportioniert waren. Erst dem schon in der Antike berühmten und einem der bedeutendsten griechischen Bildhauer überhaupt, Phidias, gelang es um 460 v. Chr., bei den Giebelkompositionen des Zeus-Tempels von Olympia einen einheitlichen Modulus zu entwickeln, so daß die Köpfe *aller* Giebelskulpturen annähernd einheitlich proportioniert waren.

Wie schon gesagt, unser korfisches Beispiel zeigt noch jene tastenden archaischen Anfänge, bei der die Komposition des Giebels kein einheitliches mythologisches Thema zum Inhalt hat. Es gibt also keine einheitliche Handlung, sondern die Giebelkomposition besteht aus einzelnen Szenen der verschiedenen archaischen Seinsbereiche. In additiver Reihung wirken die einzelnen Gruppen lebenbannend, das Gotteshaus schützend, das Böse und Bedrohliche fremder Dämonen abwehrend. Komposition und Inhalt des Ganzen bilden keine Einheit.

Gerade dieser Aspekt, die inhaltliche Deutung der Giebelkomposition – und hier ganz besonders die Aussage über die dämonische Mittelgruppe der Gorgo mit ihren beiden Begleitern –, hat heftigste Diskussionen unter den Forschern ausgelöst. In der Tat haben wir es bei der Gorgo Medusa mit einem ikonographischen Phänomen ganz besonderer Art zu tun. Denn merkwürdigerweise steht in der Mittelgruppe Medusa mit ihren beiden Kindern Chrysaor und Pegasos vor uns, die jedoch – von Poseidon gezeugt – dem Mythos zufolge erst nach der Enthauptung ihrer Mutter durch Perseus aus deren Blut geboren wurden. Andererseits sind die Kinder der Medusa in den griechischen Mythen überall gegenwärtig, so daß vorstellbar ist, daß den Griechen der archaischen Epoche das ›Sein‹ von stärkerer Bedeutung war als die chronologische Zeitabfolge, sie also ganz unbekümmert sehr wohl Kinder und Mutter als einen ›Seinsbereich‹ gemeinsam darstellten, obwohl Gorgo Medusa zu Lebzeiten ihrer Söhne bereits tot war.

So verwundert es nicht, daß bald nach der Entdeckung des Giebels die Mittelgruppe als die ›Enthauptung der Medusa‹ bzw. die ›Geburt von Chrysaor und Pegasos‹ gedeutet wurde. Doch schon Gerhart Rodenwaldt, der unter der Grabungsleitung von Wilhelm Dörpfeld (s. S. 52) von 1911–14 bei der Freilegung des Artemis-Tempels mitgearbeitet hat und mit seiner Monographie über den Artemis-Tempel ein bleibendes Standardwerk[1] vorgelegt hat, konnte überzeugend klarstellen, daß es sich bei der Mittelgruppe nicht um die mythologischen Szenen – Tod der Medusa und Geburt ihrer Kinder – handelt. Sowohl ikonographische Einzelheiten wie die Bekleidung und die Bewegungsrichtung (rechts-, nicht linksläufig!)[2] von Chrysaor, doch besonders die Stellung des rechten Fußes, der nicht in ›Siegerpose‹ auf dem linken Fuß der Gorgo steht, machen unzweifelhaft deutlich, daß es sich hier nicht um Perseus, der Medusa tötet, handeln kann. Gerade diese Fußstellung von Chrysaor kann eindeutig am Original beobachtet werden (s. Fig. S. 74). Die besonders von Roland Hampe[3] immer wieder hartnäckig vorgetragene Deutung der Tötung Medusas durch Perseus beruht gerade in diesem Punkt auf einer Fehlinterpretation des Fundmaterials.

Schließlich sei noch auf ein bronzenes Schildband aus Olympia hingewiesen, auf dem eine ganz ähnlich ›zeitlose‹ Szene als Betonung des ›Seinsbereiches‹ von Medusa und ihren Kindern dargestellt ist. Wie unser korfisches Giebelbeispiel, zeigt auch die Miniaturdarstellung von Olympia die geflügelte Medusa mit Pegasos und Chrysaor (s. Fig. S. 73).

1 s. Literaturverzeichnis

2 Auf uns bekannten Vasenbildern, aber auch bei der Metope des Tempels C von Selinus auf Sizilien, erscheint Perseus bei der Tötung Medusas stets von der linken Seite.

3 Roland Hampe: *Archäologische Mitteilungen, Athen*, Bd.: 60/61, Athen 1935/36, S. 269–299; Erika Simon: *Die Götter der Griechen*, S. 170/171, München ²1980

Rätselhaft und somit unbeantwortet bleibt jedoch nach wie vor die Frage, warum Gorgo Medusa den Giebel des Tempels der Göttin Artemis, der ›Herrin der Tiere‹, schmückt.

Wenden wir uns nun den einzelnen Szenen der einst polychromen Giebelkomposition zu: Deutlich werden die beiden Szenen in den Giebeldreiecken von jener der Bildmitte durch den symmetrischen Aufbau einerseits und durch den gegenläufigen Richtungsablauf des Geschehens andererseits inhaltlich wie kompositorisch voneinander getrennt. Die geflügelte Gorgo[1] ist die dominierende Zentralfigur des Giebels. Ihr ›Knielauf‹ deutet mit archaischen Mitteln die schnelle Bewegung des fliegenden Laufens an. Mit Flügelschuhen und einem – ehemals rot bemalten – kurzen Gewand ist sie bekleidet. Medusas Körper zeigt eine torsionsartige Drehung in der Hüfte: während der Unterkörper als Profil gebildet ist, sind der Oberkörper und das dämonische Haupt (Abb. 39) frontal dargestellt, die kraftvolle Urgewalt symbolisierend. Deutlich kleiner modelliert, flankieren Pegasos und Chrysaor die bei ihrer Geburt getötete Mutter. Dämonhafte Wesen, bedrohliche Kräfte abwehrend, sind ebenfalls die beiden symmetrisch auf die Mitte zu ausgerichteten Panther (Abb. 40).

In der (vom Betrachter aus gesehen) linken Giebelecke sehen wir einen erschlagenen nackten Giganten und einen szenischen Ausschnitt aus dem Kampf um Troja: Neoptolemos, Sohn des Achilleus, tötet Priamos, den letzten Herrscher Trojas. Andere Forscher vertreten die Meinung, daß der von rechts Herannahende Poseidon sei, der seine Mutter Rhea angreift.

In der gegenüberliegenden Giebelecke sehen wir ein inhaltliches Kompositions-Pendant: Auch hier füllt den Giebelzwickel ein erschlagener nackter Gigant, davor eine Kampfszene zwischen Zeus und einem Giganten. Und so wie in dieser mythologischen Szene der blitzschleudernde Zeus einen verwundeten Giganten bezwingt, und damit die Überwindung bedrohlicher Kräfte schlechthin symbolisiert, dürfte für die Griechen der archaischen Zeit auch der Sieg des jugendlichen Neoptolemos über Priamos einen ganz ähnlichen symbolischen Sinngehalt gehabt haben. Denn in der Erinnerung dieser Menschen muß das mächtige Troja der mykenischen Zeit – durch die Epen Homers bekannt – im Lande der Barbaren, die die wichtige Dardanellen-Einfahrt für die griechischen Handelsschiffe zum Schwarzen Meer hin kontrollierte bzw. wohl auch blockierte, für Griechenland eine gewaltige Bedrohung gewesen sein.

Von einigen Forschern wird auch diese Szene anders gedeutet, sie glauben, daß hier Zeus im Kampf mit seinem Vater Kronos dargestellt ist.

Jüngerer Korfú-Giebel aus Figarétto

Daß der frürharchaische Giebel des Artemis-Tempels von Korfú der griechischen Monumentalplastik gewisse künstlerische Anregungen vermittelt hatte, wurde bereits angesprochen.

---

1 In einer Höhe von mehr als 10 m füllte die 2,74 m große Gorgo die gesamte Giebelmitte

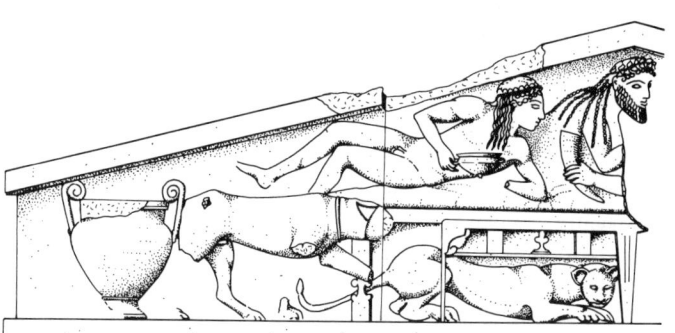

Jüngerer Korfú-Giebel aus Figarétto, Ende 6. Jh. v. Chr. (Umzeichnung von Barbara Niemeier)

Möglicherweise geht von ihm auch der Einfluß auf die attischen Bildhauer zurück, die sich mehr und mehr vom Flachrelief lösten und die Körperlichkeit der Skulpturen so stark herausarbeiteten, bis sie sich nahezu vollständig von dem Mauerhintergrund des Giebels befreiten. Auch findet später eine verstärkte Konzentration auf die Giebelmitte statt, die zum Zentrum des mythischen Geschehens wird, auf das alle Skulpturen der Giebelkomposition ausgerichtet werden. Das Fragment des kleinen Poros-Giebels aus der Zeit um 560 v. Chr. von der Akropolis[1] in Athen mag dafür als Beispiel erwähnt sein: Völlig losgelöst von der rückwärtigen Wand sind in ihrer ganzen Körperlichkeit Zeus, Hera und Herakles bei der ›Einführung des Herakles in den Olymp‹ modelliert.

Genau in diese Entwicklungsreihe – nicht mehr hocharchaisch, sondern spätarchaisch – gehört das 1973 in Figarétto[2] bei den Ausschachtungsarbeiten eines Wohnhauses entdeckte Giebelfragment. Die etwa 2,73 × 1,3 m kleine linke Giebelhälfte gehörte zu einem etwa 12 m breiten Tempel. Nach stilistischen Merkmalen des Skulpturenschmuckes entstand das Gebäude gegen Ende des 6. Jh. v. Chr. Die Fundstelle in Figarétto, unweit von der Ajía Paraskeúe-Kapelle, nahe der Westküste von Kanoni, war jedoch nicht zugleich der Standort des antiken Tempels, zu dem die beiden Giebelplatten gehörten; das kleine Heiligtum dürfte oberhalb, im Umkreis der mit antiken Spolien errichteten Klosterkirche Panajía Kassiópitra zu suchen sein.

Die betont körperhaft gebildeten Gestalten des Giebelfragments füllen nicht die gesamte Höhe der Giebelfläche aus, vielmehr wirkt die Geschlossenheit der Komposition besonders durch die horizontale Gliederung. Mit diesem Stilmittel schaffte der Bildhauer im Giebelfeld ›künstlich‹ eine zweite Dreiecksfläche, indem er einen breiten Skulpturensockel in Höhe der Kline (Bettlager) gestaltete, die er jedoch beide inhaltlich als Einheit formulierte.

Auf dem erhaltenen linken Giebel ist wahrscheinlich Dionysos mit einem Pantherfell bekleidet, bei einer fröhlichen Weinrunde mit einem nackten Jüngling, seinem Sohn Oinopion, dem Satyr Ampelos (Weinstock) oder einem Mundschenk dargestellt. Eine Szene, die

---

1 Akropolis-Museum: Saal II, Inv. Nr. 9 und 55
2 Figarétto ist ein südlicher Vorort von Korfú und liegt im Bereich der antiken Stadt Kerkyra

möglicherweise mit einem Symposion (Umtrunk *nur* unter Männern) zusammenhängt, bei dem Dionysos den Gott Hephaistos volltrunken macht. Diese Szene hätte demnach den Mythos von der ›Rückführung des Hephaistos in den Olymp‹ zum Inhalt. Hephaistos, lahm geboren und daraufhin von seiner Mutter aus dem Sitz der Götter verstoßen, hatte sich nämlich derart an seiner Mutter Hera gerächt, daß er ihr als begnadeter Künstler des Schmiedehandwerks einen goldenen Thron mit unsichtbaren Fesseln schenkte, aus denen sie nur durch ihren Sohn befreit werden konnte. Erst mit Hilfe des Dionysos, der den verstoßenen Gott betrunken machte und ihn so in den Olymp führte, konnte Hera sich wieder ihrer Fesseln entledigen.

Symposionsszenen mit Dionysos kennen wir viele in der griechischen Kunst, besonders als Vasenbilder. Pausanias (I, 20, 3) berichtet sogar von einem Gemälde (im Dionysos-Tempel von Athen) mit genau jener Szene, die auf unserem korfischen Giebel wahrscheinlich fragmentarisch erhalten ist. Folglich dürfen wir uns vorstellen, daß, streng symmetrisch aufgebaut, auf der rechten Giebelseite entsprechend einst in ganz ähnlicher Weise wie Dionysos Hephaistos auf einer Kline lagerte und Wein trank. Auf dem erhaltenen Fragment erkennen wir neben den beiden Zechern mit Trinkhorn und Kylix (Trinkschale) unter der Kline einen Löwen, links dahinter einen Molosserhund (Hirtenhund der Molosser aus Epiros) und einen riesigen, lakonischen Weinkrater.

Frühchristliche und byzantinische Kunst[1]

Im Gegensatz zu dem weiten Begriff ›Byzantinische Kunst‹ assoziieren wir mit der Bezeichnung Romanik, Gotik oder Barock eindeutige stilistische Klassifizierungen. Der Begriff ›Byzantinische Kunst‹ umfaßt dagegen *zeitlich* die künstlerische Hinterlassenschaft eines ganzen Jahrtausends, und zwar vom Übergang der Spätantike zum frühen Christentum bis zum Untergang des Oströmischen Reiches (1453, s. S. 44) und *räumlich* die Kunstproduktion aller Völker und Staaten, die je unter dem Einfluß des Oströmischen Reiches standen (das erst von den Historikern ›Byzantinisches Reich‹ genannt wurde), also auch die Kunstwerke der östlichen Spätantike und des christlichen Orients erfassen.

Dieser große Zeitraum des ›Byzantinischen Jahrtausends‹ wird allgemein in die früh-, mittel- und spätbyzantinische Epoche unterteilt. Darüber hinaus grenzt man die künstlerische Produktion einiger bestimmter Epochen und Kaiserdynastien genauer ab und unterscheidet in: ›Zeitalter Justinians‹ (527–565), ›Kunst des Ikonoklasmus‹ (726–843), ›Komnenische Kunst‹ (1081–1185) und ›Kunst der Paläologen‹ (1261–1453).

1 Diese Darstellung folgt im wesentlichen dem einführenden Text des Autors zur byzantinischen Kunst in: K. Gallas, K. Wessel. M. Borboudakis ›Byzantinisches Kreta‹, S. 32 ff., München 1983

Architektur

Spricht man innerhalb dieser Epochen und Kunstströmungen von der byzantinischen Architektur, so ist meist nur die *Sakralarchitektur* gemeint, da selbst in der Hauptstadt Konstantinopel und so bedeutenden byzantinischen Städten wie Thessaloniki und Nikopolis (um im griechischen Bereich zu bleiben) nur wenige Beispiele byzantinischer *Profanarchitektur* erhalten bzw. bekannt sind.

So lassen sich für Konstantinopel auch nur der große Kaiserpalast, die eindrucksvolle Stadtmauer und die Zisternen mit Ziegelgewölben nach römischer Ingenieurbaukunst als Beispiele der Profanarchitektur anführen; demzufolge fallen die Beispiele in den byzantinischen Provinzen noch viel geringer aus, dies gilt auch für unsere Insel Korfú. Neben spärlichen Fragmenten byzantinischer Festungsbaukunst von Ghardhíki und Angelókastro sowie den noch nicht freigelegten Resten der byzantinischen Festung Korfú sind sonst keinerlei Beispiele weltlicher Architektur des byzantinischen Zeitalters auf Korfú erhalten.

Die Standortwahl byzantinischer Kirchen konnte aus den verschiedensten Gründen erfolgen: Frühchristliche Bauten errichtete man gern an Märtyrerorten; seit der mittelbyzantinischen Zeit baute man häufig auf den Grundmauern frühchristlicher Basiliken, also an traditionsreichen Orten, die bis in die frühchristliche Zeit zurückreichten. Ein neues Gotteshaus konnte auch als Raumerweiterung für eine von Pilgern verehrte Eremitenhöhle entstehen.

Weitaus am häufigsten errichtete man die Kirche an einem beliebigen Platz, dort, wo die Gemeinde oder der Stifter Bauland zur Verfügung stellte. Bevorzugt waren natürlich Bauplätze, wo die Heiligkeit eines Ortes mit christlicher Tradition kontinuierlich in Verbindung stand. Werden die beharrlich beibehaltenen byzantinischen Einraumkapellen – die während der gesamten byzantinischen Periode in allen Landschaftsräumen des Reiches den vorherrschenden Bautypus darstellen – im Laufe der Zeit durch verschiedene Varianten bereichert –, so bleibt die Bauausführung auf der Insel Korfú und anderswo zwar stets landschaftsgebunden abhängig, aber doch über Jahrhunderte unverändert.

Seit dem 6. Jh., und speziell aus der mittel- und spätbyzantinischen Epoche, sind für den gesamten byzantinischen Einflußbereich kaum Namen von Architekten oder Baumeistern überliefert. In frühbyzantinischer Zeit unterscheidet man bei den Bauhandwerkern zwischen dem sehr angesehenen ›mechanikos‹ und dem ›architekton‹, der – im Vergleich zum Berufsstand des heutigen Architekten – nur die Pflichten und Aufgaben eines Poliers innehatte. Der ›mechanikos‹ hatte einen hohen gesellschaftlichen Rang und übte – auf die heutige Zeit übertragen – den Beruf eines Ingenieurs und Bauleiters aus. Zu dieser Berufsgruppe gehörten z. B. Anthemios von Tralles und Isoderos von Milet, die Erbauer der Hagia Sophia in Konstantinopel.

Eine unerläßliche Quelle, die ausführlich über Bauherrenschaft, Planung und Entwurf, Werkstattbetriebe und Handwerker informiert, ist der Brief Gregórios von Nyssa aus Amphilóchios aus der Zeit zwischen 373 und 375. Aus dem Inhalt dieses Briefes erfahren wir u. a., daß der Entwurf des Bauwerkes keine Arbeit des architekton oder mechanikos ist, sondern daß der für die Bauausführung vorhandene, meist nur skizzenhafte Entwurf vielmehr vom Bauherrn selbst stammt.

Noch etwas zu dem Begriff *Basilika*. Schon vor dem Triumph des Christentums (s. S. 35) benötigten die Christen für ihre Gottesdienste Versammlungsräume. Verständlicherweise übernahmen sie dafür nicht die spätantiken Tempel heidnischer Götter (das kam erst viel später!), sondern die für ihre Versammlungen viel geeignetere profane römische ›Basilika‹. Grundsätzlich sind damit rechteckige Versammlungsräume gemeint, die durch Kolonnaden in mehrere Schiffe unterteilt sind, also genau jene Grundrißform aufweisen, die man heute allgemein mit dem Begriff ›Basilika‹ assoziiert. In heidnischer Zeit hingegen verstanden die Christen während des Übergangs von der Spätantike zur frühchristlichen Epoche unter ›Basilika‹ ganz allgemein ›Gotteshaus‹, ganz gleich von welcher Grundrißgestalt der Kirchenbau gewesen sein mag: S. Vitale in Ravenna (um 545 vollendet) und die frühchristliche Kirche S. Stefano Rotondo (letztes Viertel 5. Jh.) in Rom, beides Zentralbauten, bezeichnete man in jener Epoche als Basiliken. Spätestens seit dem 7. Jh. differenzierte man zwischen Zentralbauten und basilikalen Versammlungsräumen; fortan wurde für die ein- und mehrschiffigen Basiliken der Begriff ›Dromikós‹ angewandt.

Der gesicherte Denkmälerbestand byzantinischer Sakralarchitektur auf Korfú ist äußerst gering. Die bereits erwähnte Ajios Stéfanos-Basilika auf der Insel Vido konnte (nach den Sprengungen der Engländer, s. S. 66) archäologisch bisher nicht nachgewiesen werden. Die schriftlichen Erwähnungen[1] des 19. Jh., die sich teils auf die Akten der Heiligen Jáson und Sosipátros beziehen, sind somit nicht kontrollierbar. Daß hier wahrscheinlich die in den Akten erwähnte erste christliche Kirche (des Hl. Stephanos) Korfús lag, läßt aber der 1383 erwähnte Name für Vido vermuten: »Insula Sancti Stephani, quae est secus portum Civitatis corphoy.«

So bleiben nur zwei frühchristliche Basiliken, die wir auf der Insel kennen; beide liegen in der Palaiópolis, südlich der jetzigen Stadt, beide sind nur noch in ihren Grundmauern und späteren Umbauten erhalten: die *Basilika von Palaiópolis* (s. S. 115, Farbt. 40; Abb. 28, 59, 60) war eine fünfschiffige Anlage, von ganz ähnlichen Dimensionen wie jene von der Ajios Dimitrios-Basilika in Thessaloniki. Der zweite frühchristliche Sakralbau der Insel, die Basilika des *Ajioi Theodhoroi-Klosters* (s. S. 95; Farbt. 4) war ein dreischiffiger Bau, von dem heute nur noch Reste des Mittelschiffes im Kern der Klosterkirche erhalten sind. Auch auf der Insel Paxós sind die Grundmauern zweier dreischiffiger Basiliken freigelegt. Alle vier ›korfischen‹ Bauten zeigen eine landschaftsgebundene Architektur mit folgenden typischen Merkmalen der ionischen Inselgruppe: halbkreisförmige Mittelapsis, keine Seitenapsiden sowie Narthexausbildung. Wahrscheinlich existierten auch in Kassiópi und Lefkímmi frühchristliche Basiliken.

Aus der mittelbyzantinischen Epoche sind ebenfalls nur wenige Denkmäler erhalten: zwei Kreuzkuppelbauten und mehrere Einraumkapellen. Von ganz besonderem architektoni-

---

1 Macdallan, Fr.: *Sketches of Corfu*, S. 378–380, London 1835, und Mustoxidi, A.: *Delle cose Corciresi*, S. 145/46, Korfú 1848

schen Reiz ist die *Kirche der Hll. Jáson und Sosipátros* (s. S. 125, Umschlagrückseite, Farbt. 43, 44), sie gehört dem Zweistützentypus an, besitzt wenige Freskenreste des 11. Jh. und zeigt an den Außenwänden kufische Inschriften als reines Dekorationsmittel.

Die uns bekannten Einraumkapellen der mittel-, spät- und nachbyzantinischen Epoche waren größtenteils mit einem offenen Dachstuhl überspannt. Die Pantokrátor-Kirchen von Ajios Márkos und vom Pantokrátor-Berg sind seltene korfische Beispiele mit einem Tonnengewölbe (s. S. 265).

Freskenmalerei
Von Klaus Wessel

Die Wandmalerei mittelbyzantinischer Zeit ist auf der Heptanes nur sehr fragmentarisch überliefert. Es gibt nur ganz wenige gesicherte und in der Datierung unumstrittene Beispiele. Geschlossene Zyklen sind überhaupt nicht erhalten. Eine gute Übersicht über diese Zeit gibt der Artikel von D. Triantaphyllopoulos.[1] Von den erhaltenen Resten ist nur ein einziges Monument fest datiert, inschriftlich gesichert für das Jahr 1074/75. Es handelt sich um die Malereien in der *Kirche des Hl. Merkurios und des Propheten Elias in Ajios Márkos.* Dargestellt sind vornehmlich Heilige in Ganzfigur oder in kurzen Szenen aus ihren Synaxarien. Hinzu kommt die ganz ungewöhnliche Darstellung einer Theophanie, die Christus als den Allherrscher in der Mandorla zeigt, umgeben von den Evangelistensymbolen und zwei sechsflügeligen Himmelswesen (s. Fig. S. 263 und Abb. 62).

Ebenfalls dem 11. Jh. gehören die Malereien an, die sich heute in dem *Byzantinischen Museum* befinden und aus der Kirche des Hl. Nikolaos in 'Ano Korakiána stammen (Abb. 61). Sie sind etwas härter und klarer im Stil. Doch es fragt sich, inwieweit diese große Klarflächigkeit nicht auf die Arbeit der Restauratoren nach der Abnahme der Fresken zurückzuführen ist. Im Stil eng verwandt ist die Malerei dem Bildnis des Hl. Arsenios von Kerkyra in der *Kirche der Hll. Jáson und Sosipátros in Korfú* (Farbt. 43). Es handelt sich dabei um das Brustbild des Heiligen, der die Evangelienrolle in der Linken hält und mit der rechten Hand segnet. Eine etwas trockene Malerei, nicht ganz so lebendig, nicht ganz so kraftvoll wie die, die wir eben betrachtet haben, aber unzweifelhaft in der Nachfolge der Malereien etwa der Panajía tón Chalkeón in Thessaloniki stehend. Diese Malereien zeigen keinerlei Einfluß jenes neuen Stils, der sich zum ersten Mal in der Sophienkirche in Ochrid in der Mitte des 11. Jh. bemerkbar macht, der aus der Hauptstadt kommt und wohl ältere Einflüsse der thessalonikischen Tradition ablöst.

Aus der gleichen Tradition stammen die Reste von vier Kirchenvätern in der Apsis der Prothesis der gleichen Kirche, die allerdings wohl schon in das 12. Jh. hinüberführen (Farbt. 44). In dieselbe Richtung gehören auch die erhaltenen Bilder der Hierarchen in der Apsis der

1 K. Wessel/M. Restle: *Reallexikon zur byzantinischen Kunst,* Bd. 4, Sp. 3–64, Stuttgart 1982

Kirche des Michaíl Archángelos stó Wunó in 'Ano Korakiána, die eng mit den Malereien der eben betrachteten Kirchen zusammenhängen, sowie die Malereien in der *Kirche Hagios Nikólaos Megalommátes* auf dem Berge Skopós auf Zákynthos. Was wir sonst an fragmentarischen Überresten byzantinischer Wandmalereien auf den Ionischen Inseln noch besitzen, ist zum größten Teil sehr unsicher in der Datierung und läßt eine geschlossene Darstellung ihrer Entwicklung nicht zu. Wo man, wie etwa beim *Pantokrátor-Kloster in Linía,* an eine Datierung ins 14. Jh. denkt, ist nichts von dem zu spüren, was eigentlich das große Neue im 14. Jh., die sogenannte palaiologische Renaissance andeutet (Abb. 77)! Farbarm, trocken und primitiv wirken die Malereien im Vergleich mit dem, was wir sonst aus dem 14. Jh. kennen. Enttäuschend ist, daß wir keinerlei sichere historische Hinweise haben, so daß auch hier das große Fragezeichen der nur möglichen Datierung gesetzt werden muß.

Eine große zeitliche Lücke klafft zwischen den spätesten mittelbyzantinischen Darstellungen (so fraglich ihre Datierung auch sein mag) und dem ersten großen Zyklus, den wir dann aus nachbyzantinischer Zeit kennen. Es ist die Ausmalung in der *Pantokrátorkirche in Ajios Márkos* mit Fresken aus dem Jahre 1577. Ein fast vollständig erhaltener Freskenzyklus von z. T. beachtlicher Qualität: ganzfigurige Heilige an den Längswänden, darüber ein Fries von Medaillons, die durch Blütenmedaillons miteinander verbunden sind; es sind Medaillons, die Propheten und Heilige zeigen. Darüber ein dichter, gerahmter, die ganze Wölbung der Kirche überziehender Zyklus von neutestamentlichen Darstellungen. Nur in einzelnen Teilen sind hier wohl durch Wasser große Schäden und Lücken entstanden. Die Qualität ist z. T. erstaunlich groß für diese Zeit. Die Aufteilung, die Art der Gliederung der Bilder durch gerahmte, deutlich in einzelne Szenen sich absetzende Linien, die Dichte der Darstellung, das Bild, das dem Menschen gegeben wird, all das ist von erstaunlich hoher Qualität; es entspricht aber dem, was in dieser Zeit auch auf dem Balkan sonst üblich ist, auch wenn es z. T. in Qualität noch darüber hinausragt.

Ganz besonders schön und wirkungsvoll sind hier die Bilder Christi, der vor einem goldstrahligen Grund dargestellt wird. Die Lebendigkeit der einzelnen Szenen läßt erkennen, daß eine große Maltradition hinter dieser Ausstattung steht, und wir dürfen wohl damit rechnen, daß diese Ausmalung auf kretische Künstler, zumindest aber auf Vorbilder aus Kreta, zurückgeht, die in dieser Zeit das Feld weitgehend beherrscht haben. Wie lebendig in dieser Art der Malerei noch die alte byzantinische Tradition ist, zeigt besonders die Einbeziehung der Landschaft mit ihren abgestuften, abgeplatteten Felsen und der Architektur, die sich von der Art in nichts unterscheidet, wie man das in Byzanz gewohnt gewesen war und wie es auf Kreta in die nachbyzantinische Zeit gerettet worden ist (Farbt. 45, 46; Abb. 7).

In die 1. Hälfte des 17. Jh. gehören die ausgezeichneten Malereien an der Außenseite der *Ajios Wlásios-Kirche in Kamára* (Abb. 114). Besonders der Christus als Hoherpriester (Abb. 80) und die Madonna im Typus der Hodegetria (Abb. 81) sind hervorzuheben. Malereien von einer solchen klaren Schönheit, wie sie im 17. Jh. sich sonst vornehmlich in bestimmten Gegenden des Balkans befinden, nicht in Griechenland selbst.

Mit diesen Malereien eng verwandt, die sie an Qualität allerdings noch erheblich übertreffen, sind die Malereien in der *Ajía Ekateríni-Kirche in Karusádhes.* D. Triantaphillopoulos war in seiner Dissertation[1] nur auf dem Wege der Ausscheidung von künstlerischen Perioden, die als Entstehungszeit für Karusádhes nicht in Betracht kamen, zu einer Datierung in das frühe 17. Jh. gekommen. Ich glaube, daß der Vergleich, den wir hier versuchen, diese Datierung nur unterstützen kann. Leider ist der Zyklus, der sich durch eine enorme farbliche Qualität und eine ungewöhnlich schöne und vollendete Pinselführung auszeichnet, nur recht schlecht erhalten. Große Teile fehlen oder sind schwer beschädigt, aber dennoch können wir hier von einem Höhepunkt der postbyzantinischen Malerei auf Korfú sprechen, von einer Malerei, die immer noch auf das engste mit der byzantinischen Tradition verbunden ist und noch kaum Einflüsse aus westlichen oder anderen Bereichen erkennen läßt.

Zu den schönsten Bildern gehört die Gruppe des Pilatus mit seiner Gattin Prokla aus dem Thema der Vorführung Christi vor Pilatus (Farbt. 47). Es ist eines der eindrucksvollsten Bilder, auch in der Farbe, das uns hier erhalten ist. Im Vergleich dazu wirken die einzelnen Heiligengestalten der unteren Wandzone, die zum Teil übermalt sein dürften, sehr viel steifer, sehr viel weniger ausdrucksfähig als die szenischen Bilder, die sich über ihnen erheben.

Auf das Jahr 1690 sind die traurigen Reste einer ursprünglich offensichtlich sehr hochqualitativen Malerei der *Ewangelístria-Kirche in Nýmfai* zu datieren, Malereien, die ahnen lassen, was hier an hoher Qualität verlorengegangen ist. Malereien, die immer noch in der Tradition der alten byzantinischen Linie stehen.

Bewegten wir uns bisher in einem künstlerischen Gebiet, das altvertraute Formen, wenn auch zum Teil leicht abgewandelt, weiter tradiert, so führt uns in der 1704[2] geweihten *Kirche Ajíoi Sarándes in Periwólia* die Ausmalung in eine vollkommen neue, ganz andere Welt. Wir befinden uns in einem Raum, in dem die Malerei absolut westlich wirkt. Nichts ist mehr vom byzantinischen Geist, von byzantinischer Form oder byzantinischer Tradition erhalten. Alles ist ganz anders. Man kann eigentlich nur sagen, alles ist völlig verwestlicht! Dargestellt ist ein leider nur z. T. erhaltener Zyklus des Credo, der, wie Triantaphillopoulos nachweisen konnte, zurückgeht auf Kupferstiche des holländischen Kupferstechers Jan Sadeler d. Ä., einen Zyklus, der das katholische Credo (das Glaubensbekenntnis) zum Ausdruck bringen soll. Das Erstaunliche ist dabei, daß hier nicht nur das westliche Vorbild weitestgehend nachgeahmt wird, sondern daß damit zugleich wirklich auch die letzten Reste von Erinnerungen an das ausgeschaltet werden, das wir aus Byzanz kennen (Abb. 74). Nicht der Maler, sondern der Prediger Elias Meniates hat das Credo dem orthodoxen Denken und der orthodoxen Bildsprache angepaßt.

In einem Bild steht ausgerechnet im Mittelpunkt der Papst Gregor d. Gr. (590–604, seiner Schriften wegen auch Dialogos genannt), einer der strengsten Gegner aller ostkirchlichen Ansprüche. Bisher galt als ausgemacht, daß der Schöpfer dieser neuen, ganz westlichen

---

1 Universität München, Institut für Byzantinistik und neugriechische Philologie (Prof. Lic. Dr. Klaus Wessel, München 1984/85)

2 Nach D. Triantaphillopoulos: Dissertation

Malweise Panajiótis Doxarás (1662–1729) gewesen sei. Aber unsere Malereien von Periwolía sind etwa 20 Jahre vor der Malerei des Doxarás und seiner Schule in Doxánta entstanden. Damit gebührt der Ruf der völligen Überwindung des byzantinischen und der absoluten Hinwendung zur Verwestlichung der Malerei nicht mehr dem Begründer der Schule von Doxánta, sondern dem anonymen Maler, der hier in Periwólia tätig gewesen ist.

Stilistisch, wohl aber nicht geistig, schließen hier die Fresken an, die in der *Panajía Odhijítria-Kirche in Strongýli* entstanden sind. Vieles ist technisch und künstlerisch in der Ausdrucksform dem sehr verwandt, was wir in dem o. g. Werk von Periwólia dargestellt haben, das ganz verwestlicht ist. Hier scheint aber die geistige Auseinandersetzung zu fehlen. In diesem Werk ist noch nicht alles hinfällig gedeutet, es scheint nicht ganz von der gleichen strengen geistigen Höhe gewesen zu sein (Abb. 74, 78).

Damit ist nun keineswegs gesagt, daß in Zukunft, was noch alles gemalt wird, diesem neuen verwestlichten Stil zugeteilt wird. Im Gegenteil, das treffendste Gegenbeispiel ist die *Kirche in 'Ano Korakiána, die dem Hl. Athanasios geweiht ist* und nach örtlicher Tradition im Jahre 1766 ausgemalt wurde (Abb. 73). Hier finden wir einen geschlossenen Zyklus, ganz in der Art, wie wir ihn aus der kretischen Wandmalerei kennen und wie er uns auch auf Korfú schon begegnet ist. Ein Zyklus, der fast nichts an westlichen Einflüssen zeigt, der nur gelegentlich ein barockes Ornament einbezogen hat, ansonsten aber selbst bis in die Form der alten Architektur und Gebirgsdarstellung noch genauso arbeitet, wie das in der Zeit des 16. und 17. Jh. üblich gewesen ist. Nichts ist zu spüren von dem, was man im Jahre 1704 begonnen hatte, es ist so, als wäre diese ganze neue Richtung überhaupt nicht vorhanden gewesen, sie ist absolut ignoriert.

In etwa die gleiche Richtung gehört auch das, was in der *Kirche der Erzengel Michael und Gabriel in Chlomós* an Resten von Fresken erhalten geblieben ist, zeitlich vielleicht gar nicht so weit von der eben betrachteten Kirche entfernt. Und ebenso das wenige, das in der *Kirche der Panajía in Woghdanátika* auf Páxos in Freskenresten auf uns gekommen ist.

Wir können also abschließend feststellen, daß neben der modernen Malerei, die 1704 begonnen hatte, der alte Stil, die alte Tradition geschwächt, aber zum Teil in einer erstaunlichen, die Überlieferung rein bewahrenden Sicherheit fortgesetzt worden ist bis beinahe an das Ende der venezianischen Herrschaft über Korfú und die anderen Ionischen Inseln.

Ikonenmalerei

Von Klaus Wessel

Noch schlechter steht unser Wissen um die Ikonenmalerei. Die frühen Denkmäler sind nicht einmal wirklich gesammelt und genau untersucht. Es soll, mehr kann man nicht sagen, einige Ikonen geben, die in der byzantinischen Zeit auf Korfú und den anderen Ionischen Inseln entstanden sind. Zum Teil gelten sie aber auch als Import, was ja bei so beweglichen Kunstwerken kein Wunder wäre, aber auch das ist nicht genau untersucht, nichts ist hinreichend publiziert und erreichbar, so daß wir auf diesem Gebiet weitestgehend im Dunkeln tappen.

Auch ist es unmöglich, über die Unzahl von Ikonen der nachbyzantinischen Zeit, die sich auf der Heptanes befinden, umfassend und eingehend zu berichten. Hier kann nur auf einige der Werke, die in diesem Buch abgebildet sind, eingegangen werden, auf die Künstler, die dahinter stehen, und auf deren Ideenwelt.

Zunächst fällt auf, daß von dem kretischen Maler Michael Damaskenos eine ganze Reihe von Ikonen auf der Insel vorhanden sind. Der Maler ist uns von 1570 bis 1591 durch die Signatur seiner Werke gesichert. Wir wissen aber über seine Lebensumstände sonst nichts. Wahrscheinlich hat er in Iráklion gelebt; aber auch das ist nur eine Annahme und von keiner Seite her möglich, zu bestätigen. Er ist auf der einen Seite, das zeigen uns die Werke, die noch in der *Friedhofskirche der Stadt Korfú* erhalten sind (Maria Platytera, Abb. 67, und das Bild Christi als Hoherpriester, Farbt. 59), durchaus in der Lage, ganz in der Tradition der kretischen Ikonenmalerei weiterzuarbeiten. Aber das ist nicht das eigentlich Bedeutende an ihm, vielmehr ist er derjenige, der als erster in einer vorbildlichen und nachgeahmten Weise östliche Ikonographie mit westlichen Formen gut zu verbinden versteht. Ein gutes Beispiel dafür ist die Ikone in der Mitrópolis, die den Hl. Georgios zwischen Szenen seiner Passion zeigt. Die Szenenauswahl entspricht durchaus dem, was wir aus byzantinischen, nachbyzantinischen und russischen Ikonen an Szenen aus der Passion des Hl. Georg kennen (Farbt. vordere Umschlagklappe u. Abb. 63), nur die ganze Form ist absolut westlich dargestellt. Nichts erinnert mehr an die Architekturformen oder die Landschaftsbilder, die wir aus den älteren Ikonen kennen. In diese Richtung gehört z. B. auch die in der *Pinakothek von Korfú* gezeigte Ikone des Hl. Stephanos, nicht gerade eines der besten Werke dieses Künstlers (Farbt. 49).

Ein weiteres Werk von ihm wird ebenfalls in der *Pinakothek von Kerkyra* gezeigt: die Enthauptung Johannes des Täufers (Farbt. 56 u. Abb. 64); die Szene wird hier so dargestellt, als sei sie von einem italienischen Maler gestaltet, wobei auch die Tradition der Tötung des Vorläufers nicht mehr bewahrt wird, sondern alles ganz neue, ganz italienische Formen annimmt. In welchem Maße Michael Damaskenos als Vorbild für spätere Maler gedient hat, zeigt eine Ikone des Jahres 1665 in der Metrópolis von Korfú: eine Ikone, die von Philotheos Skouphos gemalt worden ist (Abb. 72). Es ist eine fast wörtliche Wiederholung der Fassung von Damaskenos, fast alles ist etwas härter, trockener, weniger ausdrucksvoll geworden; die Gestalten sind magerer, der Ausdruck etwa der sich dem vor dem Turm stehenden Krieger zurückwendenden Gestalt mit Turban ist dümmlich, anstelle des erstaunten Blickes, das das Vorbild zeigt.

Die Damen im Hintergrund mit der Prinzessin Salome zusammen, die auf das abgeschlagene Haupt warten, sind etwas anders geschmückt, wirken ebenfalls fremd gegenüber dem Vorbild, und dennoch ist sogar bis hinein in die abgebröckelten Putzschichten auf dem Turm rechts die Kopie so getreu, wie es dem Maler möglich gewesen ist. Ein Zeichen, welche Bedeutung die Malweise des Damaskenos für seine Nachfolger gehabt hat.

Bemerkenswert sind auch die Ikonen aus der Hand des Emanuel Zanes, der von 1646 an in Venedig gelebt hat und 1659 in der Lagunenstadt Priester in der Kirche von St. Georg wurde. Von ihm sind besonders zu erwähnen die beiden Ikonen des Jahres 1649, die sich in der

Kirche der Hll. Jáson und Sosipátros in Gharítsá befinden (Abb. 65, 66), die diese beiden Titelheiligen der Kirchen darstellen. Zanes erweist sich als sehr getreuer Fortsetzer der Tradition in diesen Ikonen, die ihn als einen kretischen Maler alter Art erkennen lassen.

Erwähnenswert ist noch eine Ikone in der *Ajía Ekateríni-Kirche* des Jahres 1690 aus der Hand des St. Tzangarolas, eines Malers, der aus einer auf Kreta zur Orthodoxie übergetretenen venezianischen Familie stammt. Sie zeigt die Hl. Katharina (Abb. 70) in einer Art, wie sie in einer nachbyzantinischen Zeit auf Kreta entstanden ist mit den Werkzeugen ihres Todes. Schließlich sei noch ihrer ausgefallenen Thematik wegen eine Ikone erwähnt, die sich im *Kloster Panajía Platytéra in der Stadt Korfú* befindet, die von Theodore Poulakis am Ende des 17. Jh. gemalt sein dürfte (Poulakis starb 1692). Sie zeigt die Vision des Johannes aus der Apokalypse, ist aber in den Formen der Gesichtsbildung usw. absolut der alten Tradition verhaftet, nur in einer Thematik, die erst über die Athos-Klöster im Osten Eingang gefunden hatte.

Vieles wäre dem noch hinzuzufügen, aber der Raum erlaubt nicht eine weitere Ausführung dieser Thematik.

Führer zu den Sehenswürdigkeiten Korfús

Antike Stadt Kerkyra (Palaiópolis)

Auch wenn wir von der antiken Stadt Kerkyra und ihrer Gestalt keinerlei Baudenkmäler mehr besitzen, ist es ein lohnendes Unterfangen, sich mit der antiken Stadtstruktur der korinthischen Kolonie Kerkyra auseinanderzusetzen. Wie bereits dargelegt, fällt die Geschichte der Stadt, seit ihrer Gründung im Jahre 734 v. Chr. durch Chersikrates, mit jener der Insel Korfú (s. S. 23) zusammen und soll hier nicht wiederholt werden.

Den Spuren der Antike dort nachzuspüren, wo heute moderne Wohnbauten und Hotels, der Flughafen sowie der Friedhof der Stadt liegen, ist ein Abenteuer der Archäologie wie zu Schliemanns Zeit. Die antike Stadt existierte wohl bis weit über die Anfänge der frühchristlichen Epoche hinaus. Erst 541, nach der Eroberung und Zerstörung der knapp 1300 Jahre alten Stadt durch den Ostgoten Totila, suchte die Bevölkerung Schutz auf der nördlich gelegenen Halbinsel mit den beiden Zwillingsgipfeln (s. S. 37). Nach und nach scheint Kerkyra nun verlassen worden zu sein.

Seit dem 6. Jh. dürfte das antike Kerkyra Steinbruch für die neu aufblühende Stadt Korfú des frühen Mittelalters gewesen sein, die erstmals 968 in Quellen ›tous Korfous‹ (zu den Bergspitzen, s. S. 11) genannt wird. Fortan haben Byzantiner und Anjou, Venezianer und Engländer, aber auch die Korfioten selbst die steinernen Zeugnisse der Antike abgetragen, um billiges Baumaterial für ihren neuen Festungsbau ›tous Korfous‹ zu gewinnen. Was nicht demontiert und abtransportiert worden ist, ruht noch heute unter dem Erdreich der Halbinsel Análipsis, dem Areal der antiken Stadt, der ›modernen‹ Vorstadt im Süden von Korfú.

Wo Bauarbeiter Fundamente tief in die Erde graben und täglich Hinterlassenschaften der Antike finden, wo der Bauer mühsam seinen Pflug oder Spaten in die Erde sticht, überall dort liegen noch unentdeckte Zeugnisse der einst blühenden Kolonie Korinths. Und unter diesen Denkmälern der griechischen und römischen Epoche mögen in der Tiefe noch weitere Geheimnisse verborgen sein, steinerne Zeugen der homerischen Welt des Alkinoos und seiner Tochter Nausikaa (s. S. 12).

Von der einstigen antiken Stadt Kerkyra auf der Halbinsel Análipsis haben wir jedoch den schriftlichen Bericht eines Zeitgenossen aus dem 5. vorchristlichen Jahrhundert: von Thukydides. Er beschreibt zwar primär die inneren Wirren des kerkyräischen Bürgerkrieges (s. S. 25), am Rande erwähnt er aber auch antike Gebäude der Stadt, so daß wir zumindest

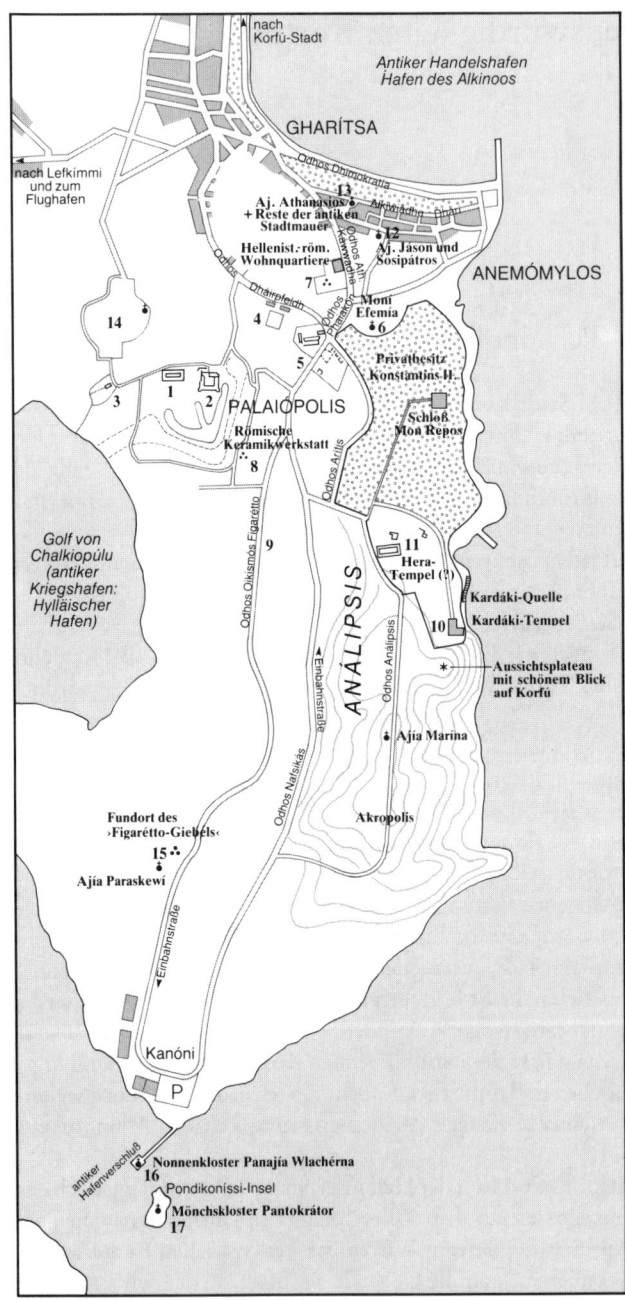

nach
Korfú-Stadt

Antiker Handelshafen
Hafen des Alkínoos

GHARÍTSA

nach Lefkímmi
und zum
Flughafen

Odhos Dimokratía

Aj. Athanásios
+ Reste der antiken
Stadtmauer

13

12
Aj. Jáson und
Sosípatros

Hellenist.-röm.
Wohnquartiere

7

ANEMÓMYLOS

Moni
Efemía
6

4

5

Privathesitz
Konstantíns II.

14

3 **1** **2** PALAIÓPOLIS

Römische
Keramikwerkstatt
8

Schloß
Mon Repos

Golf von
Chalkiopúlu
(antiker
Kriegshafen:
Hylläischer
Hafen)

9

11
Hera-
Tempel (?)

Kardáki-Quelle

10 Kardáki-Tempel

ANÁLIPSIS

* Aussichtsplateau
mit schönem Blick
auf Korfú

Ajía Marína

Akropolis

Fundort des
›Figarétto-Giebels‹

15

Ajía Paraskewí

Kanóni

P

Nonnenkloster Panajía Wlachérna
16
Pondikoníssi-Insel
Mönchskloster Pantokrátor
17

*Topographie und Lageplan
der antiken Baudenkmäler
von Palaiópolis
(Auflösung der Ziffern
im Text S. 89ff.)*

von der Existenz der wohl wichtigsten Tempel, öffentlichen Gebäude, der Agorá, aber auch von der drei Häfen und den außerhalb der Stadt liegenden Nekropolen verbürgte Nachricht haben. Diese Hinweise auf die Stadtstruktur waren Thukydides jedoch recht unwichtig, folglich formulierte er diese Passagen ganz allgemein, ohne eindeutige topographische Aussagen über die Lage der verschiedenen Gebäude zueinander zu machen.

Die wenigen bisherigen archäologischen Forschungen auf der Halbinsel, dem antiken Stadtareal Kerkyras, bestätigen die von Thukydides gemachten Angaben. Danach läßt sich die antike Stadt wie folgt rekonstruieren (s. Plan S. 88): Die im Westen, Süden und Osten durch Küsten geschützte Stadt hatte wahrscheinlich nur im Norden, am Übergang zum Inselfestland, eine Stadtmauer, von der noch spärliche Reste vorhanden sind (Abb. 30). Unmittelbar an der Stadtmauer lagen der Artemis-Tempel (s. S. 90) und die Agorá. Südöstlich davon, im Bereich des Frauenklosters Efemía (s. S. 118) dürfte der Standort des Hera-Tempels gewesen sein. Noch weiter südlich breitete sich dann die Akropolis aus, von der bisher keine Baureste freigelegt wurden, da dort auch keine Grabungen durchgeführt worden sind. Drei Häfen besaß die Stadt: den ›Hylläischen Hafen‹ im Osten, der als Kriegshafen genutzt wurde und im Süden bei der ›Mäuseinsel‹ verschließbar war, sowie den ›Hafen des Alkinoos‹ ganz im Norden, der tatsächlich in der Antike so genannt wurde; und schließlich einen weiteren (namenlosen) Hafen nördlich der Alten Festung, der wohl als Handelshafen diente. Darüber hinaus gab es in der Stadt neben einem Zeus-Tempel auch einen Tempel des Alkinoos[1]; alles Hinweise auf die homerische Frühzeit Kerkyras.

Wegbeschreibung zu den antiken Baudenkmälern in der Palaiópolis

Von der Bushaltestelle Moní Efemía rechts bei der *Basilika Palaiópolis* (Nr. 5) in die Odhós Dhárpfeldh (nach W. Dörpfeld benannt) einbiegen; nach ca. 150 m liegt links der Straße ein schönes neoklassizistisches Haus und das ›Institúton Elaías‹ (Oliveninstitut); hinter diesen Gebäuden erstrecken sich die archäologisch noch nicht näher erforschten *Römischen Bäder* (Nr. 4). Folgen Sie nach weiteren 150 m links der Straße, so gelangen Sie nach ca. 300 m zum *Frauenkloster Ajíoi Theodhóroi* (Nr. 2) und zum *Artemis-Tempel* (Nr. 1). Nur etwa 200 m westwärts erkennt man die *Reste der antiken Stadtmauer* (Nr. 3) und nach weiteren 200 m rechts den *modernen Friedhof von Korfú* (Nr. 14).

Zurück zur Basilika von Palaiópolis. Auf der gegenüberliegenden Straßenseite (etwa 100 m weiter links) führt nördlich auf der Odhos Phäakon ein Rampenweg zum *Frauenkloster Moní Efemía* (Nr. 6). Nach etwa 150 m stadteinwärts zweigt links von der Odhos Phäakon die Straße des Erzbischofs Athin. Káwwadha ab; gleich hinter dem Haus Nr. 19 breitet sich ein großes *Grabungsareal eines hellenistisch-römischen Stadtviertels* (Nr. 7) bis zu einem palastartigen neoklassizistischen Haus aus, das demnächst als Museum genutzt werden soll.

1 Thukydides III, 70

Südlich der Basilika Palaiópolis liegen drei weitere neue Grabungsbereiche. Nach Überquerung der brückenartigen Straße folgt 300 m hinter der Basilika eine Straßengabelung: rechts der Einbahnstraße nach Kanóni folgen (links die Einbahnstraße kommt von Kanóni). Das Straßenschild gibt die Richtung Figarétto an. Nach etwa 100 m beim Haus Nr. 5γ (Ghámma) rechts dem Weg folgen, nach weiteren 100 m wieder rechts, dann gelangen Sie zu den *Grabungen einer römischen Keramikwerkstatt* (Nr. 8). Zurück zur Hauptstraße und weiter rechts in Richtung Figarétto/Kanóni liegt links, gegenüber vom Haus Nr. 13 in einem eingezäunten Gelände, die *Grabung hellenistischer Wohnquartiere und eines Tempels* (Nr. 9).

1 Artemis-Tempel
Bauzeit um 590 v. Chr. (Abb. 31, 39, 40)

Um es vorweg zu sagen: Sie sehen kaum etwas von der einst großartigen Architektur des ersten und gewaltigsten griechischen Tempels, der sich in der archaischen Epoche entwikkelnden Steinarchitektur. Aber Sie können auf diesem kleinen Areal die über Generationen bewahrte Heiligkeit eines Ortes sehen und begreiflich nachvollziehen: Dort, wo man in der Antike die Göttin Artemis verehrte, steht – ca. 2 m über dem Niveau ihrer Fundamente – seit der frühchristlichen Epoche ein christliches Gotteshaus, in dem man seit Jahrhunderten der Soldatenheiligen Theodor Stratelates[1] und Theodor Tiro[2] gedenkt und ihnen zu Ehren Feste feiert; ein Patrozinium, das dem Inhalt nach durchaus an die Jagdgöttin und Beschützerin des neugeborenen Lebens erinnert.

Nur wenige hundert Meter weiter westlich ragen die Reste der antiken (von Byzantinern erweiterten) Stadtmauer aus dem Gelände empor. Links schmiegt sich eine christliche Kirche in das Gemäuer hinein. Und in noch geringerer Entfernung von dieser Kapelle aus (Abb. 30, s. Plan S. 88) kann man den Küstenverlauf des Hylläischen Hafens von Kerkyra erahnen; ein Wassergebiet, das heute versandet ist, wo aber die moderne Luftschiffahrt ihren Flughafen gefunden hat.

Noch eine andere Merkwürdigkeit fällt hier auf: Haben die Griechen der Antike nördlich ihrer Stadtmauer ihre Toten bestattet, so nehmen die Korfioten seit vielen Jahrhunderten den gleichen Landschaftsraum für ihren Totenkult in Anspruch, südlich der Stadt – zufällig oder aufgrund einer topographischen Gesetzmäßigkeit? Gleich hinter dem Bruchstück der uralten Stadtmauer liegen die antiken Nekropolen Kerkyras und der moderne Friedhof Korfús.

---

1 Theodor Stratelates, Heerführer von Euchaita, erlitt unter Kaiser Licinius (308–321) das Martyrium
2 Theodor Tiro von Euchaita, Soldat im Heer des Maximianus; wurde nach der Brandschatzung des Kybele-Tempels in Amasea getötet. Beide Heilige werden in Griechenland gern gemeinsam als ›Ajioi Theodhóroi‹ verehrt

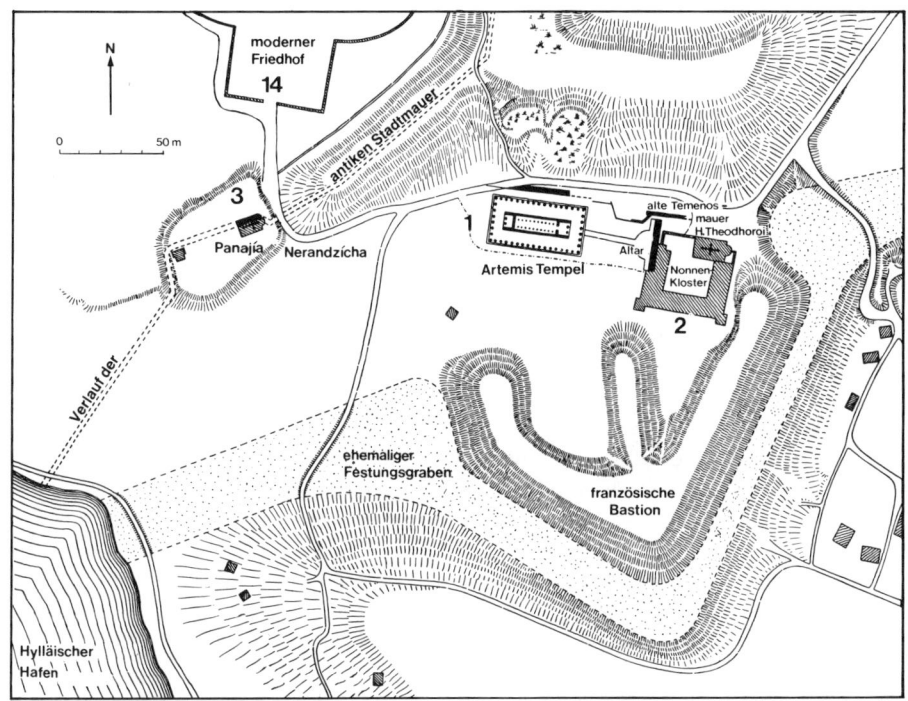

Grundriß und Situationsplan des Artemis-Tempels. (Nach G. Rodenwaldt, a. a. O., Bd. 1, Abb. 1, S. 14)

Bevor H. Schliemann (1860 in Troja) systematisch im Boden nach Schätzen der homerischen Welt suchte und mit seinen aufsehenerregenden Ergebnissen eine staunende Öffentlichkeit und selbst nüchterne Wissenschaftler begeisterte, hatte knapp ein halbes Jahrhundert zuvor für nur kurze Zeit auch der Artemis-Tempel den blauen Himmel Griechenlands wiedergesehen. Doch es waren ›nur‹ Steine, keine goldenen Schätze, die französische Bauingenieure 1812/13 zufällig bei der Aushebung einer Bastion freilegten.[1] Möglicherweise haben sie auch Steinmaterial des damals vielleicht noch vollständig mit den unteren Säulentrommeln erhaltenen Stylobats für andere Verwendungszwecke abgetragen. Die tatsächliche Entdeckung dieses für die archaische Skulptur der Griechen so wichtigen Bauwerks ließ noch ein ganzes Jahrhundert auf sich warten.

Wieder war es eine Zufallsentdeckung, die Anfang unseres Jahrhunderts das Interesse der archäologischen Wissenschaft erregte und auf die Insel Korfú lenkte. Im Dezember 1910

---

1 Während der französischen Herrschaft über Korfú (1807–1814) ließ Napoleon I. in diesem Bereich einen Festungsgraben mit einer Erdbastion zur Verteidigung der Insel gegen die Engländer errichten (s. S. 65)

stieß ein Bauer bei seiner Feldarbeit zwischen dem Frauenkloster und den Resten der alten Stadtmauer mit dem Pflug auf ein Marmorfragment mit Skulpturenschmuck. Im Januar 1911 grub der Ephoros von Korfú, F. Versakis, die Marmorplatte aus und identifizierte die dargestellte Szene als ›Kampf des Zeus mit einem Giganten‹. Unverzüglich genehmigte und finanzierte das griechische Kultusministerium eine kleine Grabung, die vom 7.–20. April 1911 von F. Versakis durchgeführt wurde.

Zur selben Zeit verbrachte Kaiser Wilhelm II. während der griechischen Ostertage einige Tage im Achíllion, seinem neuen korfischen Sommersitz (s. S. 252), eilte von dort am 12. April zu dem Grabungsgelände, beteiligte sich später aktiv an den Arbeiten und erhielt bald von der griechischen Regierung die Grabungsgenehmigung. »Eines Tages«, so berichtet der Kaiser, »in der Osterwoche 1911 erhielt ich aus der Stadt die Meldung, es sei auf einem Grundstück in der Nähe des Eingangs von ›Monrepos‹ ein steinerner alter Tierkopf gefunden worden; man fragte an, ob ich nicht zu den Arbeiten kommen wolle; vielleicht sei noch etwas zu erwarten; die Arbeiten würden von der griechischen Regierung vorgenommen. Nach Ablauf der Feiertage begab ich mich morgens früh mit dem Auto nach der Fundstelle. Es war ein Gartenfeld in der Nähe der alten Stadtmauer, unmittelbar neben einem Nonnenkloster gelegen. Ich besichtigte das merkwürdige archaische Löwenhaupt, welches auf mich den Eindruck sehr hohen Alters machte ... Der griechische Archäologe (F. Versakis), der die Grabung leitete, überließ mir bald die Leitung der Arbeit ... Endlich war die Grube so tief, daß der Vorarbeiter ... mit der Hand weit unter die Platte greifen und sie befühlen konnte ... Er rief den Leuten etwas zu ...: ›Es muß der alte König des Landes sein, denn er hat gut erhaltene lange Locken‹ (der Arbeiter hatte soeben den Kopf der Gorgo befühlt) ... Die Arbeiter machten Pause ... Allein ich blieb, das Archäologenfieber hatte mich gepackt.«[1] Noch am gleichen Tage telegraphierte Wilhelm II. nach Berlin und bat um Unterstützung durch Wilhelm Dörpfeld, der bereits am 18. April aus Olympia anreiste und noch die Arbeiten der letzten Tage organisieren konnte.

Am 26. April begann W. Dörpfeld mit der deutschen Grabung und Erforschung des Artemis-Tempels. Unentbehrliche Mitarbeit leistete der neue Ephoros von Korfú, Konstantinos A. Rhomaios, ein bedeutender griechischer Gelehrter aus dem Anfang des 20. Jh. Von deutscher Seite waren ferner Gerhart Rodenwaldt, Hans Schleif, Günther Klaffenbach und vorübergehend auch Georg Karo an den Arbeiten beteiligt. Alles erfahrene Archäologen, die an verschiedenen Grabungen in Griechenland bereits grundlegende Kenntnisse erworben hatten. 1914 wurden die Arbeiten, ohne daß man das Gelände vollständig erforscht hatte, von W. Dörpfeld beendet. Auch an der letzten deutschen Grabung vom 23. März bis 10. Mai 1914 nahm Wilhelm II. teil. Im Winter 1920 legte K. A. Rhomaios die Südseite des Tempels frei. Seit dem Spätsommer 1985 haben griechische Archäologen die Arbeiten nach mehr als einem halben Jahrhundert an dem Artemis-Tempel wiederaufgenommen.

---

1 Kaiser Wilhelm II.: *Erinnerungen an Korfu*, S. 78 und 81, Berlin 1924

Zeichnerische Rekonstruktion des Artemis-Tempels

Für den heutigen Besucher des Grabungsgeländes zeigen sich vom Artemis-Tempel und Heiligtum nicht mehr als die Fundamentsohle des nur zweistufigen Stylobats, einige Säulentrommeln, Reste des gepflasterten Weges und Fragmente des östlich anschließenden Altars. Die Fundamentsohle, aber auch die noch in ihrer Sturzlage gefundenen Giebelplatten zeigen jedoch eindeutig, daß der ruinöse Tempel irgendwann systematisch (als Steinbruch) abgetragen worden ist.

Bei der Lage von Altar und Tempel zueinander fällt eine doppelte Verschiebung des Altars (bzw. des Tempels) nach Süden (Norden) hin auf. Der 3,07 m breite und 28 m geradlinig verlaufende gepflasterte Weg ist einerseits um 25 cm nach Süden verschoben und verläuft andererseits in einem Winkel von 3° zur Mitte des Altars hin. Diese Baumaßnahmen waren wohl bei dem ersten monumentalen griechischen Steintempel erforderlich, damit der Altar auch an seiner nördlichen Schmalseite, dort, wo sich die alte Stützenwand des Temenos weit in den Freiraum vor dem Tempel hineinschiebt, frei umgangen werden konnte. Die vor dem Altar noch erkennbare halbkreisförmige Platzerweiterung dürfte ursprünglich rechtwinklig geschlossen gewesen sein.

Der kraftvolle und gewaltige Tempel selbst ist das früheste Beispiel monumentaler griechischer Steinarchitektur und zeigt in vielen Einzelheiten tastende und suchende Gestaltungsmittel, die zu ganz eigenen Entwurfsideen führten, die von späteren Baumeistern teilweise so nie wieder aufgegriffen wurden. Schon die äußerst gestreckten Proportionen von Stylobat (22,41 × 47,89 m) und Naos mit Pronaos und Opisthodom (9,21 × 35,00 m) rücken diesen Bau noch in die archaische Tradition, wie wir sie besonders gut von dem Hera-Tempel (18,76 × 50,01 m) in Olympia kennen, dessen Kernbau noch aus Lehmziegelmauern bestand und dessen Außen- wie Innenwände im Ursprung aus Holz errichtet waren. Der augenfällige Unterschied der inneren Proportionen des Artemis-Tempels: Gesamtnaos

Grundriß des Artemis-Tempels (Nach G. Rodenwaldt, a.a.O., Bd. 1, Abb. 39, S. 49)

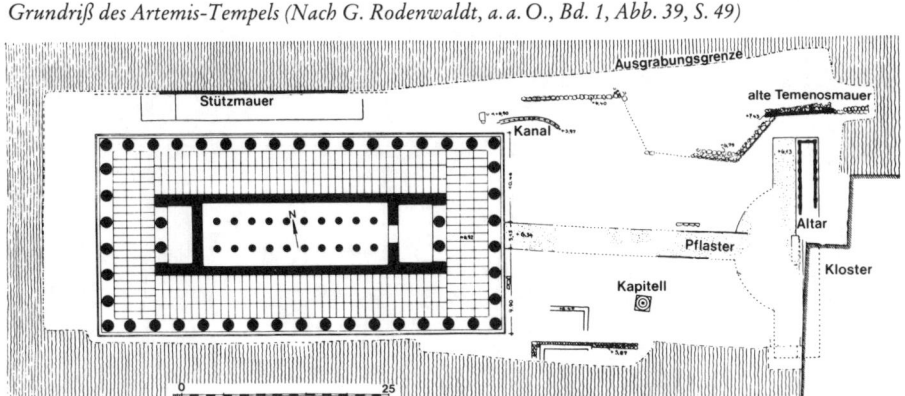

1:3,8 und Stylobat 1:2,13 verrät etwas über die weite Ringhalle und die enge, fast flurartige Cella. Der gesamte Kernbau ›schwimmt‹ nicht mehr, sondern erhält einen festen Bezug, indem die Außenwände mit den Achsen der dritten Säulen von den Ecken aus fluchten. Damit ergibt sich eine sehr weite *zweijochige Ringhalle* (lichtes Maß 4,91 m) und eine sehr enge *dreischiffige Cella* mit knapp 2,50 m Breite, bei einer Innenraumlänge von 22,10 m. Je zwei Reihen mit je 10 übereinanderstehenden Säulen trennten die dunkle Cella in drei schmale Korridore, die zum Kultbild der Artemis hinführten. Auch die Ausbildung der Rückfront (Westseite) des Tempels mit einem Opisthodom und zwei Säulen zwischen den Anten, analog zu dem gleichartig gestalteten Pronaos, ist modernste Architektursprache. Die scheinbar nutzlose Rückhalle verlieh so dem Tempel eine ganz eigene Körperlichkeit und Allseitigkeit; sie bildete damit die Entwurfsgrundlage für den aus Korinth stammenden Doppelgiebel (s. S. 72), und bildet erst die Voraussetzung für die Gestaltung eines Tempels mit zwei Giebeln, wie wir ihn am Beispiel des rekonstruierten Artemis-Tempels vor uns haben.

Die gelungene Entwurfsidee, daß der Kernbau nicht mehr ›schwimmt‹, kennen wir auch vom Hera-Tempel in Olympia, sie ist eine vorweggenommene Architekturlösung der Klassik. Die für unser kerkyräisches Beispiel konsequenterweise daraus sich ergebende zweijochige Ringhalle setzt große konstruktive und statische Kenntnisse des Baumeisters voraus. Und dann der altertümlich-langgestreckte Tempel mit seiner weiten Ringhalle. Die Säulenzahl der Ringhalle von 8 × 17 (Ecksäulen doppelt gezählt) greift das Proportionsverhältnis

Westfassade des Artemis-Tempels mit dem Gorgo-Giebel. (Nach G. Rodenwaldt, a. a. O., Bd. 1, Taf. 26)

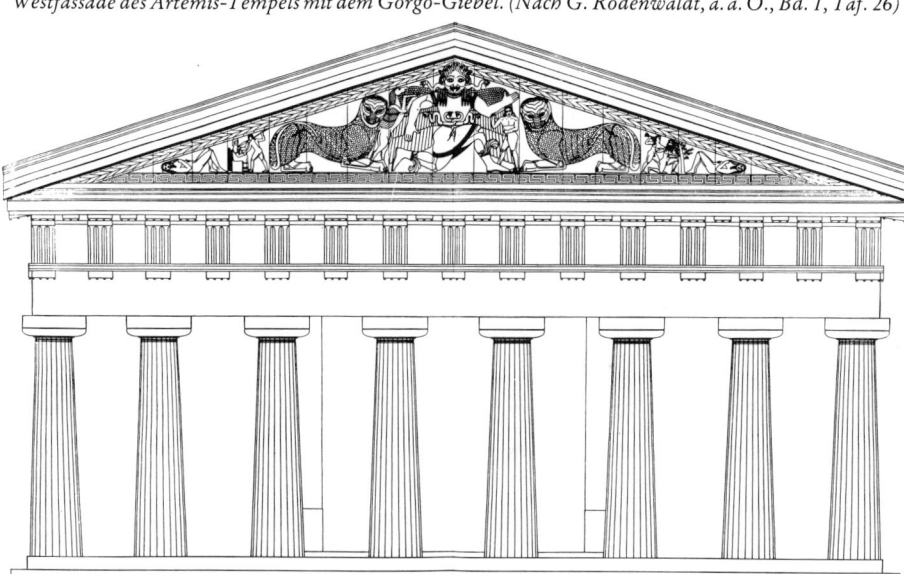

des Stylobats auf, aus dem sich durch den Multiplikator 4 dann ein Verhältnis (1:2,13) von 4:8,5 ergibt, so daß sich die Säulenzahl 8 × 17 unmittelbar daraus ableiten läßt. Unglaublich eng, kraftvoll stehen die Säulen nebeneinander; das Interkolumnium, der lichte Abstand zwischen den Säulen, ist mit ca. 1,55 m (Längsseiten) nur geringfügig größer als der (geschätzte) untere Säulendurchmesser von ca. 1,39 m. Damit ergibt sich ein Verhältnis von lichtem Säulenabstand zu unterem Säulendurchmesser von 1:1,1; der Hera-Tempel in Olympia zeigt hingegen einen fast doppelt so großen Säulenabstand, der sich in der Verhältniszahl 1:2,7 ausdrückt, das entspricht fast dem klassischen Maßverhältnis des Parthenons von 1:2,25.

Auch zeigen die Säulen die für den griechischen Tempelbau typische Eckkontraktion, die jedoch an den Front- und Längssäulen unterschiedlich ausfällt: verkleinert sich das Eckjoch der Fassaden von rechnerisch 3,07 m auf etwa 2,77 m, so ergibt sich für die Eckjoche der Langseiten nur ein Abstand von 2,62 m bei etwa 2,94 m Normalmaß.

Die hypothetische Säulenhöhe der Rekonstruktionszeichnung haben die Ausgräber mit 6,14 m angenommen. Kraftvoll recken sich die wuchtigen Säulen in die Höhe, stämmen sich gegen das schwere Gebälk und tragen die ungeheuerliche Masse des Giebels und des Daches. Kontrastreich müssen sich in diesem Kräftespiel der Architekturglieder einst die zarten Ornamente von Sima und Traufe abgehoben haben. Kein Kapitell des Artemis-Tempels glich in seiner plastischen Gestaltung des Säulenhalses einem anderen; jedes Kapitell zeigt unterschiedlich geformte Blattkränze als Hohlkehlen; ein architektonisches Detail, das an frühe Beispiele der mykenischen Architektur erinnert.

Alles überragend, beherrschend und zugleich zu einer Einheit verbindend, verlieh die dramatische Giebelkomposition mit dem Gorgo-Motiv und anderen mythischen Erzählungen sowie die Farbigkeit der Bauglieder dem Tempel Leben. Die Gorgo im Knielauf auf der einen Seite und ein anderes, Urmächte und Dämonen abweisendes Motiv (im Osten) auf der gegenüberliegenden Seite, symbolisierten die ›Bannung der Welt‹ und aller Lebenskräfte, aber auch die Abwehr und den Schutz vor bösen Dämonen.

Kunstgeschichtliche Würdigung und mythologische Deutung der Giebelkomposition s. S. 72 ff.

2 Frauenkloster Ajíoi Theodhóroi
(Farbt. 4)

Irgendwann zwischen dem 5. und 8. Jh. errichtete man nur knapp 100 m östlich, aber ziemlich genau auf der verlängerten Mittelachse des Artemis-Tempels ein frühchristliches Gotteshaus. Möglicherweise existierte hier schon früher eine frühchristliche Kultstätte, die dann durch jene *dreischiffige Pfeilerbasilika*, von der nur noch Teile des Mittelschiffes erhalten sind, ersetzt wurde. Der altchristliche Bau zeigt einen höchst seltenen, für die ionische Inselwelt jedoch gebräuchlichen Bautypus: die beiden Seitenschiffe endeten im Osten rechtwinklig und wohl ohne Ausbildung von Prothesis und Diakonikon; nur vom

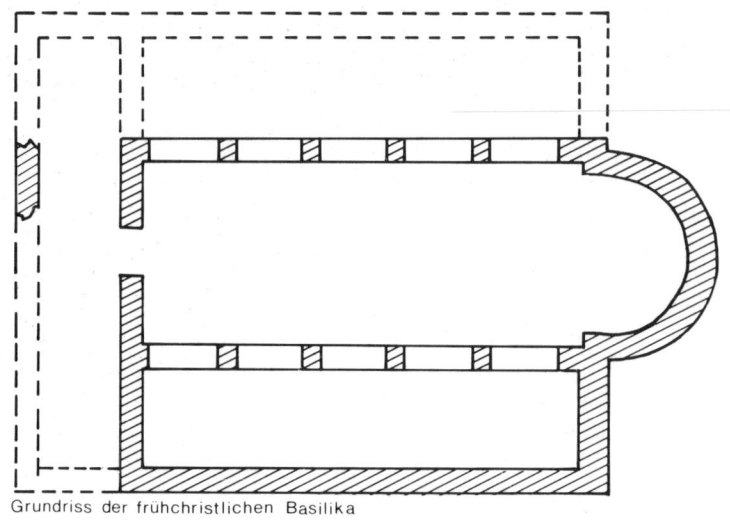

Grundriss der frühchristlichen Basilika

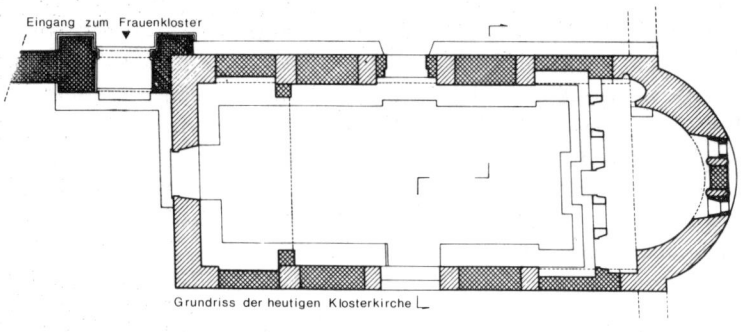

Eingang zum Frauenkloster

Grundriss der heutigen Klosterkirche

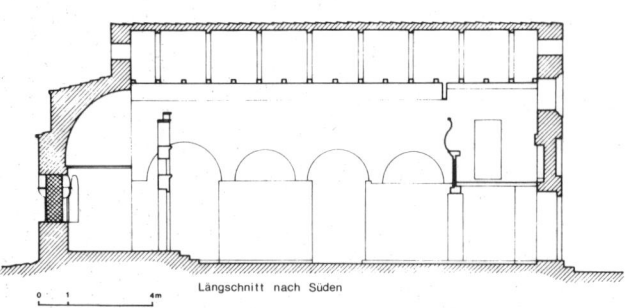

Längsschnitt nach Süden

0   1   4m

Grundriß der frühchristlichen Basilika bei dem Frauenkloster Ajíoi Theodhóroi. (Nach P. L. Vocotopoulos, Abb. 3, S. 316 in Arch. Deltion 23, 1968, und 25, Abb. 1, S. 334, Abb. 2, S. 335 (1970)

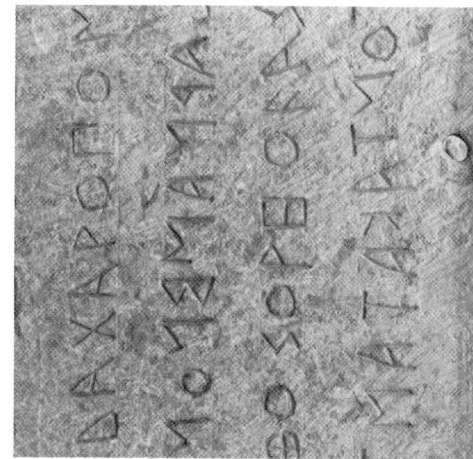

39–56 KORFU-STADT Archäologisches
Museum:

39 Gorgo Medusa vom Westgiebel des Artemis-
Tempels, um 590 v. Chr. (Kalkstein ca. 1,20 m)

40 Dämonischer Panther vom Westgiebel des
Artemis-Tempels, um 590 v. Chr.

41, 44 Liegender Löwe, um 630/620 v. Chr.
(Kalkstein, ca. 1,22 m lang)

42 Grabstele des Arniadas mit einer Bustrophedon-Inschrift (so wie der Bauer pflügt), frühes
6. Jh. v. Chr. Homerische Hexameter über den
Tod eines Helden am Ufer des Arakthos

43 Dorisches Kapitell einer archaischen Graban-
lage des Xenvares, Sohn des Mheixis, 6. Jh.
v. Chr.

45

46

47

48

49

50

45, 46 Silbermünze der Stadt Korfú, 6. Jh. v. Chr.

47, 48 Silbermünze der Stadt Korfú, 400–300 v. Chr.

49, 50 Silbermünze der Stadt Korfú, 229–248 n. Chr.

51 Bronzener ›Komast‹ (Zecher) aus lakonischer Werkstatt, Fundort Mon Repos, Anfang 6. Jh. v. Chr.

52 Geometrisches Bronzepferd, Fundort Mon Repos, Ende 8. Jh. v. Chr.

53 Bronzelöwe eines Dreifußes, 6. Jh. v. Chr.

54, 55 Antefix aus Marmor vom 2. Artemis-Tempel, um 535/525 v. Chr.

56 Traufsima des Artemis-Tempels, um 590 v. Chr.

51

52

53

54

55

56

57 KAMÁRA Ajíoi Taxiárchoi:
frühchristliche Marmorschranke
(heute als Altar genutzt)

58 ANGELÓKASTRO (Westküste),
Michaíl Archángelos-Kapelle:
frühchristliche Marmorschranke
(heute als Altartisch genutzt)

59 Fußbodenmosaik der frühchristlichen
Basilika von PALAIÓPOLIS (auch Basilika des Ioviános genannt), 1. H. 5. Jh.

59–61 Korfu-Stadt Byzantinisches
Museum:

60 Fußbodenmosaik der frühchristlichen Basilika von Palaiópolis (auch Basilika des
Ioviános genannt), 1. H. 5. Jh.

61 Fresko des Propheten Elias aus der heute
ruinösen Ajios Nikólaos-Kapelle, außerhalb von Áno Korakiána, 11. Jh.

62 Ajios Márkos Ajios Merkúrios-
Kirche, Fresken der nördlichen
Apsis mit Stifterinschrift und den
Propheten Elias und Elisäus von
1074/75

60

61

62

63   KORFU-STADT   Mitropolis: Ikone des Hl. Georg von Michael Damaskenos, Ende 16. Jh.

64 KORFU-STADT Pinakothek: Ikone mit der Enthauptung Johannes' d. Täufers von Michael Damaskenos, 1590

65, 66 Jáson- und Sosipátros-Kirche in Gharítsa: Ikonen des Jáson und des Sosipátros von E. Tzanes, 1649

69, 70 Korfu-Stadt Ajía Ekateríni-Kirche:

68 Kloster Palaiokastrítsa Ikone des Prophe- ▷
ten Elias von einem unbekannten Maler, 17. Jh.

67 Friedhofskirche Korfu-Stadt:
Ikone der Panagia Platytera von M. Damaskenos,
Ende 16. Jh.

69 Ikone der Hl. Katharina von Stefanos Tzangarolas, 1690

70 Ikone Johannes' d. Täufers, 17. Jh.

71 KORFU-STADT Kloster Panajía Platytéra: Offen-
barung des Johannes von Th. Poulákis, 17. Jh.

72 KORFU-STADT Mitrópolis: Enthauptung
Johannes' des Täufers von Ph. Skouphos, 1665

73 ÁNO KORAKIÁNA Ajios Athanásios-Kirche: Fresken der Nordwand, oben: Propheten, Mitte: Judasverrat und Christus vor den Hohepriestern, unten: Kreuzigung; 2. H. 18. Jh. (1766?)

74 PERIWÓLIA Ajíoi Saránda-Kirche; Freskodetail aus der Szene mit Papst Gregor d. Gr. (auch Dialogos genannt), 1704

75 STRONGÝLI Panajía Odhijítria-Kirche, Fresko der Westwand mit dem Thema: Arche-Noah, 18 Jh.

76

77

78

79

80

81

82

83

84

85

86

87

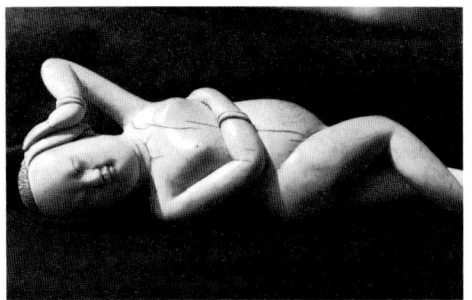

88

89

90

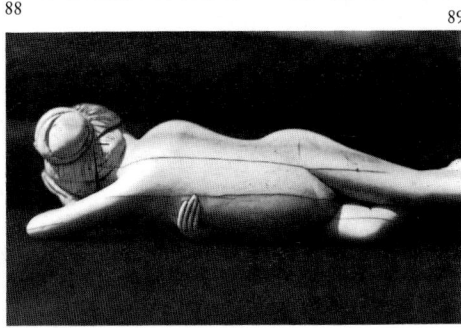

82–92   KORFU-STADT   Museum für Asiatische Kunst Kerkyra

82 Glocke, Bronze, China, Han-Zeit, um Chr. Geb., H: 33,5 cm, Vitrine 5a   **83 Modell eines Bauernhofes,** Grabbeigabe, graugrün glasiertes Steingut, China, Han-Zeit, um Chr. Geb., H: 34 cm, B: 27,8 cm, Vitrine 4   **84 Kultmaske,** eine buddhistische Gottheit darstellend, vergoldete Bronze, Japan, 18. Jh., Saal Γ   **85 Teufelsmaske,** Netsuke, Hartholz, Japan, Edo-Zeit, 19. Jh., H: 5,4 cm, Vitrine 64   **86 Tänzerin,** Grabbeigabe (Detail), Steingut mit Resten von Kaltbemalung, China, Tang-Zeit, 8./9. Jh., H: 27 cm (gesamt), Vitrine 9   **87 Stehende Guanyin,** buddhistische Gottheit der Barmherzigkeit (Detail), Elfenbein, z. T. ergänzt, China, Ming-Zeit, um 1600, H: 23 cm (gesamt), Vitrine 21a   **88, 89 Arztfigürchen,** sog. Doctor's Lady (Detail), Elfenbein, China, Qing-Zeit, 18. Jh., L: 16,4 cm (gesamt), Vitrine 30   **90 Musikantin** zwischen Früchten und Blumen, zu ihren Füßen ein Fabeltier, Holzrelief von einem Tempelfries, Indien, 19. Jh., Saal Π   **91 ›Bacchus-Teller‹,** Blauweißes Exportporzellan, China, Qing-Zeit, um 1700, D: 37,6 cm, Vitrine 105   **92 Teller mit Kreuzigungsszene** (Detail), Blauweißes Exportporzellan, China, Qing-Zeit, um 1750, D: 22,9 cm, Vitrine 38

91

92

93   KORFU-STADT   Museum für Asiatische Kunst Kérkyra

93 Spielende Pferde am Fluß (Ausschnitt aus einem sechsteiligen Stellschirm mit dem ›100 Pferde‹-Motiv), Malerei auf Papier, Japan, Edo-Zeit, 17. Jh., Saal Λ

Mittelschiff aus greift eine weite innen und außen halbkreisförmige Apsis nach Osten aus; zwei Reihen mit je vier Pfeilern trennten die drei Schiffe voneinander, denen im Westen ein Narthex vorgelagert war.

Wann die Basilika bzw. die beiden Seitenschiffe und der Narthex zerstört wurden und die *Klosterkirche* ihre heutige architektonische Gestalt erhielt, ist ebenso ungewiß wie die Gründungszeit. Das heutige Patrozinium der Kirche: Ajíoi Theodhóroi geht auf die beiden Soldatenheiligen Theodor Stratelates und Theodor Tiro, zwei Märtyrer des 5. Jh., zurück.

Mit Sicherheit hat man bereits bei der Errichtung der Pfeilerbasilika antikes Baumaterial des Artemis-Tempels mit verbaut. Besonders die unteren Mauerschichten zeigen solche antiken Spolien (heute verputzt). Nach der Zerstörung der Basilika wurden die Arkaden des Mittelschiffes zugemauert, so daß sich der architektonische Raum einer Hallenkirche ergab, die noch heute erhalten ist. Ostapsis, Westwand und die Pfeilerarkaden stammen also noch aus frühchristlicher Zeit. Besonders die Apsis mit ihrem wunderschönen Triforium, den Kreuzsymbolen an den Säulchen sowie ihrer Abstufung unterhalb der Traufe ist beachtenswert (Farbt. 4). Ungewiß ist aber auch, wann die umgebaute Kirche einem Kloster einverleibt wurde. Im 18. Jh. war die Klosteranlage verödet und unbewohnt. Erst Sir Thomas Maitland verfügte 1816, daß das Kloster wieder von Nonnen bewirtschaftet werden solle; eine griechisch-lateinische Inschrift am Eingang erinnert an dieses historische Ereignis. Ausstattung und Gestalt der Klosterkirche entsprechen heute dem orthodoxen Glauben des 19./20. Jh. Die meisten Bilder und Ikonen gehören dem 18./19. Jh. an; nur in der Bibliothek befinden sich einige wertvolle Ikonen, z. B. Johannes der Täufer von Philothéos Skouphós (17. Jh.).

3 Panajía Nerandzícha-Kapelle und antike Stadtmauer
(Abb. 27)

Westlich vom Grabungsgelände des Artemis-Tempels sind die letzten Reste der imposanten *antiken Stadtmauer Kerkyras* erhalten. Die sauber gemauerte Laibung eines Stadttor-Turmes mit einem etwa 14 m nach Westen verlaufenden Mauerabschnitt ragt knapp 6 m über das Erdreich. Die einstige Mauerkrone ist nicht mehr erhalten; byzantinisches Mauerwerk mit drei Blendbögen, aber ebenfalls ohne oberen Wandabschluß, setzt sich nach oben noch etwa 2 m fort. Nur die Quaderflächen der Außenseite (Norden) sind noch gut erhalten; in unterschiedlichen Schichthöhen von 30 bis 40 cm sind die Quader, Schicht für Schicht ca. 2 cm zur Stadt hin (nach Süden) zurückspringend, ohne Mörtel zusammengefügt.

Die Innenseite der Stadtmauer zeigt keine deutlichen Strukturen mehr, da sie für die kleine *Panajía Nerandzícha-Kapelle* bearbeitet worden ist. Die völlig unscheinbare, teilweise zerstörte und schmucklose Kapelle stammt wohl aus dem 11./12. Jh.

Nordöstlich von hier, unmittelbar an der Küste des antiken Alkinoos-Hafens, sind bei der Ajios Athanásios-Kapelle (Nr. 13) ebenfalls spärliche Fundamente der Stadtmauer erhalten, so daß anhand dieser beiden gesicherten Punkte der Verlauf der antiken Stadtmauer – vom Hylläischen (Kriegs-)Hafen zum Alkinoos-Hafen – rekonstruiert werden kann (s. Plan S. 88).

4 Römische Thermenanlage

(Die Ausgrabungen liegen auf dem Grundstück des ›Oliven-Instituts‹, bitte fragen Sie zuvor, ob Sie das Gebäude betreten dürfen)

Die 1961 nur kurz begonnenen, aber nicht beendeten Grabungen der römischen Thermenanlage haben bisher ein Areal von ca. 35 × 40 m, also etwa 1400 qm, freigelegt. Die von den Archäologen mit A, B, Γ und Δ bezeichneten Räume zeigen teilweise noch die Unterkonstruktion der Hypokausten sowie spärliche Reste von Mosaikfußböden. Die Anlage stammt aus der Wende vom 1. zum 2. Jh. n. Chr. und wurde wahrscheinlich bis ins 5. Jh. benutzt.

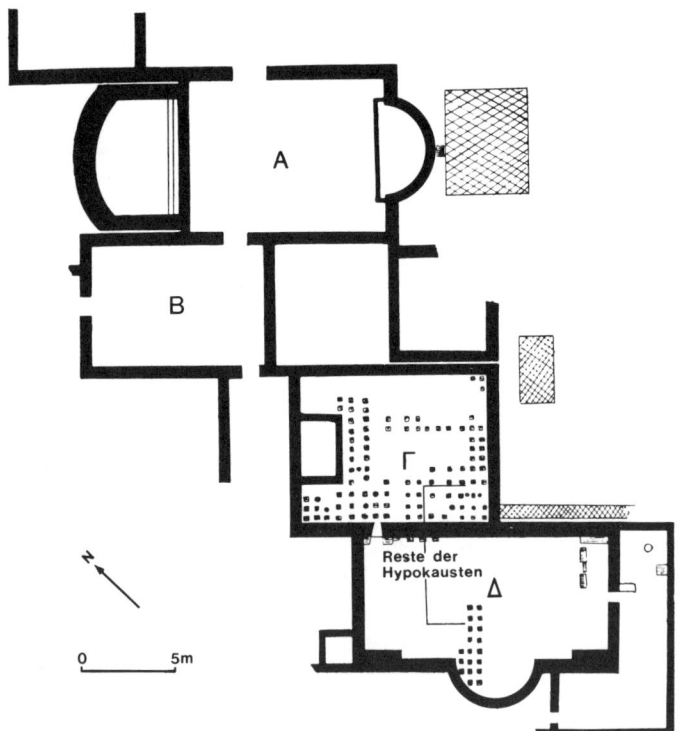

Grundriß der römischen Thermen. (Nach G. S. Dontas, Abb. 127, S. 126 in: Ergon, Athen 1962)

Möglicherweise wurde sie z. Zt. des Kaisers Septimus Severus (193–211) gegründet. Die unmittelbare Nähe der Thermen zum römischen Odeion, das einst an der Stelle der Basilika Paalaiópolis (Nr. 5) lag, deutet darauf hin, daß hier die von Thukydides für die griechische Zeit beschriebene Agorá zu suchen ist, die von den Römern übernommen bzw. umgebaut wurde.

5 Basilika von Palaiópolis
auch Ajía Kerkyra genannt (Farbt. 40; Abb. 28 und 59, 60)

Die ehemalige *fünfschiffige Basilika*, die nur noch in ihren Grundmauern erhalten ist, stammt aus dem 5. Jh.[1] Auf kaiserlichen Erlaß hat der damalige Bischof von Korfú, Iovianos, Teile der Agorá niederreißen lassen, um Raum und Baumaterial für das frühchristliche Gotteshaus zu erhalten. Der Vorgängerbau, ein *römisches Odeion*, ist noch im Grundriß zu erkennen. Das etwa 40 m weite Halbrund des Theaters öffnete sich nach Nordwesten und hatte bescheidene Dimensionen von etwa der gleichen Größe wie das römische Odeion von Górtys auf Kreta.

Der frühchristliche Bau war eine *Pfeilerbasilika* mit vorspringendem Querhaus und nur einer halbkreisförmigen Mittelapsis. Die Länge des Mittelschiffes betrug ca. 35 m. Die Grundrißgestalt mit den fünf Schiffen, Pfeilerarkaden und Ausbildung des Bemas mit Querschiff erinnern an die Ajios Dimitrios-Basilika in Thessaloniki. Beide Gebäude gehörten damals zu den größten frühchristlichen Basiliken Griechenlands. Das Mittelschiff der Palaiópolis-Basilika öffnete sich zum Doppelnarthex mittels eines Tribelon mit zwei Säulen und schönen antiken korinthischen Kapitellen, das noch heute erhalten ist (Abb. 28). Auf der westlichen Architravseite dieses Tribelons ist der Name des Bischofs Iovianos in einer Hexameter-Inschrift (s. Fig. S. 116) erhalten (die beiden unteren Zeilen):

ΠΙCΤΙΝ ΕΧΩΝ ΒΑCΙΛΙΑΝ ΕΜΩΝ ΜΕΝΕΩΝ CΥΝΕΡΙΔΟΝ
COI ΜΑΚΑΡ ΥΨΙΜΕΔΟΝ ΤΟΝΔ ΙΕΡΟΝ ΕΚΤΙCΑ ΝΗΟΝ,
ΕΛΛΗΝΩΝ ΤΕΜΕΝΗ ΚΑΙ ΒΩΜΟΥC ΕΞΑΛΑΠΑΞΑC,
ΧΕΙΡΟC ΑΠ ΟΥΤΙΔΑΝΗC ΙΟΒΙΑΝΟC ΕΔΝΟΝ ΑΝΑΚΤΙ.
(C = Σ)

»Mit dem Vertrauen des Kaisers als Hilfe für meine Pläne, habe ich dir, göttlicher Herrscher in der Höhe, dieses heilige Gotteshaus erbaut,
nachdem ich die Tempel und Altäre der Griechen (= Heiden) zerstört habe,
mit unwürdiger Hand, ich Iovianus, als Geschenk für den Herrscher.«[2]

---

1 Die Datierung der Basilika ist sehr umstritten: J. Sotiríou: Ende 4./Anfang 5. Jh., J. Papadimitríou: 1. Hälfte 5. Jh., V. Kallipolítis: frühes 5. Jh. und 6./7. Jh., A. Grabar: 6. Jh.
2 Der Verfasser dankt Franz Böller für diese und andere Übersetzungen griechischer Texte in diesem Buch

*Architrav des Tribe-
lon der Basilika
Palaiópolis mit der
Hexameter-Inschrift
des Bischofs Iovianus*

Die spärlichen Fußbodenmosaike (teils im Byzantinischen Museum untergebracht, s. Abb. 59, 60, teils im Atrium der Basilika mit Sand zugedeckt) sowie die wenigen Reste der Bauplastik aus Marmor (s. Byzantinisches Museum) bestätigen die Datierung ins 5. Jh. Besonders schön ist das Mosaik eines kleinen Gebäudes (Baptisteriums?) nordwestlich des Narthex (ebenfalls mit Sand abgedeckt): ein Quadrat mit eingeschriebenem Kreis bildet die geometrische Grundfigur; in den Kreis sind zwei weitere, sich um 90° verschneidende Quadrate und ein Mittelkreis mit Pfauenmotiv eingeschrieben. Insgesamt acht kleine Kreise mit verschiedenen Tiermotiven markieren die Verschneidungspunkte der inneren Quadrate. Außerhalb des Grundkreises sind am östlichen Mosaikrand links und rechts Inschriften angebracht. Rechts in der zweiten Zeile ist der Name des Mosaik-Künstlers: Elpidios erhalten.

Irgendwann – nach der Eroberung Korfús 562 durch die Ostgoten oder nach den arabischen Überfällen im 7. Jh. – wurde der altchristliche Bau durch Feuer zerstört. Der Wiederaufbau war mit einer Planänderung verbunden, so daß das alte Gotteshaus nur zu einer *dreischiffigen Pfeiler-Basilika* umgebaut wurde. Vielleicht gehen diese Baumaßnahmen sogar auf eine noch jüngere Zeit, und zwar auf Bischof Arsenius (†956) zurück. Mit Sicherheit wurde der dreischiffige Bau im 12. Jh. von Normannen und/oder Arabern erneut zerstört. Beim Wiederaufbau des traditionsreichen Gotteshauses entschied man sich nun für die sparsamste Lösung: für eine einschiffige Anlage; wahrscheinlich deshalb, weil das Zentrum der Stadt sich mittlerweile nach Norden verlagert hatte und die Basilika von Palaiópolis nicht länger Bischofskirche von Korfú war. Der neue Bau, nach Art einer Hallenkirche errichtet, im Osten etwas verkürzt, entsprach so nur noch dem Raum des altchristlichen Mittelschiffes, wie er noch heute mit seinen Längswänden und seinen Architekturgliedern des Tribelons erhalten ist. Elf antike Löwenkopf-Wasserspeier aus Marmor (4. Jh. v. Chr.) von der Traufe des Hera-Tempels (?) schmücken noch heute in ca. 2 m Höhe die Längswände des dachlosen Innenraumes.

Große Schäden erlitt die 1537 außerhalb der ›neuen‹ Stadt Korfú liegende Kirche durch die Türkenangriffe auf die venezianische Festung. Nach ersten Restaurierungen durch die Venezianer folgten 1680 weitgehende Schönheitsreparaturen der nun der Gottesmutter geweihten Kirche, die von dem kretischen Mönch Arsenios Kaloudis mit Fresken ausgeschmückt wurde. Von diesen nachbyzantinischen Malereien sind nur noch wenige Reste im westlichen Teil der Südwand erhalten.

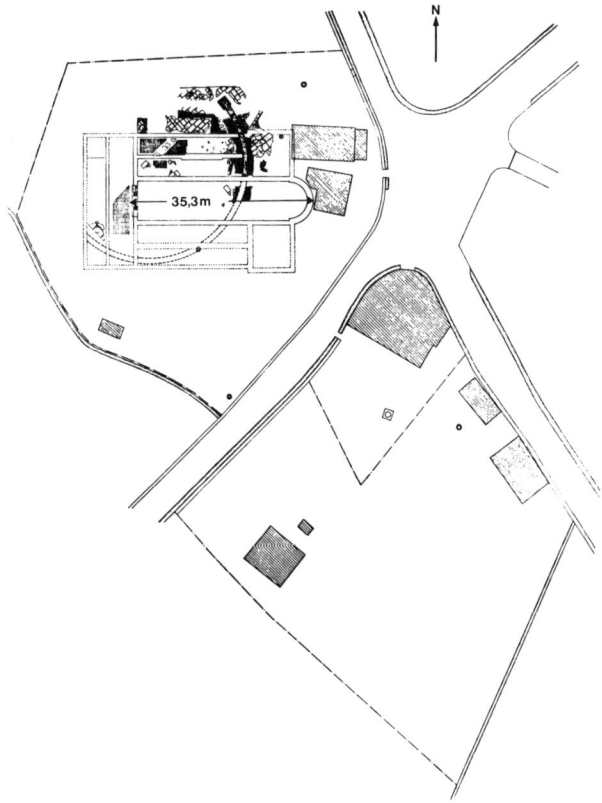

Grundriß der Basilika Palaió-
polis. (Nach P. L. Vocotopou-
los, Abb. 1–3, S. 334, 35,
Arch. Deltion 25/1970, Athen
1973)

6 Frauenkloster Efemía
Odhos Phaiakon

Das der Heiligen Euphemia[1] geweihte Kloster steht ebenfalls auf antiken Vorgängerbauten. Die Baugeschichte des kleinen Klosters ist bisher noch nicht erforscht, so daß nur Hypothesen geäußert werden können. Die 1846 hier gefundene Säule mit der Inschrift: ›HIAPOΣ TAΣ AKPIAΣ‹ (s. AMK, Saal 4, Nr. 3) brachte die Diskussion auf, daß in unmittelbarer Nähe dieses Fundortes der Hera Akraia-Tempel gestanden haben müsse. Archäologische Untersuchungen im Jahre 1912 brachten nur wenige Funde zutage: ein Kindergrab, Kleinfunde und Grundmauern von Wohnhäusern. Etwa 500 m weiter südlich, auf dem höchsten Punkt von Mon Repos (der Akropolis?), stieß man auf Grundmauern gewaltiger Ausmaße, die man neuerdings mit dem Hera-Tempel in Verbindung bringt (s. S. 121, 124). Das spätmittelalterliche Frauenkloster selbst überrascht mit seiner gefälligen Arkadenarchitektur im Klosterhof und durch seine üppige Vegetation. Teilweise sind auch hier antike Spolien verarbeitet. Die Ausstattung der Klosterkirche birgt keine Kunstwerke von hohem Rang.

7 Hellenistisch-römische Wohnquartiere
Odhos Ath. Káwwadha

Auf dem großen Areal westlich der Straße sind in unmittelbarer Nähe des neoklassizistischen Hauses vier Grabungsbereiche zu erkennen. Die genaue Chronologie ist noch nicht gesichert; die Wohnquartiere mit Marktplatz (?) gehören wohl dem 4. Jh. v. Chr. bis 1./2. Jh. n. Chr. an. Zwischen der Straße und dem neoklassizistischen Haus, das demnächst als Museum genutzt werden soll, liegen die ältesten Grundmauern. Links vom Haus, auf dem Areal vor der Palme, konnte eine große gepflasterte Fläche freigelegt werden, die möglicherweise zu einer Straße oder zur Agorá gehörte. Die südlich und östlich daran anschließenden Gebäude zeigen gutes Quadermauerwerk und ein technisch ausgereiftes Kanalisationssystem.

8 Römische Keramikwerkstatt

Westlich der Odhos Oikismós Figarétto breitet sich zum Golf von Chalkiopúlu eine ungenutzte Ackerlandschaft aus. In der Antike mag dieses Stadtquartier, in unmittelbarer Nähe des Hylläischen (Kriegs-)Hafens gelegen, zu den wichtigsten Handwerksvierteln von Kerkyra gehört haben.

---

1 Euphemia von Chalkedon erlitt unter Diokletian das Martyrium. 451 fand in ihrer Grabeskirche das Konzil von Chalkedon statt, sie wird am 11. 7. als die ›Verteidigerin der Orthodoxie‹ gefeiert

Grabungsgelände der hellenistisch-römischen Wohnquartiere

Römische Keramikwerkstatt

Die bisher nur sehr kleine Ausgrabung brachte zwei Brennöfen mit vielen keramischen Erzeugnissen zutage. Beide Öfen sind mit ihrer Brennstelle noch gut erhalten. Wahrscheinlich wird man hier noch weitere Handwerksbetriebe finden.

9 Antike Stadtquartiere

Östlich der Figaréttostr. sind 1966 weitere antike Gebäude freigelegt worden. Neben Wohngebäuden wurden auch Reste einer antiken Straße entdeckt, die in ost-westlicher Richtung zum Hylläischen Hafen verlief. Die verschiedenen Gebäude gehören in die Zeit des 7.–5. Jh. v. Chr. Der älteste Fund ist ein Vasenfragment mit geometrischen Motiven des 8. Jh. v. Chr. Das Gelände ist umzäunt und kann z. Zt. nur von der Straße bzw. den gegenüberliegenden Häusern aus besichtigt werden.

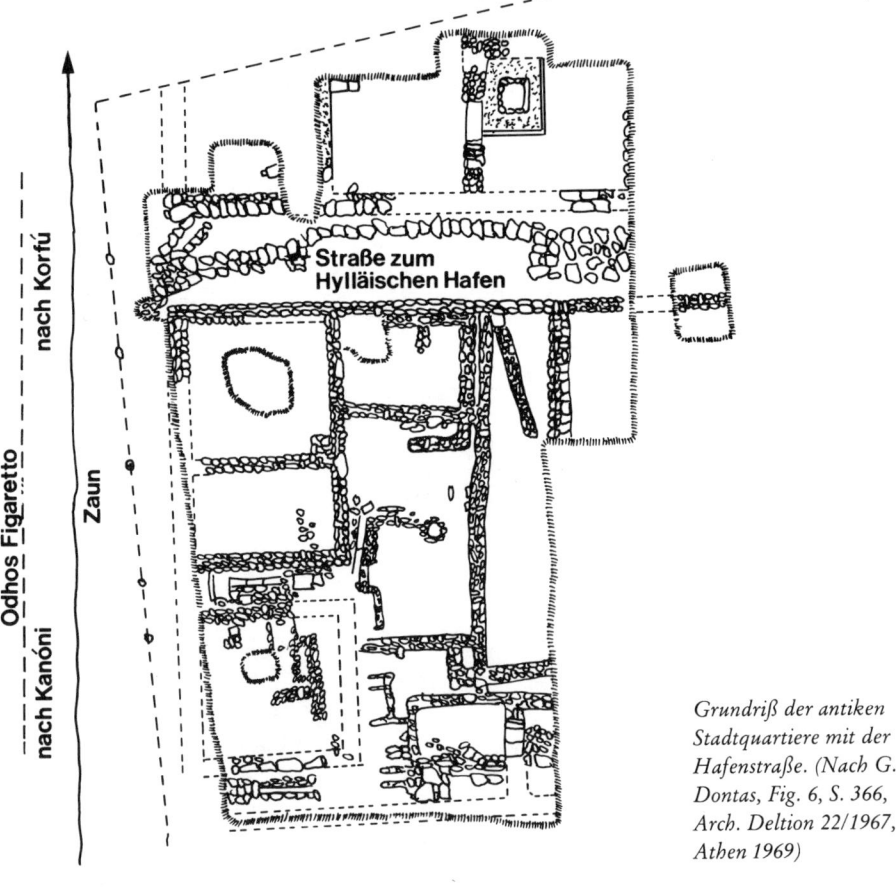

Grundriß der antiken Stadtquartiere mit der Hafenstraße. (Nach G. Dontas, Fig. 6, S. 366, Arch. Deltion 22/1967, Athen 1969)

10 Mon Repos

Privatbesitz des seit 1967 im Exil lebenden Königs Konstantin II. Der Zutritt ist nur mit Sondergenehmigung von der Antikenverwaltung (Eforía) möglich. Lassen Sie es jedoch nicht unversucht, dennoch am rückwärtigen Eingang in der Odhos Análipsis um Einlaß zu bitten.

Das knapp 180 000 qm große Parkgelände hütet noch heute viele Geheimnisse der Vor- und Frühgeschichte Korfús. Hier errichteten die Korinther 734 v. Chr. ihre Kolonie Kérkyra, die z. Zt. des Periandros eine der blühendsten griechischen Städte des Westens war (s. S. 25). Die von Thukydides erwähnten Tempel der Hera und des Zeus sowie des Apollon und des Dionysos, die Akropolis der Stadt und viele andere öffentliche Gebäude hatten hier ihren Standort. Im Laufe der Jahrhunderte legte sich Erde schützend über die zerstörte Stadt. Dort, wo einst Tempel und öffentliche Gebäude standen, wuchsen Bäume und Sträucher empor, bedeckte ein blühender Garten mit uralten Olivenbäumen die antike Ruinenstadt.

Erster neuzeitlicher Besitzer des gesamten Geländes war der zweite englische Lordhochkommissar Sir Frederick Adam (1824–1832). Während seiner Amtszeit auf den Ionischen Inseln heiratete er die Korfiotin Nína Palatiánou und ließ ihr von George Whitmore hier auf dem Vorgebirge in den Jahren 1828 bis 1831 ein klassizistisches Landhaus mit Schloßcharakter errichten, von dem man einen weiten Blick über die Meerenge bis hin zu den Bergen des Festlandes hat. Fortan war das Mon Repos-Schloß Sitz der englischen Lordhochkommissare. Nach dem Ende der englischen Herrschaft über Korfú (1864) ging das Gebäude in den Besitz der griechischen Königsfamilie über. 1921 wurde in diesem Haus Prinz Philipp, Herzog von Edinburgh, geboren.

9 Kardáki-Tempel und Kardáki-Quelle
(Farbt. 39)

Um die Kardáki-Quelle zu erreichen, muß man das ummauerte Parkgelände von Mon Repos ganz umfahren. Am südlichen Ende der Odhos Análipsis, ca. 500 m nach der Odhos Arítis, weitet sich links ein Plateau zur Ostküste hin aus, von dem man einen schönen Blick nach Korfú und zum griechischen Festland hin hat. Kurz zuvor, gegenüber der orthodoxen Kirche, führt links zwischen den Häusern Nr. 12 und 16 ein schmaler Weg zur Küste und zur Kardáki-Quelle. Auf etwa halbem Weg, dort, wo bei einer Spitzkehre Treppenstufen beginnen, kann man über die an dieser Stelle sehr niedrige Mauer die noch aufrecht stehenden Säulen des Kardáki-Tempels erkennen.

Die *Quelle von Kardáki* sprudelt seit der Antike und versorgt bis heute die hier wohnenden Menschen mit Wasser. Eine antike Mauereinfassung unmittelbar im Küstenbereich erinnert an das hohe Alter dieser Wasserstelle. Unter uralter Platane ein venezianischer Löwenkopf-Wasserspeier bildet den Hintergrund dieser idyllischen Küstenlandschaft.

Der Tempel von Kardáki mit Blick auf Korfú, Federzeichnung von Leo von Klenze, 1834. (Bayer. Staatsbibliothek, München, Klenzeana IX 11, 33)

Loréntzo Mánlis (1860–1912), ein griechischer Dichter von der ionischen Insel Leukás, schrieb in einem Gedicht über die Quelle:

»Wer von diesem Wasser trinkt, / kann die Insel niemals mehr verlassen.«

Ein Zufall führte zu der Entdeckung des (ca. 100 m oberhalb der Quelle liegenden) *Kardáki-Tempels:* Im Herbst 1822 versiegte die Quelle, so daß der englischen Marine die Wasservorräte ausgingen. Der Ingenieur W. Worsley war beauftragt, nach den Ursachen zu suchen, er überprüfte das über der Quelle anstehende Gelände und stieß dabei auf den kleinen Peripteros. Den Ausgrabungen folgte jedoch keine Konservierung, so daß der Tempel bald wieder verschüttet war. 1825 begann eine erneute Untersuchung des Tempels durch William Railton, der erste Zeichnungen anfertigte und die Architekturglieder baugeschichtlich untersuchte. Auch Dörpfeld beschäftigte sich 1912 und 1914 bei der Suche nach dem Palast des Alkinoos mit dem Kardáki-Tempel; detaillierte Ergebnisse hat auch er nicht veröffentlicht. Den ersten umfassenden (aber immer noch nicht endgültigen) Bericht legten 1936 Franklin P. Johnson und William B. Dinsmoor vor.[1]

---

1 In: *American Journal of Archaeology*, Bd. XL, Nr. 1, Athen 1936

In mehrfacher Hinsicht zeigt der um 510 v. Chr. entstandene Tempel bemerkenswerte Architekturdetails, die an griechischen Bauten des 6./5. Jh. v. Chr. höchst selten sind: zum einen sind alle Säulen monolithisch und nicht aus Säulentrommeln gearbeitet, zum anderen zeigt der Architrav weder eine Triglyphen-Metopen-Gliederung noch ein Taenia-Band mit seinen typischen Regulae (Leisten) und Guttae (Tropfen). Auch der Grundriß ist von anderem Geist geprägt. Auf dem 11,91 × 25,60 m großen Stylobat stand wahrscheinlich ein Peripteros mit 6 × 12 Säulen[1] (Ecksäulen doppelt gezählt), jedoch ohne Opisthodom und Adyton (!). Im letzten Drittel der Cella sind Reste eines Altars für das Kultbild erhalten. Welcher Gott hier Verehrung fand, ist ungewiß. Angesichts der wasserreichen Schlucht ist der Gedanke an den Heilgott Asklepios naheliegend; man diskutiert aber auch über Zeus und Poseidon.

Grundriß des Kardaki-Tempels. (Nach W. D. Dinsmoor jr.: Abb. 1, S. 168 und Taf. 81, Athenische Mitteilungen, AM-Band 88, Berlin 1973)

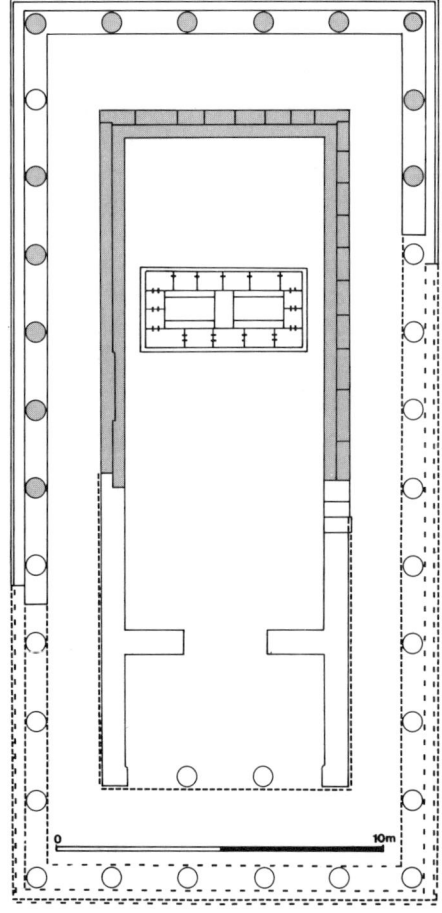

1 F. P. Johnson schlägt eine Säulenzahl von 6 × 11 vor. Untersucht man jedoch rechnerisch die Proportionen des Stylobats 1:2,149, so ergibt sich über 3:6,5 die kanonische Säulenzahl 6 × 13

11   Tempelareal von Mon Repos

Knapp 100 m südlich vom Mon Repos-Eingang an der Odhos Análipsis liegt das wohl bedeutendste Tempelareal der antiken Stadt Kerkyra; es wurde bisher nur unvollständig erforscht. Auf dem flachen Hügelplateau konnten spärliche Grundmauern eines sehr großen Tempels (ca. 40 × 20 m) freigelegt werden. Obgleich man keine Weihinschrift mit einem Götternamen fand, vermutet man, daß es sich um den Hera Akraia-Tempel handelt, wahrscheinlich der Haupttempel Kerkyras.

Terrakotta-Architekturglieder (z. B. drei Traufziegel, s. AMK, Saal 4, Nr. 4) und anderes Fundmaterial rücken die Entstehung dieses Tempels in die Zeit um 600 v. Chr. Ende des 5. Jh. v. Chr. vernichtete eine Feuerkatastrophe den Bau, der Anfang des 4. Jh. v. Chr. wieder aufgebaut wurde.

In südlicher Verlängerung der östlichen Tempelschmalseite konnte P. Kálligas 1967 ein kleines Apollon-Heiligtum nachweisen, das Ende des 6./Anfang 5. Jh. v. Chr. entstanden ist, also ähnlich wie der Artemis- und Hera-Tempel während des ›Goldenen Zeitalters‹ des Periandros (s. S. 25). Die Identifikation des Tempels gelang aufgrund mehrerer Weihinschriften, die den Namen des Gottes ›Apollos Korkyraios‹ tragen; wichtigster Fund mit dieser Inschrift war eine bronzene Lanzenspitze (s. AMK, Saal 4, Nr. 6).

Nach den bisherigen Grabungsergebnissen vermuten die Archäologen, daß östlich des großen Hera-Tempels noch fünf oder sechs kleinere Tempel (Aphrodite, Hermes u. a.) gestanden haben, die teilweise in ihren Grundmauern auch nachgewiesen werden konnten. Auch diese Tempel gehörten wohl dem 6. Jh. v. Chr. an, wie es vor allem hier gefundene bemalte Simen und Löwenkopfwasserspeier bezeugen (s. AMK, Saal 4, Nr. 6, unteres Fach, MR 2). Reste einer älteren Temenos-Mauer, die ziemlich genau parallel zu den Hanglinien

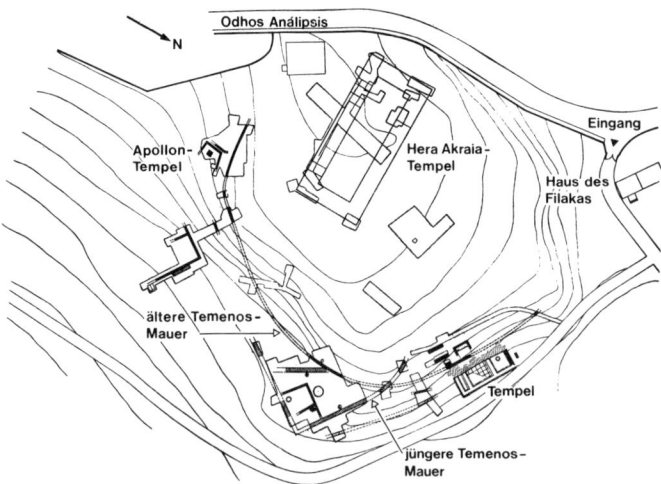

Tempelareal von Mon Repos. (Nach G. Kouloúri: Fig. 1, S. 305, Arch. Deltion 23/1968, Athen 1969)

verläuft, machen deutlich, daß die kleineren Tempel außerhalb des Hera Akraia-Heiligtums gestanden haben.

12 Jáson- und Sosipátros-Kirche
Odhos Jáson kaí Sosipátru Nr. 23 (Umschlagrückseite; Farbt. 43, 44; Abb. 65, 66)

Geschichte
Die Jáson- und Sosipátros-Kirche ist das schönste Beispiel byzantinischer Sakralarchitektur der Insel Korfú. Der Name eines der beiden Heiligen weckt Erinnerungen an die Argonautensage und die homerischen Epen, an Iason und Medea, die auf Kerkyra im Palast des Alkinoos zu Gast waren, wo auch Odysseus auf seiner Heimfahrt nach Ithaka bewirtet wurde (s. S. 12 ff.).

Zwei Inschriftenplatten des 11. Jh., die in ca. 2 m Höhe links und rechts der Mitteltür der Westfassade mit Ziegeln eingemauert sind, geben uns den einzigen historischen Hinweis auf die Entstehung der Kirche. Da erfahren wir, daß der Priester Stephanos zur Zeit, als Theophanes Bischof von Korfú war, an diesem altehrwürdigen Ort, wo zuvor ein frühchristlicher Vorgängerbau dem Hl. Andreas geweiht war, das Gotteshaus der Hll. Jáson und Sosipátros errichten ließ:

Links vom Eingang

† Μνημοσύνης τόδ᾽ ἔτευξεν ὑπὲ[ρ ἱ]ερῆς
σοφὸν ἔργον Στέφανος θυειπόλος
ἀμπλ[ακημάτων] ψυχῆς ποικιλομόρφον τῶν
ἁγίων κλινὸν [ἀποστό]λ[ων ἐπὶ] Θεοφάνους
προέδρου ἐς εὐρέα ἤμα[τα] μνήμης.

»Zum heiligen Gedenken schuf der Priester Stephanos zur Vergebung seiner Sünden dieses weise Werk, farbig geschmückt und gepriesen, der heiligen Apostel, unter dem Bischof Theophanes, für lange Tage der Erinnerung.«

Rechts vom Eingang

† Ὁ φωτολαμπὴς καὶ περίβλεπτος δόμος τῶν
σοφωτάτω(ν) | καὶ θείων ἀποστόλων, ὁ πρὶν
ἄκοσμος ἐν σμικρότητι πέλων, | νὴν περι-
καλλὴς καὶ περίδοξος ὤφθη᾽ καί γὰρ Στέφανος
ὁ κλινὸς | θυηπόλος τοῦτον κατεκόσμησεν
εὐσεβοφρόνως εἰς λύτρουν αὐτοῦ | ψυχ[ικῶν
ὀ]φλειμάτ[ων] ...ουκε.. μνήμην ἀνεπίλιστον
κ(αὶ) βίου | κλέως.

»Das strahlende und berühmte Haus der allerweisesten und heiligen Apostel, das vorher schmucklos und klein war, erscheint jetzt sehr schön und weithin berühmt; denn der berühmte Priester Stephanos hat es in gottesfürchtiger Gesinnung ausgeschmückt zur Vergebung seiner Sünden... – ..zum (?) unvergeßlichen Andenken und Ruhm seines Lebens.«

(deutsch von Franz Böller)

Dieser mittelbyzantinische Vorgängerbau des Hl. Andreas konnte zwar aufgrund von hier entdeckten Grundmauern bestätigt werden, wurde jedoch bisher archäologisch nicht erforscht. Das neue Gotteshaus ist eine ›klassische‹ Kreuzkuppelkirche, gehört dem *Zwei-*

stützentypus an und kann im Hinblick auf seine von Attika beeinflußte architektonische Gestaltung in die Zeit um 1000 datiert werden.

Ob die Kirche bereits zu dieser Zeit zu einem Kloster gehörte, ist ungewiß. Mit Sicherheit war das Gotteshaus jedoch seit dem 14./15. Jh. eine Klosterkirche. Nach dem Untergang des oströmischen/byzantinischen Reiches und der Eroberung Konstantinopels 1453 fand Katharina Centurione, Gemahlin des letzten Erben der Palaiologen-Dynastie, hier Zuflucht und starb am 16. August 1462 in diesem Kloster (s. S. 45). Nach den ersten schweren türkischen Angriffen auf Korfú wurde auch die Jáson- und Sosipátros-Kirche wie die Basilika Palaiópolis 1537 beschädigt, so daß große Teile der Südwand erneuert werden mußten. Der kleine Glockenturm ist eine venezianische Ergänzung des 17. Jh. Im 18. Jh. wurde auch Korfú von dem neuen Zeitgeschmack des Westens ergriffen. Als eine der wenigen orthodoxen Kirchen Griechenlands erhielt das mittelbyzantinische Gotteshaus eine *barocke Ausgestaltung:* die alte Bilderwand wurde durch einen barock gestalteten Ikonostas ersetzt, der noch heute erhalten ist.

Außenarchitektur

Der mit seinen ausgewogenen Architekturgliedern sehr harmonische Bau des mittelweile aufgelösten Klosters steht nahezu in seiner Originalbausubstanz vor uns. Nur die Dachfläche der Tambourkuppel, Teile der Südwand sowie die Priesterwohnung im Nordosten sind Ergänzungen des 20. Jh.

Das sehr gefällige Außenmauerwerk besteht in den unteren Schichten aus großen Tuffquadern antiker Gebäude und im oberen Bereich aus unregelmäßig behauenen Tuffquadern, die in Stoß- und Lagerfugen aus Ziegeln verlegt sind, wobei die Stoßfugen ornamental nach Art kufischer Schriftzeichen gestaltet wurden. Die Ziegel sind dabei stets so angeordnet, daß sich das Christusmonogramm ›IC‹ (Jesus Christus) ergibt (s. Umschlagrückseite). Besonders dekorativ ist der obere Wandabschluß ausgebildet: gleich einem umlaufenden Fries sind auch hier Ziegel zu kufischen Schriftornamenten mit dem Monogramm ›IC‹ gebildet, dar-

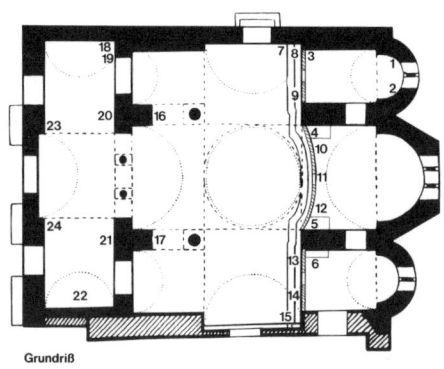

GrundriÄ

(S. 126 und 127):
Grundriß, Quer- und Längsschnitt der Jáson und
Sosipátros-Kirche. (Nach H. Schleif: Arch. Ephimeris, S. 37–56, Athen 1934/35)

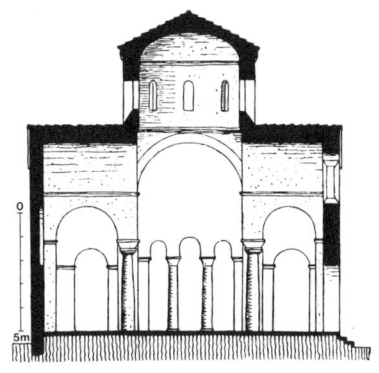

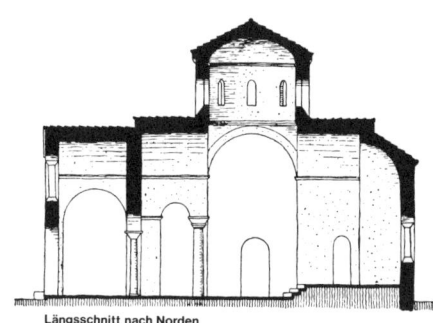

Längsschnitt nach Norden

über leiten zwei doppelte Zickzack-Ziegelbänder zu den geneigten Dachflächen über. Nur an der südlichen Seitenapsis und an der Tambourkuppel fehlt diese plastische Gestaltung. Der achtseitige Tambour ist an seinen Ecken bis zur Kämpferhöhe der Fenster mit schlanken, aus Tuffstein gemauerten Halbsäulchen gegliedert. Weiterer plastischer Dekor ist nur an den beiden Säulchen des Triforiums der Mittelapsis erhalten: Kreuz-, Stern- und Strahlenmotive mit Blättern verschlungen, schmücken die Kapitelle. Alle Fenster, jene in den Apsiden, in den Giebelflächen und am Tambour, zeigen Ziegelbögen mit einer einfachen Ziegel-Zickzack-Einfassung.

Grund- und Aufriß

Die Grundrißlösung dieses bedeutendsten byzantinischen Sakralbaus der Insel Korfú ähnelt in vielen Details den Kirchen des 9.–12. Jh. in Athen. Wie die Ajíos Ioánnis Theológos-Kirche in Athen ist auch die Jáson- und Sosipátros-Kirche ein Zweistützentypus mit Narthex. Die geometrische Grundfigur ist ein annäherndes Quadrat von ca. 11 m Seitenlänge (bezogen auf den lichten Innenraum), dem ein ca. 3,4 m tiefes Rechteck im Westen und die drei Halbkreise der Apsiden im Osten zugeordnet sind.

Die außen markant als Satteldach heraustretenden vier Kreuzarme werden von überhöhten Tonnengewölben überspannt. Konstruktive Bauglieder für die alles überragende Kuppel sind die beiden östlichen Bema-Wandscheiben und die beiden westlichen Säulen spätantiker Herkunft. Das so entstandene ›räumliche‹ Kreuz über dem kreuzförmigen Grundriß, das diesem Bautypus seinen Namen gegeben hat, läßt nun vier freie Ecken des Quadrates übrig, die mit niedrigeren Tonnengewölben überspannt und mit Pultdächern abgedeckt werden.

Den Übergang vom Kirchenraum zum querliegenden Narthex bildet je ein Durchgang im Norden und Süden sowie ein Tribelon mit Arkadengliederung[1] vom westlichen Kreuzarm

---

1 Vgl. hierzu die frühchristliche Tribelongestaltung der Basilika Palaiópolis (s. S. 115) mit Architravlösung

aus. Der dreiteilige Narthex hingegen zeigt in der Mitte ein fast gleichhohes Tonnengewölbe in Verlängerung des westlichen Kreuzarmes und zwei niedrigere, rechtwinklig zum mittleren Gewölbe verlaufende Quertonnen im Norden und Süden.

Innenraum

1, 2 Fragmente von vier der ursprünglich sechs *frontal* dargestellten Kirchenväter des 12. Jh., die Malereien sind weniger schematisch ausgeführt als in der Frühzeit und zeigen in den schmalen Gesichtern eine Hinwendung zu unauffälliger Schönheit. Rechts vom Fenster: Hl. Pankras, Bischof von Taormina, und Hl. Nikandros (?), Bischof von Myra. Auch die Ornamente sowie der fragmentarische Kopf (rechts) gehören dieser Epoche an – 3 Fragmente zweier in *Seitenansicht* dargestellter Kirchenväter des 14. Jh. – 4 Grab des Sosipátros (?) – 5 Grab des Jáson (?); nach anderen Berichten soll es sich hier um die Gräber der o. g. Katharina Palaiologos († 1462) und des byzantinischen Historikers Georgios Sphrantzes († ca. 1478) handeln, der ebenfalls von Konstantinopel nach Korfú geflohen war – 6 Vitrine, in der ein kostbares Gewand der Katharina Palaiologos aufbewahrt wird – 7 Ikone des Hl. Sosipátros (19. Jh.) – 8 Ikone der Hl. Niki (20. Jh) – 9 Johannes der Täufer als Engel (Ende 19. Jh.) – 10 *oben:* Ovalbild mit drei Szenen aus dem Zwölfer-Festtagszyklus der orthodoxen Kirche (Dodekaorton): Geburt, Tempelgang und Taufe Christi (Mitte 18. Jh.); *unten:* thronende Muttergottes mit dem Christuskind von E. Tzanes (Mitte 17. Jh.). Emmanuel Tzanes ist ein bedeutender Maler der Kretischen Schule; um 1610 in Réthimnon auf Kreta geboren, verließ er noch vor der türkischen Eroberung Kretas (1669) seine Heimat, wirkte von 1646–1655

auf Korfú und starb 1690 in Venedig. – 11 *oben:* bemaltes Kreuz, von E. Tzanes, darunter Deesis; *Mitte:* Pfingsten (westliche Ikonographie); *unten:* (Königstür): dornengekrönter und gegeißelter Christus (›Ecce Homo‹), alle 18. Jh. – 12 *oben:* Ovalbild mit drei ›Kirchentagen‹: Erweckung des Lazarus, Einzug in Jerusalem und Frauen am leeren Grab (18. Jh.); *unten:* Christus Pantokrator, links und rechts von je zwei Säulen flankiert, auf denen die vier Evangelisten (westliche Ikonographie) dargestellt sind; Ikone von E. Tzanes (Mitte 17. Jh.) – 13 Hl. Andreas (19./20. Jh.) – 14 Hl. Kerkyra (Ende 19. Jh.) – 15 Hl. Jason (19. Jh.) – 16 Johannes Damaskenos (um 675–749), einer der bedeutendsten Theologen der Ostkirche, Ikone des alten Ikonostas von E. Tzanes, 1654 – 17 Gregorios von Palamas/Thessaloniki (1296–1359), Mönch vom Berg Athos, Ikone des alten Ikonostas von E. Tzanes, 1654 – 18 Hl. Arsenius (1. Metropolit von Korfú und Bischof von Zypern, † um 956); Fresko, das ursprünglich rechts an der östlichen Narthexwand hing (Mitte 11. Jh.?) – 19 Zeichnung eines Reiterheiligen, darüber war ursprünglich das Fresko des Hl. Arsenios angebracht – 20 Hl. Jason von E. Tzanes, 1649 – 21 Hl. Sosipátros von E. Tzanes, Mitte 17. Jh. – 22 Fragmente zweier Engel aus der Taufe Christi (palaiologische Malerei, 14./15. Jh., oder nachbyzantinisch 17. Jh.) – 23, 24 Fragmente zweier Heiliger, vielleicht Jáson und Sosipátros (17. Jh.).

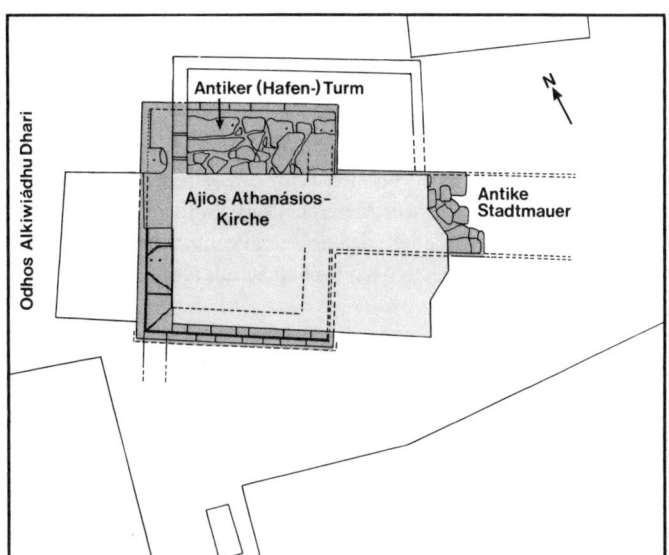

Grundriß der antiken Stadtmauer mit Fragmenten eines Turmes nahe dem Alkinoos-Hafen. (Nach G. Dontas: Fig. 2, S. 68, Praktika 1965)

3 Ajios Athanásios-Kapelle

(und Fragmente der antiken Stadtmauer) Odhos Alkiwiádhu Dharí Nr. 9/11

Unmittelbar an der Ostküste, ganz im Süden der Bucht von Gharítsa, steht in der A. Dharí Straße eine kleine bescheidene Einraumkapelle des 18. Jh., die dem Hl. Athanasios geweiht ist. Das nicht mehr für Gottesdienste benutzte und verwahrloste Kirchlein birgt im Innenraum Freskenfragmente der Gründungszeit und einen Ikonostas mit Ikonen des 18./19. Jh.; doch nur die Ikone des Hl. Georg ist nennenswert, sie zeigt Einflüsse des palaiologischen Stils des 16. Jh.

Bemerkenswert ist diese Kapelle aber vor allem deshalb, weil auch sie uns weit in die Vergangenheit, in die Zeit des antiken Kerkyra zurückführt: das kleine Kirchlein steht auf den Grundmauern eines Turmes (ca. 9,4 × 8,1 m) und einer ca. 6 m nach Osten anschließenden, etwa 3,2 m starken Mauer, die im 5.–4. Jh. v. Chr. zur Alkinoos-Hafen-Befestigung gehört hat.

Diese geringen Befestigungsspuren machen besonders aufgrund ihrer Ostwest-Ausrichtung deutlich, daß der Küstenverlauf hier in der Antike ein anderer, nämlich um ca. 6–8 m landeinwärts verschoben war und der Alkinoos-Hafen wahrscheinlich gleich einer kleinen (künstlichen?) Bucht weiter westlich seinen Platz gefunden hatte (s. Plan S. 129).

14 Friedhofskirche der Stadt Korfú

Patrozinium: Auferstehung Christi, Hll. Petrus und Paulus
Odhos Anapáfseos (griech. ›der Ruhe‹)

Die Hallenkirche aus dem Jahre 1840 ist mit einem neoklassizistischen Ikonostas ausgestattet, der nach Art einer griechischen Tempelfassade gestaltet ist. Sowohl das Giebeldreieck als
auch der Architrav sind mit Malereien des 19. Jh. geschmückt. Vier schlanke Pilaster mit
ionischen Kapitellen gliedern den unteren Ikonostasteil; hier sind drei wertvolle Ikonen des
berühmtesten Vertreters der Kretischen Schule: *Michael Damaskenos* (s. S. 85 u. Farbt. 43;
Abb. 67) integriert.

Die bedeutendsten Ikonen (v. l. n. r.):
Links unten: Johannes Chrysostomos von Emmanuel Lambardos (17. Jh.) – linke Tür: Erzengel Gabriel von Georgios Chrysolo-ras, der von 1730–47 auf Korfú wirkte – dar-

Heiliger Antónios, Ikone von
M. Damaskenos, Ende
17. Jh., Friedhofskirche Korfú

über: Johannes der Täufer (Ende 16./Anfang 17. Jh.) – linker Teil zwischen den Pilastern, unten: Panagia Platytera von *M. Damaskenos* (Ende 16. Jh.) – oben: Stammbaum Jesse eines unbekannten Künstlers (1752) – am Architrav (ganz links): Gastmahl Abrahams, eine ganz nach byzantinischer Art gemalte Ikone des 16. Jh.; rechts daneben: Fußwaschung Petri (18. Jh.) – Mittelteil, oben: Christus umgeben von den vier Evangelistensymbolen, auf seine Wunde zeigend, links davon Muttergottes und Kreuz Christi, rechts Geißelsäule und geflü-

gelter Johannes der Täufer (17. Jh., mit starken ikonographischen Einflüssen des Westens) – rechter Teil zwischen den Pilastern, unten: Christus als Hoherpriester von *M. Damaskenos* (Ende 16. Jh.) – darüber: Panagia Platytera umgeben von den 12 Aposteln (6 oben und je 3 links und rechts) sowie unten von 6 Kirchenvätern (Nikolaus, Athanasios, Chrysostomos, Gregorios der Theologe, Basileios d. Gr. und Spyridon) – rechte Tür: Erzengel Michael von G. Chrysoloras (2. Hälfte 18. Jh.) – unten daneben: Hl. Antonios von *M. Damaskenos* (Ende 16. Jh.).

15   Figarétto

Ganz im Süden der Halbinsel Análipsis, etwa 0,5 km vor dem Aussichtspunkt Kanóni, liegen nahe der Westküste zwei bedeutende Grabungsgelände, die zwar vor Ort keinerlei antike Hinterlassenschaften erkennen lassen, wo aber mit Sicherheit noch wichtige Zeugnisse des antiken Kerkyra unter dem Erdreich ruhen. Nahe der Ajía Paraskewí-Kirche entdeckte 1889 der Grieche Karapános ein kleines *Artemis-Heiligtum* aus der Zeit um 480 v. Chr., in dem er u. a. 13 Terrakotta-Statuetten der Göttin Artemis fand (s. AMK, Saal 4, Nr. 23). Knapp einhundert Jahre später ereignete sich wieder ein Glücksfall: bei Erdarbeiten stieß man im Herbst 1973 auf antikes Baumaterial. Der griechische Archäologe A. Choremis konnte zwei Teile eines Giebels freilegen, der als ›jüngerer Korfú-Giebel aus Figaretto‹ bekannt wurde. Die erhaltenen Skulpturen des Giebels zeigen eine Symposion-Szene mit Dionysos. Möglicherweise gehörte dieser Architekturschmuck zu einem *Dionysos-Tempel* (?) vom Ende des 6. Jh., den man bisher noch nicht gefunden hat.

17   Kanóni an der Südspitze der Halbinsel Análipsis und die Bucht von Pérama mit dem Frauenkloster Panajía Wlachérna und der Pondikoníssi-Insel
Umschlagvorderseite, Farbt. 1, 2 u. 63

Die Südspitze des Análipsis-Vorgebirges und die sie umgebende Bucht von Pérama gehören zu den schönsten Landschaften der Insel Korfú und Griechenlands. Dementsprechend wird dieses herrliche Panorama auch seit Jahrzehnten touristisch vermarktet. Kanóni, Wlachérna und Pondikoníssi stehen als obligatorisches Ausflugsziel auf dem Besichtigungsprogramm eines jeden Korfú-Besuchers.

Daß auch der Schweizer Maler Arnold Böcklin (1827–1901) von dieser Landschaft fasziniert gewesen sei und die in der Bucht liegende Pondikoníssi-Insel das Vorbild für seine ›Toteninsel‹ (1880/83) abgegeben habe, ist seit Anfang unseres Jahrhunderts immer wieder zu lesen. In Böcklins Biographie gibt es jedoch keinen Hinweis auf einen Korfú-Besuch.

Trotz des Massentourismus und vollgestopfter Straßen, in denen sich Autoschlangen nach Kanóni quälen, es lohnt sich! Besonders dann, wenn man die Nachmittage der Touristen-Rush-hour meidet und auf viel angenehmere Tageszeiten wartet: auf den sehr frühen Morgen mit seinem Sonnenaufgang zum Beispiel oder auf die warme Abendstimmung mit dem Sonnenuntergang. Dann zeigt sich dem Besucher eine mal herbe, mal dramatische Landschaft voller Zartheit und Poesie.

Auch an diesen malerischen Küsten Korfús erinnern wir uns der homerischen Vorzeit. In Pondikoníssi an der Einfahrt zum antiken Hylläischen Hafen will man jenes geisterhafte Phäakenschiff des Alkinoos sehen, das Odysseus nach Ithaka brachte und das auf der Rückfahrt nach Kerkyra, kurz vor der Hafeneinfahrt, von Poseidon versteinert wurde. Karáwi, eine Insel vor der Nordwestküste, läuft Pondikoníssi als versteinertes Phäakenschiff noch den Rang ab (s. S. 12 f.).

Mit Sicherheit war diese Meerenge die Einfahrt zum Kriegshafen von Kerkyra, der etwa dort, wo heute ein schmaler Steg zur gegenüberliegenden Küste von Pérama hinüberführt, mittels einer Kette (ähnlich wie der Hafen in Rhodos) vor dem Eindringen fremder Schiffe geschützt werden konnte.

Verweilen wir noch einen Augenblick in der antiken Vorzeit Kerkyras – ohne uns von donnerndem Fluglärm der alle 2–3 Minuten im ›Hylläischen Hafen‹ landenden Flugzeuge stören zu lassen. Gut können wir uns vorstellen, daß auf dieser felsigen Anhöhe der Südspitze der Análipsis-Halbinsel zu Zeiten des mythischen Alkinoos und erst recht während des ›Goldenen Zeitalters‹ des Periandros ein bedeutender Sakralbau oder Palast gestanden haben muß.

Der heutige Name ›Kanóni‹ leitet sich von einem schweren Geschütz ab, das einst die Küste bewachte.

16 Frauenkloster Panajía Wlachérna

(Unregelmäßige Öffnungszeiten; bitte bedenken Sie, daß dieses Kloster kein Museum ist!)

Die auf der Insel gelegene malerische Klosteranlage ist eine Gründung vom Ende des 17. Jh. (?) und wird z. Zt. noch von zwei Nonnen bewohnt. Nur der kleine, mit Blumen geschmückte Innenhof (Farbt. 1) und die noch kleinere, zimmerähnliche Einraumkapelle können besucht werden. Die Architektur des Klosters wendet keine Kunstgriffe an, miniaturhafte Kuben sind zu einem Ganzen zusammengefügt, voller Harmonie und mit ausgewogenen Proportionen (Farbt. 63). Das Kirchlein selbst birgt keine nennenswerten Kunstwerke. Rechts neben dem Eingang zum Kloster ist der Friedhof; darauf eine Bestattung und der Grabstein mit dem Namen der hier ruhenden Nonne: Theodótis, gestorben 1863. Der

Name des Klosters geht auf die Blachernen-Kirche in Konstantinopel zurück und bedeutet sinngemäß ›unerschütterliche Mauer‹. Damit wird an jene Belagerung Konstantinopels im Jahre 860 erinnert, bei der der Patriarch Photios das Bild der Muttergottes in der Blachernen-Kirche erfolgreich um Rettung anflehte.

17 Insel Pondikoníssi (›Mäuseinsel‹)

Pantokrátorkirche bzw. Kirche der Metamórfosis Christú (6. August) (Kann vom Frauenkloster Wlachérna mit einem Boot erreicht werden)

Die Metamórfosis Christú-Kirche auf dem ›versteinerten Phäakenschiff‹ (s. S. 12 f.) gehörte ehemals zu einem Männerkloster, das noch bis zum Anfang des 20. Jh. bewohnt war. Das zypressenbestandene Inselchen ist ein schöner stiller Ort (außerhalb der ›Touristen-Rush-hour‹), dessen Bild freilich durch einen hohen Sendemast empfindlich gestört wird.

Die *Kreuzkuppelkirche* des ehemaligen Klosters ist neben der Jáson- und Sosipátros-Kirche (s. S. 125) die einzige Kuppelkirche Korfús aus mittelbyzantinischer Zeit; sie gehört mindestens dem 11./12. Jh. an. Ein Marmorfragment (Abb. 25), links bei der obersten Treppenstufe, und ein wunderschönes Marmorrelief (Abb. 26) oberhalb des Kirchenportals erinnern an einen frühchristlichen Vorgängerbau. Bisher wurde jedoch weder das Kirchlein noch das Inselchen archäologisch erforscht.

Daß der Innenraum einst mit Fresken ausgeschmückt war, erkennt man an den spärlichen Fragmenten am südöstlichen Pendentif. Der Altartisch besteht ebenfalls aus frühchristlichen Spolien, die Tischplatte gehörte einst zu einer Marmorschranke.

Der Grundriß der Kirche zeigt einen sehr eigenwilligen Entwurf. Drei außen dreiseitig geschlossene Apsiden bzw. Konchen kennzeichnen diese Kreuzkuppelkirche auch als *Trikonchos*. Eine weitere Merkwürdigkeit sind die fehlenden östlichen Eck-Raumteile, die im Westen mit Kreuzgratgewölben überspannt sind. Zwei schlanke Marmorsäulchen im Westen und die kräftigen Wandpfeiler-Stücke im Osten tragen den achtseitigen Tambour

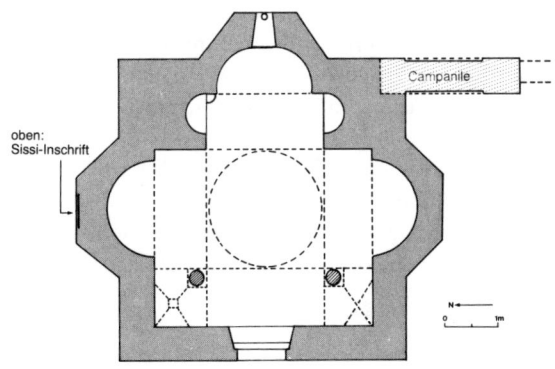

Grundriß der Pantokrátor-Kirche auf der Pondikoníssi-Insel (Bauaufnahme des Verfassers)

(Farbt. 3). Die Restaurierung des Innenraums und die Freilegung der Außenmauern vom neuzeitlichen Putz werden irgendwann ein Juwel byzantinischer Architektur und Freskomalerei zutagetreten lassen.

An den Außenwänden sind mehrere Inschriftenplatten des 19. Jh. eingelassen, u. a. der Kaiserin Elisabeth von Österreich, die sich hier mit ihrem Sohn, dem Kronprinzen Erzherzog Rudolf aufhielt (an der Schmalseite der Nordkonche).

Elisabetta d'Austria qui si posando per lei
spiraro le aure più miti e lo scoglio che per lei dava fiori
ama serbarne memoria. 1861

»Elisabeth von Österreich ruhte hier; für sie hauchten
die Lüfte milder, und gern bewahrt diese Klippe, die ihr
Blumen bot, die Erinnerung an sie. 1861.«[1]

18 Menekrates-Grabmonument

Odhos Kyprú 1 (Abb. 29) (bei der Polizeistation, dem ehemaligen Archäologischen Museum, links im Garten)

Im Oktober 1843, als die Engländer südlich der Esplanade das äußere Festungswerk Pantokrátor der Venezianer demontierten, stießen sie auf die Nekropole der antiken Stadt Kerkyra. Die Nekropole wurde über Jahrhunderte, bis das antike Kerkyra verlassen wurde, benutzt; heute liegt dort der südliche Vorort von Korfú: Gharítsa.

Unter den Grundmauern der Festungswälle entdeckte man zwei Schichten mit Bestattungen, die in großen Amphoren als Brandbestattungen oder einfachen Erdbestattungen ausgeführt wurden. In der unteren Schicht kam ein kleiner, im Durchmesser etwa 4,70 m großer und ca. 1,90 m hoher Rundbau mit einem sehr flach geneigten (7°) Kegeldach zutage; ca. 7 m weiter westlich lag der großartige archaische Löwe von Korfú (s. S. 70). Der kleine Rundbau ist ein seltenes Leergrab (Kenotaph) für einen außerhalb der Heimat gestorbenen und bestatteten jungen Mann; von gleicher Art gibt es in Griechenland nur auf Rhodos ein weiteres Beispiel. Die Inschrift an dem 18 cm starken Gesims nimmt etwa ⅝ des Umfangs ein und gibt Auskunft über den Verstorbenen: sein Name war Menekrates, Sohn des Tlasias, der in Oianthia (nahe Witrinítsa bei Itea/Delphi) Proxenos der Kerkyräer war. Die wenigen Grabbeigaben, eine Bronzeschale und kleinere Tongefäße, sind nicht mehr erhalten. Für die Datierung des Kenotaphs gibt es zwei Vorschläge; aufgrund der Inschrift: um 600 v. Chr., hinsichtlich seiner Architektur: um 570/540 v. Chr. Der fast doppelt so große rhodische Kenotaph von ganz ähnlicher architektonischer Gestalt liegt außerhalb von Lindos, das ›Grab des Kleobulos‹, das nicht genauer datiert ist.

1 Nach Gregorovius, Ferdinand: *Korfu. Eine ionische Idylle*, S. 73, Leipzig 1882

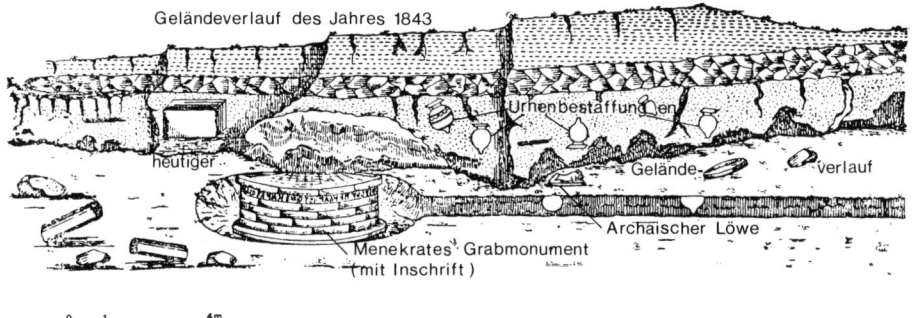

Geländeverlauf des Jahres 1843

Urnenbestattungen

heutiger Gelände- Verlauf

Menekrates' Grabmonument
(mit Inschrift)

Archaischer Löwe

0 1 4m

Fundsituation bei der Freilegung des Menekrates Grabmonuments im Jahre 1843. Im Hintergrund erkennt man das noch anstehende Erdreich, in dem mehrere Pithoi mit Bestattungen gefunden wurden; davor das Grabmonument, ca. 7 m rechts daneben der archaische Löwe. (Nach A. Mustoxidi: Delle cose Corciresi, S. 271, Korfú 1848)

Das heutige Korfú

Die heutige Stadt Korfú ist relativ jung. Der außerhalb Griechenlands für Stadt und Insel gebräuchliche Name wurde erstmals 968 von Luitprandus, Bischof von Cremona (s. S. 11), erwähnt: ›eis tous Korfous‹ nannte er die Stadt und beschrieb damit treffend die dramatische Landschaftsszenerie des trotzigen Vorgebirges mit den beiden markanten Bergspitzen.

Damals, im 10. Jh., scheint nur die felsige Halbinsel besiedelt gewesen zu sein. Diese Besiedlung mit anschließendem Festungsausbau der Byzantiner geht bis auf das 6. Jh. zurück. Als zu jener Zeit Totila, König der Ostgoten, mit seinen Mannen große Teile Italiens und Siziliens überfiel, verwüstete sein Heer 541 bis auf die Grundmauern auch das antike Kerkyra (s. S. 37).

Ob bereits während der Antike und vor allem während der mykenischen Epoche auf dieser Halbinsel gesiedelt wurde, ist ungewiß. Archäologische Untersuchungen konnten bisher noch nicht durchgeführt werden. Daß die antike Stadt nicht hier, sondern auf der südlichen Halbinsel Análipsis lag, daran kann nicht gezweifelt werden (s. S. 26). Möglicherweise stand aber auch auf diesem Vorgebirge irgendein heidnischer Tempel (vor den Toren der Stadt). Erinnert man sich an die mykenischen Burgen hoch oben auf natürlichem Festungsgelände, wie in Mykene und Tiryns, ist man geneigt, auch hier etwas ›Mykenisches‹ zu vermuten.

Der erste Festungsausbau erfolgte 730 auf Anordnung des byzantinischen Kaisers Leo III. (717–741) – und zwar wohl nur auf dem niedrigeren östlichen Gipfel (51 m) –, um Korfú einerseits als Hafen für militärische Operationen nach Italien und Sizilien zu festigen und um andererseits die Stadt vor der drohenden Gefahr der Langobarden zu schützen.

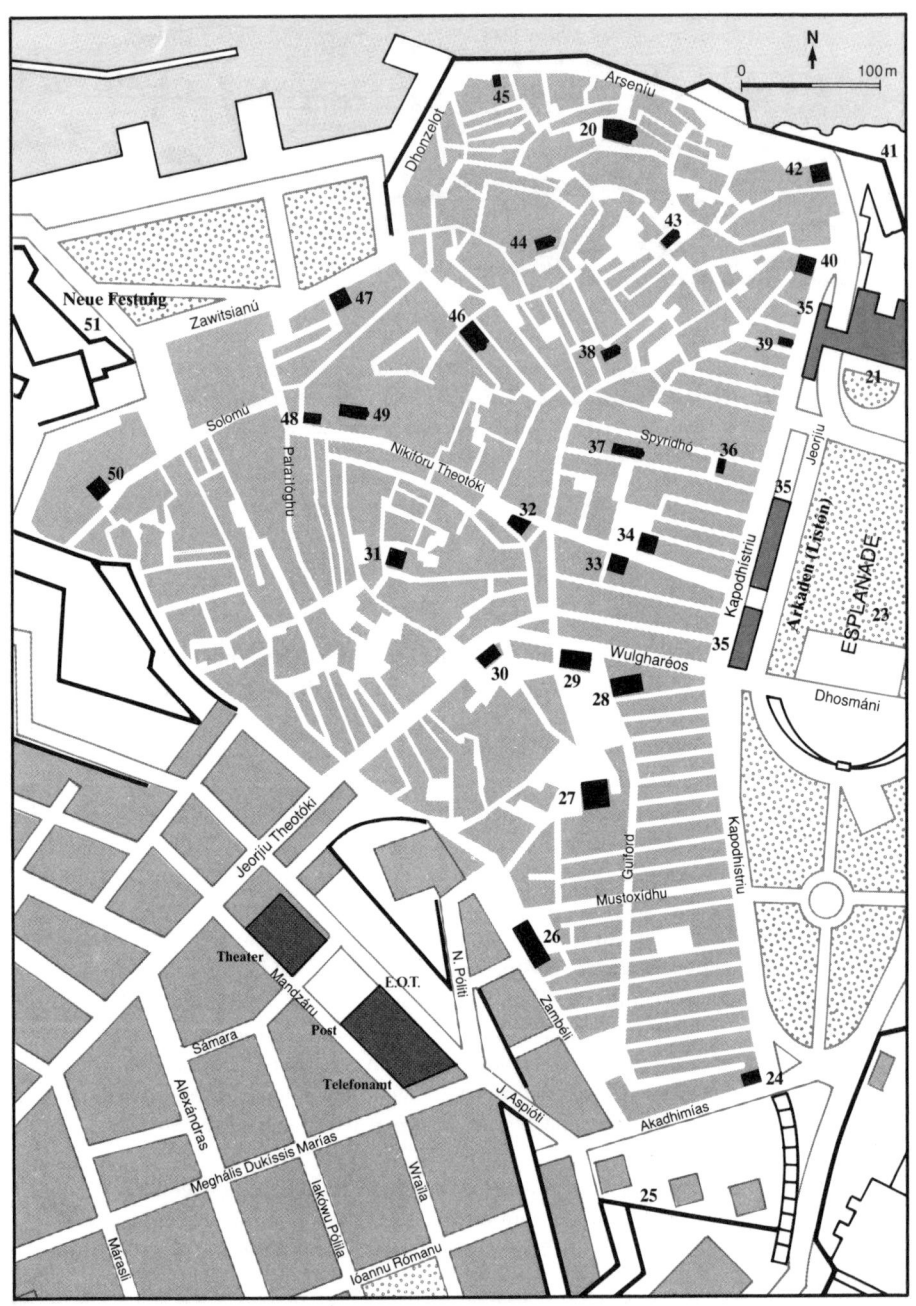

Der Bau der neuen Festung war natürlich mit der Zerstörung der antiken Ruinenstadt verbunden. Schnell und billig konnte so bestes Baumaterial herangeschafft werden, von dem die Byzantiner und Anjou ebenso profitierten wie die Venezianer und Korfioten. Noch heute dürften antike Quader, Säulentrommeln und Reliefskulpturen in den Fundamentschichten und in den unteren Zonen der Stützwände auf ihre Entdeckung warten.

Über Jahrhunderte, bis zum Beginn der Venezianischen Epoche, scheint die Halbinsel den Korfioten als Siedlungsraum im Schutze der byzantinischen Festung genügt zu haben. Nur vereinzelt hat man auch auf dem Inselfestland vor der Stadt Gebäude errichtet.[1] Seit 1207 spricht man in Quellen bereits von zwei bebauten Gipfeln. Auch unterscheidet man bereits im 13. Jh. zwischen *Kastrinús* (der Stadt im Kastell) und *Exokastrinús* (westliche Vorstadt), wobei unter letzterem jedoch nur kleinste Weilerchen (Gehöfte ect.) gemeint sein dürften und keine echte Vorstadt, die es erst seit der 2. Hälfte des 16. Jh. gibt (s. S. 44).

Am 23. Mai 1385, als Korfú zum Machtbereich der Adria-Republik gehörte, war das Vorgebirge mit seiner ›städtischen‹ Bebauung nur eine kleine Hafenstadt. Rund 100 Jahre später hatte sich Korfú mit großen Geldmitteln der Signoria Venedigs zu einer prachtvollen Stadt entwickelt. Noch immer auf den urbanen Raum der Halbinsel beschränkt, war Korfú nun neben Rhodos eine der eindrucksvollsten mittelalterlichen Städte Griechenlands: in venezianischem Charme erbaut und gestaltet, muß es schon damals stark italienisch gewirkt haben. Im 15. Jh. waren beide Gipfel mit großen Burgen bebaut, und um die Halbinsel herum, an den Hängen und im Küstenbereich, lagerte im Schutze einer Festungsmauer die Stadt. Auf dem Bergsattel zwischen den beiden Burgbergen erhob sich eine große dreischiffige Basilika mit hochgezogenem Mittelschiff und pultdachförmigen Seitenschiffen; ein stolzer Bau, der vielleicht auf eine byzantinische Gründung zurückgeht. Doch auch am Ende des 15. Jh. blieb die Ausdehnung der Stadt allein auf die Halbinsel beschränkt. Nicht mehr als eine lockere Streusiedlung mag zur Wende des 15./16. Jh. weiter westlich existiert haben.

Das Stadtbild des 100jährigen venezianischen Korfú hat Breydenbach im Jahre 1486 (!) wiedergegeben (s. Fig. S. 43). Gut ein halbes Jahrhundert später zeichnete Hendrich van Cliven (1525–1589) eine Stadtansicht von der Südseite (Fig. S. 2). Dennoch läßt sich auch für die Mitte des 16. Jh. noch keine Vorstadt im Westen, aber auch kein Stichkanal (Contrafossa), der das Vorgebirge von der Insel trennt, nachweisen. Von archäologischer Bedeutung sind in dieser Zeichnung die antiken Baureste nach römischer Ziegelbauart, an der Küste des heutigen Gharítsa, die möglicherweise zum Hafen von Kerkyra gehörten, von deren Hafenmauern noch geringe Fragmente bei der Aj. Athanásios-Kapelle (s. S. 129) erhalten sind.

Innerhalb von wenigen Jahrzehnten ergriff Venezianer und Korfioten eine wahre Bauleidenschaft. Schon um 1570 breitet sich westlich der Festung ein Stadtareal aus, das mehr Menschen Lebensraum bot als die Stadt in der Festung.

◁ *Korfú, Plan der Altstadt (s. a. den Plan in der hinteren Umschlagklappe)*

1 Eine zeitgenössische Beschreibung des 11./12. Jh. der byzantinischen Stadt Korfú verfaßte Anna Komnene († nach 1147) in dem historischen Werk über ihren Vater, den byzantinischen Kaiser Alexios I.; herausgegeben und bearbeitet von B. Leib, Paris 1942; Korfu: S. 1, 57

Nach den empfindlichen Gebietsverlusten der Venezianer auf der Peloponnes und dem Seesieg bei Lepanto im Jahre 1571 (s. S. 45) entschloß sich der Doge Alvise Mocenigo I., den im Plan schon längst vorliegenden Festungsausbau von Korfú mit aller Aktivität zu beschleunigen. Michele Sammicheli (1484–1599), einer der berühmtesten Architekten seiner Zeit, der auch die Festungswerke von Iráklion, Chaniá, Legnano, Venedig und Verona schuf, war der Planer der Neuen Festung, nach seinen Entwürfen führte Francesco F. Vitelli von 1576 bis 1588 die Arbeiten aus (Fig. S. 204). Von nun an bezeichnete man die byzantinisch-venezianische Festung auf dem Vorgebirge als *Pálaio Frúrio* (Fortezza Vecchia) und die Befestigung westlich der Stadt als *Néa Frúrio* (Fortezza Nuova); sie schützte vornehmlich den Hafen im Norden, von ihr aus verlief ein Festungswerk mit Bastionen bis zum Südende der Esplanade. Die einzelnen Verteidigungsabschnitte südlich der Neá Frúrio waren: Fortezza Scarpone, Sarandari, Athanasios und Raimondo, wo heute das Korfú-Palace-Hotel steht. Dieser Verteidigungslinie war ein zweiter Festungswall vorgelagert, dem die Bastionen Corner und Grimani angehörten; alles Bauwerke aus der Zeit um

Südansicht der befestigten Stadt Korfú und der westlichen Vorstadt. (Stich von 1570, nach Bruin sowie Braun/Hogenberg, 1618–23)

Südansicht der befestigten Stadt Korfú und der westlichen (unbefestigten) Vorstadt. (Stich von 1638 nach einer älteren Vorlage)

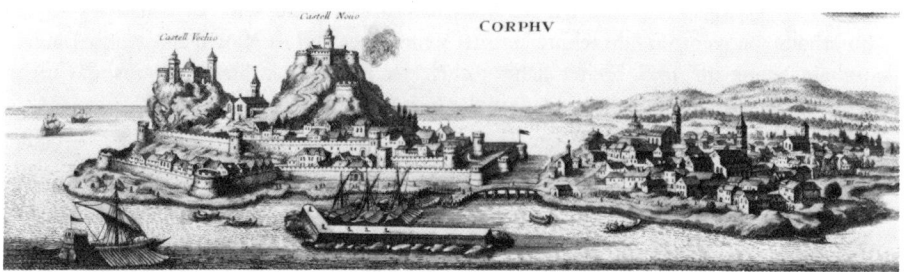

Die Neue Festung (rechts) und die Alte Festung (links) von Osten (von der Festlandsküste) aus gesehen. (Aus dem Jahre 1688, nach Dapper)

1646–1658. Schließlich wurden noch die Außenforts Abraham und Pantokrator gebaut, letzteres stand über den Gräbern der antiken Nekropole von Kerkyra (s. S. 134).

Von all diesen Festungswerken sind mit Ausnahme der Alten und Neuen Festung kaum noch nennenswerte Bauteile vorhanden. Schon Schulenburg bemängelte bei seinem ersten Korfúbesuch den Verfall der Mauern und nahm nach der erfolgreichen Abwehrschlacht gegen die Türken (1716, s. S. 48) eine gründliche Restaurierung vor. Zwei Explosionen (1718 und 1789) in den Pulvermagazinen der Alten Festung und die Sprengungen der Engländer bei ihrem Abzug von Korfú (1864, s. S. 66) zerstörten große Teile der Festung.

Innerhalb dieser Stadtmauern entwickelte sich ein reges urbanes Leben. Seit dem 14./ 15. Jh. sind viele Kirchen entstanden, von denen einige sehr wertvolle Ikonen besitzen. Aber nicht eine Kirche ist in Korfú mit byzantinischen oder nachbyzantinischen Fresken ausgeschmückt. Von den heute 39 erhaltenen Kirchen soll bei unserem Rundgang nur eine exemplarische Auswahl getroffen werden. Stadt und Festung erlitten im 2. Weltkrieg nochmals große Zerstörungen. Zunächst besuchen wir die drei großen Museen der Stadt.

19 Archäologisches Museum
Odhos Wraïla Nr. 5
Öffnungszeiten: Sommer und Winter tgl. 9.30 bis 15.30 Uhr; So 9.30 bis 14.30 Uhr

Das moderne Museumsgebäude entstand in den Jahren 1962–65 und zeigt vornehmlich Fundmaterial der antiken Stadt Kerkyra.

Erdgeschoß
(mit Werken vorwiegend der römischen Epoche):
1 Korinthisches Halbkapitell eines Grabmals – 2 Statuenbase – 3 Frauenkopf, frühes 2. Jh. n. Chr. – 4 Urnenamphora, 5. Jh. v. Chr. – 5 Frauenporträt: Faustina d. J. (130–175), Gattin des römischen Kaisers Marcus Aurelius (121–180) – 6 ›Raub der Persephone‹, Statuensockel mit Reliefdarstellung des 1. Jh. n. Chr.; auf einem Wagen entführt Hades Persephone, von Hermes begleitet, links die Mutter der Entführten, Demeter, in Begleitung von Artemis und Athena – 7 Votivrelief der Kybele (Doppelheiligtum), Ende 4. Jh. v. Chr. – 8 römisches Fragment eines korinthischen Kapitells – 9 mit Chiton und Mantel bekleidete kopflose Marmorskulptur einer Frau, die sog. kleine Herkulanerin; römische Kopie des 2. Jh. n. Chr. nach einem griechischen Original des Praxiteles (?) aus dem 4. Jh. v. Chr. – 10 marmornes Urnengefäß, 1.–3. Jh. n. Chr.

Treppenpodest
11 Korinthisches und ionisches Halbkapitell eines Grabmals – 12 Stele des 4. oder 3. Jh. v. Chr., deren Grabinschrift hohe Persönlichkeiten und Priester aufführt, dazu Angaben über Wein, Tiere und andere Opfergaben – 13 miniaturhaftes Grabdenkmal in Form eines Tempelgiebels, Ende 3. Jh. v. Chr.; die Inschrift auf dem Sockel

erwähnt, daß die Verstorbene, Philistion, 23 Jahre alt war und ihre Mutter Arpalis und ihren Gatten Aristandros sowie ihre Kinder in tiefer Trauer zurückließ.

Obergeschoß
Saal 1:
1 Riesenpithos des 6. Jh. v. Chr., der wahrscheinlich als Bestattungsgefäß gedient hat; Fundort: Nekropole von Gharítsa – 2 Vitrine mit Grabbeigaben aus der Nekropole Gharítsa; schöne Tongefäße des 7./ 6. Jh. v. Chr.; einige Stücke sind importiert

Plan des Archäologischen Museums: Erdgeschoß

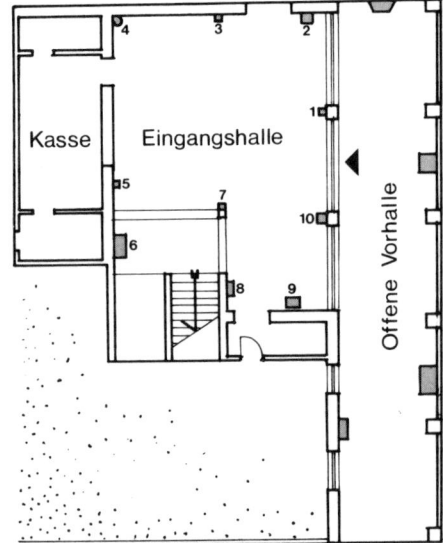

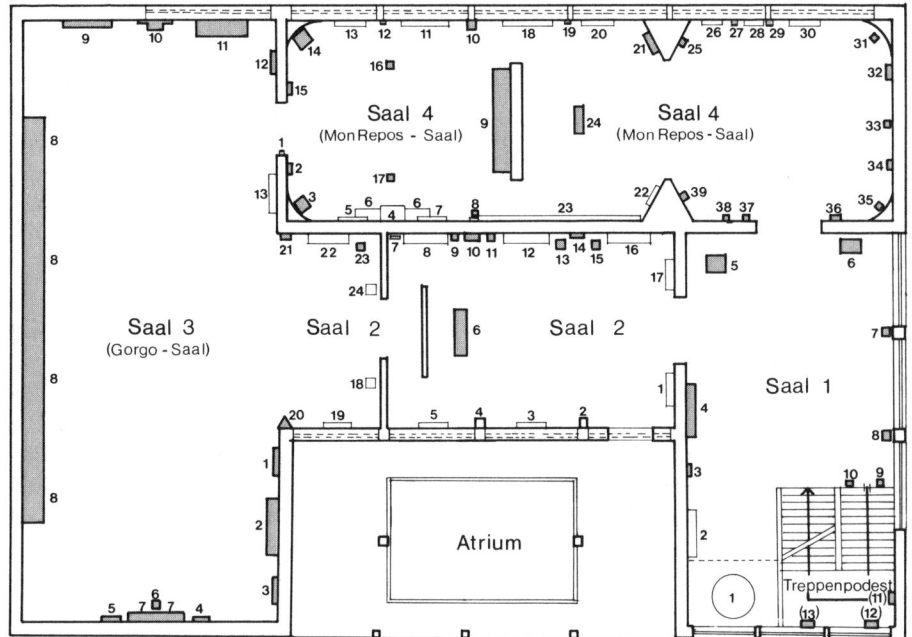

Plan des Archäologischen Museums: Obergeschoß

aus Korinth, andere Kopien kerkyräischer Künstler nach korinthischen Vorbildern. Im oberen Fach stehen zwei solcher Gefäße nebeneinander: korinthisches napfartiges Gefäß (Kotyle, Nr. 1754) und ein ganz ähnlicher Napf einer kerkyräischen Werkstatt (Nr. 1755); mittleres Fach: besonders schön sind das kugelförmige Gefäß (Aryballos, Nr. 1820) mit der Gorgoneischen Fratze sowie die Pyxis mit den drei Tierdarstellungen, beides korinthische Werke – 3 Marmorfragment einer Grabstele (4. Jh. v. Chr.) von der Nekropole Nerandzícha – 4 Marmorfragmente von Löwen-Simen (4. Jh. v. Chr.) aus Mon Repos, der mittlere Löwenkopf ist eine Ergänzung – 5 *Xenvares-Kapitell* (Abb. 43), die wunderschöne Ur-

form eines dorischen Kapitells (Anfang 6. Jh. v. Chr.), das nicht zu einer Tempelarchitektur gehörte, sondern als Grabmonument auf der antiken Nekropole seine Funktion hatte. Auf der Abakusplatte ist eine Inschrift eingemeißelt, die an den Verstorbenen Xenvares, Sohn des Mheixis, erinnert. Der Echinus zeigt eine kraftvolle Wölbung, die an eine noch frühere Architektur (wie in Selinus) erinnert. Ein Kranz von 48 Blättern, drei auf jeder der 16 Kanneluren, bildet den harmonischen Übergang vom Säulenschaft zum Echinus. Rote und blaue Farbspuren bezeugen die Polychromie dieses Monuments – 6 *Arniadas-Grabstele* (Abb. 42) mit einer Bustrophedon-Inschrift (frühes 6. Jh. v. Chr.), die von unten nach

141

oben und von oben nach unten, »so wie der Bauer pflügt«, gelesen wird (besonders deutlich am B/ ꓭ und P/ꟼ zu erkennen). Die Grabstele wurde im April 1846 nahe der Jáson- und Sosipátros-Kirche gefunden. Das Epigramm besteht aus drei metrischen Hexametern, die an Homer erinnern:

»Dies (ist) das Grabmal des Arniadas; der wilde Ares hat diesen vernichtet
In der Schlacht bei den Schiffen an des Arakthos Strömung,
Den weitaus besten (Helden) im seufzerreichen Schlachtenlärm.«[1]

Die hier erwähnte Landschlacht am Arakthós, dem größten Fluß in Epiros, der bei Ambrakia ins Ionische Meer mündet, ist quellenmäßig nicht überliefert – 7 Temenos-Grenzstein des Apollon-Pythios-Heiligtums – 8 Lexeiatas-Grabstele, die später als Temenos-Grenzstein des Dioskuren-Heiligtums verwendet wurde – 9 Weihesteine des Apollon-Pythios-Heiligtums.

Saal 2:

1 Vitrine: Funde der Altsteinzeit, Jungsteinzeit und Bronzezeit aus Sidhári, ʼErmones, Kefáli (Aj. Stéfanos), Afiónas und der Grawá-Höhle bei Ghardhíki – 2 protokorinthische Olpe (630–615 v. Chr.) mit Fabelwesen (Sphingen, Sirenen, Löwen) und Ornamenten – 3 Vitrine (24) oberes Fach: Bronze- und Silbermünzen von Kerkyra aus der Zeit 500 v. bis 217 n. Chr. sowie Silbermünzen von Krotónas (420–390 v. Chr.) und Leukás (400–330/–250 v. Chr.); unteres Fach: drei besonders schöne und typische

Silbermünzen aus Kerkyra (Abb. 45–50): Muttertier mit säugendem Jungen/zwei Ornamente (6. Jh. v. Chr.), Vase/Sternmotiv (450–400 v. Chr.), Pegasos mit Inschrift ›Kerkyra‹/Helioskopf (229–248 n. Chr.) – 4 schüsselartiges Bronzegefäß einer korinthischen Werkstatt (Ende 6. Jh. v. Chr.), Fundort Gharítsa – 5 Vitrine (25), Bronze- und Silbermünzen von Städten der ionischen Inselwelt (ca. 500 v. Chr. – 3. Jh. n. Chr.), oberes Fach Silbermünzen aus Dyrrachion (Epidamnos), 4. Jh. v. Chr.; Kerkyra (229–248 n. Chr.); Leukás (168 v. Chr.); römische Münzen (100 v. Chr. – 282 n. Chr.); unteres Fach: Münzen aus verschiedenen Städten und Epochen – 6 Liegender Löwe (Abb. 41, 44), archaisches Meisterwerk aus der Zeit um 630/620 v. Chr. von der antiken Nekropole bei Gharítsa (s. die Beschreibung S. 134) – 7 zwei bronzene Urkunden (4. Jh. v. Chr.) des antiken Kerkyra, mit denen die Stadt ›Ausländern‹ aus Dodona und Lokris (Küstenlandschaft bei Euböa) den Ehrentitel Proxenos (Konsul) verlieh – 8 Vitrine (7) mit verschiedenen Exponaten unterschiedlicher Materialien des 6./5. Jh. v. Chr., oberes Fach: schwarzfigurige Keramik aus attischen Werkstätten; besonders interessant ist die Lekythos (1921), die dem sog. Emporium-Maler zugeschrieben wird; Bronzestatuette eines Kriegers aus Afiónas (558) und einer peplos-bekleideten Kore (555) aus Epíros (beide 5. Jh. v. Chr.); mittleres Fach: Artemis-Statuette (613, römisch); bronzener Jüngling mit Pflug und Sichel (1634), Weihgeschenk aus Epíros; Fragment einer

1 Lumpp, Hans-Martin: *Die Arniadas-Inschrift von Korkyra*, in: ›Forschungen und Fortschritte‹, 37. Jahrgang, Heft 7, S. 212, Berlin 1963

Kylix mit Sirenendarstellung; attische Kylix (1588) der sog. Kleinmeisterschalen mit Panther- und Hirsch-Dekor (Mitte 5. Jh. v. Chr.), Fragment eines attischen Kraters (2224) mit einem Reiter- und Wettkampf-Fries; unteres Fach: Fragmente von Tonaltären aus Tarent (?) 4. Jh. v. Chr. – 9 mit Palmetten geschmücktes Antefix (488) vom Kardaki-Tempel – 10 mit Blütenornamenten bemaltes Sima (2014) für den Traufabschluß eines Daches – 11 mit Palmetten geschmücktes Antefix (818) vom Tempel bei Ródha, alle drei 2. Hälfte 5. Jh. v. Chr. – 12 Vitrine (6): lakonischer Dreifuß-Kessel aus Bronze (3449), verziert mit Gorgoneion-Fratzen und Palmetten (612 und 612a, Anfang 6. Jh. v. Chr.); Götterstatuetten aus Ton (6./5. Jh. v. Chr.); Artemis-Idole; archaische Trinkschale (3451, Kotyle), dekoriert mit Sphingen und Palmetten – 13 Fragmente eines kerkyräischen Kraters (1788) des 7. Jh. v. Chr. – 14 Vitrine (5): ›Schuldscheine‹ aus Blei, 6./5. Jh. v. Chr. – 15 Oinochoë, Weinkanne, mit Kleeblattmündung (1752), lakonische Arbeit (Anfang 6. Jh. v. Chr.) – 16 Vitrine (4): die korinthische Oinochoë (1782) stammt aus dem Anfang des 7. Jh. v. Chr., gehört also in die Gründungszeit von Kerkyra und zeigt Stilelemente, die den Übergang von der geometrischen zur archaisch/korinthischen Epoche ankündigen; auch die anderen Exponate sind korinthische Importstücke – 17 Vitrine (3): importierte und einheimische korinthische Keramik, die vorwiegend von der Nekropole bei Gharítsa stammt; besonders schön sind die Oinochoë im oberen Fach Nr. 212 (650–630 v. Chr.) und jene im mittleren Fach Nr. 2016 (590–575 v. Chr.).

Raumteil hinter der Stellwand:

18 Wasserbecken zum Waschen, sog. Lutérion (1184), schwarzfiguriges attisches Tongefäß mit meisterhafter Bemalung eines Schülers (?) des Sophilos-Malers, der um 580 v. Chr. tätig war und seine Werke signierte; eindrucksvolle Reiterszene, am Ausguß Pflanzenornament mit zwei Löwen (Ende 6. Jh. v. Chr.) – 19 Silbermünzfund von Stratiá aus dem Jahr 1978; die 158 Silber-Statere[1] (mit max. je 11,6 g Gewicht) fand man in dem mitausgestellten Tontopf, sie stammen aus der Zeit Ende 6./Anfang 5. Jh. v. Chr. und dürften um 480 v. Chr. vergraben worden sein – 20, 21 Weihinschriften aus dem Temenos des Artemis-Heiligtums – 22 Vitrine (9): verschiedene Funde des antiken Kerkyra (5.–2. Jh. v. Chr.), im mittleren Fach ein kleiner Aphroditen-Marmorkopf (554), um 300 v. Chr., wahrscheinlich Kopie eines Werkes aus der Praxiteles-Schule – 23 krugartige Schüssel (Pelike, Nr. 873) mit schwarzen Streifenmustern (Mitte 4. Jh. v. Chr.) – 24 schwarzfiguriger Krater (235) einer lakonischen Werkstatt (5. Jh. v. Chr.).

Saal 3, Gorgo-Saal:

Alle Exponate dieses Raumes stammen vom Artemis-Tempel (um 590 v. Chr.) bzw. aus dem Heiligtum der Artemis.

1 Marmorfragmente von dorischen Kapitellen, teilweise mit Farbspuren am Säulenhals (s. Nr. 1719 und 1733) – 2 Architravfragmente mit Triglyphen, Guttae und einer Metope, die jedoch keinen Skulpturenschmuck trug, sondern wohl bemalt war – 3 z. Zt. ohne Exponate – 4, 5 bemaltes

---

1 Statér bedeutet im Altgriechischen der ›Wieger‹, als Münzeinheit hat es das doppelte Gewicht der Wiegegewichtseinheit (der Drachme) und wird so zum Didrachmons (›zwei Einheiten‹)

Westgiebel des Artemis-Tempels, Rekonstruktion und Zeichnung der gefundenen Originale. (Nach G. Rodenwaldt, a. a. O., Bd. 2, Taf. 2)

Giebel-Sima aus Terrakotta – 6 Marmorsäule, Sockel für eine Votivstatuette – 7 Traufsima aus Terrakotta, Meisterwerk griechischer Bauplastik; drei harmonisch zueinander abgestimmte Ornamentbänder bilden den einst sehr farbenfrohen Dekor parallel zur Traufe (Abb. 56) – 8 *Westgiebel des Artemis-Tempels,* um 590 v. Chr. (Abb. 39, 40); Mittelgruppe mit *Gorgo Medusa* flankiert von ihren Söhnen Pegasos und Chrysaor sowie von zwei dämonischen Panthern; linke Giebelecke: Neoptolemos, Sohn des Achilleus, tötet Priamos, den letzten König Trojas; rechts gegenüber: der blitzeschleudernde Zeus bezwingt einen verwundeten Giganten (kunstgeschichtliche Würdigung und mythologische Deutung s. S. 76) – 9 Marmor-Sima vom 2. Artemis-Tempel (535/525 v. Chr.) – 10 kämpfender Krieger (König Memnon von Äthiopien?), Fragment vom Tempelfries (?), um 590 v. Chr. – 11 drei Marmor-Antefixe vom 2. Artemis-Tempel (Abb. 54, 55) – 12 steinerner Giebel aus der Zeit um 200 v. Chr. mit einer Inschrift, die den Gründer Kerkyras, Chersikrates, erwähnt und der

Göttin Artemis geweiht ist – 13 Vitrine (10): verschiedene Architektur- und Skulpturenfragmente des älteren Artemis-Tempels (um 590 v. Chr.).

Saal 4, Mon Repos-Saal:

Die Exponate dieses Raumes stammen vorwiegend aus dem Grabungsareal von Mon Repos, einem großen parkartigen Grundstück, das heute Privatbesitz des abgedankten griechischen Königs Konstantin II. ist; in der Antike gehörte dieser Bereich möglicherweise zur Akropolis der Stadt Kerkyra (s. S. 121).

1 Marmorkopf eines archaischen Kuros (Fragment, Mitte 6. Jh. v. Chr.) – 2 Ton-Antefix mit dem Bildnis einer Göttin (um 600 v. Chr.) – 3 oben: Ton-Antefix mit Rosettendarstellungen (um 600 v. Chr.); unten: zylindrische Steinbasis mit der Inschrift für die Göttin ›Akraia‹ (damit ist Hera gemeint). Der Inschriftenstein wurde 1846 am nördlichen Rand des Frauenklosters Efémia entdeckt; nach diesem Fund lokalisiert man den von Thukydides genannten Hera-Tempel im Gebiet um das Euphe-

2 Frauenkloster Panajía Wlachérna und die Pondikoníssi-Insel (auch ›Mäuseinsel‹ genannt) mit der Pantokrátor-Kirche

◁ 1 Innenhof des Frauenklosters Panajía Wlachérna, Südspitze der Halbinsel Análipsis

3 PANTOKRÁTORKIRCHE
   auf der Pondikoníssi-Insel

4 KORFU-STADT· Ostapsis
   (byzantinisch) der Klosterkirche Theodóroi

6 KORFU-STADT Detail der neoklassizistischen Fassade des Nomarchía-Gebäudes von Ioánnis Chrónis, 1835. Vgl. Farbt. 12

7 KORFU-STADT Fassadendetail der ehemaligen venezianischen Loggia (17. Jh.), heute Rathaus der Stadt

8 KORFU-STADT Fassadenteil eines Wohnhauses an der Platía Dhimarchíu

9 KORFU-STADT ›Lesegesellschaft‹, venezianisches Gebäude aus dem 17. Jh. mit Arkadenanbau aus dem 19. Jh.

◁ 5 KORFU-STADT Esplanade mit den Arkaden (Listón) von Mathieu de Lesseps, 1807. Vgl. Farbt. 11

10 KORFU-STADT Ájios
    Spyrídon-Kirche, 1589.
    Südfassade

11 KORFU-STADT Arkaden
    (Listón) bei der Esplana-
    de, Architekt: Matthieu
    de Lesseps, 1807. Vgl.
    Farbt. 5

13   KORFU-STADT   Maitland-Rotunde, nach 1824, auf der Esplanade von George Whitemore, 1821

12   KORFU-STADT   Nomarchía, neoklassizistisches Gebäude von Ioánnis Chrónis, 1835. Vgl. Farbt. 6

15 Olivenbaum bei Dhanília, Chorió

14 Olivenernte bei Acharáwi, Nordküste

16 Bucht von Palaiokastrítsa, mittlere Westküste. Blick vom Burgberg Angelókastro ▷

17a

17b

18

19

20

21

22

23

24

25

17–28 ORCHIDEEN AUS DER FLORA KORFUS

17a Reinholds Ragwurz (Ophrys reinholdii)
17b Violetter Dingel (Limodorum abortivum)
18 Schmetterlingsknabenkraut und Einschwieliger Zungenstengel
(Orchis papilionacea und Orchis Lingua)
19 Italienisches Knabenkraut (Orchis italica)
20 Kleinblütiger Zungenstengel (Serapias parviflora)
21 Gehörnte Ragwurz (Ophrys oestrifera)
22 Affenknabenkraut (Orchis simia)
23 Französisches Knabenkraut (Orchis provincialis)
24 Italienisches Knabenkraut (Orchis italica)
25 Busenragwurz (Ophrys mammosa)
26 Kleinblütige gelbe Ragwurz (Ophrys lutea ssp.minor)
27 Wespenragwurz (Ophrys tenthredinifera)
28 Armblütiges Knabenkraut (Orchis pauciflora)

26

27

28

29   Steilfelsen von SIDHÁRI, Nordküste

30 Steilfelsen von SIDHÁRI, Nordküste

31 Bucht und Kloster von PALAIOKASTRÍTSA, mitt-
    lere Westküste

32 Hafen von KULÚRA, Ostküste

35 Landschaft mit Schafherde bei der Ájios Anárjyroi-Kapelle nördlich von ROPÁS

33 Insel PÁXOS, Steilfelsen der Erimítis-Bucht, nördliche Westküste

34 Steilfelsen von PALAIOKASTRÍTSA, mittlere Westküste

36 CHLOMÓS Gebirgsdorf an der südlichen Ostküste

37 ÁJIOS IOÁNNIS Klassizistisches Landhaus der Familie Petritini, um 1820, heute Hotel. Mittelkorfu

38 Kloster Myrtiótissa, mittlere Westküste

39 Stawroménos-Kirche außerhalb von Nýmfai, Nordkorfu

40 Kardáki-Tempel auf der Halbinsel Análispis, Monrépos

41 Basilika von Palaiópolis (auch Basilika des Ioviánnos genannt); 1. H. 5. Jh. in Gharítsa, einem südlichen Vorort von Korfu

42–47 Ikonen (s. folgende Seite)

42 Michael Damaskenos: Steinigung des Hl. Stefanos (Detail), um 1590. Korfu-Stadt, Pinakothek

43 Michael Damaskenos: Christus als Hoherpriester, Ende 16. Jh. Korfu-Stadt, Friedhofskirche

44 Unbekannter Maler: Petrus und Paulus (Detail), 17. Jh. Korfu-Stadt, Pinakothek

45 Unbekannter Maler: Das Himmlische Jerusalem (Detail), 16. Jh. Korfu-Stadt, Panajía Platytéra-Kloster

46 Viktor der Korfiote: Enthauptung der 10 Märtyrer von Kreta in Górtys am 23. 12. 250, 1668. Korfu-Stadt, Mitrópolis

47 Unbekannter Maler: Hl. Sabas mit den Erzengeln Michael und Gabriel, 17. Jh., Korfu-Stadt, Panajía Platytéra-Kloster

42

43

44

45

46

47

48

49

50

51

52

48–52 Fresken

48, 49 Der Hl. Arsenios, Mitte 11. Jh., und Zwei Hierarchen, 12. Jh., aus der Jáson- und Sosipátros-Kirche in Gharítsa

50, 51 Judasverrat (Detail) und Erzengel aus der Himmelfahrt Christi (Detail), Pantokrátorkirche, 1577, in Ájios Márkos, Mittelkorfu

52 Pilatus und seine Frau Prokla, Detail aus ›Christus vor Pilatus‹, 17. Jh., Ajía Ekateríni- Kirche in Karusádhes, Nordkorfu

53
Unbekann-
ter Maler
›Noli me
tangere‹
(Christus
erscheint
Maria Mag-
dalena)
(2. H.
17. Jh.).
KORFU-
STADT, Pina-
kothek; vgl.
die Ikone
von E.
Tzánes

54
Enthauptung
Johannes'
des Täufers
von Michael
Damaske-
nos, 1590.
KORFU-
STADT, Pina-
kothek. Vgl.
Abb. 64

55

56

57

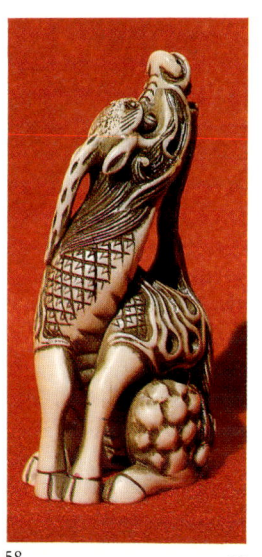

58

59

55   Überwindung der Angst vor der giftigen Schlange. Ausschnitt aus einem Thanka mit Darstellung Taras als Erlöserin von den Acht grauenvollen Ängsten. Malerei auf Baumwolle. Amdo, Osttibet, 19. Jh. H: 66 cm, B: 49 cm (gesamt, ohne Montierung). Saal M

56   Buddhistische Gottheit, Ausschnitt aus einer Abtrobe. Seidenstickerei auf Damast. China, Qing-Zeit, 18./19. Jh. H: 116 cm, B: 246 cm (gesamt). Saal E

57   Tanzender Holländer (?), Netsuke. Elfenbein. Japan, Edo-Zeit, 19. Jh. H: 9,2 cm. Vitrine 63

58   Mythisches Fabeltier (Kirin), Netsuke. Elfenbein. Japan, Edo-Zeit, 19. Jh. H: 7,4 cm. Vitrine 63

59   Kamm. Goldlack. Japan, Edo-Zeit, 19. Jh. L: 9,5 cm. Vitrine 84

60   Tara als Erlöserin von der grauenvollen Angst vor den wilden Menschen. Thanka. Malerei auf Baumwolle. Amdo, Osttibet, 19. Jh. H: 66 cm, B: 49 cm (gesamt, ohne Montierung). Saal M

61   Frauenkloster Panajía Wlachérna, Südspitze der Halbinsel Análipsis

62   Bucht von Palaiokastrítsa, mittlere WESTKÜSTE mit Blick zur OSTKÜSTE

63   RÓPA-EBENE bei Lipádhes   64   Gebirgsdorf KORAKIÁNA an den Südhängen des Pantokrátor-Gebirges

mia-Kloster – 4 *oben* an der Wand: drei Traufziegel mit Gorgo- und Löwendarstellungen (um 600 v. Chr.) vom Hera-Tempel, besonders ausdrucksstark ist das linke Exemplar (MR 739) – 5 Wandvitrine (21): Fragmente von verschiedenen korinthischen Gefäßen, beachtenswert die Pythosscherben (Nr. 1132a, b/frühes 6. Jh. v. Chr.); attisch schwarzfigurige Keramik (Ende 6. Jh. v. Chr.); besondere Beachtung verdient das kleine *Bronzepferd* (Nr. MR 1603; Abb. 52) vom Ende des 8. Jh. v. Chr. Das hochbeinige, feingliedrige Tier gehört der ausgehenden geometrischen Epoche an und ist wahrscheinlich das Werk eines korinthischen Künstlers; Tendenzen des Manierismus werden deutlich, die Vermeidung der Körperhaftigkeit führt zur Steigerung der Plastizität und unterstreicht die rein linearen Elemente dieses Meisterwerkes. Eines der schönsten Vorbilder bzw. Parallelbeispiele ist das Bronzepferd der Stiftung Preußischer Kulturbesitz in Berlin (Inv. Nr. 31317). Von ähnlichem künstlerischen Rang sind zwei weitere Exponate des 6. Jh. v. Chr.: der gedrungene kleine Bronzelöwe (MR 708) sowie der zierlich und fein gearbeitete Kopf aus Elfenbein einer syrischen Werkstatt des 6. Jh. v. Chr. (MR 710) – 6 Vitrinen (22, 23): Fundstücke aus dem Heiligtum des Apollon Korkyraios; der Name des Gottes ist auf einer bronzenen Speerspitze (MR 933) und auf einer Bronzenadel (MR 935) erhalten; andere Bronzefibeln, Speerspitzen sowie drei bronzene Sandalen (MR 936–938) und Lorbeerblätter iberischer Herkunft bezeugen die weiten Handelskontakte des antiken Kerkyra; beach-

tenswert sind auch die Stücke aus Elfenbein, Gold und Silber.

Im unteren Fach liegen die bedeutenden Fragmente eines Löwen-Sima (6. Jh. v. Chr.) mit kräftigen Farbspuren (MR 2) sowie andere Architekturfragmente aus Marmor und Terrakotta – 7 Wandvitrine (20): verschiedene Exponate der Kleinkunst aus Bronze, Ton und anderen Materialien; der kleine Bronzelöwe (MR 477; Abb. 53) auf der Basis mit den ionischen Voluten gehörte ehemals zu einem Dreifuß und ist wohl das Meisterwerk eines korinthischen Künstlers – 8 dorisches Poros-Kapitell (6. Jh. v. Chr.), wahrscheinlich als Grenzstein genutzt – 9 *Jüngerer Korfu-Giebel aus Figarétto* (Ende 6. Jh. v. Chr.) mit einer Symposion-Szene, nur die linke Giebelhälfte ist erhalten; hier dürfte Dionysos mit seinem Mundschenk dargestellt sein. Kunstgeschichtliche Würdigung und mythologische Deutung s. S. 76 ff. – 10 dorisches Poros-Kapitell – 11 Vitrine (12): verschiedene Fragmente attisch-schwarzfiguriger Keramik sowie, *oben:* Gorgo-Tonscheiben (MR 893/1151), scheibenförmige Weihegeschenke mit Pflanzenmotiven (MR 812, 719), Kopf einer weiblichen Gottheit (MR 350), tönerne Maske eines Mannes (MR 709), alles 6. Jh. v. Chr.; *Mitte:* attische Keramik (Ende 6. Jh. v. Chr.), tönerne Fragmente eines Hahns (Votivfigur, MR 714, 715, 859); *unten:* u. a. schönes tönernes Fragment einer geflügelten Gottheit (MR 1150) – 12 Terrakotta-Akroterion in Gestalt eines bemalten Frauenkopfes (Mitte 6. Jh. v. Chr.) – 13 Vitrine (11): korinthische Keramik aus der Zeit 615–590 v. Chr.; *oben:* tönerne Bü-

◁ 65 KORFU-STADT Panagjía Tenédhu, katholische Kirche von 1663/1749, bei der Neuen Festung

sten einer Göttin (MR 1175), Ende 6. Jh. v. Chr.) und eines Mannes (MR 839, Anfang 5. Jh.); *Mitte:* miniaturhaftes Viergespann mit Wagenlenkern (MR 856, Ende 6. Jh. v. Chr.) aus Ton, Pyxis-Deckel mit schönem Dekor (MR 156), figural und ornamental – 14 *oben* an der Wand: Löwenkopf-Wasserspeier (MR 773), teilweise ergänzt, darunter bemalte Basis aus Ton (MR 857) – 15 Antefixe aus Ton mit reliefartigen Gesichtern von Gottheiten (um 600 v. Chr.) – 16 Kuroskopf einer korinthischen Werkstatt (MR 732; um 530 v. Chr.), der zu den Meisterwerken der spätarchaischen Plastik gehört; im Gegensatz zu anderen Werken dieser Epoche hat unser Beispiel statt kurzem noch langes Haar – 17 Bronzener ›Komast‹ (fröhlicher Zecher) einer lakonischen Werkstatt (MR 1602, Anfang 6. Jh. v. Chr.). Er ist in einem ganz ähnlichen Bewegungsablauf, dem Knielauf, dargestellt wie die Gorgo des Westgiebels (s. Saal 4, Nr. 8).

Hinterer Raumteil:

18 Vitrine (13): verschiedene Fragmente attisch-rotfiguriger Keramik des 6. und 5. Jh. v. Chr., besonders beachtenswert sind die Scherbe eines Kraters mit einem Jüngling und seinem Pferd (MR 1149) sowie das Fragment mit einer Nymphe (MR 318); im oberen Fach erkennt man (links) unter den Tonbüsten einen Hermaphrodit (MR 139) – 19 Lehre (eine Art Schablone) aus Blei für das Bauhandwerk, mit der das Profil für ein Werkstück übertragen werden konnte – 20 Vitrine (14): verschiedene Funde der hellenistischen Epoche des 2. Jh. v. Chr.; die tönerne Gottheit (MR 1138) stammt aus dem 6. Jh. v. Chr. – 21 bemaltes Fragment einer Architrav-Verkleidung (oder eines Si-

mas/Mitte 6. Jh. v. Chr.) – 22 Vitrine (18): Fragmente eines kleinen archaischen Tempels, die wahrscheinlich zu einem Fries gehören, auf dem der Kampf der Amazonen dargestellt war (6. Jh. v. Chr.) – 23 Vitrine (19): dreizehn verschiedene Terrakotta-Statuetten der Göttin Artemis (um 480 v. Chr.) von einem Artemis-Heiligtum bei Kanóni, an der Südspitze der Análipsis-Halbinsel (1889 gefunden). Jede Statuette zeigt andere Insignien der ›Herrin der Tiere‹, z. B. einen Hirsch (547), Pfeil und Bogen (1861), eine Taube (1862) oder ein kleines Mädchen (1859); das letztere erinnert an das Artemis-Heiligtum von Brauron/östliche Küste Attikas, in dem kleine Mädchen den Kult der Göttin mitausführten, um die Bevölkerung vor Bären, die es dort gab, zu schützen – 24 Grabfund eines Kriegers, Ende 4./Anfang 3. Jh. v. Chr. (bei Pródhomi/Thesprofiás, an der Festlandküste bei Igoumenítsa). Der bedeutsame Fund besteht aus einer Rüstung mit mehreren Einzelteilen: Panzerhemd mit Goldknöpfen, zwei Silberhelmen, einem Bronzeschwert mit Scheide sowie einer Bronzehydra mit Dionysos-Reliefdarstellung – 25 miniaturhafte Kopie des ›Kasseler Apollon‹ aus dem 2. Jh. n. Chr.; das Original war ein Bronzewerk des Phidias aus der Zeit um 450 v. Chr., die Marmorstatue in Kassel ist eine zeitgenössische Kopie dieses Originals – 26 Vitrine (15): Exponate der römischen Kaiserzeit; beachtenswert die Trias der Bronzestatuetten: Tyche, Asklepios und Herakles (556, 557, 560), aber auch der tanzende Satyr ist sehr anmutsvoll, ferner verschiedene Gebrauchsgegenstände – 27 Marmorkopf der Göttin Aphrodite (Ende 2./Anfang 1. Jh. v. Chr.) – 28 Vitrine (16): verschiedene tönerne Öllampen aus römischer Zeit, teilweise mit reizvollen Reliefdarstellungen; ein Exemplar (unten rechts) zeigt Herakles (Anfang 3. Jh. n. Chr.); sehenswert ist auch das römische Glas – 29 attisches (?) Votivrelief mit einer Jünglingsdarstellung (Mitte 4. Jh. v. Chr.) – 30 Vitrine (17): verschiedene Ton- und Marmorköpfe der römischen Epoche sowie tönerne Theatermasken, beachtenswert: ein Zeuskopf (144), ein Pankopf (1932) sowie der Kopf eines Satyrs (145) – 31 Marmorkopf des Thukydides, römische Kopie eines griechischen Bronzeoriginals aus dem 4. Jh. v. Chr. – 32 oben: Votivrelief mit Hygieia und Asklepios, unten: Fragment einer sitzenden Göttin (Parthenonzeit) – 33 an der Wand: Votivrelief des Zeus Meilichios (Spätklassik), freistehend: Marmorkopf Menanders, römische Kopie eines griechischen Bronzewerkes (1. Jh. v. Chr.) – 34 Fragmente eines römischen Sarkophags mit Skulpturen der klassischen Stilrichtung – 35 Marmorkopf des Pyrrhon (?), römische Kopie eines griechischen Bronzewerkes des Lysippos (Ende 2./Anfang 3. Jh. n. Chr.) – 36 oben: Relief mit einer Toten-Bankettszene (4. Jh. v. Chr.), unten: Artemis-Statuette (Anfang 3. Jh. v. Chr.) – 37 Marmorkopf des Dionysos, römische Kopie (2. Jh. n. Chr.) eines griechischen Originals aus dem 4. Jh. v. Chr. – 38 oben: Relief mit einer Toten-Bankettszene (3. Jh. v. Chr.), unten: Torso einer Aphroditestatue (Ende 2. Jh. v. Chr.) – 39 Torso einer Erosstatue aus dem 4. Jh. v. Chr. mit Stilmerkmalen der Schule des Praxiteles.

0 Byzantinisches Museum
(Ehemalige Panajía Andiwuniótissa-Kirche)
Odhos Arseníu (bei Haus Nr. 27/29 der Treppe hinauf folgen)
Öffnungszeiten: Tgl. 9.00 bis 15.30 Uhr; So und feiertags 10.00 bis 15.30 Uhr; Di geschl.

Ehemalige Privatkirche einer reichen korfischen Adelsfamilie. Das hallenartige Gotteshaus mit Narthexanbauten im Westen, Norden und Süden ist eines der ältesten Sakralbauten des venezianischen Korfú und gehört ins 15. Jh. Im Fußboden des umlaufenden Narthex sind Grabplatten der Adelsfamilie mit Inschriften erhalten. Die außen polygonal geschlossenen Apsiden zeigen im Bereich der Traufe ein auf Korfú sehr beliebtes Zickzack-Ziegelornament. In dem 1672 von A. Marmora veröffentlichten Plan der Stadt Korfú wird die Kirche ›Ma Andicugnoti‹ genannt.

Das Museum und seine Ikonensammlung
Im Gegensatz zu den orthodoxen Kirchen in den anderen griechischen Landschaftsräumen sind die Kirchen auf Korfú gerne und häufig mit einem *Ciborium* im Altarraum ausgestattet. (Die Ausstellungsstücke tragen *keine* Nummern.)

Altarraum
1 Unser Ciborium-Beispiel ist an der Frontseite des Altartisches mit einem Fresko geschmückt, das die Opferung Isaaks durch Abraham darstellt (17./18. Jh.?) –

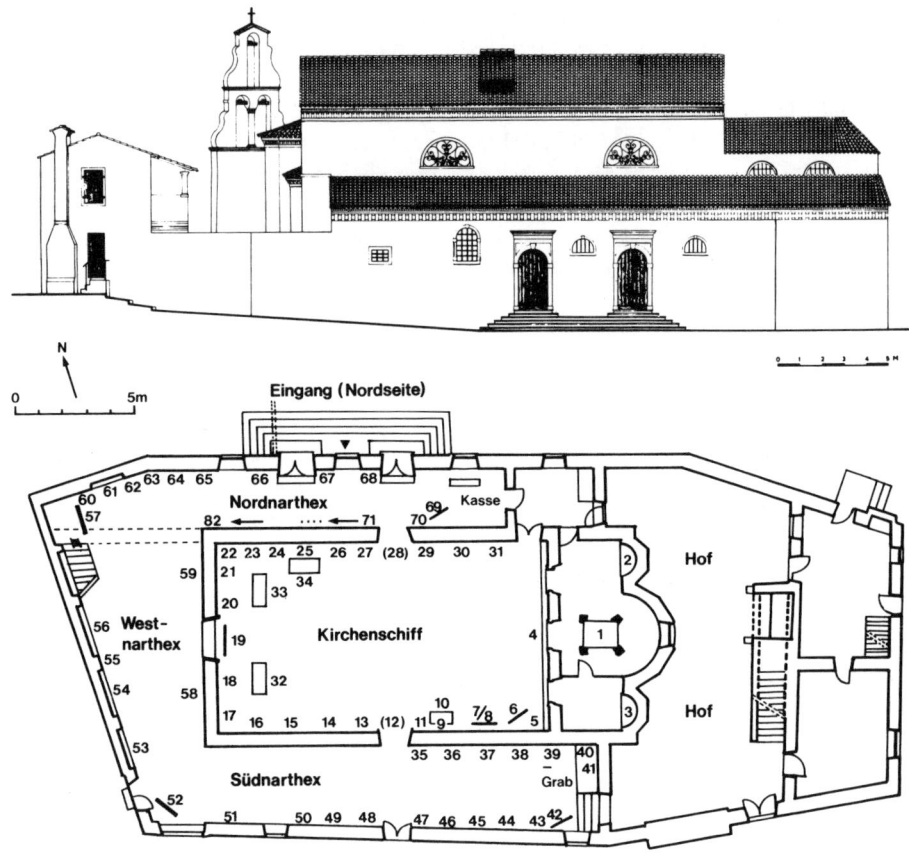

Nordansicht und Grundriß der Andiwuniótissa-Kirche, heute Byzantinisches Museum. (Nach A. Agoropoulou-Birbili: Die Architektur der Stadt Kerkyra, neugriech., Abb. 372, 373, S. 266, Athen 1977)

2 nördliche Apsis, Fresko: Maria und Joseph mit dem Christuskind (ganz nach westlicher Art gemalt, 18. Jh.?) – 3 südliche Apsis, Fresko: Marientod (westliche Malerei, byzantinisches Thema, 18. Jh.?) – 4 gebauter Ikonostas mit Mittelteil und Seitenteilen, die mit Doppelvoluten oben begrenzt sind; links Fresko mit der Geburt Mariens und rechts Fresko mit dem Tempelgang Mariens, dazwischen drei Ikonen eines unbekannten Künstlers: Panagia, Christus und Johannes der Täufer, darunter die zwölf Apostel; Ikonen links und rechts der Türen, die ersten drei stammen von *Michael Abrámi* (1622): Johannes der Täufer, thronende Muttergottes, thronender Christus, ganz

rechts Joseph und Maria mit dem Christuskind; am Sockel darunter sind Fresken angebracht (18. Jh.): Christus (in der Szene des Judasverrats?), Maria, Maria und Elisabeth – 5 Geburt Christi von *Stephan Tzangarólas* (Wende zum 18. Jh.), bedeutender Vertreter der Kretischen Schule, stammt aus einer reichen venezianischen Familie Westkretas (Chaniá, wirkte von 1688–1710 auf Korfú).

Südwand:

6 ›Noli me tangere‹ (Christus erscheint Maria Magdalena) von *E. Tzanes* (1657), unten rechts das Wappen einer unbekannten korfischen Adelsfamilie. Dieses Meisterwerk geht auf ein Original der Kretischen Schule zurück, das sehr häufig kopiert wurde; das Original vom Anfang des 16. Jh. befindet sich in Venedig (Istituto ellenico di Studi bizantini e post-bizantini)[1]. Eine weitere ›Kopie‹ befindet sich in der Pinakothek von Korfú (s. S. 207 u. Farbt. 53) – 7/8 zwei auf Leinwand gemalte Bilder, ganz nach westlicher Tradition (18. Jh.), oben: Tempelgang Christi, unten: Enthauptung Johannes des Täufers am Hof von Herodes Antipas – 9 Thronender Christus von Pavlidhi (1845) – 10 Vitrine mit verschiedenen Meßgeräten – 11 Hl. Alexios von Edessa, mit fünf Szenen aus seinem Synaxarium, rechts oben: Geburt des Heiligen, links oben: Hochzeit Alexios' in seinem elterlichen Haus in Rom und Abreise nach Edessa, unten: Rückkehr nach Rom (nach 17 Jahren), der Papst besucht Alexios noch vor seinem Tode, Tod des Heiligen; Ikone von *St. Tzangarólas* – 12 über der Tür: Auferstehung Mariens von *Konstantínos Kontarí-*

nis (1670–1718), auf Korfú geborener Maler einer venezianischen Familie Kretas, seine Werke sind stark von italienischer Kunst beeinflußt – 13 Johannes der Täufer (17. Jh.?) aus der Ajios Athanásios-Kirche in Anemómylos (s. S. 129) – 14 Weinstock-(Ampelos-)Ikone, Christus mit den 12 Aposteln (16./17. Jh.?) aus der Theotóku-Kirche Evraïkis – 15 Madre della consolazione (17. Jh.?) aus der Andiwuniótissa-Kirche (17. Jh.) – 16 zur Zeit keine Aufhängung.

Westwand:

17 Ein Evangelist (16. Jh.) – 18 Jason, Sosipátros und Kerkyra (17. Jh.?) aus der Ajios Jeórjios-Kirche in Mandúkiu (nordwestlicher Hafenvorort von Korfú) 19 Hl. Georgios zu Pferde (17. Jh.?) aus der Andiwuniótissa – 20 Hl. Panteleimon (16. Jh.), hervorragende Ikone rein byzantinischer Kunst; an den Händen und Füßen erkennt man noch eine ältere Malschicht – 21 Apostel Thomas (16. Jh.).

Nordwand:

22 Muttergottes (17. Jh.?) – 23 thronende Muttergottes von *Geórgios Chrysóloras*, der von 1730–1747 auf Korfú wirkte und aus einer byzantinischen Familie Konstantinopels stammt – 24 Prophet Elias (17. Jh.?) – 25 Die thronende Gottesmutter mit dem Kind erscheint im Himmel; Szene aus dem Akathistos-Hymnus von *Johannes Móskos*, einem in Réthimnon geborenen Vertreter der Kretischen Schule, der Kreta noch vor der türkischen Eroberung (1669) verließ und auf Korfú zwischen 1684 und 1714/21 arbeitete – 26 Panagia Brefokratussas

---

1 Eine Abb. des Originals bei Weitzmann, Kurt u. a.: *Die Ikonen*, Freiburg 1982, Tafel S. 325

(17. Jh.?) – 27 Epitaphios, Grablegung Christi (18. Jh.?) – 28 über der Tür: Marientod von *K. Kontáris* (Wende 17./18. Jh.) – 29 Panagia Hodegetria (1629) von *Emmánuel Lambárdos*, einem in Réthimnon geborenen Maler der Kretischen Schule, dessen Werke zwischen 1593 und 1647 entstanden – 30 Christus als König und Hoherpriester (1629) von *E. Lambárdos* – 31 Silberbeschlagene Ikone Johannes d. Täufers von *M. Abrámi* (1. Hälfte 17. Jh.).

Vitrinen

32 Ostseite (zum Altar hin): Auffindung des Hl. Kreuzes durch die Kaiserin Helena von *Emmánuel Skordílis*, kretischer Ikonenmaler aus der 2. Hälfte des 17. Jh. – Erzengel Raphael, Michael und Gabriel von *Geórgios Kortézas* (Ende 16. Jh.) – Panagia Zoodhochos Pege, Maria, die lebensspendende Quelle von *Viktor ›dem Korfioten‹*, Maler aus Korfú, der in der 2. Hälfte des 17. Jh. wirkte, zuerst nach byzantinischer Art, dann mit italienischen Einflüssen in Venedig – Westseite: Johannes d. Täufer von *E. Lambárdos* (1. Hälfte 17. Jh.) – Epitaphios, Grabtuch Christi für die Osterprozession (1733) – 33 Ostseite: verschiedene silberne Bucheinbände mit christologischen Themen: Kreuzigung, Silberarbeit von *N. Glykeós* (1686, venezianisch) – Westseite: Silbereinband mit Kreuzigung (1851) und mit Hadesfahrt (1791) – 34 Vitrine an der Nordwand: grünes Seiden-Epitaphios (1780) aus der Andiwuniótissa-Kirche; dargestellt ist die Grablegung Christi: Joseph und Nikodemos legen Christus in das Grab, während zwei Engel, die Muttergottes, Maria Magdalena, Maria und Johannes um den Herrn trauern; die vier Evangelisten halten das heilige Buch; links die Passionswerkzeuge, rechts die Geißelsäule, oben der Hahn aus der Verratsszene Petri.

Südlicher Narthex

Wir beginnen rechts neben der Tür der *Nordwand:* (an der linken Wand sollen demnächst Exponate der ehemaligen Byzantinischen Sammlung im Schloß ausgestellt werden, s. S. 185): 35 Hl. Nikolaus (17./18. Jh.) – 36 Daniel in der Löwengrube und der Hl. Markos; ein Engel bringt dem knienden Daniel (rechts) eine Botschaft, Christus segnet beide Heilige; ikonographisch sehr seltene Darstellung; eine Inschrift besagt, daß die Ikone Anfang des 17. Jh. von dem venezianischen Gouverneur von Chaniá/Kreta, Daniel Gradenigo, in Auftrag gegeben wurde – 37 Christus Pantokrator (17. Jh.) – 38 Apostel Thomas (17. Jh.) – 39 Johannes d. Täufer als Engel, zu seinen Füßen liegt sein abgeschlagenes Haupt; Ikone aus Préveza am Ambrakischen Golf (17. Jh.) – 40 Fresko eines Bischofs (17. Jh.?).

Ostwand:

41 Fresko mit Darstellung des Marientodes (17. Jh.?); vor der Wand: ein mittelalterlicher Sarkophag.

Südwand:

42 Panagia Brefokratussa (16. Jh.) – 43 Christus als König und Hoherpriester, ganz nach byzantinischer Art (Anfang 17. Jh.) – 44 Christus Pantokrator (17. Jh.) – 45 Theotokos Platytera (16. Jh.) – 46 Fresko der Paraskeue (17. Jh.?) – 47 Hadesfahrt mit einem Engel, der den Teufel in Ketten legt, stark westlicher Einfluß (17. Jh.). – Tür – 48 Thronende Muttergottes mit Kind (16. Jh.) – 49 Christus

Pantokrator (17. Jh.) – 50 Johannes der Eremit vom Kloster Ghuwernéto auf der Halbinsel Akrotíri/Westkreta; die kretische Ikone des 17. Jh. zeigt in der Mitte den Heiligen und umlaufend quadratische Bildfelder mit Szenen aus seinem Synaxarium: rechts sieht man den Heiligen mit seinem Mantel das Meer von der Insel Gáwdhos zur Südküste Kretas überqueren; links sein versehentlicher Tod durch Jäger – 51 Hl. Theodoros mit sechs Szenen aus seinem Synaxarium (16./17. Jh.), von der Friedhofskirche (s. S. 130).

Westlicher Narthex
Westwand:
52 bemalte Königstür des alten Ikonostas der Jáson- und Sosipátros-Kirche (s. S. 125); dargestellt ist Kyrillos von Alexandrien († 444), einer der bedeutendsten Kirchenväter der griechisch-orthodoxen Kirche. Sein Gewand ist mit Miniaturporträts von Petrus und Paulus sowie der vier Evangelisten geschmückt; rechts vom Knie des Heiligen eine miniaturhafte Christusdarstellung; Meisterwerk von *E. Tzánes* (1654) – 53 Geburt Christi (16. Jh.), der Marientypus zeigt jene westlichen Einflüsse, wie wir sie aus in der byzantinischen Kunst von dem Meteora-Kloster Warlaam kennen; hier hat Frankos Katelanos 1548 eine ähnliche Geburtsszene gemalt – 54 Gastmahl des Abraham (17. Jh.) – 55 Marmorfragmente eines Ikonostas (oder einer Altarschranke) mit Christus, der eine Kirche segnet (Giebel und Säulen sind zu erkennen) – 56 Demetrios zu Pferde; Schutzheiliger der Stadt Thessaloniki, unten erkennt man die Stadtmauer (Anfang 17. Jh.) – 57 Theotokos Hodegetria (16. Jh.).

Ostwand:
58 Hl. Dreifaltigkeit von *St. Tzangarólas* (Wende 17./18. Jh.) – 59 Die Hll. Sergius und Bacchus (syrische Offiziere, die Anfang des 4. Jh. den Märtyrertod erlitten) sowie die Hl. Justina von Padua (unter Diokletian hingerichtet); Ikone, die im Auftrag Venedigs zur Erinnerung an den Seesieg über die Türken bei Lepanto am 7. Oktober 1571 (s. S. 45), dem Namenstag der Hl. Justina, von *M. Damaskenos* Ende des 16. Jh. gemalt wurde. Dieses Thema wurde von vielen italienischen Künstlern des 16./17. Jh. dargestellt; auch unser Beispiel zeigt starke westliche/venezianische Einflüsse. Die drei Heiligen stehen symbolisch als Sieger des Christentums über das Heidentum auf dem Rücken eines erschlagenen Ungeheuers. Justina hält in der Mitte ein Kreuz, links und rechts die Heiligen tragen Lanzen in ihren Händen. Oben erscheint Christus zwischen zwei Heiligen und Engeln.

Nördlicher Narthex
Nordwand:
60 Hl. Georgios zu Pferde (16./17. Jh.) aus der Ajios Jeórjios-Kirche in Anemómylos – 61 Hl. Georgios zu Pferde (17. Jh.?) – 62 Tempelgang Mariens (16./17. Jh.) – 63 Hl. Kodrastu (Märtyrer aus Korinth, † 258) (1708) – 64 Grablegung Christi (16./17. Jh.) von *Emmánuel Tzanfournáris* (1570/75–1631), ein auf Korfú geborener Maler mit stark westlichen Einflüssen in seinen Werken – 65 Hl. Nikolaus (Ende 17. Jh.) von *Theodóre Poulákis;* der um 1622 in Chanía auf Kreta geborene Künstler verließ schon 1645 seine Heimat, arbeitete 1646–1654 und 1670–1674 in Venedig, bevor er 1675 nach Korfú kam, wo er 1692 starb.

Die Insel Korfú hat eine ganz besondere Beziehung zu dem Hl. Nikolaus. Einer Legende zufolge wurde die Reliquie des Heiligen im 11. Jh. von Myra nach Bari gebracht. Auf dem Wege dorthin kam der Heilige am 20. Mai 1087 auch nach Korfú.

Auf 10 kleinen Bildtafeln sind Szenen aus dem Leben des Hl. Nikolaus dargestellt; die Erzählung beginnt oben links und setzt sich dann im Uhrzeigersinn fort: Bischofsweihe in Myra – der Heilige betet und kommt ins Gefängnis – Entlassung aus dem Gefängnis – der Heilige zerstört die heidnischen Tempel – der Heilige verschenkt die Mitgift seiner Tochter an mittellose Menschen – der Heilige speist die Hungernden – Nikolaus rettet die verurteilten Soldaten – Nikolaus erscheint dem Kaiser im Traum – Rettung der Schiffbrüchigen – der Tod des Heiligen. –

66 Georgios zu Pferde (16./17. Jh.) –
67 Johannes der Täufer als Engel –
68 Steinigung des Erzmärtyrers Stefanos von *Philothéos Skoúphos* (Ende 17. Jh.), Kopie eines Originals von M. Damaskenos, das sich heute in der Pinakothek von Korfú befindet (Farbt. 49).

Südwand:

69 Johannes Damaskenos von *Johannes Tzenós* (1682), Kopie eines Originals von E. Tzánes, das sich noch heute in der Jáson- und Sosipátros-Kirche befindet (s. S. 128) –

70 bis 82 Ikonen von *E. Tzánes* (Ende 17. Jh.), die alle in der heute zerstörten Kapelle des alten Kastells untergebracht waren: 70 Segnender Christus, umgeben von Cherubinen – 71 Taufe Christi – 72 Erweckung des Lazarus – 73 Hadesfahrt; unten, bei der zerbrochenen Höllenpforte legt ein Engel den Teufel in Ketten (vgl. mit Nr. 47) – 74 Himmelfahrt (oberer Teil ergänzt) – 75 Geburt Christi (Fragment das Bad Christi) – 76–82 thronende Apostel, mit starken barocken Stilmitteln gestaltet: 76 Fragment – 77 Matthäus – 78 Johannes der Theologe – 79 Andreas – 80 Thomas – 81 Petrus – 82 Simon.

Weitere Exponate

Demnächst sollen weitere byzantinische Kunstwerke ausgestellt werden, die sich z. Zt. noch in den verschlossenen Räumen N und Ξ des Schlosses an der Esplanade befinden. Hierbei handelt es sich vorwiegend um folgende Werke: Basilika Palaiópolis (5. Jh.): Marmorfragmente und Fußbodenmosaike (Abb. 59, 60);

Ajios Nikólaos-Kirche (zerstört), außerhalb von 'Ano Korakiána: Verschiedene Fresken des 11. Jh. und 13. Jh., u. a. der Prophet Elias (Abb. 61)

21 Schloß der englischen Lordhochkommissare

Sammlungen Asiatischer Kunst
Nordseite der Esplanade
Öffnungszeiten: Tgl. 9.00 bis 16.00 Uhr; So und feiertags 10.00 bis 15.00 Uhr; Di geschl.

Ganz im Norden der Esplanade, wo zu Zeiten der Venezianer ein Militärhospital stand, ließen die Engländer am Anfang ihres kurzen Intermezzos in der korfischen Geschichte ihr prachtvollstes Gebäude der Insel errichten: *den Palast der Hll. Georgios und Michael.*

Sir Th. Maitland, der 1. englische Lordhochkommissar der Ionischen Inseln, beauftragte Sir George Whitmore (1775–1862) mit dem Entwurf und der Ausführung der Baumaßnahmen. Zwischen 1819 und 1823 entstand dieser neoklassizistische Repräsentationsbau nach der in England z. Zt. der Personalunion mit Hannover (1714–1837) sehr beliebten ›Georgian Architecture‹; begründet wurde dieser Stil durch den ersten hannoverianischen König Englands, Georg I. (1714–1727), der zugleich auch, als Georg Ludwig, Kurfürst von Hannover (1698–1727) war. Am 23. April 1823, am Namenstag des Hl. Georgios, wurde das Gebäude feierlich eingeweiht. Gebaut ist es aus Sandstein von der Insel Malta.

Ein kräftiger Mittelbau mit Erdgeschoß-Portikus, Obergeschoß und Mezzanin bilden die klassizistische Hauptfassade. Östlich und westlich grenzen die gesamte Nordseite der Esplanade symmetrisch angeordnete Seitentrakte ab. Zwei Torbögen (der des Hl. Georgios im Westen und der des Hl. Michael im Osten) leiten von den 20 dorischen Säulen des Portikus zu den seitlichen Risalitbauten über. Auch hier sind dorische Portiken angeordnet, die sich jedoch über einem Viertelkreis nach Süden vorschieben, so daß die tempelartig mit Giebeln bekrönten Seitenbauten den Freiraum vor dem Schloß gleich antiken Stoen risalitartig einfassen. Das Hauptgebäude wird von einem kräftigen zurückspringenden Gesims mit Reliefdarstellungen geschmückt. Pávlos Prosaléntis (1784–1837), ein korfischer Bildhauer, schuf die Reliefs, die symbolisch die Vereinigung der Ionischen Inseln zum ersten griechischen Staat der Neuzeit (1799; S. 66) zum Inhalt haben. Sie zeigen folgende Szenen (v. l. n. r.): Pegasos, Sohn der Gorgo (s. S. 75) als die Insel Leukás; das von Ranken eingerahmte Haupt des Odysseus steht für Ithaka; Kephalos, Sohn des Hermes[1], für Kephallínia; dann folgen ein Ornament und eine Göttin (Eponym für Britannia?) und wieder ein Ornament; schließlich: ein jugendlicher Held für Zákynthos; ein Dreizack für Paxós und Aphrodite für Kýthera (die Insel, die neben Zypern als Geburtsort der Göttin angegeben wird). Über diesen Reliefs ist der linke Teil des versteinerten Phäakenschiffes erhalten: eine Allegorie für Korfú.

Der Palast hatte während der englischen Herrschaft zwei Funktionen: zum einen war er Residenz der Lordhochkommissare und zum anderen war er Sitz des Ordens der Hll. Georgios und Michael. Dieser offiziell vom englischen Königshaus unterstützte Orden hatte die Aufgabe, alle Personen, die sich um Malta und die Ionischen Inseln verdient gemacht hatten, gebührend zu ehren.

1864, nach der englischen Herrschaft, wurde das Schloß Residenz der griechischen Königsfamilie. Heute ist hier das Museum für Asiatische Kunst und die Verwaltung der korfischen Antikendienste untergebracht.

---

1 Kephalos wird erst in späten Sagen als Sohn des Hermes genannt, zuvor galt er auch als Sohn des Deioneus und soll König von Athen gewesen sein

Die Sammlungen der Asiatischen Kunst
Von Claudius C. Müller, Staatl. Museum für Völkerkunde München

Einführung
Das Museum für Asiatische Kunst Kerkyra ist mit seinen Sammlungen Süd-, Zentral- und Ostasiens einzigartig in Griechenland. In seinem Kern und Hauptbestand geht es zurück auf die etwa 10000 Objekte umfassende Privatsammlung des griechischen Diplomaten G. Manos, der als Botschafter in Österreich und Frankreich wirkte. Gegen eine geringe Leibrente und die Auflage, ein Museum einzurichten, vermachte er die Sammlung 1919 dem griechischen Staat. Ein Jahr vor Manos' Tod wurde das ›Chinesisch-japanische Museum von Kerkyra‹ 1927 im St. Michaels- und St. Georgspalast eröffnet, wo es sich noch heute befindet.

Zwei kleinere Stiftungen der Diplomaten Iordanes Siniosoglou (1952) und Petros Almanachos (1969) erweiterten die Bestände. Eine zusätzliche wertvolle Schenkung erfolgte durch N. Chatzivasileiou, der als Botschafter in Indien und Japan residierte und für zahlreiche Nachbarländer akkreditiert war. Seit dieser etwa 450 Objekte umfassenden Stiftung im Jahr 1974 trägt die Sammlung den Namen ›Museum für Asiatische Kunst Kerkyra‹.

Die Entstehungsgeschichte des Museums spiegelt sich in der Präsentation der Objekte wider: Der Ostflügel des Hauses, der Rundsaal und die Banketthalle zeigen die Manos-Sammlung, während der Westflügel und die Vorhalle vornehmlich der Chatzivasileiou-Sammlung vorbehalten sind. Aus dieser Trennung nach Sammlern ergeben sich regionale Überschneidungen und Wiederholungen sowie eine für den Besucher nicht immer klare zeitliche Abfolge in der Präsentation.

Das Museum für Asiatische Kunst zählt – zu Unrecht – zu den am wenigsten bekannten Sammlungen süd- und ostasiatischer Kunst und des Kunsthandwerks in Europa. Nach Umfang und Vielfalt ist es eher mit Sammlungen in Hamburg, München, Wien oder Zürich vergleichbar als mit den spezialisierten Archäologie- und Kunstmuseen in Paris, London, Köln oder Stockholm. Dennoch bietet die gebotene Fülle an bemerkenswerten Objekten einen Anziehungspunkt von internationalem Rang. Und es hätte kaum einen besseren Standort für dieses Museum geben können als Kerkyra mit seiner griechischen Tradition und seiner wechselvollen Geschichte, die immer weit über den unmittelbaren Inselbereich hinausgewiesen hat.

Die Bedeutung der Sammlung liegt vor allem in den Beständen aus der Zeit zwischen 1500 und 1900, als Regionen wie Indien, China und Südostasien in die ersten dauerhaften Kontakte mit europäischen Mächten traten (oder sich wie Japan zwischen 1600 und 1868 bewußt davon ausschlossen). Diese Berührungen schlugen sich in den Erzeugnissen vor allem der Kleinkunst nieder, die uns heute immer stärker die facettenreiche Durchdringung der verschiedenen kulturellen Traditionen erkennen lassen.

Gerade im reizvollen Detail erschließt sich dem aufmerksamen Beobachter die Lebendigkeit dieser Kulturkontakte: In der Darstellung von ›Holländern‹ (die sog. Südbarbaren) auf japanischen Lacken, ›Bacchus‹- und ›Kreuzigungs‹-Szenen auf chinesischem Blauweißpor-

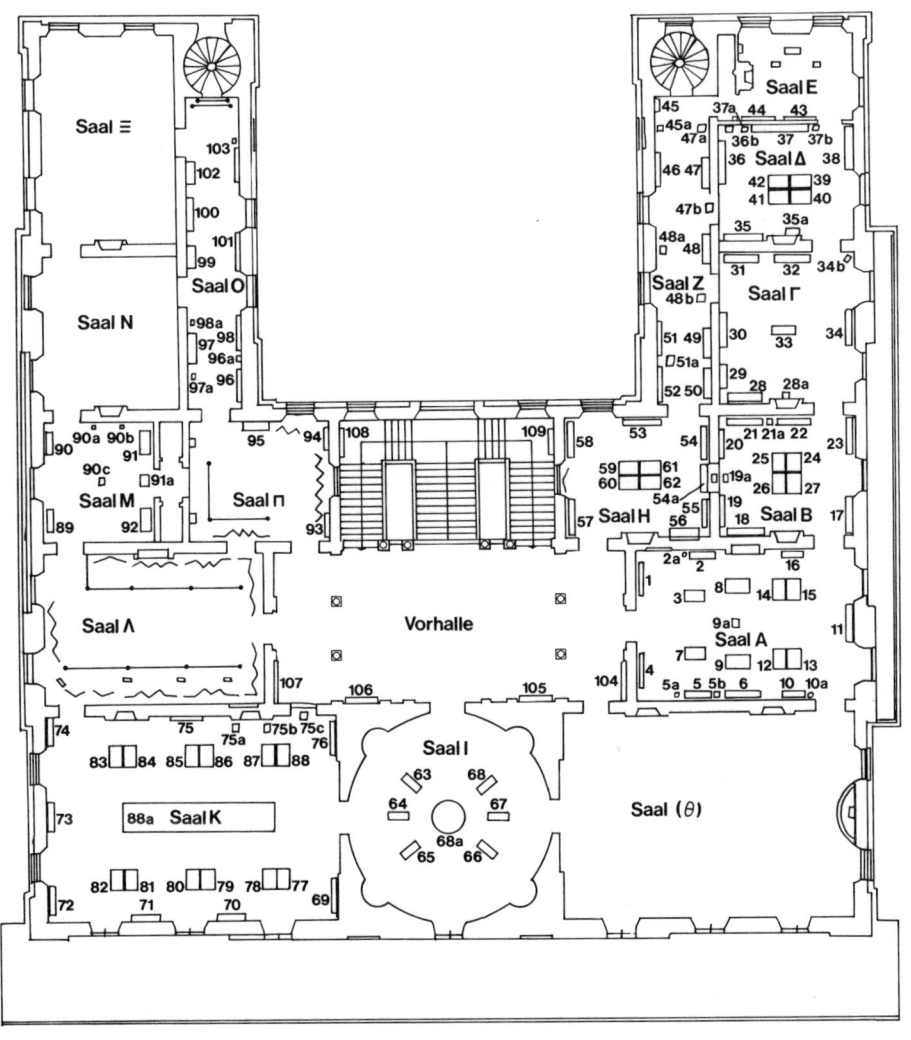

Obergeschoß des Schlosses mit den Sammlungen Asiatischer Kunst

zellan, von englischen Flinten auf indischen Holzschnitzereien oder in den ikonographischen Variationen, die der Buddhismus auf seinem Weg von Nordindien über Afghanistan und Zentralasien nach China und Japan oder über Südostasien nach Indonesien erfahren hat. Nicht zu vergessen die Rückwirkungen auf Europa, denen wir ›bei uns‹ auf Schritt und Tritt begegnen: Chinoiserie- und Japonismusmoden, Jugendstil etc.

Den Besucher erwartet ein Museum mit (zu) wenigen Beschriftungen, aber um so mehr Möglichkeiten für persönliche Entdeckungen (!), mit einer Fülle von Objekten, an denen man vorbeischlendernd sein Auge für ästhetische Qualität ganz anderer Kulturen schärfen kann. Die folgenden Stichworte verstehen sich als Anregungen in diesem Sinne.

SAAL A
Frühe chinesische Keramik (Shang- bis Ming-Zeit, ca 2. Jt. v. Chr. bis 17. Jh. n. Chr.) und koreanische Keramik (8. bis 16. Jh.)

1, I, M: Dreibeiniges *Li*-Gefäß, grauer Ton mit Schnurdekor (ca. 13. Jh. v. Chr.); die drei Beine dienten dazu, das Gefäß direkt über das Feuer zu stellen – *I, l und r:* Zwei Ritualbronzen für Opferwein (Anfang 1. Jt. v. Chr.); die dreibeinige Form wurde vom Ton auf spätere Bronzegefäße ohne funktionale Notwendigkeit übernommen – *III, l:* Dämpfgefäß, daneben Modell eines Getreidespeichers als Grabbeigabe (Han-Zeit, um Chr. Geb.) – *IV, M:* Graburne in bauchiger, sog. *Hu*-Form mit zwei Monstermasken auf der Schulter, Protoporzellan (Han-Zeit); sehr hart gebranntes Steinzeug, das als Vorläufer des Porzellans gilt.

2a: Tongefäß mit eingedrücktem Ringdekor auf der Schulter (Zhou-Zeit, ca. 7. Jh. v. Chr.).

2: Ritualbronzen der Han- bis Ming-Zeit, verschiedene Gefäße für Opferwein, Schöpfkellen und Spiegel (ca. 2. Jh. v. Chr. bis 17. Jh.) – *III, M:* Bronzespiegel; auf der ausgestellten Rückseite Inschrift mit Anrufung einer buddhistischen Gottheit, die Schauseite besteht aus blank poliertem Metall – *III, l und r außen:* Zwei flankierende Fabeltiere, die als Räuchergefäß bzw. Spiegelhalter gearbeitet sind (Ming-Zeit).

3: Große Bronzeschale (Han-Zeit), buddhistische Ritualaxt und Vajra (sog. Donnerkeil oder Diamantszepter), die die Zerstörung des Bösen und die Erkenntnis im buddhistischen Kult symbolisieren – Gürtelhaken (Han-Zeit) mit reichem Dekor von Drachen und katzenartigen Tieren.

4: Grabbeigaben der Han-Zeit (2. Jh. v. Chr. bis 2. Jh. n. Chr.); im Jenseits soll der vornehme Tote nicht auf seine Alltagsgeräte und seine Diener verzichten müssen, die ihm als Keramikmodelle ins Grab mitgegeben wurden. Der silbrig-irisierende Glanz der glasierten Stücke ist eine Folge der Zersetzung der Bleisilikatglasuren durch lange Erdlagerung und wird von Sammlern hoch geschätzt. – *I, l:* Zwei Schöpfkellen – *I, M:* Herdmodell mit eingeritztem Dekor von Fischen, Pfannen und Besen, daneben sog. Ohrenschale und Hügelurne (ein Räuchergefäß, das als kosmisches Symbol mit dem Weltberg im Zentrum angelegt ist). – *II, l:* Schale mit irisierender Glasur, Dämpfkesseleinsatz mit Löchern – *II, M:* Wehrbauernhof (Abb. 83), Handmühle – *II, r:* Gefäß mit eingefurchtem Schriftzeichen *shou* für langes Leben – *IV, M:* Getreidespeichermodell, *IV, l und r außen:* zwei sehr schöne Urnenvasen in *Hu*-Form mit irisierender Glasur; auf der Schulter aufgesetzt Monstermasken und gefiederte Wesen, die in der Tradition des Taoismus stehend sich gleichsam über die gewöhnlichen Sterblichen ›erheben‹.

5a: Bronzeglocke vom Typ *zhong*, Han-Zeit (Abb. 82)

5: Buddhistische Skulpturen der Wei-Zeit (4. bis 6. Jh. n. Chr.) und später. Nach der Missionierung Chinas durch Mönche aus Indien, Zentralasien und dem persischen Sassanidenreich erlebte der Buddhismus eine außerordentliche Blüte, die bis zu den staatlich verordneten Buddhistenverfolgungen des 9. Jh. währte. Die Kultbildnisse stellen zumeist Buddha mit seinen Jüngern oder Adoranten dar. – *I, M:* Datierte Stele, ›Puyun-Tempel, am 17. Tag des 3. Monats im Jahre 414‹.

5b: *Cizhou*-Vase mit charakteristischem, in die braune Glasur eingeschnittenem Graffiatodekor (Song-Zeit, 12. Jh.); dieser Typ von Steingutware dominierte in Nordchina vom 10. bis zum 13. Jh.

6: Keramiken der Tang- und Song-Zeit (7.–13. Jh.). Durch die regen Handelsbeziehungen des 7. bis 9. Jh., die über die Seidenstraßen bis in den Mittelmeerraum reichten, wurden ›exotische‹ Gefäßformen, Dekorelemente, Metalltechniken (in Silber und Gold) und Fremddendarstellungen populär. *I, l:* Amphore mit Henkeln in Drachenform (persische und griechische Vorbilder). – Eine Neuerung der Tang-Zeit ist die Dreifarbenglasur *(sancai)*, mit ihren scheinbar zufällig verlaufenden, jedoch gezielt hervorgerufenen Streifen in Blau-, Grün- und verschiedenen Brauntönen. – *III:* Nackenstütze und kugelförmige Vase.

7: Bronzespiegel, Loch- und Amulettmünzen – *l:* sog. Trauben- und Löwenspiegel (Song-Zeit, 12. Jh.), dessen Dekor – Trauben als Symbol der Erkenntnis – persisch beeinflußt ist. Spiegel wurden auch im Kult zum Sichtbarmachen des angerufenen Gottheit verwendet, die Rückseiten sind häufig mit kosmischen und dämonenabwehrenden Elementen versehen. Rundspiegel sind im allgemeinen chinesisch, Spiegel mit Stiel meist japanisch.

8: Grabkeramik (Tang-Zeit). Vom 7. bis 9. Jh. war die Blütezeit der z. T. in Massenfertigung

(Preßmodeln) hergestellten Grabbeigaben: Diener, fremdländische Pferdeknechte, Händler, Beamte, Akrobaten, Gaukler, aber auch Grabwächter und dämonenabwehrende Fabelwesen sowie Kamele und Pferde. Sie wurden vornehmlich in drei Techniken dekoriert: Engobe (weiße Schlikkerbemalung), Kaltbemalung (die wegen Verwitterung meist nur in Spuren erhalten ist) und die farbenprächtigen Dreifarbenglasuren.

9: Grabkeramik (Tang-Zeit) – *II, M:* Ausdrucksstarke Tänzerin (Abb. 86), *III:* Schimärenhafte Erdgeister zum Schutz des Grabbezirks; baktrisches Kamel, das neben dem Pferd als häufigste Grabbeigabe in Tierform erscheint und seine Bedeutung als Transportmittel der Zeit dokumentiert.

9a: Ritualgefäß aus Bronze (Ming-Zeit, 16. Jh.), trotz der monumentalen Form nur mehr ein Abklatsch der ursprünglichen kräftigen Gestaltung solcher Gefäße zur Shang- und Zhou-Zeit (2. und 1. Jt. v. Chr.).

10: Bronzegefäße der Song-, Ming- und Qing-Zeit (11.–19. Jh.) Anfänglich eine Renaissance der archaischen Traditionen, die jedoch immer stärker verflachen und in geometrisierenden, linearen Formen und Mustern aufgehen: Aus rituell genutzten Gefäßen werden Blumenvasen und Ziergegenstände. – *I:* Buddhafiguren – *III:* Zwei dreibeinige *Jue*-Gefäße (Ming-/Qing-Zeit, vgl. *1, I*).

10a: Zweihenkeliges Bronzegefäß, Ende Ming-Zeit, 17. Jh., innen drei Schriftzeichen, vermutlich Bezeichnung des Herstellers.

11: Gebrauchskeramik der Song-Zeit (960–1279). Mit ihren meist einfarbigen, hellen Glasuren und durch den Verzicht auf schnörkelhaften Dekor der klassische Höhepunkt der chinesischen Töpferkunst. Von den Japanern als Teekeramik bis heute hochgeschätzt. Eine Zeit des Übergangs zur eigentlichen Porzellanherstellung, von Waren also, die bei ca. 1300° gebrannt werden konnten. –

I, M: Nackenstütze mit aufgepreßtem Rankendekor (sie dienten zum Schutz der komplizierten Frisuren während der Nacht).

12: Kleinkeramik der Song-Zeit: Weiße Dingyao-Waren, interessante als Weinblatt geformte Pinselwaschschale.

13: Keramik der Song-Zeit: Zwei Teller mit Innendekor, der mit konvex geformten Keramikmodeln eingepreßt wird.

14: Koreanische Keramik (ca. 9.–16. Jh.). Das von China und Japan immer wieder umkämpfte (und kulturell beeinflußte) Korea schuf eine hochstehende und eigenständige Kultur, die gerade auch auf Japan sehr befruchtend wirkte: Koreanische Töpfer, die freiwillig oder als Kriegsgefangene seit dem 6. Jh. nach Japan gelangten, initiierten zahlreiche keramische Traditionen und die Porzellanherstellung. Typisch koreanisch sind Einlegearbeiten von weißem Schlicker sowie Waren mit bräunlicher und grauer Seladonglasur.

15: Farbige Keramik der Song-Zeit (11.–14. Jh.). Glasuren in verschiedenen Blautönen sowie besonders geschätzte Kraquelierungen (Netzmuster, die durch langsames Abkühlen nach dem Brand aus der unterschiedlichen Spannung zwischen Tonkern und Glasur entstehen). Daneben Schalen mit sog. Hasenfellzeichnung und Ölfleckenglasur, von den Japanern sehr gesuchte Keramik für die Teezeremonie.

16: Keramik der Song- und Ming-Zeit (11. Jh.–17. Jh.) – *I und II:* ›Braune Ware‹ – *III und IV sowie über 6 und 16:* Schokoladenbraun bemalte *Cizhou*-Keramik; Nackenstütze mit gekämmtem Dekor – *IV:* Waren mit grünen Seladonglasuren (Song- und Ming-Zeit): Ca. im 12. Jh. entstanden, in der Folge ein Exportschlager in islamische Länder (grün, die Farbe des Propheten!). Besondere Effekte werden durch das Verlaufen der Glasurmasse im vertieften Dekor erzielt. Die Bezeichnung geht auf Céladon zurück, eine Rolle im Schäferspiel des französischen Rokoko (18. Jh.), deren Darsteller ein grünes Gewand trug.

SAAL B
Kunst und Kunsthandwerk der Ming-Dynastie (1368–1644)

17: Kleinbronzen, vornehmlich Wächterfiguren zur Abwehr von bösen Geistern – *I, M:* Sitzende *Guanyin;* eine der populärsten Gottheiten im chinesischen und japanischen Buddhismus (dort: *Kannon).* Ursprünglich eine Manifestation des Bodhisattva Avalokiteshvara (zu denen auch der jeweilige tibetische Dalai Lama zählt!), des ›barmherzig herabblickenden Herrn‹. Durch die Verbindung mit chinesischen weiblichen Gottheitsvorstellungen erhielt er seit dem 12. Jh. immer prononciertere weibliche Züge und wurde schließlich im Volksglauben als Gewährerin von Kindersegen und Muttergöttin verehrt (und in der frühen christlichen Mission mit Maria gleichgesetzt).

18: Steingut und Porzellan der Ming-Zeit; in der Tang-Tradition (8./9. Jh.) stehende Mehrfarbenglasuren, vorherrschend in Blau, Aubergine, Türkis und Haselnuß. – *I, r außen:* Kanne in sog. Pilgerflaschenform, die auf westasiatische Einflüsse zurückgeht: ursprünglich der flache Lederbeutel für Wasser, der am Kamelsattel seitlich aufgehängt wird (als Relikt vgl. die beiden Ösenhenkel!). – *IV, flankierend:* zwei Dachreiter, die am First (der gefährdetsten Stelle) zur Dämonenabwehr eingemauert werden.

19: Keramik der Ming-Zeit. – Jeweils paarweise angeordnete Dachreiter mit *Fo*-Hunden (sog. Buddha-Löwen; da Löwen in China in vorgeschichtlicher Zeit ausgerottet wurden, ist ihre geringe Naturtreue erklärlich). – *I, r:* sog. Dickbauchbuddha, der Legende nach ein Schüler Buddhas, der unter seinem besonders attraktiven Aussehen litt und verwandelt wurde, um sich den Anfechtungen durch Frauen zu entziehen. Seine Gestalt symbolisiert Zufriedenheit und Reichtum. – *II, M: Shoulao,* Gott des langen Lebens, mit kahlem, überlangem Schädel (dessen phallische Form zusätzliche Lebenskraft symbolisiert) und Würdeszepter (vgl. *27*) in Form des sog. Unsterblichkeitspilzes. Rechts daneben Pfirsich, die Frucht des langen Lebens, die nach chinesischer Tradition aus dem Westen stammt (Persien, vgl. unseren ›persischen Apfel‹, die sprachliche Wurzel für Pfirsich!). Im Westen hatten (nach chines. Überlieferung) die Unsterblichen ihren Palast, dort wurde später auch das buddhistische Paradies lokalisiert.

19a: Sitzende *Guanyin* aus Stein mit charakteristischem Schleier (eine ikonographische Mißdeutung der ursprünglichen Bodhisattvakrone) mit Resten von Gold- und Farbbemalung (im Kult immer wieder erneuert).

20: Lacke der Ming- und Qing-Zeit (ca. 16.–19. Jh.); seit vorchristlicher Zeit ist die Technik bekannt. Objekte aus Holz, Papier, Stoff, Flechtwerk etc. mit dem präparierten Saft des Lackbaums in 100 Schichten und mehr zu bestreichen und zu härten. Blüte unter den Ming mit verschiedenen Techniken: Schnitzlack, Mallacke, kombinierte Einlegearbeiten in Lack, mit Ruß, Gold, Zinnober u. ä. gefärbte Lacke etc. – *II:* Spiegelförmiger Aufsatz in zinnoberrotem Schnitzlack (18. Jh.), mit dem Schriftzeichen *chun,* Frühling, über Schale mit Perlen, Korallen, Juwelen, Lochmünzen und dem unendlichen Knoten. – *IV:* Der taoistische unsterbliche *Lie Tekuai* auf dem Krückstock mit Doppelkürbisflasche (Symbol des Kosmos, den *Lie* gleichsam immer mit sich trägt) – *IV, r: Guanyin* mit dem Blütenkorb.

21: Porzellan der Ming- und Qing-Zeit (ca. 16.–18. Jh.) – *I, M:* Seladonvase in Doppelkürbis-

form – *II: Guanyin* in Blanc-de-Chine (18. Jh.); besonders hoch gebranntes, qualitativ bestes Porzellan des 17. und 18. Jh., aus Dehua in Südchina stammend, in Europa sehr populär, wo man es lange Zeit vergeblich nachzuahmen versuchte.

21a, M: Stehende *Guanyin* mit Kind (vgl. *17*) aus Elfenbein, 16. Jh., aus einem Zahn geschnitzt (innen hohl), mit typischen Alterssprüngen und -patina (Abb. 87).

22: Cloisonné der Ming- und Qing-Zeit (15.–19. Jh.). Die chinesische Bezeichnung ›Frankentechnik‹ oder ›Ware aus dem Barbarenland‹ deutet auf den europäischen Ursprung der Technik. Beim eigentlichen Cloisonné (Zellenschmelz) werden auf den Metallkörper Stege aufgelötet, die Flächen mit Glasmasse gefüllt, gebrannt und geschliffen (vgl. *27*); beim Champlevé (Grubenschmelz) werden die Dekorfelder ausgehöhlt, so daß Stege stehenbleiben, beim Maleremail wird mit gefärbter Glasmasse auf Metall gemalt und das Objekt danach gebrannt. – *I, r:* Wasserpfeife – *I, l:* Kännchen mit sog. 1000-Kranich-Dekor (für langes Leben) – *II, M: Hu*-förmige Vase mit für Cloisonnéarbeiten typischem Blütenrankendekor auf türkisfarbenem Grund – *III, M:* Teller mit Uferlandschaft (Japan, Ende 19. Jh.) – *IV:* Altargarnitur, zwei Kerzenständer mit Räuchergefäß.

23: Keramik der Ming- und Qing-Zeit (15.–18. Jh.) Die in Unterglasurblau dekorierten Waren der Ming-Zeit gelten als Höhepunkt der ostasiatischen Porzellankunst. Am leuchtkräftigsten ist das sehr teuer aus Persien importierte Kobaltblau (Mohammedanerblau), das im 17. Jh. von chinesischen Funden abgelöst wurde. Blauweiß-Porzellan trat an die Stelle von Seladon als Hauptexportware nach Europa und in die islamischen Länder (wo es häufig nachgeahmt wurde, Delft). Der Dekor meist eine Kombination von (buddhistischen) Glückssymbolen, deren Zusammenstellung im allgemeinen nach rein ästhetischen Kriterien erfolgte; daneben Floralmuster und Illustrationen zu chinesischen Romanen und Dramen. Seit dem 15. Jh. wird Unterglasurblau mit Schmelzfarben über der Glasur kombiniert *(III, M) – III, l:* Trinkgefäß (Kendi), dessen Form aus dem Iran stammt.

25: Porzellan mit mehrfarbigen Glasuren; der in den Scherben gravierte Dekor wird in Grün, Gelb und Aubergine bemalt, die sich in einem zweiten Brand mit dem Kern verbinden. – Auflegeteller für Gebäck und Kuchen.

24, 26: Geldformen, Bronzespiegel (China und Japan, 5. Jh. v. Chr.–19. Jh. n. Chr.) – An der Form erkennbare sog. Spaten und Messergelder (Zhou- bis Han-Zeit, 5. Jh. – Chr. Geb.) und Lochmünzen, die die Form der früher als Zahlungsmittel verwendeten Kaurischnecken (mit abgeschlagenem Rücken) übernehmen und zu Geldschnüren aufgefädelt werden. Die großen Wucherformen dienen als Amulette. Im sehr schönen Laque-bugautée-Kästchen mit Perlmutteinlagen (China, 18. Jh.) ein Goldbarren (Japan, 19. Jh.).

27: Zwei Würdeszepter mit Cloisonnéeinlagen (das *linke* mit Koralle), wie sie verdienten älteren Beamten verliehen wurden (China, 18. Jh.). – Demonstrationstäfelchen zur Technik der Cloisonnéherstellung.

SAAL Γ
Porzellan und Kleinkunst aus China, Kultbronzen aus Tibet, Südostasien und Japan

28a: Zwei Wandpaneele mit Einlagen in Blauweißporzellan (China, 19. Jh.)

28: Porzellan der *Famille verte,* China, Anfang Qing-Zeit (17./18. Jh.). Blüte der *Famille verte* unter Kangxi, dem zweiten Kaiser der mandschurischen Qing-Dynastie, benannt nach dem vorherrschenden, aus Kupferoxyd gewonnenen Grün, das mit Gelb-, Blau-, Aubergine- und Rottönen kombiniert wird. – *II, M:* Sog. Ingwertopf – *II, l:* Pinselbecher – *IV, M:* Großer Teller mit Kiefer-, Pflaumenblüten- und Bambusdekor (›die drei Freunde des Winters‹) sowie Kranichpaar (Symbol des langen Lebens und der ehelichen Treue). – *I, M, 2. von l und r außen flankierend:* Charakteristische thailändische Keramik in bunten Schmelzfarben.

29: Kleinschnitzereien in Kristall und Halbedelstein (Rosenquarz, Amethyst) der Qing-Zeit – *I, M:* Stehende *Guanyin* – *I, r:* Siegel mit Löwenaufsatz – *II, r:* Väschen aus Bernstein, der aus Burma importiert wurde.

30: Kleinkunst Qing-Zeit (18.–19. Jh.) – *I. l und r flankierend:* Zwei Pinselbecher – *I, M:* Mit Kampfszene gravierte Muschelinnenseite; Arztfigürchen einer liegenden Frau, Elfenbein, 18. Jh. (mittels solcher Kleinfiguren wurden dem Arzt Sitz und Art der Beschwerden gezeigt; Abb. 88, 89) – *II:* Specksteinskulpturen – *II, l:* Würdenkette (vgl. Saal E, Ahnenporträt) – *III, l:* Tischstellschirm, Attribut des Gelehrten zur Konzentration beim Kalligraphieren, Dichten etc. – *IV:* Würdenträger, Speckstein.

31: Porzellan, 18. Jh., Blauweiß, Seladon- und Mehrfarbenglasuren – *III, l:* Geschlossene Weinkanne in Pfirsichform (Cadogan-Kanne).

32: Ein- und mehrfarbiges Porzellan, 18./19. Jh. – *II, flankierend:* Gottheiten des langen Lebens – *II, M:* Meeresgottheit – *III:* Gefäße mit sog. Ochsenblut- und Leberfarbenglasuren – *IV:* Blaue Vase mit Spuren von Goldbemalung über der Glasur.

33: Kleinschnitzereien aus Jade und anderen Halbedelsteinen, 15.–19. Jh. Die aus Zentralasien (seit dem 18. Jh. auch aus Burma) importierte Jade galt als lebenskraftbewahrender Stein und wurde seit vorchristlicher Zeit als Grabbeigabe (z. B. im Mund des Toten) verwendet. Für Kleinschnitzereien schätzte man besonders den leuchtend grünen Stein (Miniaturgefäße im archaisierenden Stil). – *M, hinten:* Liegender Knabe als Miniaturnackenstütze in grünlich-weißem Stein, sog. Hammelfettjade.

34: Buddhistische Kultfiguren aus Metall, meist vergoldete Bronze. Am verbreitetsten Feuerver-goldung: ein Gemisch aus Gold und Quecksilber wird auf das Metall aufgetragen, mit dem sich das Quecksilber durch Erhitzen verbindet – *I, II:* Buddhas und Bodhisattvas aus Tibet – *I, 3. von r:* aus Indien – *IV:* aus Thailand – *IV, l:* Buddhistischer Reliquienbehälter in Form eines Stūpa.

34a (über *34*): Kultmaske, Japan, 18. Jh. (Abb. 84)

34b: Stehender Buddha im Fürstenschmuck, das Meer zurückdrängend, vergoldete Bronze, Thailand, Ayudhya-Stil, 19. Jh.

SAAL Δ
Kleinkunst und Exportporzellan der Qing-Zeit (17.–19. Jh.)

35a: Sakrales Brokatbild, 19. Jh.; Buddhatriade, davor die beiden bedeutendsten Schüler des historischen Buddha sowie die 18 Lohan (besonders hervorragende Lehrer, die als ›Heilige‹ verehrt werden), im Vordergrund die vier Himmelswächter.

35: Mehrfarbiges Porzellan, z. T. unter europäischem Einfluß hergestellt, China, 19. Jh. – *II, M:* Gartenhocker, *Famille rose* auf türkisfarbenem Grund, an den Seiten durchbrochener Lochmünzendekor – *III:* Yixing-Kanne, rotes Steinzeug – *IV, M:* Punschschale im überreichen Kanton-Stil der *Famille rose.*

36: Qing-Keramik, 18./19. Jh.

36a: Blaugrundige Bodenvase mit Dekor von Schmetterlingen, Löcherfelsen und Blütenzweigen, Anfang 19. Jh. Darüber chinesisches Hinterglasbild, Anfang 19. Jh.; in der aus Europa übernommenen Technik wurde v. a. auch für den europäischen Markt produziert.

37: Qing-Keramik – *III, M:* Stehender Knabe, eine Doppelkürbisvase haltend mit der Aufschrift »Viel Glück«, Hochzeitsgeschenk, Blauweißporzellan, 18. Jh.

37a und b: Zwei Malereien auf Pflanzenmarkpapier (fälschlich: Reispapier), sog. Chinese School, 1. Hälfte 19. Jh., Händler und Touristen orderten solche eigentlich unchinesischen Bilder als Souvenirs im typisch exotischen Stil!

38: Exportporzellan, Qing-Zeit, 18.–19. Jh. Chinesische Keramikmaler kopierten europäische Vorlagen und als Modell geschickte Gefäßformen; das chinesische Flair des Dekors – Kleidung, Gesichtsschnitt, abgemalte Buchstaben – wirkt auf besonders reizvolle Weise verfremdet. Meist Kombination verschiedener Techniken (Grisaille mit Rot und Gold). – *II:* Geburt Christi, seine Taufe durch Johannes und seine Kreuzigung (Abb. 92); Entscheidung des Paris – *III:* Wappenteller für europäische Fürstenhäuser – *IV:* Jagdszene; ankernde Schiffe vor dem Tafelberg von Kapstadt.

40, 42: Schnupftabaksfläschchen, China, 18./ 19. Jh. Ein Import der Jesuitenmissionare Anfang des 18. Jh.; die Form erfreute sich bald großer

Beliebtheit, da man an ihr alle möglichen Techniken und Materialien der Kleinkunst durchspielen konnte – *40, VI, l:* Glas mit Innenbemalung (ausgeführt mit einem dünnen, gebogenen Bambusstäbchen als Pinsel) – *40, III, l:* Beschnitztes Überfangglas – *40, V:* Emailmalerei – *40:* Porzellanfläschchen in Blauweiß, *Famille rose* und *verte* sowie Mehrfarbenglasuren – *42:* Fläschchen aus Halbedelsteinen, wobei die natürliche Zeichnung in den Schnitzdekor integriert wird, sowie aus Schnitzlack und Perlmutt.

41: Schmuck, Qing-Zeit, 18.–19. Jh. – *r oben:* Haarnadel mit Schmetterlings- und Blattdekor aus Eisvogelfedern – *l:* Gürtelgehänge mit Toilettengarnitur; zwei Nägelschützer, Silber in Durchbruchsarbeit – *M:* Zwei tibetische Beamtenohrringe mit Korallen.

SAAL E
Textilien, Möbel, Keramik der Qing-Zeit, 18.–19. Jh.

r oben: Ahnenporträt einer vornehmen Dame vom Kaiserhof, 19. Jh. – *darunter:* Bodenvasenpaar, *Famille rose,* Kanton-Stil, 19. Jh.; weiteres Bodenvasenpaar, Unterglasurblaudekor, 19. Jh. – Koromandelstellschirm mit Gartenszenen und Pavillons, 18. Jh.; nach der indischen Koromandelküste – einem wichtigen Umschlagplatz für chinesische Exportgüter – benannte Lacktechnik, in der ausgehobene Dekorfelder farbenprächtig bemalt werden. – Zwei Tischchen mit Einlegearbeiten in Holz, 19. Jh.

43: Textilien – Gelbes, ärmelloses Frauengewand, 19. Jh.; dahinter seltener Samtstoff, China, 19. Jh. – Großes Umhängetuch (Kesa) für einen Abt, Seidenstickerei mit Goldfäden auf Webbrokat, geschmückt mit ca. 100 Buddhadarstellungen und stilisierten Schriftzeichen *shou,* langes Leben, Japan, 19. Jh. (Abb. 58). (Ursprünglich trugen buddhistische Mönche Roben, die aus weggeworfenen Lumpen zusammengesetzt waren; in späterer Tradition wurde daraus das aus wertvollen Stoffen zusammengefügte Prunkgewand.)

44: Drachenrobe eines Vornehmen in *Kesi-*Seidenwirkerei, 18. Jh.; die Technik kam vermutlich im 12. Jh. aus Persien. Die hufeisenförmig verlaufenden Ärmel hielten die Hände warm und erinnern an die Herkunft der Mandschuren aus den nördlichen Steppen.

SAAL Z
Japanische Keramik (von den Anfängen bis ins 19. Jh.), Skulpturen und Hängerollen

45: Geräte und Waffen der Jungsteinzeit (4. Jh. v. Chr. – 3. Jh. n. Chr.) – Pfeil- und Lanzenspitzen, Steinbeile, Keulen.

45a: Nachbildung dreier figuraler, rötlicher Keramiken; solche sog. Haniwa-Figuren stammen ursprünglich aus dem 5. und 6. Jh.

46: Sué-Keramik (3.–7. Jh.), aus grauem Ton, ähnelt weitgehend koreanischen Waren.

47a: Keramikgefäß mit gekämmtem Schulterdekor; an der Mündung auffallende Goldlackrestaurierung (nur bei geschätzten Stücken und von großen Keramikmeistern durchgeführt, erhöht den Wert des Objektes!).

47: Japanische Keramik, 14.–17. Jh. Deutliche Einflüsse vom Festland, v. a. Korea. Ende 16. Jh. verschleppten die Japaner nach zwei vergeblichen Invasionsversuchen zahlreiche koreanische Töpfer, die in Japan Kaolin-Erde fanden und als erste japanisches Porzellan herstellten. Charakteristika koreanischer Waren sind graue und olivgrüne Glasuren mit weißen Einlegearbeiten (vgl. *14*) sowie mit leichter Hand hingepinselte Blauweißdekore.

47b: Bodhisattva Jizō, Holz mit Goldlackbemalung, 15. Jh. Jizō hilft allen Wesen bis zur Erscheinung des zukünftigen Buddha, vor allem den in der Hölle Verdammten und den verstorbenen Kindern. (Im Volkskult werden seine Statuen mit zahlreichen roten Lätzchen und Kleidern behängt, die er den Kindern bringen soll, da sie sich gegen die räuberischen Dämonen, die ihnen die Kleider wegnehmen, nicht wehren können.) Er ist auch der Beschützer der Reisenden und Schwangeren. In der Linken trägt er die Wunschperle, in der Rechten hält er den Rasselstab, dessen sechs Ringe die sechs Stufen des Existenzenkreislaufs symbolisieren.

48: Kleinskulpturen aus Holz, 16.–19. Jh. – *II, M:* Expressiv geschnitzter Himmelswächter – *IV, 2. von l:* Glücksgott Ebisu mit dem Fisch – *IV, 3. von l:* Sitzender Höfling. Weiter Dämonenfiguren und Glücksgottheiten des langen Lebens (überhoher Schädel, vgl. *19, II, M*).

48a: Sitzender shintoist. Abt, Holz, bemalt, 18. Jh.

48b: Sitzender Buddha Amida, der im Volk sehr verehrte ›Herr des westlichen Paradieses‹, Holz mit Gold- und Schwarzlack bemalt, 17. Jh. Auffallend feiner Faltenwurf, das ›Auge der Weisheit‹ auf der Stirn, das die Welt erhellt, in Kristall (?) eingelegt.

49: Steinzeug der Edo-Zeit, 17.–19. Jh., Teekeramik – *I, 2. von l:* Chaire (Büchse zum Aufbewahren des Teepulvers); bauchige Sakeflaschen – *III, M:* Schönes, braun glasiertes Vorratsgefäß mit vier Ösenhenkeln zum Transport (nach chinesischem Vorbild der Song-Zeit, vgl. *16, I und II*), 16. Jh.

50: Steinzeug der Edo-Zeit, 17.–19. Jh.; vornehmlich sog. Kyoto-Ware mit charakteristischem, farbenprächtigem Schmelzfarbendekor auf beigem Grund (Teeschalen, Sakeflaschen). Solche Waren wurden im 19. Jh. in großen Mengen in den Westen exportiert. – *III und IV:* Kutani-Waren in kräftigen Farben.

51: Teekeramik – *r oben* sowie *M, l und r:* Teepulverbehälter mit Elfenbeindeckel. Zur Teezeremonie gehört das Gespräch zwischen Gastgeber und Gästen über die Erlesenheit wertvoller Teeschalen und ihre Geschichte. Besonders geschätzt sind bis heute klare Formen mit raffinierten, wie zufällig erscheinenden Glasuren (vgl. Song-Keramik, *15*).

51a: Dekorativer großer Bronzekessel zum Wasserschöpfen bei der Teezeremonie mit vergoldetem, halbplastischem Reliefdekor von Vögeln auf blühenden Zweigen, 19. Jh.

52: Teekeramik – Teepulverbehälter, Teeschalen (*r oben* mit einfachem Kegeldekor, den Fuji darstellend) – *r unten:* gußeiserne Wasserkanne, 19. Jh.

Über den Vitrinen: Sechs Hängerollbilder, 18./19. Jh. – Kultbilder mit buddhistischen Themen (die Inschriften geben die Tempelzugehörigkeit wieder). Am Saalende zwei Landschaften im chinesischen Stil.

SAAL H
Japanische Kleinkunst; Waffen und Waffenzubehör der Edo-Zeit (1603–1868)

53: Köcher mit Pfeilen – *l und r unten:* je ein Paar Steigbügel – Helme, Fächer (in der Schlacht pflegte der Feldherr von einer erhöhten Stelle aus den Kampf zu beobachten und mit einem Fächer Befehle zu signalisieren).

54: Rüstungszubehör des Samurai (Klasse der Militäradeligen): Gesichtsmasken, Helm, Harnisch und Beinschienen, Streitäxte und Schwerter.

54a: Teile einer Samurairüstung; die meist hörnerartigen Helmaufsätze waren Erkennungsmerkmale bestimmter militärischer Führer. Am Kurzschwert ist das ›Familienwappen‹ *(Mon)* des Tokugawa-Klans zu erkennen, drei nach innen gewendete Malvenblätter; es weist den Schwertträger als Mitglied oder Vasall dieser Familie aus. Das Oberhaupt der Tokugawa-Familie übte während der Edo-Zeit (Edo, das heutige Tokio war die Hauptstadt) als Shōgun, Militärstatthalter, die politische Herrschaft über Japan aus. Der in Kyoto residierende Kaiser (Tennō) hatte lediglich rituelle Funktionen.

55: Rüstungszubehör – Das Schwert war die ›Seele‹ des Samurai, und im allgemeinen hatte nur er das Privileg, Kurz- und Langschwert zu tragen.

56: Cloisonnéarbeiten, 19. Jh.; die spät aus China übernommene Technik (vgl. *22*) war seit dem 18. Jh. auch in Japan populär, erfuhr aber rasch eine kunstgewerbliche Veräußerlichung und wurde um 1900 häufig zur bloßen technischen Spielerei ›perfektioniert‹. – *M oben:* Kannon, buddhistische Göttin der Barmherzigkeit (vgl. *17*) – *M, r:* Kleines Räuchergefäß *(kōro).*

57: Bronzegerät und -skulpturen, 19. Jh.; meist für kultischen Gebrauch bestimmte Altarvasen, Kerzenhalter und Räuchergefäße sowie Kleinskulpturen: Buddhas, Weise, Tiere.

58: Bronzegeräte, 19. Jh. – *I:* Räuchergefäß mit chinesischem Einfluß – *II, M:* Stehende *Kannon*, Wasserkannen – *III, IV:* Altargerät.

59: Schwertzierat, 18.–19. Jh. – *r:* Schwertstichblätter *(Tsuba),* die zum Schutz der Hand Griff und Klinge trennen – *Fuchi* (Zwinge zur Verstärkung des auf das Stichblatt stoßenden Schwertgriffs) und *Kashira* (Kopfstück am Griffende) – *l:* Beimessergriffe *(Kozuka)* mit verschiedenen Metallegierungen dekoriert. Seit dem 18. Jh. wurden Schwerter nur mehr als Prunk- und Ritualwaffen getragen, die hochentwickelte Kunst der Schwertfeger und spezialisierten Schwertzieratschmiede diente lediglich dem ästhetischen Sammelinteresse.

60: Schwertzubehör aus Gold, Bronze und Legierungen – *l oben:* Schwertnadel *(Kōgai)* und Beimessergriffe; an den meisten Stichblättern sind *l* und *r* von der Klingenöffnung zwei Durchbrüche für diese beiden Geräte angebracht. – *r unten: Tsuba* mit stilisiertem Kranich.

61: Schwertstichblätter – *I, l:* Federkieldekor, Vierblattform, Pferde- und Kranichdekor – *II:* Affe und Reisigsammler vor einem Schreineingang *(Torii).*

62: Feuerwaffen. In den Bürgerkriegen der Momoyama-Zeit (1573–1603) trugen die von den Portugiesen eingeführten Feuerwaffen, die von japanischen Schwertfegern bald besser als von europäischen Büchsenmeistern hergestellt wurden(!), entscheidend zum Sieg der Tokugawa bei. Als Shōgune gelang es ihnen, diese Waffe als unvereinbar mit dem Samurai-Kodex wieder ächten zu lassen und Japan, begünstigt durch die Isolierung, relativ frei von Feuerwaffen zu halten. Der Pistolengriff *(l oben)* ist mit Rochenhaut bezogen (ähnlich Schwertgriffen und Scheiden, vgl. *55*).

An der Innenwand: Nō-Masken (das ›junge Mädchen‹, der ›zänkische Alte‹). Dieses höfische Singtheater kannte nur männliche Schauspieler; die auffallend kleinen Masken sind üblich. *Darunter:* Ritualmasken (Kyōgen).

An den Wänden: Hängerollbilder (Kakemono); das Bild mit den verschiedenen Kalligraphien zeigt Glückwunschgedichte eines Gelehrtenklubs. *Über* der Samurairüstung ein Architekturdetail, Holz mit Goldlack, mit Fabeltieren und dem runden Chrysanthemenwappen der Kaiserfamilie.

SAAL I
Japanische Kleinkunst und Holzschnittbücher, Edo-Zeit, 17.–19. Jh.

Charakteristisch für Japan ist die hochentwickelte Kunst des Sagemono, der ›Dinge zum Anhängen‹: Da die Kleider (außer den weiten Ärmeln) keine Taschen zur Aufbewahrung hatten, wurden Arzneibüchsen, Geldbörsen, Rauchgerät, Schreibzeug etc. mittels einer Halteschnur, die in einem plastischen Gürtelknebel endet (Netsuke), unter dem relativ breiten Stoffgürtel durchgezogen.

63: Netsuke aus Elfenbein – *r oben:* das mythische ›Einhorn‹, Kirin (Abb. 60), weitere Fabeltiere, Gottheiten des langen Lebens, sich Masken aufsetzende Kinder, Hasen, Wasserbüffel, Löwen und ein reizvoller ›tanzender Holländer‹ (Abb. 59).

64: Netsuke aus Holz, meist Buchsbaum – Masken des Volks- und Hoftheaters, gehörnte Teufelsmaske (Abb. 85).

65: Rauchgerät *(Tabakoire)* mit Netsuke und Ojime (verschiebbare Knöpfe aus Glas, Stein, Holz etc., die die Halteschnur zusammenfassen). Charakteristisch die liebevolle Ausarbeitung auch der kleinsten Details.

66: Inrō; Büchsen für Siegel, später v. a. für Arzneien. Meist vier oder fünf aufeinandergepaßte Döschen mit Deckel. Die Halteschnur wird offen oder verdeckt an den Schmalseiten herumgeführt, mit einem Ojime festgezogen und mit dem Netsuke am Gürtel fixiert. Im allgemeinen aus Holz (und lackiert), seltener in Metall, Keramik oder Elfenbein.

67: – l unten: Inrō in rotem Schnitzlack *(Guri).*

68: Netsuke aus Buchsbaum und Ebenholz: Symboltiere des Zwölfer-Jahreszyklus (Rind, Keiler, Affe, Ziege, Hahn, Schlange, Affe etc.), Schildkröten (für Glück und langes Leben) – *M:* Der indische Mönch Daruma, der nach der Legende im 9. Jh. das Chinesische Meer auf einem Schilfblatt überquerte und den Zen-Buddhismus nach Japan brachte; Hexen, Dämonen und Weise.

68a: Holzschnitt- und Skizzenbücher, 19. Jh. – Hokusai (1760–1849), ›36 Ansichten des Fuji‹ – Andō Hiroshige (1797–1858), ›53 Stationen der Tōkaidō-Heerstraße‹ – Hokusai, ›100 Dichter Japans‹.

SAAL K
Japanische Keramik, Kleinkunst, Malereien und Drucke der Edo-Zeit, 17.–19. Jh.

69: Kyoto-Keramik (Steinzeug mit Schmelzfarbendekor in hellbraunen und -blauen Tönen auf beigem Grund) und Satsuma-Keramik mit Golddekor, 19. Jh.

70: Satsuma-Keramik. Seit dem 17. Jh. von koreanischen Töpfern in der Provinz Satsuma gefertigte Ware mit porzellanähnlichem Scherben und Dekor auf elfenbeinfarbenem Grund. Im 19. Jh. als *die* japanische Keramik – v. a. mit üppigem, sog. Goldbrokatdekor – im Westen äußerst populär. – Kannen, Langhalsvasen, Teepulverurnen und die vollplastisch gearbeitete Figur einer Schönen *(Bijin).*

71: Japanische Lacke, 18.–19. Jh. Die frühen Stücke überzeugen durch die lebendige Verbindung von Material, Technik und Dekor, seit Mitte des 19. Jh. überwiegt die eher kraftlose Kunstfertigkeit. – *III, l und M:* Speisen- und Reiskuchenbehälter, die in mehreren Lagen übereinander geschachtelt sind. – *IV, l und r flankierend:* Zwei Sakeflaschen – *IV, 2. von l:* Picknickset.

Über 71: Klassischer Satsuma-Teller mit den Unsterblichen der chinesischen Tradition, erkennbar an den Attributen (Kranich, Tiger, Eisenkrücke etc.).

72: Arita-Porzellan; die frühen Stücke wurden Anfang des 17. Jh. von koreanischen Töpfern in Nachahmung des populären Ming-Porzellans in Unterglasurblau gefertigt.

73: Arita-Porzellan, Blauweiß, 18.–19. Jh. – *II, M:* Kunstvoll gearbeitetes Räuchergefäß mit durchbrochenem Deckel und Chrysanthemendekor – *IV, M:* Schöner großer Teller im Stil der chinesischen Übergangsware, 17. Jh. Im Dekor wiederkehrend Symbole des langen Lebens (Kraniche, Kiefern) sowie die Silhouette des Fuji.

74: Arita-Porzellan, Blauweiß und mehrfarbige Ware (sog. Imari, in Unterglasurblau mit Gold- und Rotbemalung über der Glasur), 18.–19. Jh. – *II, III, IV:* Imari-Waren – *II, M:* Bemerkenswerter Auflegeteller mit zwei Phönixen auf ornamentalem Grund – *II, r außen:* Teller mit dem beliebten Wisteria-Motiv.

75: Buddhistische Kultskulpturen mit Goldlack und Bemalung – *I:* Kleine Haus- und Reiseschreine, z. T. mit fein bemalten Türinnenseiten; darin sitzende Buddhas oder stehende Jizō-Figuren (vgl. *47b*) – *II:* Abt – *II, M:* Bodhisattva mit Krone, der angedeutete Schnurrbart erinnert an die zentralasiatische Ikonographie (vgl. Gandhāra-Skulpturen, *90, 91*) – *III, M:* Sitzender Abt – *IV, r: Kannon – IV, M:* Buddha auf Lotossockel.

Über 75: Drei japanische Musikinstrumente: Trommel, Biwa (über Zentralasien und China übernommene westasiatische Lautenform), Shamisen.

75a: Fächerbilder, deren ungewöhnliches Format (wie von Stellschirmen und Schiebetüren) eine besondere künstlerische Herausforderung in der ostasiatischen Tradition darstellt.

75b: Stellschirm mit dem populären Sujet der ›Spielenden Kinder‹ (den Wunsch nach Blühen und Gedeihen der Familie suggerierend).

75c: Chinesischer Klappstuhl mit Perlmutteinlagen, 18. Jh.

76: Japanisches Porzellan, 17.–19. Jh.; eindrucksvolle Beispiele für die eigenständige Weiterentwicklung der japanischen Töpfertradition. – *I, II:* Nabeshima-Waren – *III:* Kakiemon-Waren, gekennzeichnet durch die harmonische Aufteilung von Floral- und Figuraldekor, der den weißen Hintergrund miteinbezieht (von großem Einfluß auf europäische Dekore des 18. Jh.) – *IV:* Kutani-Waren mit üppigem, leuchtend-farbigem Dekor in Grün und Aubergine.

Über 76: Prächtiger Kutani-Teller mit Landschaftsdekor.

77: Siegelwachsdöschen in verschiedenen Formen (Ente, Schildkröte, Muschel, Hase, Schwan, Dämonen, Maske, Faß).

78: Porzellandöschen – *vorne:* Drei Räuchergefäße, Teepulverdöschen.

79: Schreibkästen (Suzuribako) in Lack mit Metallfläschchen als Wassertropfer und Reibstein zum Reiben des Tuschekuchens und Anrühren der Tusche.

80: Lackdosen und -kasten – Mit Streulack, der die Gold- und Silberpartikel in der farblosen Lackschicht gleichsam schweben läßt, mit Einlegearbeiten in Perlmutt und farbigen Steinen auf Gold- und Schwarzlackgrund sowie mit Schnitzlacken.

81: Dekorativer Schreibkasten mit Perlmutteinlage und Streulack, in der Mitte Fächerverkäufer unter Weide mit Kundschaft, im Hintergrund Fuji.

82: Schalen und Dosen in beschnitztem Holz und mit Lackdekor.

83: Gerätschaften für die Toilette der vornehmen Dame (v. a. für die Frisuren) – Kämme aus bemaltem Elfenbein und in Lack mit umlaufenden Dekoren (Abb. 61) – *M:* Bronzespiegel – *r:* Haarnadeln – *l:* Haarpfeile aus Schildpatt und Holz zum Hochstecken der Frisur – Zwei Faltfächer.

84: Kleinkunst mit Shibayama-Dekor; vom gleichnamigen Lackmeister Anfang des 19. Jh. erfundene Einlegetechnik von Elfenbein, Perlmutt, Koralle, Schildpatt u. ä., um 1900 in Europa sehr beliebt. – *r oben:* Straußenei.

85: M: Rauchset – *l:* Zwei Reiseschreine mit Pagode und Gottheit.

86: Musikinstrumente – *l:* Fächerbehälter mit Elfenbein- und Perlmutteinlage und dem Tokugawa-Wappen.

87: Sakeschalen in Rotlack mit Gold- und Farblackdekor für Hochzeitszeremonien. Motive von Schildkröten und beladenen Schiffen (Erfolg), Kranichen und Entenpaaren (Symbole der ehelichen Treue), Kiefern und Kranichen (langes Leben).

88: Geräte und Zierobjekte aus Metall – *l:* Kompaß mit japanischen Richtungszeichen – *l vorne:* Räuchergefäß – *M:* Vorhängeschloß – *r:* Zwei Haken zum Aufhängen von Töpfen über dem Feuer – *r:* Feuerzeug mit Stahlkante, sino-mongolisch.

88a, Fensterseite: Japanische Vielfarbendrucke und Querrollen, 18.–19. Jh. Das Ukyo – die heitere, ›fließend‹-vergängliche Welt des galanten Bürgertums in der Hauptstadt Edo – fand seinen künstlerischen Ausdruck in den Porträts von Schönheiten und Schauspielern sowie den Genreszenen des Farbholzdrucks. Der berühmteste Meister des Ukyo war Utamaro (1753–1806), erkennbar an seiner hakenförmigen Signatur. – *Nr. 1–7:* Schönheiten von Utamaro, *Nr. 8, 9:* Harunobu (1725–1770) – *M:* Chinesische Querrolle, 19. Jh., von *r* nach *l* zu betrachten – Gelehrter empfängt auf seinem Landsitz Besucher, die Damen bei Freizeitvergnügen im Park. Illustrative Details von Bronze- und Keramikvasen, Ziertischchen, Löcherfelsen. – Weitere Schönheiten von Utamaro, drei- und zweiteiliger Druck von Eishi (1756–1829) und Porträts von Utamaro, Schönheiten beim Blumenstecken und Puppentheaterspiel (Bunraku).

88a, Wandseite: Sieben Schönheiten von Utamaro (eine Pfeife rauchend!), zwei dreiteilige Drucke von Eishi, zwölfteilige Serie der Seidenherstellung von Utamaro (z. T. späte und schlecht erhaltene Abzüge) – *M:* Japanische Querrolle, 18. Jh. – Schlachtenszene, die parodierend von Tieren dargestellt wird.

An den Wänden: Hängebilder mit charakteristischen Motiven des Ukyo, Schönheiten zu verschiedenen Jahreszeiten, 18. und 19. Jh.

SAAL Λ
Japanische Stellschirme, 17.–18. Jh.

Meist in Paaren aufgestellt, die mit korrespondierenden Motiven bemalt sind: Tiere, Blumen, Jahreszeiten. Sie dienten zur leicht auswechselbaren Unterteilung der ansonsten karg eingerichteten Räume (und zum Schutz vor Zug der für sommerliche Temperaturen gebauten Häuser). Die Bemalung von Stellschirmen ist eine typisch japanische Kunst, mit der Herausforderung, Paar, Gesamtformat und Einzelteil kompositorisch zu bewältigen; wie Querrollen werden sie von *r* nach *l* betrachtet. Ausgestellt sind ›klassische‹ Sujets: ›Die 100 Pferde‹, das qualitativ bemerkenswerteste Paar (Abb. 93) – das mit Details reizvoll ausgestattete Paar ›Dorfszenen im Frühling und Herbst‹ (Umsetzen der Reiskeimlinge, Dreschen, Ziehen der Ähren über den Dreschkamm, Wildgänse und roter Ahorn als Symbol der Jahreszeiten) – ›Blumenwagen‹ – ›Blumen und Vögel‹ – ›Tiger im Bambushain‹. Erkennbar der Blattgoldhintergrund, in den die Umrisse des Dekors geschnitten und dann ausgemalt werden.

Fensterwand: Zwei lebensgroße, bemalte Holzstatuen der *Guanyin*, China, 19. Jh. (vgl. *17*); die eine mit dem Flaschenkürbisgefäß (Symbol des langen Lebens), die andere mit dem Yakwedel (um gefährdete Kleinlebewesen aus dem Weg zu kehren).

SAAL M
Gandhāra-Kunst (2./3. Jh. n. Chr.), lamaistische Kunst aus Tibet und Nepal (15.–19. Jh.)

89: Figuren des hinduistischen und buddhistischen Kults – *II, M:* Drei Tārās, weibliche Entsprechungen der Bodhisattvas (Wesen, die freiwillig auf den letzten Schritt zur Erleuchtung verzichten, um allen anderen Wesen zu helfen, vgl. *17*).

90: Buddhistische Kultstatuen, die als Mittler zur Erkenntnis verehrt werden. Gold als Zeichen ihrer besonderen Kraft wird, wie die ikonographische Bemalung, die durch die Berührung (= Kraftübertragung) der Gläubigen abgeht, immer wieder erneuert. – *IV, l:* Padmasambhava, ein indischer Mönch, der nach glaubwürdiger Überlieferung im 8. Jh. den Buddhismus an den tibetischen Königshof in Lhasa brachte; einer der meistverehrten heiligen Lehrer in Tibet.

90a: Bhairava mit seiner Gefährtin, hinduistisch.

90b: Yamāntaka, der rinderschädlige Gott des Todes in Tibet, mit seiner Gefährtin tanzend; die zahlreichen Arme und Beine sind Ausdruck der ungeheuren Stärke und Macht der Gottheit.

90c: Schutzgottheit Hevajra, Verkörperung von Mitleid und Weisheit, mit seiner Gefährtin, die die Leere personifiziert, Bronze, vergoldet, Tibet, 18. Jh.

91, 91a, 92: Gandhāra-Kunst. Im 2. Jh. n. Chr. stieß die buddhistische Mission in Gandhāra (im heutigen Grenzgebiet zwischen Pakistan und Afghanistan) auf hellenistische ikonographische Traditionen. Bislang war der historische Buddha nur symbolisch (Rad der Lehre, Fußspuren, Grabmäler – Stūpas –) dargestellt worden, nun bekam er den Habitus eines griechischen Philosophen. Die berühmten Reliefs in grauem Schiefer zeigen meist Szenen aus seinem Leben, Buddha beim Predigen oder Wunder wirkend.

91a: Bodhisattva-Büste, 3. Jh. n. Chr.; der Haarknoten (später die sog. Erleuchtungskuppel) war ursprünglich Zeichen der indischen Eremiten, das Bärtchen taucht wieder in japanischen Darstellungen auf, die sich ikonographisch von zentralasiatischen Vorbildern herleiten (vgl. *75, II, M*).

An den Querwänden: Zwei Serien von Thankas (religiöse Rollbilder) in wertvoller Originalmontierung von chinesischen Brokatstoffen und mit dem Vorhang, der zur kultischen Verehrung hochgerafft wird. – Fünf Thankas (aus einer Serie von acht) mit Darstellung einer Tārā als Helferin bei der Überwindung der acht grauenvollen Ängste vor dem Wasser, dem Löwen, dem Elefanten, der Giftschlange (Abb. 57) und den wilden Menschen (Abb. 62). Es fehlen die Angst vor dem Feuer, dem Tod und den fliegenden Dämonen. – *Gegenüber:* Dreierserie mit heiligen Lehrern der lamaistischen Tradition. Alle Thankas osttibetische Malschule, Region Amdo, mit deutlichen chinesischen Einflüssen (Parallelperspektive, geschachtelte Binnenzeichnung der Felsen), 19. Jh.

SAAL Π
Kunst aus Korea, Südostasien und Indien

Vier koreanische Stellschirme mit z. T. deutlichen chinesischen Einflüssen, 18.–19. Jh. Der zehnteilige Schirm mit Geräten des Gelehrten und seinem Studio (Bücher, Schreibgerät, Reibstein und Tuschkuchen, Vasen und Zierkorallen sowie Brille) – Schirm mit chinesischer Palastanlage – Schirm mit fröhlicher Bootspartie; auf dem Teich die für ostasiatische Ikonographie wichtigen Lotosblätter, -blüten und -samenkapseln.

93, 94 und an den Wänden: Indische Holzschnitzereien, 18.–19. Jh., Dekorelemente auf hinduistischen Tempeln und Prozessionswagen. Zahlreiche mythische, erotische Szenen, Jagdszene (mit europäischer Flinte), Tempelwächter, himmlische Musikantinnen (Abb. 90) und Nymphen.

95: Bronze- und Steinskulpturen des thailändischen Buddhismus – *II, M:* Sitzender Buddha mit der Geste des ›Anrufens der Erde zum Zeugen‹, Lopburi-Stil, 13. Jh. – *II, r:* Buddhakopf, Bronze, Sukhothai-Stil, 16. Jh.; sog. Schreitender Buddha (in Erinnerung an die Rückkehr vom Besuch bei seiner verstorbenen Mutter im Himmel), Bronze, Sukhothai-Stil, 16. Jh. – *III, M und IV, l und r außen:* Buddhakopf und zwei stehende Buddhas, vergoldete Bronze, mit üppigen Verzierungen im typischen Spät-Ayudhyastil, 19. Jh. – *95a, b:* Zwei ausdrucksstarke Buddhaköpfe in grauem und rotem Sandstein, Khmer, 13. Jh.

SAAL O
Religiöse Kunst des Hinduismus und Jainismus in Indien

Unter dem Ansturm des Islam kam der Buddhismus im 12. Jh. in seinem Mutterland gänzlich zum Erliegen, der Hinduismus, der vorbuddhistische brahmanische Traditionen weiterführte, breitete sich wieder aus. Jainismus, dessen Lehre und Entwicklung ähnlich dem zur gleichen Zeit (im 5. Jh. v. Chr.) entstandenen Buddhismus ist, spielte hingegen nach der Zahl der Gläubigen eine sehr geringe Rolle.

96: Charakteristische Altaraufbauten des Jainismus aus Messing: Im Zentrum einer der 24 Propheten der Lehre, der von weiteren Propheten, Gläubigen oder Planetengöttern umgeben ist.

96a: Großer Jaina-Altar, Messing, 18. Jh. Solche Schreine wurden im Haus aufgestellt, mehrfach am Tag rituell gebadet und beopfert. Die ikonographische Nähe zum Buddhismus ist spürbar (Sitzhaltungen, Symmetrien), die Volkstümlichkeit der Darstellung hervorstechend.

97a: Buddha, Sandsteinrelief, Kushan, 3. Jh.

97: Skulpturen des Shivaismus; ein Hauptzweig des Hinduismus, benannt nach dem Hauptgott Shiva, dem Schöpfer und Zerstörer des Lebens. Seine Gemahlin ist Pārvatī, die Göttin der Schönheit und Liebe, ihr Sohn der elefantenköpfige und glückbringende Gott Ganesha. – *I, 3. von r:* Shiva als Nataraja, ›der tanzende König‹, Symbol des endlos während Zyklus von Werden und Vergehen. – *IV, r außen:* Altarplatte mit Shiva, seiner Gemahlin und einem Adoranten.

98: Krishna-Darstellungen, 17.–19. Jh.; eine Inkarnation Vishnus, nach dem die zweite hinduistische Glaubensrichtung, der Vishnuismus, benannt ist. Krishna gilt als Schützer und Bewahrer, als volkstümlicher Gott der Herden (der ›göttliche Hirte‹). Häufig dargestellt als Flötenspieler, göttlicher Tänzer (*III, l:* ein ausdrucksstarkes Beispiel!) und als Knabe mit der Butterkugel (da er den Legenden nach in der Kindheit versessen war auf Milchprodukte, davon schleckte und mit Vorliebe an Affen verteilte).

98a: Revantha, Sohn des Sonnengottes Sūrya, Bronze vergoldet, Nordindien, 7. Jh., von bemerkenswerter Ausdruckskraft.

99: Shivaismus – *I und II:* Der elefantenköpfige Ganesha, *I, 4. von r:* realistische und feingearbeitete Ganeshaskulptur aus dem 16. Jh. – *III und IV:* Die blutrünstige Kali, Inkarnation von Shivas Gemahlin Pārvatī – *IV, l und r außen:* Sinotibetisches Bronzelöwenpaar, 18. Jh.

100: Hinduistische reitende Gottheiten, 19.–20. Jh. mit kräftigem, für die Volksreligion typischem Ausdruck.

101: Volkstümliche Hindu-Gottheiten, 18.–19. Jh. – *III, M:* Stiergott Nandi.

102: Vishnu und Familie, als Schutzgottheit des Lebens im allgemeinen mit vier Armen dargestellt, die seine Attribute Wurfscheibe, Fangschlinge, Schneckenhorn und Lotos halten. Sein Reittier ist der mythische Garuda, halb Mensch, halb Vogel. – *IV, 3. von l:* In seiner Inkarnation als Rāma, Kupfer, mit Einlagen von Steinen, 17. Jh.

103, I: Nachbildungen von Ritualbronzen der Shang- und Zhou-Zeit, China, 2./1. Jt. v. Chr. – *l unten:* Japanische Schöne, Bronze, 19. Jh. – *r außen:* Bodhisattva, Bronze, Japan, 19. Jh. – *M:* sehr schön beschnitzter javanischer Drache (Tempeldekor).

Saalabschluß: Zwei Kimonostoffbahnen für Nō-gewänder, Goldbrokat mit Seidenstickerei, Japan, 19./20. Jh. (zu einem ähnlichen Blumenwagenmotiv vgl. Saal Λ).

VORHALLE
Ausgesuchte Porzellane aus China und Japan, 16.–18. Jh.

104: Chinesische Porzellane mit unterglasurblauem Dekor – *I und II:* Fünf Variationen des beliebten Motivs der Hasenjagd, vermutlich ein buddhistisches Sinnbild für die Suche nach Erkenntnis, 16. Jh. – *IV, M:* Großer Kraakporselein-Teller, nach den von den Holländern als Karacken bezeichneten portugiesischen Handelsschiffen, die den Transport nach Europa durchführten.

105: Exportporzellane – *I, M:* Sehr schöner Bacchus-Teller, Mitte 18. Jh. (Abb. 91) – *II, l:* Imari-Teller mit dem Motiv ›Dame unter dem Sonnenschirm‹, auch ›Pronk‹-Teller genannt nach dem holländischen Maler Cornelis Pronk, der die Vorlage zu diesem beliebten Sujet lieferte, Japan, 18. Jh. – *II und III, r:* Typische Imari-Exportteller in Unterglasurblau, Eisenrot und Gold über der Glasur, Japan, 18. Jh.

106: Exportwaren der *Famille rose,* China, 17.–18. Jh. (die erhabenen Schmelzfarben sind beim schrägen Draufblicken erst ganz deutlich zu sehen).

107: Porzellane der *Famille verte* und *Famille rose;* die Technik, mit Metalloxyden gefärbte Glasflüsse auf die glasierte Ware bei geringer Temperatur zu schmelzen, wurde aus Europa übernommen und in China seit dem 17. Jh. weiterentwickelt. – *I:* Gottheiten des langen Lebens (mit hohem Schädel und Pfirsich in der Hand) – *II, r:* Kendi (Trinkgefäß islamischen Ursprungs mit Silberdeckel und -tülle).

108, 109 (Treppenaufgang): Zeitgenössische japanische Keramik.

22 Pálaio Frúrio (Fortezza Vecchia)
(Abb. 2)

Die Alte Festung auf dem östlichen Vorgebirge bietet heute keinerlei Sehenswürdigkeiten mehr. Ein Besuch lohnt sich dennoch, besonders am Vormittag, da man dann von dem westlichen Gipfel (Pýrghos Xirás, ca. 65 m hoch) mit der Ostsonne einen einzigartigen Blick hat über die Stadt (Farbt. 5; Abb. 1) und die Insel bis zur Küste Griechenlands und Albaniens und über die Meerenge hinweg zum Píndos-Gebirge Mittelgriechenlands (meist nur im Frühjahr und Winter). Auch lohnt sich der Besuch für den botanisch Interessierten (s. S. 297 ff.).

Von der byzantinisch-venezianischen Stadt und den Burgen auf den Gipfeln sind nicht mehr als spärliche Mauerreste erhalten. Die ältesten (byzantinischen) Stützwände befinden sich ganz im Osten beim Kap Sídheros; natürlich von Venezianern, Franzosen und Engländern verändert. In der 2. Hälfte des 16. Jh. wurden wesentliche Teile der Festung verstärkt. 1587 entstanden die beiden kräftigen Eckbastionen im Westen bei der Contrafossa, die nach ihren Erbauern Martinengo-Bastion (im Norden, links) und Savorgniano-Bastion (im Süden, rechts) genannt werden. Von hier aus befestigte man den Burgberg entlang der Küste bis zu den Steilfelsen des östlichen Gipfels (Pýrghos Thálassas). Ein Jahr später errichtete man am Kap Sídheros entlang der Küste eine neue Mauer. Nach Vorschlägen Schulenburgs erhielt die Festung 1726 in Höhe des heute noch erhaltenen Campanile eine Festungs-Ringmauer, die beide Berggipfel umfaßte, so daß eine obere Festung entstand, eine Burg in der Burg.

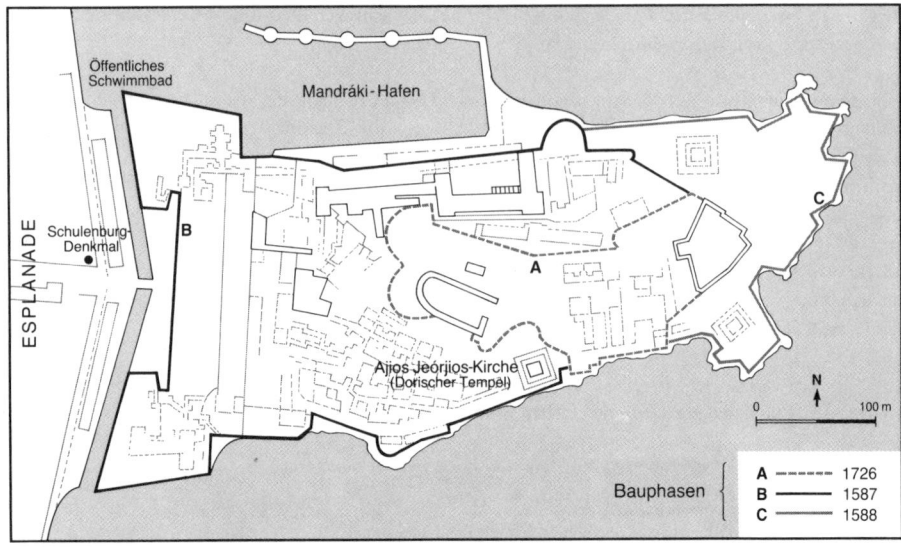

Die Alte Festung von Korfú

Beim Bummel über die Festung und entlang der Außenmauern, bei der Contrafossa, aber auch in der (nördlichen) Mandráki-Bucht (heute öffentliches Schwimmbad) finden Sie überall verblaßte Zeichen der Venezianer. Gleich über dem Eingangsportal Reste einer Inschrift und Fragmente des venezianischen Markuslöwen.

Die Alte und Neue Festung von Korfú; Ansicht von Südwesten. (Nach Homann)

Über die neue Steinbrücke (Anfang 20. Jh.) gelangt man in das Kastell. Einst überspannte eine venezianische Zugbrücke den schmalen Kanal; im 19. Jh. errichteten die Engländer eine Holzbrücke. Aus dem Anfang des 19. Jh. stammt auch die englische Militärkirche St. George, die 1830 an der Südseite entstand. Heute ist die *Ajios Jeorjios-Kirche* (Abb. 2) geschlossen, sie zeigt die Fassade eines dorischen Tempels mit sechs Pronaossäulen. Der englischen Zeit gehören auch die neuzeitlichen verlassenen Garnisonsgebäude an, die demnächst der 1985 gegründeten Universität von Korfú Raum bieten sollen.

23 Esplanade

Anfang des 16. Jh., als sich die Exokastrinús – von den Venezianern ›el Borgo‹ und ›el Bazaro‹ genannt – außerhalb des Kastells auf dem Inselfestland immer weiter westwärts ausdehnte, war der Stadtraum der heutigen Esplanade (griech. Spinádha) noch bebaut. Angesichts der drohenden Türkengefahr ließen die Venezianer dann aber noch vor 1537 alle Häuser in unmittelbarer Nähe der Ostküste vor dem Pálaio Frúrio niederreißen, um besserer Verteidigungsmöglichkeiten willen. Der Vergleich zwischen den beiden zeitgenössischen Stadtansichten aus der 2. Hälfte des 16. Jh. (s. S. 138) und der 2. Hälfte des 17. Jh. (s. S. 139) verdeutlicht in ganz besonderer Weise die rasante Stadtentwicklung Korfús innerhalb eines halben Jahrhunderts und zugleich die Entstehung des städtischen Freiraums der Esplanade. Ein städtischer Raum, der bald zum Pulsschlag von Korfú werden sollte und es noch immer ist. Hier spielt sich das öffentliche Leben der Stadt, ja das der ganzen Insel ab. Alle wichtigen kirchlichen und weltlichen Veranstaltungen, Feste und Versammlungen finden auf der Esplanade statt. Das Fest des Hl. Spyridon gleichermaßen wie das Osterfest, das Spiel der Kinder ebenso wie die abendliche und sonntägliche Vólta der herausgeputzten Korfioten.

Und wie einst die Engländer voller Leidenschaft auf dem grünen Rasen Cricket gespielt haben, so spielen es heute mit gleichem Eifer die Korfioten. Ein farbenprächtiges Schauspiel für Einheimische und Xénoi von Mai bis September. In den langen Wintermonaten kehrt wieder Ruhe ein.

a Bronzestatue Sir Frederick Adams, des 2. englischen Lordhochkommissars, (1824–1832) in römischer Toga; neoklassizistisches Werk des korfiotischen Canova-Schülers P. Prosaléntis (nach 1824).
b Cricket-Rasenfläche
c Östlich (an der Küste) in dem kleinen Park: **Marmorsitzstatue des Frederick North,** 5. Earl of Guilford in römischem Gewand, von 1883; Graf Guilford war ein sehr engagierter Philhellene, trat zur griechisch-orthodoxen Kirche über und förderte mit privaten Mitteln Wissenschaft und Bildung auf Korfú. 1823 wurde die *Ionische Universität* (s. S. 66) anfangs in seinem Privathaus untergebracht, bis sie im Mai 1824 in dem (heute zerstörten) venezianischen Palast auf der Alten Festung Raum fand. Guilford war ein enger Freund von Ioánnis Kapodístrias (1776–1831, s. a. S. 66).

Cricket-Spiel auf der Esplanade während der englischen Herrschaft. (Zeitgen. Gemälde, 1. Hälfte 19. Jh.)

Ferner stehen in diesem kleinen Park zwei Marmorbüsten: (links) *Konstantínos Theotókis* (1872–1923); korfischer Dichter aus einer 1462 aus Konstantinopel geflohenen Familie, er übersetzte u. a. Werke von Goethe, Schiller und Shakespeare ins Neugriechische; (rechts) *Loréntzo Mavílis* (1860–1912); griechischer Dichter aus einer korfischen Familie, der auf Ithaka geboren wurde und 14 Jahre in Deutschland lebte (Promotion in Freiburg); auch er übersetzte Goethe (›Osterspaziergang‹) und Schiller (›Wilhelm Tell‹).

d Links neben dem Eingang zur Alten Festung: **Marmorstandbild des Grafen Johann Matthias von der Schulenburg** (s. S. 47 f.) von Antonio Corradini aus dem Jahre 1717. Schulenburg wurde mit dieser Barockstatue noch zu Lebzeiten von Venedig für seinen siegreichen Kampf im Jahre 1716 gegen die Türken geehrt.

e Venezianischer Brunnen von 1710, der ursprünglich in dem Dorf Dhukádhes stand (nordöstlich von Palaiokastrítsa, an der Westküste).

f 'Enosis-Denkmal: in einem Halbkreis sind sieben Steinplatten mit eingelassenen Bronzereliefs aufgestellt; das Ehrenmal erinnert an den Anschluß Korfús und der anderen Ionischen Inseln an das griechische Mutterland 1864. Dargestellt sind (v. l. n. r.): Aphrodite für Kýthera; Kopf des Odysseus für Ithaka; Kephalos, Sohn des Hermes (s. S. 185), für Kefallenía; das (versteinerte) Phäakenschiff für Korfú; ein griechischer Jüngling für Zákynthos; Pegasos für Léfkas und ein Dreizack für Páxos.

g Maitland-Rotunde (Farbt. 13; Abb. 16): ionischer Monopteros mit 20 monolithischen Säulen. Der neoklassizistische Bau wurde nach dem Tode von Sir Thomas Maitland († 1824), dem 1. englischen Lordhochkommissar der Ionischen Inseln, zur Erinnerung an seine Verdienste um Korfú von G. Whitmore errichtet. Der Rundbau steht auf einer unterirdischen Zisterne (griechisch deshalb auch ›Stérna‹ genannt), die Maitland während seiner Amtszeit für die Wasserversorgung der Stadt bauen ließ. Auf dem Architrav eine griechische Inschrift, darüber, am Gesims der Rotunde, ein Palmettenfries.

h Marmorstandbild des Ioánnis Kapodístrias, eines der bedeutendsten Staatsmänner Griechenlands in der 1. Hälfte des 19. Jh. In der nachnapoleonischen Zeit war er der 1. ›Kywernítis‹ (Ministerpräsident, von 1828–1831) des neuzeitlichen – befreiten – Griechenlands und zuvor Botschafter Zar Alexanders I. beim Wiener Kongreß. Kapodístrias wurde am 27. September 1831 in Nauplia ermordet.

4 Ionische Akademie
Odhos Kapodhístriu 9

Ehemalige Paschalígu- bzw. Grimani-Kaserne aus venezianischer Zeit, die 1840 Sitz der von Guilford mitbegründeten Ionischen Akademie (Universität) wurde, aber nach dem Anschluß an Griechenland (1864) ihre Existenz zugunsten der Athener Universität wieder aufgeben mußte. Bis 1943 war in diesem Gebäude die Stadtbibliothek untergebracht, dann wurde es durch Bomben des 2. Weltkrieges zerstört.

In der Kapodhístriu-Str. 12 steht ein weiterer prachtvoller Bau der Venezianer aus der 1. Hälfte des 18. Jh., das mit einem Portikus gestaltete Ghallianás-Haus; Geburtshaus des korfischen Malers Angelos Ghallianás (1857–1939).

5 Pinakothek
(Dhimotikí Pinakothíki), Odhos Akadhimías 3
(Z. Zt. wegen Neuaufbau der Sammlung geschlossen)

Neoklassizistischer Bau des 19. Jh. der Familie Dhalliétos; im Erdgeschoß eine Sammlung von Werken korfischer Maler des 19./20. Jh. sowie einige nachbyzantinische Ikonen:

Nachbyzantinische Malerei:
Aus der Friedhofskirche von Korfú (Nr. 16) sind zwei Ikonen von *M. Damaskenos* vom Ende des 16. Jh. in die Sammlung mit aufgenommen worden: Steinigung des Hl. Stephanos, um 1590 (Farbt. 49) und Enthauptung Johannes des Täufers um 1590 (Abb. 64); ferner zwei Ikonen aus dem Umkreis von M. Tzanes (Mitte 17. Jh.): ›Noli me tangere‹ (vgl. hierzu das gleiche Thema von E. Tzanes aus dem Jahre 1657 im Byzantinischen Museum; Nr. 6) und Petrus und Paulus mit einem Kirchenmodell (Farbt. 51).

Werke von korfischen Malern des 19./20. Jh., den sog. Heptanesiern, deren Malerei von byzantinischen wie ›italienischen‹ (Spätrenaissance, Barock, Rokoko) Strömungen erfaßt wurde, wobei sich die neue Stilrichtung des Westens und Italiens in ihren Werken verstärkt durchsetzte.

In der Pinakothek sind Werke folgender Künstler vertreten: *Dimítrios Tribólis-Piérris* (1785–1808), Bildhauer, bedeutendster Vertreter der Heptanesier, Schüler von Antonio Canova und Wegbereiter der neuen Kunst; Werk: Marmorbüste von M. Zosimá

Olivenbaum und Schafherde, von A. Jallinás (Pinakothek Korfú)

– *Pávlos Prosaléntis d. Ä.* (1784–1837), Schüler des italienischen Holzschneiders Lodovico Bossi und A. Canovas, Freund von D. Tribólis; Werke: Porträtmalerei – *Ioánnis Kalosgoúros* (1794–1878), Bildhauer, Architekt und Maler, Schüler von P. Prosaléntis d. Ä. (Skulpturen s. S. 185); die Pinakothek besitzt zwei Gemälde – *Spýros Prosaléntis* (1830–1895), Maler, Sohn von P. Prosaléntis d. Ä. – *'Aimilios Prosaléntis* (1859–1926), Sohn von Sp. Prosaléntis; malte besonders gern Meer-Motive – *Pávlos Prosaléntis d. J.* (1857–1884?), Sohn von Sp. Prosaléntis; malte bevorzugt orientalische Motive, z. B.: Arabischer Straßenmusikant und Bettler – *Eleni Prosaléntis* (1874–1911), Tochter von Sp. Prosaléntis, Porträt- und Heiligenmalerin – *Charálambos Pachís* (1844–1920), Historien- und Genremaler;

Werke u. a.: Die Ermordung von I. Kapodístrias in Nauplia (s. Fig. S. 67) – *Wikéntios Bokatsiámpis* (1856–1933), Landschaftsmaler, der gern Aquarelle malte; vier Werke befinden sich in der Pinakothek – *Angelos Ghallinás* (1857–1939, auch Gyalinas und Jallinas genannt), Aquarellist und Landschaftsmaler (Korfú, Rhodos, Venedig und Spanien) mit einem Œuvre von mehr als 1000 (bekannten) Werken (s. Fig.: Olivenbaum mit Schafherde) – *Spýros Platsaíos* (1855–1920), Landschaftsmaler und Hagiograph; eine Muttergottes befindet sich in der Pinakothek – *Geórgios Samartsís* (1868–1925), Porträt- und Landschaftsmaler; berühmtestes Werk ist die ›Prozession des Hl. Spyridon‹ (Athen); in der Pinakothek u. a. ein Porträt von E. Solomos – *Periklís Tsirigótis* (1865–1924), Schüler von

Ch. Pachís, lebte lange Zeit in Kairo und malte dort u. a. den Kuppelpantokrator für die Konstantin- und Eleni-Kirche – *Spýros Skarwélis* (1868–1942), Landschaftsmaler, der auch im Achíllion tätig war – *Spýros Pisánis* (1870–1927), Porträtmaler – *Lykúrgos Kojewínas* (1877–1940, auch Kogebinas), Landschaftsmaler und Kupferstecher – *Márkos Zawitsiános* (1884–1923, auch Zabitsianos), Porträt- und Landschaftsmaler, Graphiker – *Márkos Piérris* (1870–1954), Landschaftsmaler und Hagiograph – *Stéfanos Triwólis* (1883–1940, auch Tribolis), Architekt und Maler – *Dionýsios Sghúros* (1884–1977, auch Sgouros), Schüler von Ch. Pachís, Porträtmaler und Hagiograph – *Nikólaos Aspiótis* (1815–1891), Hagiograph – *Periklís Kóllas* (1860–1883), Landschaftsmaler – *Geórgios Stratighós* (1876–1944), Landschaftsmaler und Graphiker – *Aglaïa Papá* (* 1904, lebt in Korfú), Porträt-, Akt-, Landschafts- und Stillebenmalerin; bemerkenswert sind ihre griechischen Landschaften und ihre ›Monotypien‹ nach japanischer Stilart – *Nikos Zervós* (* 1901, lebt in Korfú), bedeutender Landschaftsmaler.

26 Ionisches Parlament
Platiá Ioníu Wulís/Ecke N. Zambéli

Neoklassizistisches Gebäude von Ioánnis Chronís aus dem Jahre 1855, Neubau für das 1852 durch Feuer zerstörte Parlament. Nach dem Anschluß der Ionischen Inseln an das griechische Mutterland 1864 wurde das Gebäude seit 1869 als Anglikanische Kirche genutzt. Im Krieg wurde es zerstört und 1962 nach alten Plänen wieder aufgebaut. Der nördliche Teil ist wieder eine Anglikanische Kirche; der südliche Bau mit der Säulenvorhalle, bestehend aus zwei dorischen Säulen und zwei Halbsäulen, ist geschlossen. Im Portikus steht eine Bronzebüste von Stéfanos Padowás (1807–1872), Präsident des Ionischen Parlaments.

Die englische Inschrift erinnert an den Zusammenschluß der Inseln mit Griechenland:

In this building formerly Parliament
House the Union of the Ionian Islands
with the Kingdom of Greece by will
of the ionian poeple and with the consent
of the protecting power Great Britain
was voted by the Ionian Parliament
on the 23 September 1863

27 Ehemaliges katholisches Erzbischofspalais
(heute Sitz der Bank von Griechenland) Platía Dhimarchíu

Ehemals dreigeschossiges Renaissance-Palais aus dem Jahre 1630, Sitz des lateinischen Erzbischofs bis zum Ende des 18. Jh.; danach Gerichtsgebäude. Das Palais mit seiner schlichten

Ehemalige venezianische Loggia, heutiges Rathaus der Stadt Korfú. (Nach A. Agoropoulou-Birbili, a. a. O., S. 242, Abb. 335)

Fassade wurde im 2. Weltkrieg bis auf die zweigeschossigen Außenwände zerstört. Beim Wiederaufbau entschied man sich für die Reduzierung um ein Geschoß und für eine zweiläufige Außentreppe (vgl. hierzu den Plan der alten Fassade).

28 Katholische Bischofskirche San Giacomo

Platía Dhimarchíu/Odhos Guilford 75 (Abb. 4)
Gottesdienste
Okt. bis Mai: tgl. 8 Uhr, Sa 8.00, 18.00 Uhr, So 8.00, 9.00, 10.00, 18.00 Uhr
Juni bis Sept.: tgl. 8 Uhr, Sa 8.00, 19.00 Uhr, So 7.30, 8.30, 10.00, 19.00 Uhr

1632 gegründete römisch-katholische Bischofskirche, die 1943 einem Bombenangriff zum Opfer fiel. Der Wiederaufbau orientierte sich ganz nach der alten Fassade. Im Innenraum der Hallenkirche mit je drei Seitenschiffen und Ciborium werden mehrere Architekturfragmente der venezianischen Bischofskirche aufbewahrt. In der 1. südlichen Seitenkapelle (rechts) eine Inschrift aus dem Jahre 1649 und ein Altar mit der Erwähnung: ›TEMPLUM D'IACOBO ... ARCHIEPISCOPUS CORCIIRAE‹ aus dem Jahre 1667.

Ebenfalls in einer Seitenkapelle der Südseite, ganz im Osten, hängt links oben an der Wand eine Muttergottes-Ikone von *Konstantínos Tzánes* (Bruder von E. Tzánes); auch er ist in Réthimnon/Kreta geboren und malte im Stil der Kretischen Schule. Die Muttergottes mit Kind und zwei Engeln ist ein Werk aus dem Jahre 1654.

9 Ehemalige venezianische Loggia

(griech.: Stóa Efghenón, Halle der Adligen; heute Rathaus der Stadt Korfú)
Platía Dhimarchíu (Abb. 4, 11, 18, 19)

Die venezianische Loggia wurde um 1663 gebaut, war 1890 vollendet und galt als ein Ort der Begegnung und Beratung, zur Erholung der Beamten und des venezianisch-korfischen Adels. Bauten dieser Art gab es in vielen Städten, die Jahrhunderte unter venezianischer Herrschaft standen (z. B. die Loggien in Iráklion und Réthimnon).

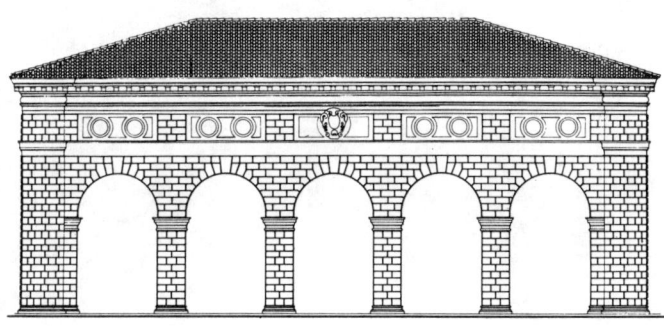

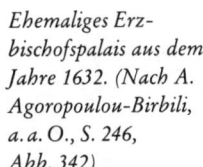

Ehemaliges Erzbischofspalais aus dem Jahre 1632. (Nach A. Agoropoulou-Birbili, a. a. O., S. 246, Abb. 342)

Das korfische Beispiel war zuerst ein eingeschossiger Bau mit offenen Arkaden (s. den Plan mit der ursprünglichen Fassung, s. Fig.). Ein breites Gesims an den vier Seiten zeigt noch heute Reliefmedaillons mit antiken Motiven; in der Mitte der Südwand das Stadtwappen von Korfú, das ›versteinerte‹ Phäakenschiff (Abb. 19). Die Ostfassade wird von einer Barockskulptur aus dem Jahre 1691 geschmückt. Dargestellt ist Francesco Morosini (Abb. 18), einer der bedeutendsten venezianischen Feldherren aus der 2. Hälfte des 17. Jh., der zwar 1669 vergeblich Kreta verteidigte, dann aber 20 Jahre später, von 1688–1694, Doge wurde. Eine lateinische Inschrift erinnert an seinen 40jährigen Waffeneinsatz für Venedig.

1720 baute man die Loggia zu einem Theater um und benannte es nach der benachbarten katholischen Bischofskirche San Giacomo. Ab 1773 wurden hier vorwiegend Opern aufgeführt. Als man 1903 das neue (im 2. Weltkrieg völlig zerstörte) Theater eröffnete, wurde in der Loggia das Rathaus untergebracht.

Ehemalige römisch-katholische Kirche Annunciazione

(Verkündigung an Maria, griech.: Evangelismós)
Odhos E. Wulgharéos 56/58

Die Verkündigungskirche war eines der traditionsreichsten venezianischen Gotteshäuser der Stadt und stammte aus dem 14. Jh.; im 2. Weltkrieg wurde das Gebäude bis auf den Campanile und ein Fragment der Westwand zerstört. An der Westwand erkennt man noch

Straßenszene der Stadt Korfú um 1840; ganz rechts Campanile und Westfassade der Annunciazione-Kirche. (Gemälde aus der Sammlung M. Aronis, Athen)

213

ein Relief mit Kriegstrophäen. In der Annunciazione-Kirche ehrten die Venezianer ihre ruhmreichen Helden aus allen Jahrhunderten; einige Grabdenkmäler erinnerten auch an die Seeschlacht von Lepanto.

Einst war dieses Stadtviertel das Zentrum der Händler und Kaufleute. Ein Gemälde aus dem 17. Jh. vermittelt ein wenig von dieser urbanen Atmosphäre (s. Fig. S. 212/13). Ganz rechts erkennt man die römisch-katholische Kirche.

31 Ajíoi Patéres und Ajios Arsénios
Ecke Odhos Aj. Patéron/Aj. Warwáras 35

Ehemalige dreischiffige Basilika aus dem Jahre 1760, wurde ebenfalls bei einem Bombenangriff 1943 zerstört. Die ruinöse Kirche zeigt eine mit Pilastern gegliederte klassizistische Fassade mit Giebelgestaltung über dem Mittelteil. Die dreiseitig geschlossene Apsis ziert ein Zahnschnittgesims aus Ziegeln.

32 Ajios Wassílios und Ajios Stéfanos
Odhos Nikofóru Theotóki 54

Hallenkirche mit sehr schönem Marmor-Ikonostas von Jeórjios Karmenátis aus dem Jahre 1837 mit Ikonen aus dem 18. Jh.; die Kirche stammt aus der Zeit um 1650; Deckengemälde von 1752.

33 Ajios Ioánnis Pródromos
(und Ajía Paraskewí, Ajios Dionýsios Zákynthos)
Odhos Nikifóru Theotóki 30

Die Kirche trägt auch den Namen ›Johannes der Täufer bei den Zisternen‹, der an die venezianischen Zisternen erinnert, die auf dem nördlich anschließenden Platz waren und 1832 durch die neue Wasserversorgung Fr. Adams überflüssig wurden.

Die Hallenkirche mit je einem Narthex im Norden, Süden und Westen ist eine der ältesten Kirchen der Stadt und stammt aus der Zeit nach 1500; 1640 wurde das Kirchenschiff erhöht.

Direkt *beim Nordeingang* sind Freskofragmente des Hl. Athanasios von Alexandrien aus der Gründungszeit zu sehen (das Gesicht ist übermalt). In der *Sakristei* (gleich links vom Narthex) ein weiteres Fresko, dargestellt ist der Hl. Georgios zu Pferde.

Ganz im Westen (rechts) des Narthex ein Schrank, in dem Priestergewänder des Nikephóros Theotóki (1731–1800) aufbewahrt werden, der russisch-orthodoxer Erzbischof in Stawropol (Nordkaukasus) wurde und in Moskau starb.

Im **Altarraum** der Kirche steht ein russisches Hostiengefäß aus dem Jahre 1680. Der Ikonostas ist mit drei Ikonen von Geórgios Chrysóloras aus dem Jahre 1727 ausgestattet; der Ikonenmaler stammte aus einer byzantinischen Familie in Konstantinopel und wirkte auf Korfú von 1730 bis 1747. Links der Königstür: Panagía Lambovítissa mit Christus (stark westlicher Einfluß) – rechts: Christus als König und Hoherpriester – ganz rechts (vor der Wand): Hl. Paraskeue – ganz links (vor der Wand): Taufe Christi von Michael Tzénos (17. Jh.); Meisterwerk, das eine gelungene Verschmelzung byzantinischer und westlicher Elemente zeigt. Im Uhrzeigersinn sind folgende 12 Szenen aus dem Leben Johannes d. Täufers dargestellt (oben links beginnend): Verkündigung an Zacharias – Maria und Elisabeth vor der Goldenen Pforte – Geburt des Täufers – ein Engel führt Johannes in die Wüste – Johannes beginnt mit seiner Mission und tauft –

Johannes vor dem Archonten. – Chronologisch setzen sich die Szenen nun von oben links nach unten fort: Johannes wird von den Pharisäern gefragt ›Ist dieser Mensch Christus?‹ – Christus läßt sich von Johannes taufen – Johannes kommt ins Gefängnis – Enthauptung des Täufers und Tanz der Salome – Herodes übergibt Salome das Haupt des Täufers – Auffindung des Leichnams Johannes des Täufers.

Linke Ikonostastür Hl. Demetrios und rechts Hl. Govdelaas von Persien, beides Werke von *E. Tzánes,* darüber 12 Apostel eines unbekannten Künstlers der Tzánes-Schule (17. Jh.), ganz oben Maria, Christus und Johannes der Täufer (17. Jh.).

Deckengemälde mit der Enthauptung des Täufers im Mittelfeld von Spýros Sperántzas (Mitte 18. Jh.).

An der Südwand eine weitere Ikone des Täufers mit 11 schlecht erhaltenen Szenen aus seinem Synaxarium (um 1580).

34 Panajía tón Xenón

(auch Panajía Faneroméni genannt)
Odhos Nikifóru Theotóku

Der Beiname der Kirche ›Xenón‹ (der Fremden) erinnert an die Flüchtlinge aus Epiros, für die der korfische Mönch Nikódhimos Kolitzas 1689 das Gotteshaus errichten ließ. Während der Campanile Mitte des 18. Jh. hinzugefügt wurde, ist der reich geschnitzte Rokoko-Ikonostas ein Werk italienischer Künstler aus dem Jahre 1875. Mit Gold belegte Weinranken und korinthische Halbsäulchen bilden den Rahmen für mehrere Werke korfiotischer Maler des 18./19. Jh. Der Innenraum der dreischiffigen Basilika wird von zwei Arkaden mit je drei toskanischen Marmorsäulen gegliedert. Über den niedrigen Seitenschiffen sind (Frauen-) Emporen angeordnet.

Innenausstattung
Altarraum: Kruzifix von *Sp. Sperántzas* (Mitte 18. Jh.) – **Ikonostas:** linke Tür, Johannes Chrysostomos; rechte Tür Hl. Basileios, beides Werke von Georgios Samártzis

(1893) – Mitteltür: ›Ecce Homo‹ von *E. Prosaléntis* (1894) – links der Tür: Muttergottes, rechts der Tür: Pantokrator, beides Werke von *Dionýsios Veyiás* (1877). **Linkes (nördliches) Seitenschiff** vor dem Ikonostas (in der Nische): Prophet Elias (17. Jh.) – rechts der Kanzel vier und links acht Ikonen des Dodekaorton-Festtagszyklus von einem Ikonostas des 19. Jh. – darüber rechts: Meisterwerk von *E. Tzánes* (1654) nach Art der Kretischen Schule; dargestellt ist der Hl. Antonios mit acht Szenen aus seinem Synaxarium – links davon: seltenes ikonographisches Thema, das 10 orthodoxe und 9 lateinische Kirchenväter zusammen zeigt,

darüber die Dreifaltigkeit (17. Jh.?) – vor der 2. Säule: Panagia Glykophilusa, das Kind liebkosende Maria, spätbyzantinische Ikone (17. Jh.) – an der Emporen-Brüstung: Geburt der Gottesmutter (17. Jh.). **Rechtes Seitenschiff,** vor dem Ikonostas (in der Nische): Panagia Phaneromeni (17. Jh.?) – oben rechts: 12 Festtagsikonen eines alten Ikonostas' – ganz rechts: Stammbaum Jesse von dem kretischen Maler *Konstantínos Kontáris* (Anfang 18. Jh.) – an der Emporenbrüstung: Triptychon, Mitte: Darstellung des Jüngsten Gerichts, links und rechts je sechs christologische Szenen (spätes 19. Jh.).

35 Arkaden (Liston) an der Esplanade
(Farbt. 5, 11; Abb. 1, 17)

Als während der kurzen zweiten französischen Herrschaft über Korfú (1807–14) Mathieu de Lesseps, Vater des Suezkanal-Erbauers Ferdinand (1859–69), Gouverneur der Ionischen Inseln war, brachte er die modernsten Städtebauideen Frankreichs mit nach Korfú. In Paris plante man seit Jahren (1802–11) einen neuen Häusertypus in der Rue de Rivoli, den Napoleon I. 1811 in Auftrag gab. Erst 1833, nach 22jähriger Bauzeit, war der viergeschossige Straßenzug mit seinen Rundbogenarkaden in Paris fertiggestellt.

M. de Lesseps griff diese Bauidee bereits, als Napoleon sie erst plante, für Korfú auf und ließ ab 1807, noch bevor mit dem Bau der Rue de Rivoli begonnen wurde, an der Westseite der Esplanade einen ganz ähnlichen Gebäudekomplex entstehen.

Die Arkaden der Esplanade sind ein städtebauliches und architektonisches Glanzstück. Harmonisch fügt sich das zweiteilige Gebäude mit seinen Ostarkaden der venezianischen Bausubstanz an. Ein raffinierter baulicher Abschluß der östlichen Altstadt und zugleich ein gelungener Übergang zur Natur, zur baumreichen Esplanade und zur Küste des Ionischen Meeres; ein Lieblingsplatz der Korfioten und der Inselbesucher, das Zentrum der Stadt. Hier findet die abendliche und sonntägliche Volta statt, hier tagt, ähnlich wie auf dem Dorfplatz, das ›Volksparlament‹ und diskutiert über politische Tagesaktualitäten; hier führen Frauen (und Männer) ihre Mode aus; man will sehen und gesehen werden.

56 Ajios Elefthérios und Ajía Anna

Odhos Ajios Spyridhónos 10

Einfache Einraumkirche aus dem Jahre 1700 mit einem Ikonostas an der *Südwand* (1765); die Kirche wurde 1943 durch Bomben zerstört und 1950 wieder aufgebaut.

Im Innenraum sind einige bedeutende Werke korfischer Künstler zu sehen: Ikonostas (v. l. n. r.): Johannes der Täufer als Engel – silberbeschlagene Ikone der thronenden Muttergottes – silberbeschlagene Ikone des Christus Pantokrator (alle Mitte 18. Jh.) – Hagios Stylianos und Hagia Anthia, Mutter des Kirchenpatrons; Ikone von *Sp. Sperántzas* (?, mit S. S. signiert/1771) – darüber sechs Ovalbilder mit folgenden Szenen (links): Geburt Christi, Taufe, Einzug in Jerusalem (rechts): Kreuzigung, Hadesfahrt, Pfingsten (alle Mitte 18. Jh.).

Über der Westtür (rechts): Erschaffung der Welt mit neun Einzelszenen von *Panajiótis Paramithiótis* (1700) – über der Osttür (links): neun Szenen aus dem Neuen Testament von G. Chrysóloras (Mitte 18. Jh.).

57 Ajios Spyrídon

Odhos Aj. Spyridónos 28/30 (Nordeingang) und Odhos Kalocheritú 7/9 (Südeingang); (Farbt. 10; Abb. 13)

Der auf Zypern im Jahre 270 geborene Hl. Spyridon ist ein verhältnismäßig ›junger‹ Schutzheiliger Korfús. Seine Reliquie gelangte über Konstantinopel und Epiros erst 1456 auf die Insel (s. S. 45). Knapp 100 Jahre später errettete der Heilige 1550 die Korfioten vor einer schweren Hungerkatastrophe; spätestens seit dieser Zeit galt er als Schutzpatron der Stadt und Insel Korfú. Fünfmal feiert man den Heiligen im Jahr. Nicht nur Korfioten, sondern Griechen aus der ganzen Welt pilgern zu diesen Festen. Kein Heiliger Griechenlands wird so sehr verehrt wie der Hl. Spyridon. Die erste Spyrídon-Prozession fand am Palmsonntag, den 21. Juni 1630 statt; mit ausdrücklicher Genehmigung der Venezianer und damals noch ohne die Reliquie des Heiligen, sondern mit dem Epitaphos Christi. Ein orthodoxer Karfreitagsritus, den die Venezianer erst 1574 den Griechen offiziell genehmigten.

Die Festtage des Hl. Spyridon:
– *Ostersamstag* (zur Erinnerung an die Hungersnot von 1550); Prozession und Ausstellung[1] seiner Reliquie;[2] die Gebeine des Heiligen werden ›stehend‹ durch die Straßen getragen und vor den Ikonostas gestellt (Abb. 32–34).
– *Palmsonntag* (zur Erinnerung an die Pest von 1629); nur Prozession.

---

1 Findet am Vortag, am Festtag selbst und am folgenden statt
2 Der rechte Arm des Heiligen wurde zwischen 1592 und 1605 nach Rom (in die Kirche S. Maria in Vallicella) gebracht

Spyrídon-Prozession. (Aquarell von Cartwright aus dem Jahre 1821)

– *11. August* (zur Erinnerung an den Sieg über die Türken 1716); Prozession und Ausstellung seiner Reliquie.

– *1. Sonntag im November* (zur Erinnerung an die Pest von 1673); nur Prozession.

– *12. Dezember* (Namenstag des Heiligen); nur Ausstellung seiner Reliquie.

Noch heute ist die Kirche und die Reliquie des Hl. Spyridon Privatbesitz der korfischen Familie Voúlgaris (Wúlgharis). Als man in der 1. Hälfte des 16. Jh. die Vorstadt Korfús, die Exokastrinús, befestigte und nach Plänen von M. Sammicheli die Neue Festung nebst Stadtmauer errichtete (s. S. 44), wurde zwangsläufig historische Bausubstanz dort abgebrochen, wo der Verlauf der Stadtmauer geplant war. Dazu gehörte auch die Kirche der Familie Voúlgaris mit der Reliquie des Hl. Spyridon – damals noch kein Schutzheiliger der Insel und ohne Wundertaten. Diese Kirche befand sich damals etwa an der Stelle des heutigen Pallas-Kinos in der Odhos Jeórjiu Theotóki.

Nach dem 1. Wunder des Heiligen 1550 errichtete man bald die *Kirche des Ajios Spyrídon,* wie wir sie heute kennen, die 1584 fertiggestellt war; der Campanile wurde wenig später, 1595, nach dem Vorbild der Kirche S. Giorgio dei Greci in Venedig gebaut. Die schlichte Außenarchitektur der Kirche wird besonders an der Südfassade (Farbt. 10) durch Rundbogenfenster mit Eisengittern einer kunstvollen Schmiedearbeit (Abb. 13) belebt.

Innenraum:

In der südlichen Seitenkapelle (rechts hinter der Bilderwand) wird der Doppelsarkophag mit den Gebeinen des Heiligen aufbewahrt. Die von Kerzenruß völlig bedeckten Wände der Kapelle lassen Fresken mit lebensgroßen Heiligen erkennen, deren Heiligenscheine mit Silberblechen belegt sind. Der äußere Holzsarkophag, mit Silber beschlagen, ist die kunstvolle Arbeit einer Wiener Werkstatt von 1867. Darin befindet sich der innere Ebenholz-Sarkophag aus dem Jahre 1770, der mit Silberikonen beschlagen ist. Eine obere Glasfläche gewährt den Blick auf den Kopf des Heiligen; eine Klappe am Fußende kann geöffnet werden, damit die Gläubigen die Füße des Heiligen küssen können.

Der Ikonostas aus parischem Marmor ist ein Werk aus dem Jahre 1864 und zeigt starke Anklänge an die Bilderwand in der Ajios Antónios-Kirche (s. S. 244). Alle Gemälde der Bilderwand sind Werke von *Sp. Prosaléntis*. Es sind die beiden schönsten Beispiele gebauter Stein-Ikonostasen Korfús. Die klassizistische Fassade des Ikonostas greift hoch in den Kirchenraum hinein, die Kuppel des Ciboriums berührt fast die flache Decke.

Ursprünglich war die barock gestaltete Decke mit Gemälden von *Panajiótis Doxáres* (1727) geschmückt, die jedoch 1852 von *Nikólaos Aspiótis* restauriert bzw. völlig neu gemalt wurden. In den drei mittleren Deckenovalbildern sind Szenen aus dem Leben des Kirchenpatrons dargestellt. *Osten:* Das Wunder des Hl. Spyridon auf dem 1. öku-menischen Konzil in Nikaia (325); einer Legende[1] zufolge soll Spyridon auf dem Konzil einen Lehmziegel zerbrochen haben, so daß die Elemente Erde, Feuer und Wasser frei wurden, womit er die Trinitas bewiesen hatte – *Mitte:* der Heilige zelebriert eine Messe – *Westen:* der Heilige heilt Konstans, den Sohn Konstantins d. Gr.

Nordwand (ganz oben, v. l. n. r.): Gregorios der Theologe (18. Jh.) – Johannes Damaskenos von E. Tzánes (?) (2. Hälfte 17. Jh.) – Hl. Stefanos (links der Kanzel), eines unbekannten Künstlers, Meisterwerk des 17. Jh. – darunter Holzkreuz mit Elfen-bein- und Perlmutteinlagen, von kretischen Flüchtlingen 1669 aus Iráklion mitgebracht.

Südwand (ganz oben) mit vier Türflügeln eines alten Ikonostas (v. l. n. r.): Johannes Chrysostomos (18. Jh.) – Hl. Spyridon von *K. Kontarínis* (Anfang 18. Jh.), dargestellt mit seiner typischen Hirtenmütze aus Palmenblättern (Spyridon war in seiner Heimat Zypern Hirte, s. S. 45) – Hl. Theodora (18. Jh.), deren Reliquie mit jener des Kirchenpatrons zusammen nach Korfú gebracht wurde – Kyrillos von Alexandrien von E. Tzánes (2. Hälfte 17. Jh.).

Narthex

Südwand (links): Vitrine mit dem Epitaphios für die Karfreitagsprozessionen (18. Jh.) – an der Wand Bischofsweihe des Hl. Spyridon, Gemälde des 18. Jh. – *West-wand:* Johannes der Täufer als Engel von *Sp. Sperántzas* – Hl. Kerkyra (18. Jh.) – Jáson und Sosipátros von Sp. Sperántzas, im Hin-

---

1 Wohl tatsächlich *nur* eine Legende; es bleibt umstritten, ob Spyridon an dem Konzil in Sardes (343), drei Jahre vor seinem Tode, überhaupt teilnahm. Lokale Tradiotionen bringen das Wunder des Heiligen mit dem 1. Ökumenischen Konzil in Nikaia (325) in Verbindung

tergrund erkennt man die Alte Festung mit einer venezianischen Flagge – Hl. Lucia (18. Jh.) – über der Tür: russisches Wappen der Romanoff-Zarenfamilie – *Nordwand:* Spyridon auf dem Konzil (18. Jh.) – Vitrine: Stoff eines Baldachins für die Spyrídon-Prozession, schöne Goldstickerei des 18. Jh. nach Art einer Weinstock-Ampelos mit den 12 Aposteln, Kirchenvätern und segnendem Christus.

38 Ajios Nikólaos Jeróndon[1]
Odhos Sofokléos Dhosmáni 43

Die Ajios Nikólaos-Kirche liegt mitten im alten Stadtviertel Campiello; es lohnt sich, gerade hier die engen Gassen und Treppenstraßen zu durchwandern (s. Plan S. 221).

Hier begegnet man einer ganz untypischen griechischen Stadt: gewachsene Stadträume, jahrhundertealt, umsäumt von einer klaren Architektur, frei von jeder Rhetorik und Überladenheit, erinnern auf Schritt und Tritt an die Adria-Republik Venedig und venezianische Baumeister.

Die Ajios Nikólaos-Kirche stammt aus dem 16. Jh., soll aber an der Stelle eines älteren Vorgängerbaus errichtet worden sein. Eindrucksvoll ist der aus Marmor gebaute Ikonostas des 18. Jh. Korinthische Säulchen und Muschelkonchen gliedern die klassizistische Bilderwand, die oben links und rechts von volutenartigen Bildteilen eingerahmt wird. Die Ikonen der Bilderwand gehören dem 18. Jh. an, die Ikonostas-Türen hingegen stammen wohl aus der Tzánes-Schule.

Nach Aussage des Priesters sollen hier im 15. Jh. die Reliquien der Hl. Theodora und des Hl. Spyridon aufbewahrt worden sein. Während letztere erst in die Vulgaros-Kirche und dann in die Aj. Spyrídon-Kirche (s. S. 44) gebracht wurden, überführte man die Hl. Theodora 1725 in die Mitrópolis (s. S. 242).

39 Ajía Ekateríni-Kirche
Odhos Kapodhístriu 114/Odhos Ekateríni 1

Privatkirche, bitten Sie Ioánnis und Elène Mettálinu (Eingang Kapodhístriustraße) um Einlaß.

Der Schlußstein über dem Portal in der Ekaterínistraße erwähnt, daß die ehemalige Klosterkirche 1690 von dem kretischen Mönch Nikodémos Karofýlaktos errichtet wurde. Der schlichte Innenraum der Hallenkirche birgt teilweise auserlesene Meisterwerke der Ikonen-

---

1 griech. ›der Alte‹

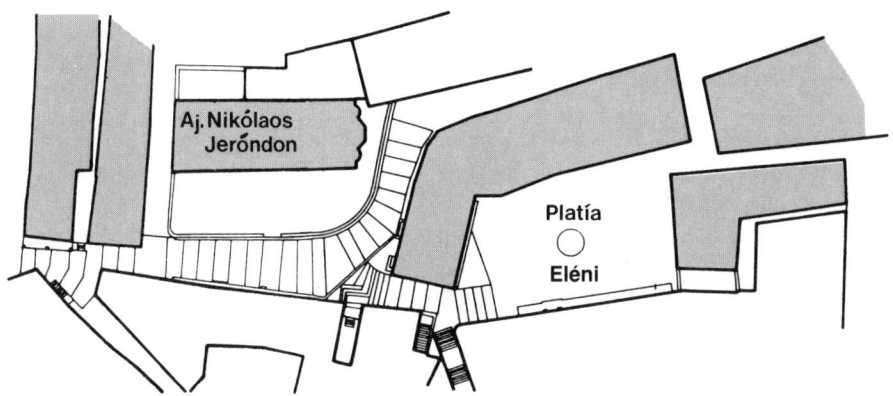

Situationsplan der Altstadt mit der Ajios Nikólaos Jeróndon-Kirche. (Nach A. Agoropoulou-Birbili, a.a.O., S. 126, Abb. 148 u. S. 138, Abb. 169)

malerei des 17. Jh.; möglicherweise stammen einige Ikonen von Kreta, die die Mönche nach Korfú mitgebracht haben.

Ikonostas (untere Zone v.l.n.r.): die 12 Apostel und die Deesis darüber sind Werke des 18. Jh.). Johannes der Täufer, Johannes der Täufer als Engel - Tür: Johannes Chrysostomos – Panagia Hodegetria – Mitteltür: Christus als Hoherpriester (hängt an der Nordwand im Altarraum) – Christus Pantokrator (mit westlichen Einflüssen: im Heiligenschein sind die vier Evangelistensymbole zu erkennen) – Hl. Basileios (Tzánes-Schule?) – Brennender Dornenbusch mit der Muttergottes, Moses (er erhält die Gesetzestafeln) und Katharina (Grablegung auf dem Berg Sinai). Rechts über dem Ikonostas wird in einem Kästchen der Kopf des Hl. Jakobus Intercisus (der Zerschnittene) von Persien aufbewahrt, der unter dem sassanidischen König Bharam V. 421 das Martyrium erlitt. *Nordwand* (direkt neben dem Ikonostas): Johannes der Theologe mit einem Engel, der ihm die Botschaft Gottes

verkündet (17. Jh.). *Südwand* (v.l.n.r.): Ikone mit drei Bildstreifen (Deesis – Konstantin und Helena – Georgios und Demetrios zu Pferde), 18. Jh. – Heilige Katharina mit den Werkzeugen ihres Martyriums (18. Jh.) – Heilige Katharina von *St. Tzangarólas* (1694), ein Beispiel für das absolute Italienisieren in der byzantinischen Malerei. Katharina wird als abendländische Prinzessin mit dem Rad ihres Martyriums dargestellt, in ihrer rechten Hand hält sie die Siegespalme (Abb. 70); dieses Werk zeigt unverwechselbare Parallelen zu der Kunst von Jeremias Palladas, einem kretischen Zeitgenossen Tzangarólas'. Palladas' Hl. Katharina in der sinaitischen Metochia Ajios Mattheos in Iráklion dürfte wohl die Vorlage für diese Ikone gewesen sein. – Oben an der Wand: Brustbild Johannes d. Täufers, Meisterwerk der Kretischen Schule (17. Jh. / s. Abb. 69).

40 ›Lesegesellschaft‹
(Anaghnostikís Eterías) (Farbt. 9; Abb. 8)
Odhos Kapodhístriu 120

Die ›Lesegesellschaft‹ Korfús ist eine der ältesten und bedeutendsten Bildungseinrichtungen des neuzeitlichen Griechenland. Die Bibliothek wurde 1836 von Pétros Braïlas-Arménis gegründet und besitzt heute mehr als 40000 Bücher, Manuskripte, Zeichnungen und Gemälde. Mangelnde Organisation und bibliographische Katalogisierung erschweren jedoch die Arbeit in der Bibliothek.

Das Gebäude der ›Lesegesellschaft‹ ist ein altes venezianisches Haus aus dem 17. Jh., das im 19. Jh. durch einen Arkaden-Treppenaufgang erweitert wurde.

41 Ajios Nikólaos-Kirche und -Stadttor
Odhos Arséniu/Mandráki

Unmittelbar an der Nordküste hinter dem Schloß mit den asiatischen Sammlungen liegt unterhalb der Straße der venezianische Mandráki-Hafen, also genau an jener Stelle, wo das antike Kerkyra einen Handelshafen hatte. Hier errichtete man dem Hl. Nikolaus (dem Beschützer der Seefahrer) 1579 eine kleine Kapelle, die heute unbenutzt und verschlossen ist. Als die Venezianer in der 2. Hälfte des 16. Jh. begannen, die Vorstadt westlich des Alten Kastells zu befestigen, bauten sie hier eines der vier Stadttore, das sie nach der Nikólaos-Kapelle benannten; es ist neben dem Spiliás-Stadttor (s. S. 244) das einzige noch erhaltene Tor.

Heute wird dieses von schattigen Bäumen bestandene ›Hafenbecken‹ als Freibad genutzt, allerdings mehr von Korfioten als von Reisenden.

42 Nomarchía
(ehemalige Präfektur)
Odhos Arséniu (Farbt. 6; Abb. 8)

Das neoklassizistische Gebäude mit seiner korinthischen Pilastergliederung stammt aus dem Jahr 1835 und ist ein Werk des korfischen Architekten I. Chronís. Ursprünglich war es als Privathaus der Familie Kapodístrias geplant, die hier seit Generationen ein Anwesen hatte, in dem 1776 Ioánnis Kapodístrias, der 1. Ministerpräsident des neuzeitlichen Griechenland, geboren wurde. Die Familie ist wahrscheinlich im 17. Jh. von Capo d'Istria in Dalmatien nach Korfú eingewandert. Lange Zeit war das Gebäude Residenz des Präsidenten der Ionischen Republik (Heptanés, s. S. 65).

3 Pantokrátor-Kirche
Platiá Taxiárchu (Abb. 20, 21)

Die Pantokrátor-Kirche liegt mitten im Altstadtviertel Campiello. Der Platz selbst ist in seiner städtebaulichen Raumkonzeption nicht mehr wie in venezianischer Zeit erhalten. Bombenangriffe des 2. Weltkrieges haben die Parzellenstruktur zerstört. Die Kirche wurde schwer beschädigt, die einst an der Nordseite des Platzes stehende Taxiárchis Michaíl-Kirche vollständig zerstört. Die Pantokrátor-Hallenkirche ist ein Sakralbau aus der 2. Hälfte des 16. Jh. und war ehemals mit wertvollen Ikonen ausgestattet. Das gesamte Inventar der Kirche wurde ausgelagert, da man hier ein zweites Byzantinisches Museum eröffnen will. Der aus Marmor gebaute Ikonostas, z. Zt. all seiner Ikonen beraubt, stammt aus der 1. Hälfte des 18. Jh. (?). Ionische Halbsäulchen mit Bogenabschluß gliedern die Fassade, Cherubim bilden den einzigen Reliefschmuck.

In den Seitenapsiden sind Freskenfragmente des 18 Jh. (?) erhalten. Norden (links): sehr dramatische Kreuzabnahme, ganz nach westlichem Stilempfinden, nur die Tafelberge sind byzantinische Reminiszenzen; Süden (rechts): Metamorphosis, bei der die byzantinischen Elemente überwiegen.

Auf dem Giebelfirst der Westfassade steht die einzige Skulptur Griechenlands, die eine orthodoxe Kirche schmückt. Sie stellt einen Erzengel dar und ist ein Werk des italienischen Bildhauers Giuseppe Toretti (1694–1774), von dem u. a. auch Arbeiten in der Kirche S. Maria Assunta zu Venedig erhalten sind.

Rechts der Westfassade, an der gegenüberliegenden Straßenecke, kann man in der typisch korfiotischen ›Taverne Kostas‹ einfach, aber gut essen.

4 Panajía Kremastí-Kirche
Platía Kremastí (Abb. 9, 12, 15)

Der Kremastí-Platz mit der gleichnamigen Kirche an der Nordseite und seiner angrenzenden Wohnbebauung gehört zu den reizvollsten Architekturensembles der venezianischen Stadt Korfú (s. Plan S. 224). Eine gelungene Stadtgestaltung, deren Platzgefüge uns in die Vergangenheit zurückführt, uns aber auch an die Sorgen mittelalterlicher Städte, ihre Abwässerprobleme, fehlende hygienische Einrichtungen und an die feuchten Räume im Winter ermahnen sollte. Was auf uns in den Ferien romantisch und malerisch wirkt, bedeutet für die Bewohner nicht selten Mühsal und Unannehmlichkeiten mancher Art.

Die Panajía-Kirche gehört dem 16. Jh. an und ist damit eines der ältesten Gotteshäuser der Stadt. Entwurf und Architektur zeigen große Ähnlichkeiten mit der Andiwuniótissa-Kirche (heute Byzantinisches Museum, s. S. 179). Der Campanile im Osten ist ein Anbau des 18. Jh.

---

1 Kremastí bedeutet ›hängend‹. Der Name geht wohl auf die Panagia-Ikone zurück, die früher rechts neben dem Portal bei dem Freskenfragment hing

Der Eingang zur Kirche erfolgt von der Südseite. Rechts unter dem kleinen Holzdach erkennt man ein ganz undeutliches Freskofragment.

Der Innenraum birgt einen aus Marmor gebauten klassizistischen Ikonostas des 18. Jh.; die Ikonen der Bilderwand gehören ebenfalls in dieses Jahrhundert. Ikonen der *unteren Ikonostas-Zone* (v. l. n. r.): Johannes der Täufer – Tür: Johannes Damaskenos (Tzánes-Schule?, 17./18. Jh.) – thronende Muttergottes – Mitteltür: Ecce Homo – thronender Christus – Tür – Heiliger Jakobus (Bruder Christi), Bischof von Jerusalem; der Thron des Heiligen ist mit den vier Evangelistensymbolen und Christus Emmanuel dekoriert. *Nordwand* (links): Altarbild von Sp. Sperántzas (1771) mit der Verkündigungsszene; gegenüber an der *Südwand* ein weiteres Altarbild von Sp. Sperántzas: Tempelgang Mariens (1771).

In den Fußboden der Kirche sind mehrere Grabplatten eingelassen. An der Ostwand des *Narthex*, rechts neben der Tür, Freskofragment des Pandeleimon (17./18. Jh.?). Die *Nordfassade* zeigt eine für Korfú ganz singuläre Gestaltung: in der oberen Wandzone sind im Fensterbereich drei horizontale Reliefstreifen mit geometrischen Motiven angeordnet (Abb. 15 und Plan S. 241).

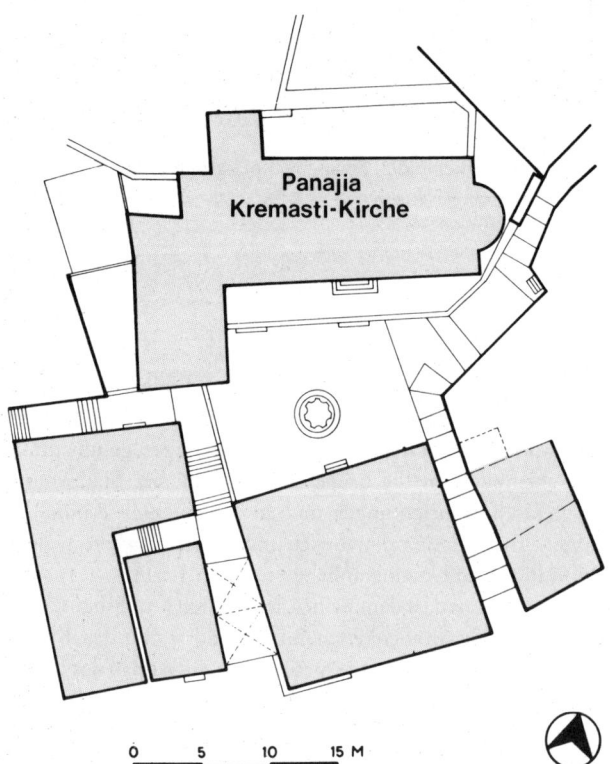

0   5   10   15 M

Situationsplan der Altstadt mit der Panajía Kremastí-Kirche. (Nach A. Agoropoulou-Birbili, a. a. O., S. 133, Abb. 159)

94 ACHÍLLION ▷
Gartentor

95 ACHÍLLION Garten

96 ACHÍLLION Terrasse des Schlosses

97 GHASTÚRI Gebirgsdorf beim Achíllion

98　Achíllion　Gemälde im Schloß:
›Achills Sieg über Hektor bei Troja‹
von Franz Matsch (1892)

99　Achíllion　›Sterbender Achill‹,
Marmorstatue von Ernst Herter (1882)

100　Achíllion　›Siegreicher Achill‹,
Bronzestatue von Johannes Götz (1907?)

101 Frauen bei STAWRÓS

102 Bäuerin mit Esel bei CHLOMÓS

103

104

105

107

106

108

109   Dhanília (Tó Chorió) Museumsdorf

110   Museum in DHANÍLIA

111 ANGELÓKASTRO/Westküste, Felsenkapelle

112 NÝMFAI Felsenkapelle beim Kloster Metamórphosis

113 GHARDHÍKI Byzantinische Festung aus der Zeit Michaels I. (1205–1215)

114 KAMÁRA Ajios Wlásios-Kirche mit Fresken des 17. Jh.

115–118　Páleo Períthia　Venezianisches Gebirgsdorf an den nördlichen Ausläufern des Pantokrátor-Gebirges (906 m)

115　Venezianischer Torbogen

116　Venezianischer Hausein-
　　　gang

117　Venezianisches Wappen
　　　(vgl. Abb. 115)

118　Ájios Nikólaos-Kirche

119 Venezianisches Wappen

120 Portalinschrift mit der
Jahreszahl 1778

121, 122   Lagerhallen

123 Paxos (Insel), Osía
(Ozia): Basilika des Hl.
Stephanos, Ende 7./An-
fang 8. Jh.

124 Paxos (Insel),
Makrátika:
Pantokrátor-Kloster

125 Chlomós Gebirgs-
dorf im Süden von
Korfú

126 ÁJIOS JEÓRJIOS-BUCHT Nördliche Westküste (oben links Afiónas)

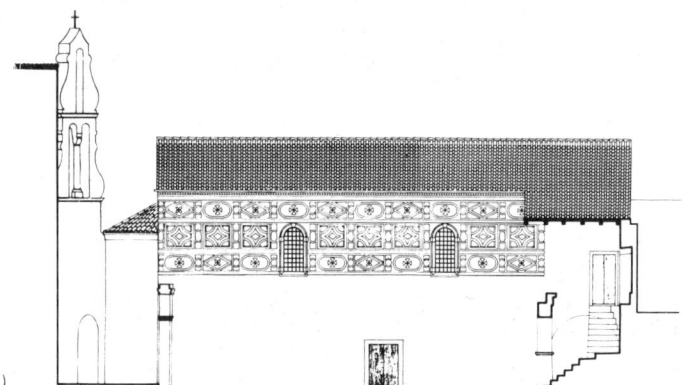

Nordfassade der Kremastí-Kirche. (Nach A. Agoropoulou-Birbili, a. a. O., S. 280, Abb. 395)

Auf der Platía steht ein formschöner *Brunnen* (1669) mit reliefartigen Ornamentmotiven und verschiedenen Inschriften. Er erhebt sich auf einem zweifachen Stufensockel und ist innen kreisförmig und außen mit acht Konchen gegliedert.

5 Solomós-Museum

Odhos Arseníu 41/43
Öffnungszeiten: Mo–Fr 10.00–13.00 Uhr und 17.00–21.00 Uhr

Dionýsos Solomós (1798–1857), auf Zákynthos geborener Lyriker, kam mit 10 Jahren nach Italien, wo er aufwuchs, seine griechische Muttersprache gänzlich verlor und später sein Jurastudium abschloß. 1818 kehrte er in seine Heimat zurück, lernte wieder Griechisch, war betroffen von den Schicksalen des Befreiungskampfes gegen die Türken und wurde der bedeutendste Nationaldichter Griechenlands. Sein ›Hymnus an die Freiheit‹ ist seit 1864 griechische Nationalhymne (s. S. 66). Sensibel und engagiert, von der Philosophie Hegels und Schellings beeinflußt, begründete er eine neue griechische Dichtkunst in der Volkssprache. Solomós Dichtkunst hat auf die geistigen Strömungen Griechenlands von seiner Zeit bis ins 20. Jh. gewirkt. Aus seinem Umkreis sind folgende Schüler zu nennen, die zu den wichtigsten griechischen Dichtern gehören: Andréas Laskarátos (1811–1901), ein Satiriker mit spitzer Feder; Gerásimos Márkoros (1826–1911), Lyriker; Stéfanos Martzokís (1855–1913); Geórgios Tertsetís (1800–1874). An einer würdigen Darstellung von Solomós und seinem Werk arbeitet z.Zt. Geórgios Veloúdis von der Universität Ioánnina; seine Arbeit soll demnächst auch in Deutsch erscheinen.

Die *Sammlungen des Museums* sind in dem Privathaus Solomós untergebracht, wo er seit 1828 auf Korfú bis zu seinem Tode lebte.
Eingangsbereich: rechts, Aufnahme in die Universität Padua, Nr. 10: zeitgenössische Darstellung des Geburtshauses auf Zákynthos – links, Stammbaum der Familie Solomós;

Treppenhaus: verschiedene Fotografien und Bilder von Solomós und von seiner Heimat Zákynthos; *Treppenpodest:* Kopien von verschiedenen Manuskripten; *Obergeschoß:* Arbeitszimmer des Dichters mit Bibliothek und einer Sammlung von zahlreichen Besprechungen seiner Arbeiten; *Treppe zum 2. Obergeschoß:* verschiedene Fotos und Kopien von seinen Manuskripten.

46 Mitrópolis
(Panajía Spiliótissa)
Odhos Bitzarú Kyriakí (Farbt. 53 u. vordere Umschlagklappe; Abb. 63)

Die dreischiffige Bischofskirche ist eine Gründung aus dem Jahre 1527. Ihre Entstehung hängt also mit der Befestigung der Vorstadt im 16. Jh. zusammen. Ursprünglich wurde an dieser Stelle die Muttergottes nur in einer Höhle (Spílio) verehrt; die Kirche und das weiter westlich gelegene Stadttor der Neuen Festung erhielten danach den Namen ›Spiliótissa‹. Die Westfassade ist ein Werk des 18. Jh. 1725 (?) wurde die Reliquie der Hl. Theodora von der Ajios Nikólaos-Kirche (s. S. 222) hierher überführt; erst seit 1841 ist die Basilika Bischofskirche der Stadt Korfú. Im 2. Weltkrieg zerstörten Bomben das Dach, so daß die Kassettendecke erneuert werden mußte und umfangreiche Restaurierungen erforderlich waren.

Die Ikonen der Kirche

Altarraum: hier hängen mehrere qualitätvolle Werke des 17./18. Jh., von denen drei erwähnt werden sollen, da sie die historische Querverbindung zu dem 1669 von den Türken eroberten Kreta aufzeigen; es sind wohl alles Werke, die von kretischen Flüchtlingen nach Korfú mitgebracht worden sind: Enthauptung der 10 Märtyrer von Gortýs auf der Insel Kreta am 23. Dezember 250 (Farbt. 53), eine Ikone von Viktor d. Korfioten (1668) – Enthauptung Johannes des Täufers von Ph. Skouphós (1665); s. auch Stilanalyse S. 85 – Johannes der Täufer (Anfang 17. Jh.) – in einer Bogennische der Südwand (rechts) Freskofragment des Hl. Blasios, auf einem Thron und von Engeln umgeben (17. Jh.), von dem Ikonostas zur Hälfte verstellt – an der nördlichen Wandscheibe zum Altar hin sind weitere Freskenfragmente erhalten.

Ikonostas (v. l. n. r./untere Zone): Johannes der Täufer als Engel, Meisterwerk des 16./ 17. Jh. – Tür: Hl. Methodios von Patara (Olympos/Lykien), der 311 das Martyrium erlitt, hervorragende Qualität, von E. Tzánes oder einem seiner Schüler – Panagia Hodegetria (16. Jh.) – Mitteltür – Christus Pantokrator (16. Jh.) – Tür: Hl. Gobdeleas von Persien, hat 331 unter Schapur II. das Martyrium erlitten, sehr gutes Werk, von E. Tzánes oder seinem Umkreis – Hl. Blasios (18. Jh.).

Östlicher Pfeiler der Südarkaden: Nordseite, Erzengel (16. Jh.); Westseite: Ikone, die von beiden Seiten bemalt ist: meisterhafte Panagia Hodegetria (15. Jh.) und Hl. Arsenios (15./16. Jh.). *Westempore,* oben an der Brüstung (hängt leider viel zu hoch, als daß man die hervorragende Qualität der Ikone erkennen könnte): Panagia Amolyn-

Panagia ›Amolyntos‹ mit den Passionswerkzeugen aus der Panajía Arakiótissa-Kirche in Laghudherá auf Zypern aus dem Jahre 1192. Bedeutendes und besonders gut erhaltenes ikonographisches Vergleichsbeispiel zur gleichnamigen Ikone aus der Mitrópolis (17. Jh.)

tos mit Erzengeln Michael und Gabriel (l. u. r. oben), die die Passionswerkzeuge halten; dieses alte, aber selten dargestellte ikonographische Thema taucht 1192 erstmals in der Panajía Arakiótissa-Kirche in Laghudherá/Zypern als Fresko auf.

Eingangsbereich, rechts an der Südwand des westlichen Joches: Ikone mit Kreuzigungsdarstellung von hervorragender Qualität (15./16. Jh.); über dem Kreuz beweinen zwei Engel den Tod des Herrn: links und rechts des Kreuzes ergriffen Maria und Johannes; zu Füßen des Kreuzes drei Kinder, die Stifter dieses Meisterwerkes. Gleich links davon an der Westseite des westlichen Pfeilers der Südarkaden hängt ein Werk von *M. Damaskenos* (Ende 16. Jh.), eine bedeutende Arbeit, ganz nach westlichem Stilempfinden geschaffen; besonders der Hl. Georgios zu Pferde im Mittelbild (s. Innenklappe vorn) zeigt diesen italienischen Einfluß. Die 10 Bildfelder mit Szenen aus dem Synaxarium des Heiligen folgen hingegen auch byzantinischer Maltradition: von links oben nach unten: der Hl. Georgios vor Diokletian und Dadianos – das Martyrium des Heiligen mit der Steinplatte – Geißelung des Heiligen – Martyrium des Rades – Georgios im Gefängnis; von rechts oben nach unten: Martyrium in der Kalkgrube – Georgios erweckt einen Toten – Zerstörung der Götzenbilder – Tod und Bekehrung der Kaiserin Alexandra (Gattin Diokletians) – Enthauptung des Heiligen.

Südliche Seitenkapelle (rechts): Sarkophag mit der Reliquie der Hl. Theodora (s. S. 44); außen und innen mit Silberblech beschlagen.

47 Ehemaliges Spiliás-Stadttor
Odhos Donzelot

Das aus zwei Durchgängen bestehende Hafen-Stadttor Spiliás aus der 1. Hälfte des 16. Jh. bildet heute das Erdgeschoß eines mehrstöckigen Wohnhauses. Vom Hafen kommend öffnet sich einem rechts ein Rundbogendurchgang und links ein kleinerer Eingang mit horizontalem Abschluß.

48 Ajios Antónios- und Ajios Andréas-Kirche
Odhos S. Páradhos Nikifóru Theotóki 10

Das Ajios Antónios-Gotteshaus ist eine der ältesten Kirchen der Stadt. Ihre Gründung reicht weit bis in das 14. Jh. zurück und ist vielleicht noch byzantinisch. 1753 wurde die Kirche weitgehend umgestaltet, aus älterer Zeit stammt aber noch das für Korfú sehr seltene Kreuzrippengewölbe (statt der üblichen Flachdecken). Schon 1775 errichtete Alexander Tribólis-Piérris (1710–1786) aus Carrara-Marmor den Ikonostas mit seiner formschönen Ciborium-Kuppel; diese Bilderwand, klassizistischen Idealen nachgebildet, ist das schönste Beispiel eines gebauten Ikonostas der Insel Korfú. Alle Ikonen der Bilderwand stammen von *Sp. Sperántzas.* Auf der Empore sind an der Westwand zwei kleine klassizistische Giebelchen aufgebaut, die mit zwei Ikonen des 18. Jh. geschmückt sind: Kreuzabnahme Christi mit der Ohnmacht der Gottesmutter (westliche Ikonographie) und Konstantin mit Helena.

Im Innenraum der Kirche befinden sich zwei erlesene Meisterwerke der kretischen Malerei, gleich rechts beim Eingang – Altar: Hl. Antonios (15. Jh.) und oben in der Mitte der Südwand: thronende Muttergottes (16. Jh.) mit Erzengeln Michael und Gabriel (oben) sowie mit alttestamentlichen Königen bzw. Propheten an den Ecken ihres Thrones, oben: David und Salomon, unten Jesaja und Daniel (s. Fig. S. 245).

In der 1. Hälfte des 15. Jh. spielte sich im Schatten der großen Weltpolitik in der Ajios Antónios-Kirche ein bescheidenes historisches Ereignis ab: auf dem Wege von Byzanz zum Konzil von Ferrara/Florenz (s. S. 44) hielten Kaiser Johannes VIII. Palaiologos (1425–1448)

Thronende Muttergottes mit Kind in der Ajios Antó-
nios-Kirche (16. Jh.)

und Joseph II., Patriarch von Konstantinopel (1416–1439) am Namenstag des Hl. Antónios, am 17. Januar 1439, eine Messe ab.

9 San Francesco-Kirche
Odhos Nikifóru Theotóki 95

Auf einem nördlich der Straße etwas erhöht gelegenen Platz errichtete römisch-katholische Kirche der Franziskaner, ohne nennenswerte Kunstwerke.

0 Panajía Tenédhu-Kirche
Odhos Solomú/Treppenstraße zur Neuen Festung (Farbt. 67)
(Wegen Restaurierungsarbeiten geschlossen)

Die römisch-katholische Kirche der Muttergottes wurde 1663 als Klosterkirche für venezianische Flüchtlinge der Insel Ténedhos gegründet. Die Insel liegt südlich der Dardanellen-Einfahrt und gehört heute unter dem Namen Bozcaada zur Türkei.

245

Erst 1749 konnte der spätbarocke Bau fertiggestellt und durch den Erzbischof von Nani eingeweiht werden. Die hohe Kuppel mit Laternenaufbau ist eine seltene Architekturerscheinung auf Korfú wie in ganz Griechenland. Der Altar aus Carrara-Marmor mit eleganten korinthischen Säulen ist eine Arbeit von 1603 und gehörte wahrscheinlich ehemals zur Ausstattung der Panajía-Kirche des Alten Kastells. Auch die beiden Engel aus Marmor scheinen älter zu sein als die Kirche, sie stammen von der Panajía Rosario-Kirche, die im 15./16. Jh. auf der Esplanade stand. Die Seitenaltäre, ebenfalls von gefälliger Marmorarchitektur, sind Werke aus den Jahren 1715 bis 1718.

1798 wurde in dem Panajía Tenédhu-Kloster die erste Druckerei des neuzeitlichen Griechenland in Betrieb genommen; später erhielt das Kloster auch die erste öffentliche Bibliothek der Insel.

51 Neue Festung
(Abb. 22–24)

Von der Neuen Festung aus dem 16. Jh. sind noch mehrere Bastionen und Mauern erhalten, die man nur außen umgehen kann. Teilweise wird die Festung heute als Kaserne genutzt. Besonders gut erhalten ist das Hafentor mit einer Reliefdarstellung des Markuslöwen (Abb. 22); zwei weitere Markuslöwen sind an der Westwand zu sehen (Abb. 23, 24). Besonders lohnend ist ein Spaziergang entlang der Westwand (botanisch im Frühjahr interessant) und weiter zum griechischen Marktplatz an der Südecke der Festung; am besten von der Odhos J. Theotóki zu erreichen.

52 Fort Abraham
Westlich der Odhos Awrámiu

In der 2. Hälfte des 17. Jh. schützte man angesichts der immer stärker werdenden Türkengefahr die Neue Festung durch eine isolierte Außenfestung. Für diesen Zweck mußte der an dieser Stelle seit Jahrhunderten existierende Judenfriedhof eingeebnet werden. Diese Festung erhielt daraufhin den Namen Fort Abraham. Nur geringe Teile sind noch erhalten.

53 Moní Platytéra
Odhos Polychroníu Konstánda/Iúlias Andreádhi 34 (Farbt. 52, 54; Abb. 71)

An der Ausfahrtstraße nach Palaiokastrítsa liegt am westlichen Rande des Stadtviertels San Rókko, kurz vor dem Hafenviertel Mandúki das Kloster der Panajía Platytéra, das auch den Heiligen Chrýsanthos und Daría von Rom geweiht ist.[1]

---

1 Chrýsanthos heiratete unter einem Keuschheitsgelübde Daría; beide erlitten unter Diokletian das Martyrium; ihre Reliquien sollen sich im Eifel-Kloster Prüm befinden

Unmittelbar an der Straße erhebt sich links der 1864 entstandene Campanile. Dahinter liegt das 1743 von einem Mönch aus Leukás gegründete Kloster: Kloster und Kirche erlitten 1798 bei der Verteidigung der Stadt durch die Franzosen (s. S. 65) so schwere Zerstörungen, daß die Kirche 1801 erneuert werden mußte. Im Verlauf der ersten Jahrzehnte des 19. Jh. entstanden dann auch die noch heute erhaltenen Klostergebäude.

Der reich verzierte klassizistische Holzikonostas ist ein Werk aus der 1. Hälfte des 19. Jh. und wahrscheinlich mit Ikonen des *Nikólaos Koutoúsis* aus Zákynthos (1741–1813) geschmückt. Der Maler war Schüler von Giovanni B. Tiepolo (1696–1770) in Venedig, stand der venezianischen Malerei sehr nahe und hat ein überaus großes Œuvre hinterlassen. Koutoúsis, der später auf Korfú Mönch wurde, verfaßte auch satirisch-skeptische Gedichte. Die Deckengemälde mit christologischen und mariologischen Themen sind Arbeiten des *Spýros Bentoúras* (1761–1835; auch Wentúras) aus Léfkas; ein Künstler, der sich vorwiegend mit der Hagiographie beschäftigte (seine bedeutendsten Werke befinden sich in der Ajios Minás-Kirche in Leukás).

Nordwand, über der Tür: Abendmahl von N. Koutoúsis; neben dem Ikonostas: Silberikone der Hll. Chrýsanthos und Daría (Anfang 19. Jh.) – *Südwand*, neben dem Ikonostas: Panagia Glykophilusa, das Kind liebkosende Maria (17. Jh.); über der Tür: Christus wäscht Petrus die Füße, von N. Koutsoúsis.

Im *Narthex* der Klosterkirche befinden sich fünf wertvolle Ikonen von hoher Qualität (s. S. 86). *Ostwand* des Narthex, rechts neben der Tür zum Kirchenraum: Hl. Sabas mit den Erzengeln Michael und Gabriel (17. Jh.; Farbt. 54) – *Westwand* (v. l. n. r.): Das Himmlische Jerusalem (16. Jh.; Farbt. 52). Die von ihren Sünden befreiten Menschen steigen zum messianischen Reich, zum endzeitlichen jenseitigen Ort, zum Himmlischen Jerusalem auf – Johannes der Theologe von *Theodóre Poulákis* (Ende 17. Jh.; Abb. 71) – Jüngstes Gericht von *Geórgios Klontzas* (2. Hälfte 16. Jh.), Vertreter der Kretischen Schule, gehörte wahrscheinlich zum Künstlerkreis um M. Damaskenos – Hl. Nektarios (18. Jh.).

Südlich der Klosterkirche stehen mehrere Sarkophage berühmter korfischer Persönlichkeiten, u. a. der des Historikers Andréas Moustoxýdis (1785–1860) und jener von Ioánnis Kapodístrias.

4 **Englischer Friedhof**
Odhos Zafirópoulu/Eingang Odhos Kolokotróni 25

Westlich vom Archäologischen Museum (Nr. 19) bzw. nördlich des Menekrates-Denkmals (Nr. 18) liegt am südwestlichen Rand der Vorstadt San Rócco der in der 1. Hälfte des 19. Jh. auf der venezianischen Bastion Sotiros angelegte Englische Friedhof. Zu jener Zeit war er ein Museum antiker Kunst. »Es befremdet mich«, so schildert 1882 F. Gregorovius seinen

Besuch, »auch auf dem englischen Friedhof antike Grabstelen und Skulpturen unter freiem Himmel aufgestellt zu finden, und zwar als Rest der Sammlung des Ritters Woodhouse. Diese selbst hat Vischer 1853 noch an Ort und Stelle gesehen und von ihrem Reichtum berichtet, an Gefäßen und Terrakotten, an Schmucksachen, Cameen, ionischen Münzen und Inschriften auf Erz. Die Sammlung kam ins Britische Museum.«[1]

Heute sind auf der gepflegten Anlage keine Hinterlassenschaften der Antike mehr zu sehen. Der Friedhof wird im Frühjahr wie im Herbst mit Begeisterung von Botanikern aus der ganzen Welt aufgesucht, da hier zahlreiche seltene Orchideen der Mittelmeerflora blühen (s. S. 313f.).

Jeórjios Psaïla (die Psaïla sind bereits in der dritten Generation Wächter und Gärtner der Anlage) ist ein sehr guter Kenner der korfischen Orchideen, er begleitet sie gern durch seinen liebevoll gepflegten Park.

1 F. Gregorovius, a. a. O., S. 64

Inselortschaften mit den wichtigsten Sehenswürdigkeiten von A bis Z

Neben dem Ortsnamen erscheint die genaue topographische Angabe, dabei wurden folgende Abkürzungen benutzt:

NK	= Nordküste	WKm	= Westküste, mittlerer Teil
OKn	= Ostküste, nördlicher Teil	WKs	= Westküste, südlicher Teil
OKm	= Ostküste, mittlerer Teil	LIn	= Landesinnere, nördlicher Teil
OKs	= Ostküste, südlicher Teil	LIm	= Landesinnere, mittlerer Teil
WKn	= Westküste, nördlicher Teil	LIs	= Landesinnere, südlicher Teil

Liegt eine Kirche, eine Basilika oder ein Grabungsgelände außerhalb einer Ortschaft, so wird eine genaue Wegbeschreibung gegeben.

Die zunehmenden Kunstdiebstähle in Griechenland und speziell der Ikonendiebstahl auf Korfú haben dazu geführt, daß viele der meist *privaten Kirchen* verschlossen sind. Damit Sie die kleinen Wanderungen zu ihnen nicht umsonst gemacht haben und vor verschlossenen Türen stehen, sollten Sie sich jeweils in der nahegelegenen Ortschaft bei dem Priester nach dem Schlüssel erkundigen. Es wird oft mühsam sein, da das Mißtrauen groß ist. Haben Sie aber erst einmal Kontakt gewonnen, dann erfahren Sie die sprichwörtliche *griechische Philoxenía*, die Ihnen dieses ›Abenteuer‹ unvergeßlich machen wird.

Acharáwi (NK)
(Abb. 105, 106)

Von dem Brunnen, der auf der Küstenstraße von Acharáwi steht, in Richtung Osten nach Kassiópi fahren; nach ca. 0,6 km liegt rechts der Straße das seit 1985 erforschte Grabungsgelände. Die archäologischen Arbeiten sind noch nicht abgeschlossen. Die bisherigen Ergebnisse zeigen eine umfangreiche *römische Thermenanlage*, die möglicherweise zu einer Stadt gehört hat; zumindest handelt es sich bei den freigelegten Gebäuden um ein Bad mit sehr großen Ausmaßen. Zu sehen sind gemauerte Heißluftschächte und Reste von Hypokausten.

Ganz sicher lag an der Nordküste neben Ródha (s. S. 293) und Kassiópi noch eine andere antike Stadt, die bis ins 7./6. Jh. v. Chr. zurückreicht und bisher noch nicht gefunden wurde. Auch entdeckte man bei *Almirós* eine prähistorische Siedlung aus der Zeit um 3000 v. Chr. Vielleicht ist die vermutete griechische Stadt in dem Bereich der römischen Anlage zu suchen.

Gefunden hat man die *antike Nekropole* (Abb. 103, 104) mit Bestattungen von der archaischen bis hellenistischen Epoche. Der Friedhof erstreckte sich parallel zur Nordküste, und

Römische Thermen-
anlage von Acharáwi

zwar von *Almirós* bis nach *Ródha*, das sind etwa 3 km. Die Toten wurden zumeist in Erdgruben bestattet, selten in Sarkophagen; gebaute Architektur fand man bisher nicht auf dieser Nekropole.

Wegbeschreibung nach Almirós, zur prähistorischen Siedlung und zur Nekropole:
Weiterfahrt auf der Küstenstraße in Richtung Kassiópi; nach 2,6 km links (nördlich) der Straße beim Schild ›Almirós Beach‹ dem Schotterweg folgen. Gleich rechts (nach ca. 100 m) liegen die spärlichen Reste (Ofen mit Schlackenrückständen!) der *prähistorischen Siedlung.* Folgen Sie dem Weg weiter, dann erreichen Sie die Nordküste; hier liegen in der Dünenlandschaft die einzelnen Gräber der *Nekropole.*

Achíllion (Achilleion) (OKs)
Heute Staatliches Spielkasino (Abb. 94–100) (Abends kostenlose Busverbindung vom Corfu Palace Hotel in Korfú)
Öffnungszeiten der Schloßräume: Tgl. 9.00–19.00 Uhr (Garten z. Zt. geschlossen)

Ein Besuch von ›Sissis-Märchenschloß‹ ist ein lohnender Ausflug zu einem der schönsten Plätze Korfús, jedoch nicht der Besuch eines Museums mit erlesenen Kunstwerken. Architektur und Ausstattung dieser klassizistisch-pompejanischen Schloßanlage aus der 2. Hälfte des 19. Jh. entsprechen dem Historismus jener Zeit. Kaiserin Elisabeth von Österreich, Herzogin von Bayern (1837–1898), erfüllte sich mit der Errichtung des ›Achilleion‹ einen Traum, schuf aber – trotz der immensen finanziellen Aufwendung von 9 Millionen Goldfrancs – keine große Kunst.

Im Juni 1861 verordnete Josef Skoda der todkranken Kaiserin Elisabeth einen Korfú-Aufenthalt, da, nach Ansicht des Arztes, nur dort ihre galoppierende Lungenschwindsucht geheilt werden könne. Das war der erste Kontakt Sissis mit der Insel der Phäaken, sie verliebte sich schnell in Korfú, nannte es »den schönsten Punkt der Welt« und machte die

Sissi, Kaiserin Elisabeth von Österreich, 1837–1898. Gemälde von Franz X. Winterhalter (Wiener Hofburg)

Insel zu ihrem Lieblingsaufenthalt. 1885 begab sich die Kaiserin auf eine Griechenlandreise, bei der sie (quasi als wissenschaftlichen Reiseleiter) Alexander von Warsberg, österreichischer Konsul auf Korfú, mitnahm, der ihr durch seine Bücher ›Odysseische Landschaften‹[1] bekannt war. Er war ab 1888 ihr erster Berater für den Schloßbau auf Korfú. Warsberg schlug der Kaiserin auch den Standort Ghastúri vor, und zwar jenes herrliche Grundstück, wo die alte venezianische Villa Braila stand, in der Sissi anfangs gewohnt hatte und die für dieses Projekt abgerissen werden mußte. Später schrieb die Kaiserin ein Gedicht auf das ›alte Bauernhaus‹ (im Schloß zu sehen und zu lesen). Doch schon ein Jahr später starb Warsberg, ohne konkrete Planungen mit der Kaiserin abgeklärt zu haben. Elisabeth berief daraufhin August von Bucovich zu seinem Nachfolger, der den Architekten Rafaele Carito aus Neapel mit der Planung und Ausführung der Arbeiten beauftragte und ihn verpflichtete, die Wünsche der Kaiserin zu erfüllen, die »einen Palast mit Säulenhallen und hängenden Gärten, von unberufenen Blicken geschützt – märchenhaft, hochmütig, heilig«[2] wünsche.

Sissi, eine leidenschaftliche Verehrerin Griechenlands, griechischer Kultur und Mythologie, benannte ihr korfisches Schloß nach ihrem Lieblingshelden Achill: »weil er für mich die griechische Seele personificirt«, sagte die Kaiserin und fuhr fort: »und die Schönheit der Landschaft und der Menschen. Ich liebe ihn auch, weil er so schnellfüßig war. Er war stark und trotzig und hatte alle Könige und Traditionen verachtet und die Menschenmassen für nichtig gehalten, gut genug, um wie Halme vom Tode abgemäht zu werden. Er hat nur seinen eigenen Willen heilig gehalten und nur seinen Träumen gelebt, und seine Trauer war ihm wertvoller als das ganze Leben.«[3]

1892 war das korfische Schloß der Kaiserin fertiggestellt, doch die Begeisterung für ihren Traum war schon verflogen. Ein Jahr später suchte sie bereits einen Käufer für das Achilleion. Auch die kaiserliche Familie in Wien war wenig begeistert von dieser Residenz; nur Prinzessin Gisela (1856–1923) besuchte ihre Mutter einmal auf Korfú. Gisela erbte später das Schloß, verkaufte es jedoch sofort an den kaiserlichen Familienfonds, der es bis zum Anfang des 20. Jh. behielt. Unter großem finanziellen Verlust konnte Kaiser Franz Joseph, nach Vermittlung (seit 1905) von König Georg von Griechenland, den korfischen Besitz 1907 an Kaiser Wilhelm II. verkaufen, der die Verhandlungen wie folgt schildert: »Im Jahre 1905 stattete ich aus Anlaß einer Mittelmeerreise... König Georg von Griechenland einen Besuch auf der Insel Korfú ab... Es wurden Fahrten zu Wagen über die zauberhafte Insel gemacht... Auf der Rückfahrt von dem Ausflugsorte Pélekas, mit herrlicher Fernsicht auf das freie Meer und die schroffe, stolze Südwestküste der Insel, schlug König Georg mir vor, das Achilleion zu besichtigen, das seit dem Tode der Kaiserin Elisabeth unbenutzt und leer stehe... Auf der Rückfahrt nach der Stadt Korfú schlug der König mir vor, das Achilleion

1 s. Literaturverzeichnis

2 Achilleion, Große Baudenkmäler, Heft 179, S. 4, Berlin 1963

3 Christomanos Konstantin (ein junger Grieche, der der Kaiserin im Alter vorlas und voller Begeisterung über sie schrieb); das Zitat veröffentlichte er in: *Die Waage* vom 17. 9. 1898, ›Aufzeichnungen über die Kaiserin‹

zu kaufen und daraus einen Ruheplatz für das Frühjahr nach anstrengendem Winter für die Kaiserin und mich zu schaffen. Er und sein Land würden froh sein, mir Gastfreundschaft nach altbewährter Griechenart zu bieten ... Durch den Vorschlag des Königs ermuntert und von dem Gesehenen tief beeindruckt, wandte ich mich brieflich an Kaiser Franz Joseph mit einem Angebot. Dieser gab seine Freude zum Ausdruck ... Nur könnte er das letzte Wort nicht sprechen, da seine Tochter [Gisela] Prinzessin Leopold von Bayern ebenfalls darüber zu disponieren habe ... Laut Testament [der Kaiserin Elisabeth] hatte Kaiser Franz Joseph das Besitzrecht, seine Tochter aber den Nießbrauch am Achilleion ... Im Frühjahr 1907 [konnte ich] eines Abends meiner völlig überraschten Gemahlin und dem Gefolge vor Tisch die Mitteilung von dem Kauf des Achilleion machen, unter Vorlage eines von Wien eingesandten Albums mit vollendet schönen Aufnahmen von den Räumen und Gärten des Schlosses [das Album kann heute im Schloß besichtigt werden]. So war mir denn Privatbesitz zuteil geworden im Lande Homers und des klassischen Altertums, auf einer der schönsten Inseln des Mittelmeeres!«[1]

Kaiser Wilhelm II. ließ das Gebäude noch 1907 grundlegend renovieren und teilweise neu möblieren. Für den Besucher des Achillions sind die beiden Stilphasen der Innendekoration und Einrichtung gut zu unterscheiden: Sissi ließ ihr Mobiliar in braunen Farben herstellen; Kaiser Wilhelm dagegen alles in weiß und mit Goldauflage. Im übrigen lieferte damals die Firma Prechtel aus Berlin dem Kaiser alle Möbel ohne Bezahlung, in der Hoffnung, daß die Familie in den Adelsstand aufgenommen würde – Herr Prechtel wurde später preußischer Kommerzienrat![2] Kaiser Wilhelm ließ auch ein kleines Gästehaus errichten.

Nach dem 1. Weltkrieg diente das Achillion als Quarantänestation für Grippekranke der französischen Armee des Franchet d'Espérey[3] und wurde dann als Feindvermögen beschlagnahmt. Während der griechischen Diktatur General Pángalos' (1925/26) wurde das Schloß geplündert und der größte Teil des Inventars zerstört. Auch im 2. Weltkrieg war das Schloß erst griechisches Militärhospital und wurde dann von Italienern und Deutschen besetzt.

Seit 1958 plante die griechische Regierung, im Achillion ein Casino einzurichten. Für die Organisation beauftragte sie H. von Richthofen, der jedoch vorab eine gesetzliche Regelung der Abgabenordnung und Quellenbesteuerung verlangte, die 1962 als ›Lex Richthofen‹ in Athen verabschiedet wurde. Am 26./27. Dezember 1962 fand die Eröffnung des Casinos statt. Unter den vielen namhaften Gästen befand sich auch Aristoteles Onassis, der sich, nicht als erster Gast eingetroffen, nicht in das Gästebuch eintragen wollte, da er stets und überall als erster stünde. Also klebte man auf Verlangen von Onassis einen Briefbogen des Casinos vor allen Unterschriften als ›erste Seite‹ in das Buch, wo sich Onassis eintrug.[4]

---

1 Kaiser Wilhelm II.: *Erinnerungen an Korfu*, S. 7ff., Berlin 1924
2 Diese Information verdanke ich Herrn Dr. Dr. Frhr. Hartmann von Richthofen
3 An der Nordseite des Parks vom Achillion liegt noch ein französischer Friedhof aus dieser Zeit
4 Das Gästebuch befindet sich heute im Privatbesitz der Familie Steinhausen, München

Innenräume

Empfangshalle mit einem Deckengemälde; die dekorative Umrahmung im pompejanischen Stil schuf u. a. Salvatore Postiglione (1861–1906), das Mittelbild mit dem Thema der ›Vier Jahreszeiten‹ ist wohl eine Arbeit von G. Samárzis. Im 2. Obergeschoß des Treppenhauses ist an der Ostwand das Gemälde ›Sieg des Achill über Hektor vor Troja‹ von Franz Matsch (1892) angebracht, einem Schüler von Hans Makart (1840–1884); das Bild ist nur von der Gartenterrasse aus zu sehen (Abb. 98).

Nordseite der Halle mit vier Räumen:
1. Speisezimmer Kaiser Wilhelms II. – 2. Wohnraum mit einem Jugendbildnis der Kaiserin Elisabeth von Fr. X. Winterhalter sowie Kaiser Wilhelm II. und Kaiser Franz Joseph – 3. Raum mit mehreren Gemälden europäischer Herrscher des 19. Jh., u. a. ließ sich Wilhelm II. 1914 von dem korfischen Maler G. Samárzis malen; ferner von Fr. X. Winterhalter Kaiserin Augusta, Königin von Preußen (1811–1890) und ihr Gemahl Kaiser Wilhelm I. sowie Zar Alexander von Rußland; die Spyridon-Prozession (Ostersamstag) stammt von G. Samárzis (1912) – 4. Raum: verschiedenes Mobiliar und Gemälde ›Odysseus mit Nausikaa‹.

Südseite mit drei zugänglichen Räumen:
Ganz rechts: 1. Schloßkapelle der Kaiserin Elisabeth mit einem Gemälde von Fr. Matsch (über dem Altar): Maria als Beschützerin der Seefahrer; das Schiff rechts unten ist die kaiserliche ›Miramar‹ – 2. Raum Kaiserin Elisabeth mit verschiedenen privaten Gegenständen: Manuskripte, Fotografien, Gemälde, Gedenkmünzen, Tafelgeschirr. In der Vitrine das Gedicht der Kaiserin auf den Abbruch des ›Bauernhauses‹, das dem Achíllion weichen mußte. Bei der Eingangstür ein Gemälde der Villa Braila vor dem Abbruch von A. Ghallianás, u. a. – 3. Raum Kaiser Wilhelm II. mit verschiedenen Gemälden und Aquarellen; Fotoalbum mit Bildern des Achíllion, das Wilhelm II. beim Kauf des Schlosses von Franz Joseph erhielt (s. S. 252); Fotografien, Münzen, Standarte der Miramar und andere kaiserliche Erinnerungsstücke. Am Fenster ein Schreibpult und ein Sattel, den Wilhelm II. als Schreibtischstuhl benutzte.

Schloßgarten

(nur teilweise zugänglich)

Von der Eingangs-Terrasse gelangt man rechts am Schloß vorbei zu einem Aussichtspunkt mit weitem Blick über Korfú bis zum Pantokrátor; hier steht die monumentale Bronzestatue des ›Siegreichen Achill‹ (1907?) von Johannes Götz, die Wilhelm II. in Auftrag gab (Abb. 100). Den an dieser Stelle von Sissi aufgestellten ›Sterbenden Achill‹ von Ernst Herter (1882; Abb. 99) versetzte der Kaiser knapp 50 m weiter westlich.

Der Weg von dem Garten hinunter zur Küste ist heute versperrt (bitten Sie dennoch die Wächter um Einlaß). Etwa auf halber Höhe des Abstiegs zur kaiserlichen Hafenanlegestelle befindet sich ein kleiner Monopteros mit einer Nikestatue auf dem Dach, in dem Elisabeth eine Statue ihres Lieblingsdichters Heinrich Heine aufstellen ließ. Den Auftrag erhielt der dänische Bildhauer Louis Hasselriis (1844–1912)[1], der den Dichter als Sitzstatue darstellte. Kaiser Wilhelm II. hingegen war wenig von Heine angetan und ersetzte die Statue durch ein Elisabeth-Denkmal, das noch heute in dem kleinen Rundtempel steht; die Marmorstatue mit der schlanken Sissi ist ein Werk von Edmund Hellmer (1901). »In diesem Tempel«, so schildert Wilhelm II. seine Handlung, »stand ein Marmorbild von Heine, dem Lieblings- dichter der Kaiserin Elisabeth. Er war dargestellt im Hemde auf einen Sessel hingesunken, die Beine von einer Decke umhüllt. Kein geeignetes Motiv für einen Tempel. Ich verkaufte das Bildwerk an einen Liebhaber in Hamburg und setzte an seine Stelle eine Kopie des entzückenden Standbildes der Kaiserin Elisabeth, welches die Stadt Salzburg ihr zum Gedächtnis errichtet hat. Die Erlaubnis zur Nachbildung für das Achíllion gab die von mir befragte Stadt Salzburg und derselbe Künstler, der das Original geschaffen, verfertigte auch die Kopie.«[2]

Nach vielen Irrwegen fand die Heine-Sitzstatue schließlich in Toulon, im ›Jardin de Mourillon‹ einen geeigneten Standort.

Hafenanlegestelle

An der östlichen Küstenstraße Korfú–Benítses kommt man etwa 1 km nach Pérama an der kaiserlichen Schiffsanlegestelle vorbei. Rechts und links der Straße erkennt man noch Brük- kenpfeiler mit einem Bodenansatz für eine Treppenstraße, die einst den kleinen Hafen mit dem Schloßgarten verbunden hat.

Da die Brückendurchfahrt für Panzerfahrzeuge zu eng war, sprengte man im 2. Weltkrieg das Gebäude. Rechts der Straße ließ die Kaiserin ein kleines E-Werk errichten, daß schon damals die kaiserliche Schloßanlage mit Strom versorgte.

Afiónas (WKn)

Wegbeschreibung

Von Sidhári über Maghuládhes und von Korfú/Palaiokastrítsa über Aspiothádhes und Armenádhes zu erreichen. Ganz im Süden der Halbinsel liegt die Ortschaft Afiónas; im Meer erkennt man das »versteinerte Phäakenschiff« Kařawi (s. S. 13), das schon Plinius[3] im 1. Jh. n. Chr. für das Geisterschiff gehalten hat, das Odysseus nach Ithaka brachte. Um zur Südspitze der Halbinsel zu gelangen, folgen Sie am Ende der Straße, rechts an der Kirche vorbei, dem schmalen Fußpfad, der Sie bald mit einem Blick über die Ajios Jeórjios-Bucht belohnt (Abb. 126). Der Abstieg zur einsam gelegenen Bucht (Kieselstrand) dauert etwa 30 Minuten. Afiónias kann mit dem Auto von der Ajios Jeórjios-Bucht aus *nicht* erreicht werden! Landschaftlich sehr reizvoller Ausflug an die nördliche Westküste (auch botanisch

---

1 Hasselriis hat 1901 auch das Heine-Grabmal auf dem Montmartre Friedhof in Paris geschaffen
2 Kaiser Wilhelm II., a.a.O., S. 31 f.
3 Plinius: *Naturalis historiae* IV, 12, 53

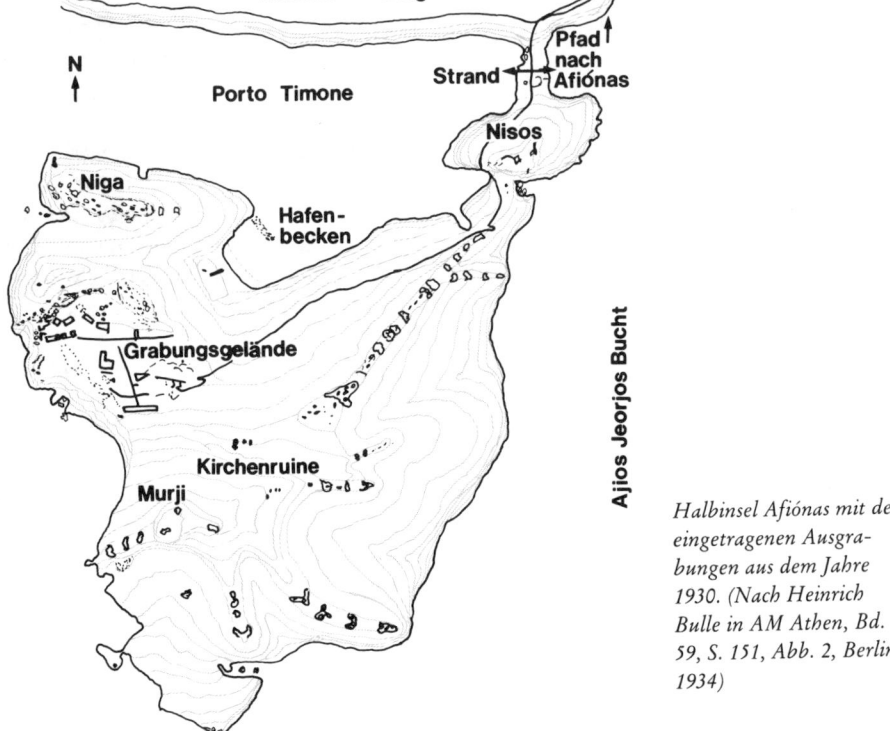

Halbinsel Afiónas mit den eingetragenen Ausgrabungen aus dem Jahre 1930. (Nach Heinrich Bulle in AM Athen, Bd. 59, S. 151, Abb. 2, Berlin 1934)

interessant). Vom Tourismus bisher kaum berührter Ort (keine Hotels, wohl aber Privatunterkünfte vorhanden).

Der etwa 150 m hohe Bergrücken der Afiónas-Halbinsel greift ca. 2 km weit nach Süden in das Meer hinein und schließt im Nordwesten die zauberhafte Ajios Jeórjios-Bucht ab (Abb. 126). Die Nordspitze der Halbinsel ist an ihrer Westseite tief eingeschnitten, so daß sich dort das natürliche Hafenbecken *Porto Timone* gebildet hat. Das bis zu 70 m hohe Kap war an seiner Nordwestseite besiedelt (s. Plan oben) und der 52 m hohe Nisosfels (s. Plan S. 257), südlich der beiden Strandlinien, mit einer Festung bebaut.

Heinrich Bulle wie W. Dörpfeld wollten Anfang unseres Jahrhunderts gerade hier den sagenhaften Palast des Alkinoos (s. S. 13) finden. Afiónas war eine kleine Hafensiedlung mit einer Festung, in die man sich wohl bei Gefahr zurückzog. Die Siedlungskontinuität reicht zurück bis ins Neolithikum des 3. vorchristlichen Jahrtausends und in die Bronzezeit. Auch für die Zeit vom 6. Jh. v. Chr. bis zum Hellenismus kann eine rege Besiedlung nachgewiesen werden, wobei im 5./4. Jh. v. Chr. das Gebiet eine Blütezeit erlebte. Um 300 v. Chr. scheint Pyrrhos von Epiros (s. S. 30) die Festung auf dem Nisosfels angelegt zu haben, um den Hafen vor den Römern zu sichern. Im 1. Jh. v. Chr. wurde das Gebiet wahrscheinlich

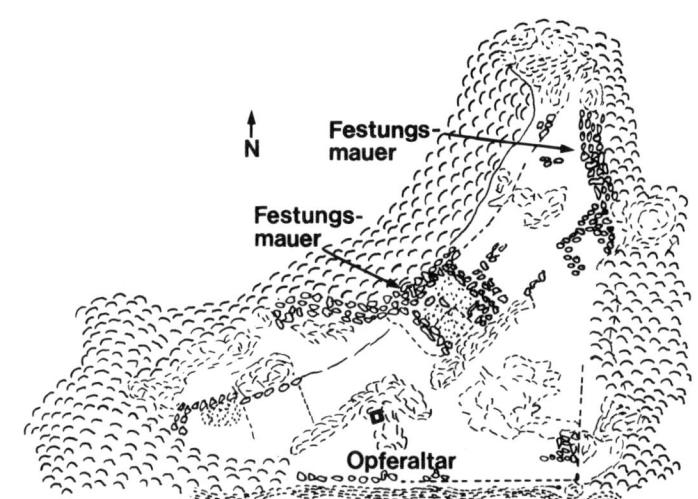

Halbinsel Afiónas mit der Festung auf dem ›Nisosfels‹. (Nach H. Bulle, a. a. O., S. 200, Abb. 15)

verlassen und erst wieder zwischen dem 6.–8. Jh. als südlichster Siedlungsplatz der Awaren in Besitz genommen.[1]

In dem heutigen Dorf entdeckte man 1930 auch frühchristliche Kapitelle einer Kirche aus dem 5./6. Jh. Sicherlich erfolgte für den Fall, daß hier tatsächlich eine Awareneinwanderung stattfand, auch eine Vermischung der griechischen Bevölkerung mit den Einwanderern, denn eine Awaren-Enklave wird sich hier kaum über Jahrhunderte gehalten haben. Das Gebiet der heutigen Ortschaft Afiónas war nach Beurteilung der Funde mit Sicherheit schon in frühchristlicher Zeit eine städtische Siedlung, deren Basilika man bisher noch nicht entdeckt hat.

Das Grabungsgelände ist heute vollständig von Macchia überzogen, nur auf dem Nisosfels kann man spärlichste Mauerreste entdecken. Die historische Landschaft, der Strand und das Meer sind es, die Sie hier gefangennehmen und zum Verweilen einladen.

Anemómylos

Südlicher Vorort von Korfú bei Gharítsa, Teil der antiken Stadt Kerkyra, das heutige Palaiópolis (s. S. 87).

---

1 Der Ausgräber H. Bulle erklärt die Funde als Produkte der Awaren. D. Pallas, der das Material 1955 nochmals untersuchte, spricht von mittelbyzantinischen Schmuckformen

Angelókastro (WKn)

(Farbt. 16; Abb. 58)

Wegbeschreibung

Von Makrádhes über Kriní erreichbar. In Kriní parken, dort dem Schildhinweis folgen; nach einem Olivenhain führt der Weg rechts in eine Talsenke und dann zur Burg hinauf (insgesamt ca. 30–40 Minuten).

Die Landschaft

Die westliche Küste im Bereich von Angelókastro/Palaiokastrítsa gehört zu den schönsten Landschaftsräumen der Insel; auch hier hat man den Palast des Alkinoos vermutet und vergeblich danach gesucht. Dramatisch und lieblich zugleich ist die Küste. Wie eine mahnende Säule streckt sich der Angelókastro-Felskegel 330 m über den Meeresspiegel in die Höhe; alles überragend und alles beherrschend, prädestiniert, seit frühester Zeit den Menschen hier oben Schutz zu gewähren. Und vielleicht haben tatsächlich schon in vorhomerischer Zeit Menschen auf dieser natürlichen Bergfeste Zuflucht gefunden. Von hier aus konnten sie jede Gefahr, die sich vom Meere aus nahte, schon von weitem erkennen.

Für Angelókastro sollte man sich viel Zeit nehmen, da diese homerische Landschaft von großem Reiz und starker Anziehungskraft ist. Die bizarren Küsten im Norden und Süden, die Zypressen und der Duft der blühenden Vegetation, das Schauspiel des Lichts, das die Landschaft ständig verändert und unsere Gedanken ins Reich der Nausikaa und des Odysseus entführt, machen den Besuch unvergeßlich.

Historisches

Michael I. Angelos Komnenos (1204–1215), der in Arta nach dem Fall Konstantinopels (1204) den zweitwichtigsten Reststaat von Byzanz gründete, soll Anfang des 13. Jh. hier eine mächtige byzantinische Festung errichtet haben, die von den Anjou und den Venezianern weiter ausgebaut wurde. Der Name ›Angelo‹ scheint auf die byzantinische Familie der Komnenoi zurückzugehen. Möglicherweise hängt der Name aber auch mit einer frühchristlichen Kirche der Erzengel Michael und Gabriel zusammen, an deren Stelle heute eine kleine gleichnamige Kapelle steht.

Erstmals schriftlich erwähnt wird das Kastell 1272 von J. di San Felice.[1] Die älteste Ansicht kennen wir aus dem Jahre 1414 von Chr. Bondelmonti (s. S. 31). Angelókastro war für die Venezianer neben der Inselhauptstadt bis zum 18. Jh. die wichtigste Festung Korfús, die bei den türkischen Eroberungsversuchen der Insel im 16. und 18. Jh. (s. S. 47) ebenfalls den feindlichen Angriffen standhielt und damals ca. 4000 Menschen Schutz bot.

Rundgang

Nach der Eingangsbastion schräg rechts dem Pfad folgen, dann gelangen Sie zu den gut erhaltenen venezianischen *Zisternen* mit einem Fassungsvermögen von ca. 600 cbm; weiter

---

1 In: Miller, W.: *The Latins in the Levant*, S. 514, London 1908

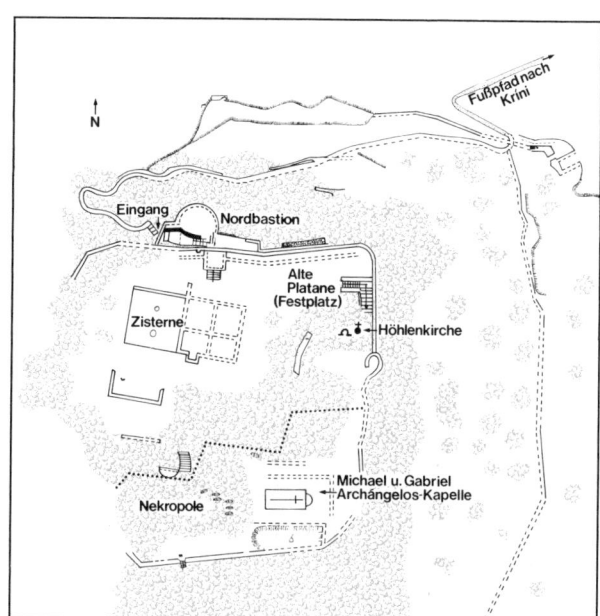

Angelókastro, byzantinische Festung an der mittleren Westküste. (Nach Jeórjios Linárdhos, in: Kerkyraïka Chronika, Bd. 20, S. 9–53, Korfu 1976)

geradeaus (südlich) folgt eine *Felsentreppe*, oberhalb auf dem leicht erhöhten Plateau erkennt man links einige *Felsengräber;* östlich davon erhebt sich die *Erzengel-Michael-und-Gabriel-Kapelle.* Im Innenraum der 1784 errichteten Kirche besteht der Altar aus einer frühchristlichen Marmorschranke (wohl eines Vorgängerbaus). Weiter westlich der Felshang mit Resten der Burgmauer (Vorsicht!); von hier aus hat man den schönsten Blick über die Westküste und die Bucht von Palaiokastrítsa. Links führt ein Pfad hinunter zur Platane und zur Höhlenkirche der Ajía Kyriakí mit zwei Fresken aus dem 18. Jh.: Muttergottes mit dem Kind und Akra Tapeinosis (das westliche Ecce homo-Thema). Der Altartisch besteht auch hier aus einer frühchristlichen Marmorschranke.

'Ano Korakiána (LIn)

Landschaftlich reizvoll gelegenes Gebirgsdorf mit drei byzantinischen Kirchen.

Ajios Nikólaos

Auf der südlichen Ausfahrtstraße in Richtung Káto Korakiána fahren, ca. 1,2 km nach dem Ortsschild links dem Feldweg folgen, nach 300 m wieder links abbiegen, dann sieht man nach 500 m rechts vom Weg die ruinöse, völlig von Sträuchern überwucherte Kapelle liegen.

Datierung der Fresken: 11., 14. und 17. Jh. – Ehemalige Einraumkapelle mit Dachstuhl (?) und halbkreisförmiger Apsis. Die Nordwand zeigt unterhalb der Traufe Ziegeldekor, bestehend aus einem einfach-stehenden Zickzack-Fries. In der Apsiswölbung ist ein Freskofragment mit der ›Dreifaltigkeit‹ erhalten (17. Jh.); ebenso sind im Altarbereich der Nordwand Reste von Kirchenvätern zu erkennen (17. Jh.). Die bedeutenden Fresken des 11. und 14. Jh., die ehemals an der Nordwand erhalten waren, befinden sich heute im Byzantinischen Museum (s. S. 81 u. 184); hier sei nur auf die Darstellung des Propheten Elias (11. Jh.; Abb. 61) hingewiesen.

Michaíl Archángelos stó Wunó
(s. auch Stilanalyse, S. 82)
Den Schlüssel der Kirche erhalten Sie im Byzantinischen Museum Korfú.

Von Ajios Márkos kommend am Ende des Dorfes rechts der Spitzkehre nach Zyghós folgen; nach ca. 0,6 km führt links hinter der Kirchen-Apsis (rechts) ein Pfad in ca. 10 Minuten zur Kapelle in wunderschöner Lage und in botanisch interessantem Gebiet. *Datierung der Fresken:* 11. oder 12. Jh., 14. Jh. und 17./18. Jh. – Die holzgedeckte Einraumkapelle steht auf den Grundmauern einer frühen mittelbyzantinischen Vorgängerkirche, von der noch Reste der Nordwand und der Apsis erhalten sind. Die heutige Erzengel Michael-Kirche ist sehr baufällig und müßte dringend restauriert werden.

In der Apsis sind vier Kirchenväter aus dem 11. oder 12. Jh. erhalten (links Hl. Andreas). Die Apsiswölbung zeigt eine seltene ikonographische Darstellung des Erzengels Michael, die wahrscheinlich aus dem 14. Jh. stammt. Erzengel Michael-Freskenzyklen sind sehr selten, sie treten besonders häufig auf Kreta auf. Die seltene Darstellung des Erzengels in der Apsiswölbung ist dem Verfasser sonst nur in der Michaíl Archángelos-Kirche von Sarakína/Sélino in Westkreta bekannt.

Der steinerne Ikonostas und die übrigen Fresken gehören dem 17./18. Jh. an

Ajios Athanásios
(Abb. 73) (s. auch Stilanalyse S. 84)
Die Kirche liegt bei der südlichen Dorfausfahrt, unmittelbar beim Sportplatz. *Datierung der Fresken:* 1766 (?). – Sehr hochgezogene, flachgedeckte Hallenkirche. Vor dem Hofeingang befindet sich eine monolithische Säule, die wahrscheinlich zu einem Vorgängerbau gehörte.

Ikonostas (von Spyrídon Tzirigótis); *ganz oben:* bemaltes Kreuz, flankiert von Maria und Johannes – darunter Deesis, links und rechts Voluten des Ikonostas – *Mitte:* 12 Apostel – *unten:* die 12 Festtagsikonen.

Nordwand, oben: 9 Medaillons mit Heiligen des Alten Testaments – Fenster – 2 Medaillons mit Heiligen; *Mitte:* Abendmahl – Christus wäscht Petrus die Füße – Christus im Garten Gethsemane und die schlafenden Jünger (Judasverrat) – Christus vor Kaiphas, dem Hohenpriester (nach Math. 26, 57) – Fenster – Christus vor Pilatus; *unten:* Christus an der Geißelsäule – Verspottung Christi – Simon trägt das Kreuz Christi – Kreuzigung Christi (über zwei Felder), kombiniert mit der Ohnmacht der Gottesmutter (links unten) – Beweinung Christi –

Hadesfahrt (nach Art der westlichen Höllenfahrt).

Südwand, oben: zwei Heiligenporträts in Medaillons – Fenster – *rechts des Fensters* über alle drei Register: Deutera Parusia, das Jüngste Gericht mit dem triumphierenden Christus; rechts Heiligenscharen warten auf das Seelengericht; *Mitte oben:* Christus in der Mandorla, darunter die Passionswerkzeuge und das Tuch Christi, darunter werden die Seelen gewogen; *rechts:* die Sünder werden in den Hades geführt; *Mitte* (links des Fensters): Marientod; *unten:* die Hll. Athanasios und Spyridon werden von der Hand Gottes gesegnet; *unter dem Fenster:* Petrus führt von rechts (vom Jüngsten Gericht) die Apostel, Könige und Spyridon (3. rechts von Petrus) ins Paradies.

Eine sehr schöne Ikone des Propheten Elias aus der 2. Hälfte des 17. Jh. befindet sich heute im Byzantinischen Museum Athen (Inv. Nr. 26).

Ajíoi Dhéka (LIm)

Landschaftlich sehr schön gelegenes Gebirgsdorf an den Nordwesthängen des gleichnamigen, 576 m hohen Berges. Von hier aus hat man bei klarer Sicht einen Panoramablick über die Stadt Korfú hinweg bis zum Pantokrátor-Gebirge (906 m) und zur Meerenge zwischen Kalámi/Kulúra und der albanischen Küste. In Richtung Osten reicht der Blick bis zum Pindus-Gebirge des griechischen Festlandes. Zum Greifen nahe liegen nur etwa 2 km östlich Ghastúri und das Achíllion (Abb. 97).

Ajios Stéfanos (Káp Kefáli [WKn])

Am besten von Sidhári über Awliótes zu erreichen, oder über die sehr schlechte Schotterstraße von Aríllas/Afiónas aus. Landschaftlich schön gelegenes Kap, bei dem W. Dörpfeld 1914 vergeblich den Palast des Alkinoos suchte. Auf dem 76 m hohen Falakron- (Glatzenberg) Vorgebirge konnte er jedoch eine neolithische Siedlung nachweisen, die bis in die Bronzezeit existiert hat.

Ajios Ioánnis (LIm)
(Farbt. 37)

Mitten im Dorf Ajios Ioánnis liegt eines der schönsten klassizistischen Landhäuser der Insel Korfú. Der zweigeschossige Bau mit Mezzanin wurde nach 1824 errichtet. Bauherren waren Maria Petritini und Spyridon Várlam (1777–1833). Maria stammte aus einer alten venezianischen Familie, ihr Großvater Alexandros Petritini († 1724) kam mit ihrem Vater Nicolo 1716 mit ca. 100 Soldaten von Italien nach Korfú, um das Heer Schulenburgs im Kampf gegen die Türken zu unterstützen. Seit dieser Zeit lebt die Familie auf Korfú. Marias Schwägerin

Ekateríni Várlam heiratete Anfang des 19. Jh. Frederik Hankey, den Sekretär Sir Th. Maitlands, der als Architekt den Entwurf für das palastähnliche Wohnhaus erstellt haben soll. Eine elegante Rundbogengliederung im Erdgeschoß wird im Obergeschoß von horizontalen Gesims-Fensterabdeckungen abgelöst.

Der heutige, angeheiratete Besitzer Wasílios Combolíti-Koskiná hat das Gebäude 1985 zu einem angenehmen C-Klasse-Hotel umgebaut. Nur etwa 9 km westlich von Korfú gelegen, ist es ein guter Standort für Ausflüge in die Stadt, zu den Küsten und ins Landesinnere:

Hotel-Pension Merida
Ajios Ioánnis/Korfú, Tel. 0030/661/52410

An der Südseite des Platzes vor dem Landhaus steht die *Ajios Ioánnis Pródromos-(Friedhofs-)Kirche* mit übermalten Freskenfragmenten (18. Jh.?) in der Apsis. Die Architektur gehört jedoch dem 16./17. Jh. an. Die dreiseitig geschlossene Apsis ist mit Ziegeldekor geschmückt.

Ajios Jeórjios-Bucht (WKn)
(Abb. 126)

Von der touristischen Infrastruktur bisher kaum berührt, gehört die Ajios Jeórjios-Bucht mit ihrem etwa 3 km langen Sandstrand ›noch‹ zu den ruhigen beschaulichen Naturerlebnissen der Insel. Da die Anfahrt über die Schotterstraße von Prinýlas aus etwas beschwerlich ist, finden nur wenige Korfioten und Inselbesucher den Weg dorthin.

Mit einem Boot kann man von hier aus zur Halbinsel von Afiónas fahren (s. S. 255), die an dem Kap Múrji im Nordwesten der Bucht liegt. Etwas mühsamer (aber für Botaniker interessant) ist der Wanderweg nach Afiónas hinauf und von dort hinunter zu dem alten Grabungsgelände.

Ajios Márkos (LIn)

Einer der empfehlenswertesten Ausflüge ist der Besuch des Gebirgsdorfes Ajios Márkos. Hier findet jeder irgendetwas Sehenswertes: Herrlich ist die Lage des bescheidenen, teilweise verlassenen Dorfes an den südlichen Ausläufern des Pantokrátor-Gebirges; dann die üppige Vegetation, die dunklen Zypressen, die uralten Olivenbäume sowie blühende Orchideengärten im Frühjahr und schließlich die beiden bedeutendsten byzantinischen Kirchen außerhalb der Stadt Korfú mit den glühenden Farben ihrer Fresken.

Ajios Merkúrios- und Profítis Ilías-Kirche
Den Schlüssel für die Kirche (Abb. 62) erhalten Sie im Byzantinischen Museum.
Wegbeschreibung: Das Kirchlein ist mit dem Auto nur von der östlichen Küstenstraße bei Pyrjí zu erreichen. Noch vor der Abzweigung zum Dorf Ajios Márkos links (von Korfú

Doppelapsiden der Ajíos Merkúrios- und Profítis Ilias-Kirche außerhalb von Ajíos Márkos

kommend) ca. 2 km Schotterstraße folgen; dort, wo rechts eine Fahrstraße abzweigt, führt schräg gegenüber (links) ein Pfad in knapp 10 Minuten zu dem Kirchlein. *Datierung der Fresken:* 1074/75 und 14. Jh. (s. auch Stilanalyse S. 81).

Kleine Einraumkapelle mit zwei Apsiden (!), die, ganz typisch für die landschaftsgebundene Architektur der Ionischen Inseln, nicht mit einem Tonnengewölbe, sondern mit einem (offenen?) Dachstuhl überspannt war. In der nördlichen Apsis ist eine Stifterinschrift erhalten, die erwähnt, daß Nikólaos und Efjenía Drongários 1074/75 die Kirche mit seinen Brüdern gebaut und ausgemalt habe. Die in griechischen Zahlenzeichen ,δΦΠΓ‘ ausgedrückte Jahreszahl 6583 ›nach Erschaffung der Welt‹ ist byzantinisch angegeben. Nach dem apokryphen Nikodemus-Evangelium wurde Christus 5500 ›nach Erschaffung der Welt‹ geboren, historisch etwa 8 Jahre vor unserer Zeitrechnung; somit ergibt sich aus der Substraktion 6583-(5500 + 8) die Datierung 1075.

Die Fresken, teilweise mit Ornamenten umrahmt (Ostwand), zeigen einen stark linearen Stil einer sehr alten Tradition. Ikonographisch höchst interessant (sprich: sehr selten) ist für das 11. Jh. die Darstellung der Evangelistensymbole mit der Theophanie.

Ostwand: oben am Giebel Christus in der Mandorla, umgeben von den vier Evangelistensymbolen und Engeln (s. Zeichnung S. 263); *linke Apsis:* Prophet Elias, Stifterinschrift und Prophet Elisäus (Abb. 62); *Wandstück:* Diakon Stephanos; *rechte Ap-*

sis: Hl. Basileios und der Soldatenheilige Merkurios (sehr selten, die Apsis ist kanonisch für Christus und Maria bestimmt); *Nordwand:* ganzfigurige Heilige, stark zerstört (2. Hälfte 14. Jh. oder Anfang 15. Jh.): Hl. Maria, Muttergottes mit Kind, vier Heilige (u. a. Nikolaus), bei der Ostwand Sakramentsnische, rechts davon Säulenheiliger (Simon Stylites); *Südwand:* stark fragmentarisch (14. Jh.), Muttergottes (?) – Soldatenheiliger – Erzengel – Hl. Georgios (?) zu Pferde – Hl. Irene oder Euphemia – Hl. Katharina; *Westwand* (11. Jh.): links Fragment eines Soldatenheiligen, rechts Fragment einer Heiligen (?).

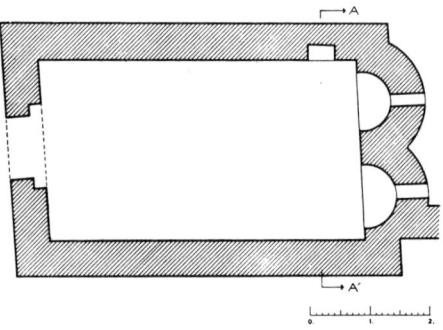

Grundriß der Ajios Merkúrios- und Profítis Ilias-Kirche. (Nach P. L. Vocotopoulos: Fresques du XIᵉ siècle a Corfou, in: Cahiers Archéologiques, Bd. 21, S. 152, Fig. 1, Paris 1971)

Pantokrátor-Kirche
(Farbt. 50, 51; Abb. 79)

Mitten im Dorf, wenn man von der Ostküste kommt, rechts oberhalb der Hauptstraße (links liegt ein kleines Kafeneion) erhebt sich die heutige Dorfkirche (18. Jh.) mit dem Priesterhaus; bei Papas Wasílio Chondrijánnis erhalten Sie den Schlüssel der Pantokrátor-Kirche. Bedenken Sie aber, daß er Ihnen freiwillig seine Zeit schenkt, er ist nicht dazu verpflichtet! Vom Kirchplatz ca. 100 m rechts aufwärts, dann links dem Pfad zur ehemaligen Klosteranlage hinauf folgen (ca. 10 Minuten). Die zauberhafte Lage der Kirche inmitten einer üppigen Vegetation (Orchideen!) lädt zu langem Verweilen ein.

Datierung der Fresken: Kirchenraum 1577 (,ΑΦΟΖ')

Narthex 17./18. Jh.

(s. auch Stilanalyse der von kretischer Freskenmalerei beeinflußten Ausmalung S. 82).

Die ehemalige Pantokrátor-Klosterkirche ist das Beispiel einer tonnengewölbten Einraumkapelle, die es auf Korfú und auf den anderen Ionischen Inseln nur selten gibt.

Altarraum: Panagia Platytera (mit Übermalungen des 19. Jh.) in der Apsiswölbung, darunter Basileios und Chrysostomos; am Triumphbogen oben links und rechts Verkündigung an Maria, in der Mitte Hadesfahrt, darunter je zwei Heilige in Medaillons, links Akra Tapeinosis, der Schmerzensmann (das westliche Ecce homo-Thema), rechts Athanasios von Alexandria, im Sockelbereich verschiedene Ornamente;

Gewölbe (des Altarraumes): abweichend vom byzantinischen ikonographischen Programm ist hier nicht die Himmelfahrt Christi und/oder Pfingsten dargestellt, sondern hier beginnt bereits im südlichen Gewölbe des Altarraumes der christologische Zyklus mit der Geburt Christi. Das ikonographisch eigentlich für den Altarraum bestimmte Thema Himmelfahrt (Farbt. 51) spannt sich über das gesamte Gewölbe des Mittelfeldes.

Nordwand (im Altarraum): oben zwei Heilige in Medaillons, darunter Gregorius der Theologe; Südwand (im Altarraum): zwei Heilige in Medaillons, darunter Kyrillos. *Tonnengewölbe* des ganzen Innenraumes, *Südseite* (v. O. n. W.): oberes Register Geburt Christi, Tempelgang Christi (Himmelfahrt); Taufe Christi, Metamorphosis (Verklärung Christi); der christologische Zyklus setzt sich nun im oberen Register der *Nordseite* fort (v. W. n. O.): Erweckung des Lazarus, Einzug in Jerusalem (Palmsonntag), (Himmelfahrt), Abendmahl, Christus wäscht Petrus die Füße; die Fortsetzung folgt im unteren Register *der Südseite:* Judasverrat (Farbt. 50 und Abb. 79), Christus vor dem Hohenpriester Kaiphas (Himmelfahrt), Christus vor Pilatus, Simon trägt das Kreuz Christi; Fortsetzung unteres Register *Nordseite:* Kreuzigung, Beweinung Christi (Himmelfahrt), das leere Grab, Myrophoren (Christus erscheint Maria Magdalena und Maria).

Nordwand: neun Heilige in Medaillons, darunter einige lebensgroße (v. l. n. r.): Soldatenheilige Theodoros, Demetrios und Georgios, unbestimmbar, Spyridon, unbestimmbar, ein Erzengel. *Südwand:* Christus Pantokrator (mit Übermalungen des 19. Jh.), Christophoros (19. Jh.), Andreas, Antonios, Euthymios und Sabas. *Westwand:* oben links und rechts des Fensters je ein Prophet des Alten Testaments, darunter Tempelgang Mariens und Marientod; links der Tür: Konstantin und Helena in Medaillons und Heilige Paraskeue; rechts der Tür: Katharina und Kyriake in Medaillons und Hl. Marina.

Am Ikonostas Malereien des 19./20. Jh. *Narthex, 18. Jh., Ostwand:* links der Tür Panagia Platytera, rechts Christus Pantokrator; *Nordwand:* Johannes der Täufer.

Bella Vista (WKn)

Sehr schöner Aussichtspunkt an der nördlichen Westküste zwischen Lákones und Kríni. In der Saison meist sehr hektischer Betrieb in dem (einzigen) Terrassenrestaurant-Cafe.

Von hier aus herrlicher Blick zur Bucht von Palaiokastrítsa und zur Bergfeste Angelókastro. Nach Angelókastro führt von dem Aussichtspunkt aus ein schöner Wanderweg (ca. 1,5–2,0 h). Etwa 0,5 km nach Bella Vista liegt links der Straße ein kleines *Frauenkloster der Ajía Praskewí.* In der Klosterkirche befindet sich ein kunstvoller klassizistischer Ikonostas des 19. Jh. mit korinthischen Kapitellen sowie feinen Schnitzarbeiten.

Benítses (OKs)
(Abb. 107)

Kleiner Fischerort an der Ostküste, ca. 12 km südlich von Korfú, der stark vom Tourismus frequentiert wird.

Von Korfú kommend rechts auf den Hauptplatz (direkt an der Küstenstraße) fahren; nach etwa 500 m liegt links ein zweigeschossiges Haus mit einer Außentreppe, anschließend folgt

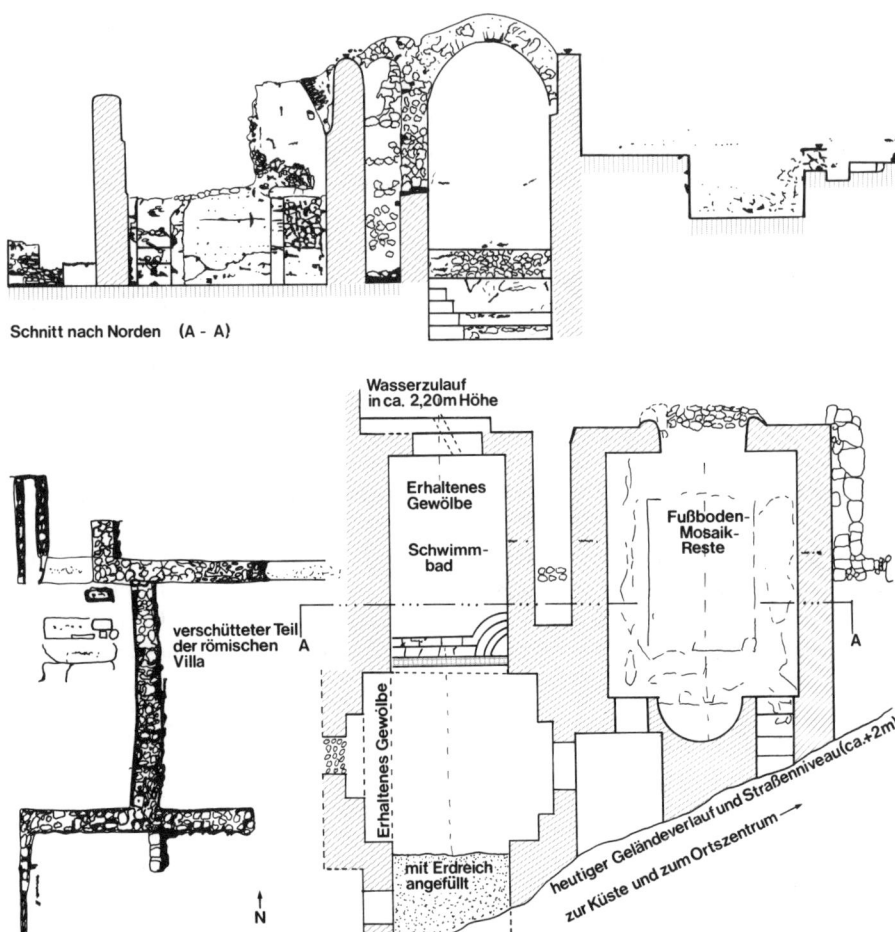

Schnitt nach Norden (A - A)

Römische Thermen in Benítses. (Nach G. Dontas, in Arch. Deltion, Bd. 29, S. 634, Abb. 6, Athen 1975, mit Ergänzungen des Verfassers)

das Restaurant ›Reflections‹. Zwischen diesen Häusern rechts und gleich wieder links dem Pfad zu den Angela Brentanos-Apartments folgen; nach 300 m erreichen Sie die interessanten Reste einer *römischen Badeanlage* einer Privatvilla.

Von dem römischen Bad, das aus dem 2. Jh. n. Ch. stammt, sind noch drei Räume mit bis zu 4 m hohen Außenwänden und einem knapp 8 m hohen Gewölberest erhalten. Die Mosaikfragmente der Fußböden sind z.Zt. mit Sand abgedeckt. Der nordwestliche Raum mit den vier runden Stufen an seiner Südseite und dem hohen Gewölbe war ehemals das Schwimmbad.

In unmittelbarer Nähe des römischen Bades fand man auch einige Gräber. Das gesamte Gelände von Benítses ist bisher archäologisch noch nicht erforscht; wahrscheinlich lag hier ein bedeutender römischer Hafen(?).

Chlomós (OKs)

(Farbt. 36; Abb. 125)

Sehr schönes Gebirgsdorf mit noch gut erhaltener Bausubstanz des 18./19. Jh., das bereits im 15. Jh. schriftlich erwähnt wird. Auf dem höchsten Punkt des Dorfes, bei der Taxiárchoi-Kirche des 18. Jh. (mit Freskenfragmenten des 18. Jh.), hat man eine herrliche Fernsicht bis hin nach Korfú, zum griechischen Festland und zur Südspitze der Insel.

Dhanília, ›To Chorió‹-Museumsdorf (LIm)

Öffnungszeiten (nur im Sommer): 1. Apr. bis 20. Okt.: Tgl. 9.30–13.30 Uhr und 18.00–22.00 Uhr, So geschlossen.
(Abb. 109, 110)

1971–77 von der korfischen Familie Bounás errichtetes Dorf im venezianischen Stil nach originalgetreuen Vorbildern und mit alten Baumaterialien. Sowohl die Architekturelemente als auch die Ausstattung der Werkstätten und der Mühle und die Exponate des Museums stammen nicht nur von Korfú, sondern auch von den anderen Ionischen Inseln. Das kleine Museum zeigt eine ganz hervorragende Sammlung von Zeugnissen des bürgerlichen und bäuerlichen Lebens: Geräte der Feld- und Hausarbeit, Schlafzimmer mit Gebärstuhl, Wohnzimmer und viele Handarbeiten.

Abends finden Folklore-Veranstaltungen im Dorf statt, die von sehr vielen Touristen besucht werden.

'Ermones (WKn)

Landschaftlich sehr schön gelegene Bucht mit Hotel- und Restaurantbetrieb. Mythischer Ort, an dem sich Odysseus und Nausikaa getroffen haben sollen (s. S. 12).

Im nahen Bereich der 'Ermones-Bucht entdeckte A. Sordinás eine bronzezeitliche Siedlung (nicht mehr zu sehen) mit ritzverzierter Keramik nach Art der Funde in Afiónas (s. S. 255).

Ewropúli (LIm)

Kapodístrias-Museum

Öffnungszeiten: Mi und Sa 11.00 bis 13.00 Uhr

Am besten erreichen Sie das Museum von der östlichen Küstenstraße aus. Etwa 4,5 km nördlich von Korfú (noch vor Kandokáli) links Richtung Potamós/Ewropúli abbiegen; etwa

0,5 km nach der Spitzkehre wieder links, bei der Kreuzung nach 0,6 km rechts, dann stehen Sie nach ca. 500 m vor dem Gartentor des Museums, direkt an einer Kreuzung. Rückfahrt über Potamós zu empfehlen.

Privathaus des Ioánnis Kapodístrias (1776–1831), das heute als Musem dient. Kapodístrias war einer der führenden griechischen Politiker zu Anfang des 19. Jh. (s. S. 65). Ab 1809 war er Botschafter Zar Alexanders und vertrat ihn bei den internationalen Verhandlungen in Wien (1814) und Paris (1815). Im Jahre 1827 wurde er zum 1. griechischen Ministerpräsidenten gewählt; am 27. September 1831 fiel er in Nauplia einem Attentat zum Opfer (s. Fig. S. 67).

1. Zimmer: Stammbaum des I. Kapodístrias von 1350–1984; im 14. Jh. ist die Familie von Kapo d'Istria in Dalmatien nach Korfú eingewandert – Wohnzimmer mit verschiedenen Gemälden von Grabon, Wyk und Zeonhaide;

2. Zimmer: Arbeitszimmer mit verschiedenen Familienporträts; links der Vater, rechts die Mutter und der Bruder Augustínos.

Ghardhíki (LIs)
(Abb. 113)

Von Ajios Mattháios ca. 2 km Richtung Mesóngi; rechts der Straße 0,8 km folgen. Bei der Straßengabelung führt links die Straße nach knapp 200 m zum Eingang der *byzantinischen Festung* von Ghardhíki. Rechts von der Kreuzung liegt auf einer kleinen Höhe etwa 200 m querfeldein die *Ajía Marína-Kapelle.*

Byzantinische Festung

Die im Grundriß unregelmäßig polygonal angelegte Festung steht, ganz ungewöhnlich, in einem flachen Gelände, nicht auf einer leicht zu verteidigenden Anhöhe. Möglicherweise diente die Festung in erster Linie dem Schutz zahlreicher Quellen, die teilweise heute noch den Bauern Wasser spenden.

Der Festungsbau wurde von Michael I. Palaiologos von Epiros (1204–1215, s. S. 39) Anfang des 13. Jh gegründet.[1] Von den acht Türmen der Festung sind noch sechs fast vollständig erhalten. In dem südlichen Turm, links neben dem (heutigen) Osteingang, war möglicherweise eine Burgkapelle untergebracht; zumindest deuten die kaum erkennbaren Freskenfragmente und die Reste einer Apsis im Turmobergeschoß auf einen sakralen Raum hin.

Das Mauerwerk, besonders das der östlichen Türme, zeigt schöne Ziegelbänder nach byzantinischer Art.

In dem Kastell trifft man häufig auf Schlangen (!).

---

1 G. Linárdos datiert die Festung ins 12. Jh. und P. Kálligas in die Zeit zwischen 1235 und 1257

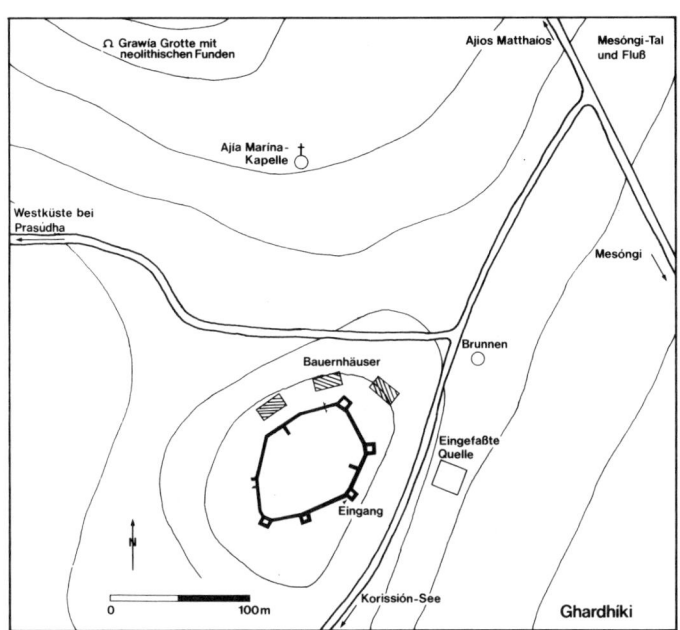

Byzantinisches Kastell
Ghardhíki

Ajía Marína-Kapelle

Architektur: 13. Jh. (?)
Fresken: 16. Jh.
Die kleine Einraumkapelle stammt höchstwahrscheinlich aus der Gründungszeit des
Ghardhíki-Kastells. In der Westwand ist
eine Inschrift auf dem 13. Jh. entdeckt worden. Mehrfach zerstört. Zu dem Grün-
dungsbau gehört nur noch der Ostteil der
Kirche. Der Wiederaufbau mag im 16. Jh.
zusammen mit der Freskenausschmückung
stattgefunden haben.
Apsis: Panagia Platytera, rechts der Schmerzensmann (Akra Tapeinosis) – *Südwand:* im
Altarraum Deesis (rechts wird Johannes der
Täufer von dem gebauten Ikonostas verdeckt), Heilige Marina, Demetrios zu Pferde (zu Füßen des Pferdes der erschlagene
Bulgarenkönig Skylojiannis) – *Nordwand:*
Fragmente von Soldatenheiligen zu Pferde.
Grawía-Höhle
Etwa 200 m weiter westlich der Marína-Kapelle und etwas hangaufwärts liegt die Gra-
wía-Grotte (Spiliá Grawía). In dieser Höhle
wurden die ältesten menschlichen Spuren
der Insel Korfú aus dem mittleren Paläolithikum gefunden; d. h., daß hier bereits vor
50 000–40 000 Jahren Menschen gelebt
haben.

269

Ghastúri (LIm)
(Abb. 97)

Kleines Gebirgsdorf mit herrlichem Blick über den Nordteil der Insel bis hin zu den Küsten und dem Festland von Albanien und Griechenland. Hier ließ sich die österreichische Kaiserin Elisabeth (Sissi) an der Stelle der venezianischen Villa Braila ihr Märchenschloß Achíllion bauen (s. S. 252). Heute als Museum und Spielkasino genutzt.

Ghuwía (OKn)
(Abb. 119–122)

Küstenstraße bis Ghuwía folgen, rechts bei dem schlecht lesbaren Ortsschild abbiegen (links gegenüber Abzweigung nach ›To Chorió‹), dann gleich wieder rechts in die Hauptstraße; nach etwa 200 m links bei Haus Nr. 26 führt ein Weg zu den *venezianischen Schiffshäusern* aus der 1. Hälfte des 18. Jh. Der heute vom Tourismus stark überlaufene Ort hatte in der Endphase der venezianischen Epoche Korfús große Bedeutung. Schon zur Wende des 17./

Hafen mit den venezianischen Schiffshallen von Ghuwía im Jahre 1781. Zeichnung von Grasset Saint-Sauveur. (Aus Ermano Lunzi: Storia delle isole Ioni sotto il reggimento dei Republicani francesi, Venedig 1860)

18. Jh. bauten die Venezianer die damals sehr schöne Ortschaft als Hafen aus (s. Zeichnung S. 270). Nach der letzten erfolgreichen Abwehrschlacht Korfús gegen die Türken im Jahr 1716 (s. S. 48) gaben die Venezianer Ghuwía den Vorzug für einen weiteren Hafenausbau; man errichtete drei große Lagerhallen für die Reparaturen venezianischer Schiffe und eine Hafenmauer, die wahrscheinlich erst 1778 zusammen mit dem Hafenportal entstanden ist; knapp 20 Jahre vor dem Untergang der 1100jährigen Adria-Republik.

Die Schiffshalle ist dreischiffig angelegt und zeigt sowohl an den Innen- wie Außenwänden je vier Arkadenstellungen, wobei die Pfeiler und Wandscheiben aus Bruchsteinmauerwerk und die Bögen aus Ziegelmauerwerk bestehen. Im mittleren Giebel der Ostwand ist ein venezianisches Wappen (Abb. 120) und am Keilstein der Ostseite des Hafenportals die Bauinschrift mit der Jahreszahl 1778 erhalten.

Kalámi (OKn)

Kleiner Fischerort, in dem Lawrence Durrell ab 1937 einige Jahre lebte und sein Buch ›Schwarze Oliven. Korfú. Insel der Phäaken‹, schrieb. Das von Durrell bewohnte ›weiße Haus‹ steht noch oberhalb der Küste, weniger weiß zwar. Doch hören wir, was Durrell über diesen Ort zu sagen hat: »Es ist April, und wir haben das Haus eines alten Fischers in Kalamai, im äußersten Norden der Insel, gemietet. Zehn Seemeilen und ungefähr dreißig Kilometer auf dem Landweg von der Stadt entfernt, hat es den ganzen Zauber völliger Abgeschiedenheit. Ein *weißes Haus*, wie ein Würfel auf den Fels gesetzt, den die Narben von Wind und Wasser ehrwürdig machen. Der Berg dahinter steigt so steil an, daß sich die Zypressen und Oliven in den Raum hereinneigen, in dem ich sitze und schreibe. Wir sind hier auf einem Vorgebirge ausgesetzt, auf einer reinen, schönen Oberfläche aus metamorphem Gestein, das mit Oliven und Steinchen besetzt ist und die Form eines ›mons pubis‹ hat. Das ist unser Heim geworden, in dem wir uns alle wohlfühlen. Eine Welt. Korfu.«[1]

Kamára (LIm)

Bevor Sie das Dorf erreichen, überqueren Sie eine kleine Brücke (direkt in der Kurve), etwa 200 m danach zweigt links im spitzen Winkel ein Sträßchen ab, dem Sie bis zum Brunnen folgen; dann etwa 100 m schräg links, nach den Häusern rechts und Sie erreichen nach weiteren 100 m rechts ein Wiesengrundstück, auf dem zwei schlecht erhaltene *byzantinische Kapellen* stehen: gleich links die *Ajíoi Taxiárchoi* Michael und Gabriel und etwas weiter recht *Ajios Wlásios*. Botanisch interessanter Landschaftsraum.

---

1 Durrell, L.: *Schwarze Oliven. Korfu. Insel der Phäaken*, S. 10, Hamburg 1963 (rororo 1102)

Ajíoi Taxiárchoi-Kirche
(Abb. 57)
Datierung der Fresken(Fragmente): 17. Jh. (1615?)
Ruinöse Einraumkapelle (mind. zwei Baustufen) mit einem Holzdach und stark fragmentarischen Fresken. Die Kapelle steht tief im Erdreich und dürfte wohl älter sein als die stilistisch dem 17. Jh. angehörenden Fresken. Vielleicht steht die Kirche auf einem frühchristlichen Vorgängerbau. Zumindest hat in unmittelbarer Nähe oder bei der Ajios Wlásios-Kapelle ehemals eine frühchristliche Kirche (Basilika) gestanden, von der noch sehr viel Baumaterial vorhanden ist. So wurde im Bema eine schöne, von *beiden* Seiten mit Reliefs geschmückte Altarschranke aus Marmor für den Altartisch verbaut. Auch der gebaute Ikonostas besteht zum größten Teil aus frühchristlichem Marmor-Baumaterial; überputzt und mit Fresken geschmückt war es so Jahrhunderte vor einem anderweitigen Steinraub geschützt. Die Eingangsstufe der Westtür besteht ebenfalls aus einer Marmorspolie mit Kreuzsymbol.

Freskenfragmente (alle sehr schlecht erkennbar):
Ostwand/Apsis: Panagia mit Christus, darunter vier Kirchenväter – *Westwand:* Heilige Kyriake mit einer Inschrift aus dem Jahre 1615. *Nordwand:* Zwei Erzengel mit der Weltkugel (ikonographisch sehr selten) – *Ikonostas:* Deesis und 12 Apostel.

Ajios Wlásios-Kirche
(Abb. 81, 114)
(s. auch Stilanalyse S. 82)
Datierung der Fresken: 13. und 17. Jh.
Ruinöse Einraumkapelle, die nur im Ostteil von einem provisorischen Holzdach geschützt wird und mindestens drei Bauphasen angehört. Der östliche Teil der Kapelle stammt aus der Gründungszeit, dem 13. Jh., und wurde wahrscheinlich über einem frühchristlichen Vorgängerbau errichtet. Der Zickzack-Ziegeldekor an der dreiseitig geschlossenen Apsis und das Ziegelornament an der Südwand erinnern an die Architektur der Ajios Nikólaos-Kirche in 'Ano Korakiána (s. S. 259 f.). Irgendwann im 16./17. Jh. wurde die Kapelle erweitert bzw. umgebaut. Zu dieser Zeit errichtete man einen steinernen Ikonostas, der noch heute mit gut erhaltenen Fresken des 17. Jh. erhalten ist. Leider sind die Fresken (Abb. 114) der jahreszeitlichen Witterung ständig ausgesetzt, da das Kirchenschiff nicht überdacht ist.

Der Altar der Kirche besteht aus einem dorischen Kapitell und einer frühchristlichen Altarschranke aus Marmor; ein weiteres dorisches Kapitell befindet sich im nördlichen Eingangsbereich.

Fresken (alle fragmentarisch und schlecht erkennbar; 13. Jh.): *Altarraum:* Apsiswölbung mit zwei Fragmenten einer einst sehr schönen Darstellung der Panagia Platytera,[1]

---

1 Wird oft auch fälschlich Panagia Blacherniotissa genannt

vor ihrer Brust ein Tondo mit dem Bild des segnenden Christus; Ostwand mit Beweinung Christi – dachloses *Kirchenschiff*, *Ikonostas* (Ostwand, 17. Jh.): oben links 6 Apostel, Deesis, 6 Apostel; Wandzone: Diakon und Erzmärtyrer Stephanos, Tür, Panagia Hodegetria (Abb. 81), Tür: Christus als Hoherpriester – *Nordwand* (sehr schlecht erhalten): Hl. Demetrios zu Pferde im Kampf gegen den Bulgarenkönig Skylojiánnis.

Kap Asprókawos (Südspitze der Insel)

Südlich der stark vom Tourismus überlaufenen und recht unattraktiven Ortschaft Kawós streckt sich die fast unberührte und nur spärlich besiedelte Südspitze der Insel aus.

Von Kawós kann man nach knapp 3 km in südlicher Richtung einer schlechten Erdstraße folgen. Dann führt ein Pfad durch eine Wald- und Strauchlandschaft, bis man nach ca. 20 Minuten zu dem verlassenen *Kloster der Panajía Akrodhíla* aus dem 18. Jh. gelangt. Nur noch der Campanile ist gut erhalten, Kirche und Klostergebäude wurden teilweise im 19./20. Jh. restauriert bzw. erneuert.

Nur wenige Meter links vom Klostereingang stürzen die weißen (aspró) Felsen etwa 130 m steil ins Meer hinab. Archäologisch wurde dieser Teil der Insel noch nicht untersucht; es wäre aber ganz unwahrscheinlich, wenn an diesem schönen Aussichtspunkt mit weitem Blick in die südliche Inselwelt des Ionischen Meeres kein Heiligtum in der Antike gestanden hätte.

Kap Ekateríni (NK)

Von der Tankstelle in Períthia 1,5 km Richtung Westen nach Sidhári fahren, rechts abbiegen und nach 0,5 km links der Schotterstraße folgen, dann erreichen Sie die Nordküste mit der Ajios Spyrídhon-Kapelle (19./20. Jh.?); hier links weiterfahren, nach 1,5 km liegt rechts die *Klosteranlage der Hl. Katharina*. Nicht weit von der flachen Küste wurde das einst sehr umfangreiche Kloster 1713 gegründet. Die festungsartigen Umfassungsmauern sind größtenteils noch erhalten, ebenso einige Klostergebäude und die Kirche. Die Kapelle ist mit einem sehr tiefen Altarraum (nach Art eines Mönchschores) ausgebildet; über dem Westportal eine Inschrift mit der Jahreszahl 1713.

Der sehr verwahrloste Innenraum der Kirche birg noch einen klassizistischen Ikonostas mit korinthischen Säulen und wenigen Ikonen des 19. Jh. An der Südwand die Hl. Katharina mit dem Rad ihres Martyriums und der Siegespalme (18. Jh., ganz nach westlicher Tradition).

Fresken scheinen noch viele vorhanden zu sein, die jedoch überputzt sind, zu sehen sind in der *Apsidiole*: Schmerzensmann (Akra Tapeinosis), *Südwand des Altarraumes*: Thronende Muttergottes, *Ostwand*: ganzfiguriger Heiliger (alle sehr fragmentarisch/18. Jh.).

Karusádhes (NK)

1460, nachdem die Venezianer nach schweren Kämpfen Mistrá (Morea) den Türken überlassen mußten, strömten viele venezianische Flüchtlinge nach Korfú, um sich hier eine neue Existenz aufzubauen. Jeórjios Theotókis, ein Venezianer aus Morea, wählte nach 1460 Karusádhes als seine neue Heimat, wo er sich ein *Landhaus* ganz nach venezianischer Art baute, in dem bis zum Anfang des 20. Jh. seine Nachkommen lebten. In dem venezianischen Landhaus wohnte und arbeitete zuletzt 20 Jahre der korfische Dichter Konstántinos Theotókis (1872–1923). Die Villa ist Privatbesitz und kann nur selten besichtigt werden, sie liegt westlich der Dorfkirche auf dem ansteigenden kleinen Hügel.

Die *Dorfkirche* der Muttergottes aus der Mitte des 18. Jh. zeigt eine sehr reichhaltige Ausstattung mit einem sehr schönen Ikonostas und mehreren Ikonen.

Stadtauswärts, Richtung Kawalúri, erreichten Sie nach ca. 1,5 km ein Sägewerk, hinter dem die *Ajía Ekateríni-Kirche* liegt. Den Schlüssel zur Kirche, die mit interessanten Fresken ausgestattet ist, erhalten Sie beim Priester Sokrates in Plátanos.

Ajía Ekateríni-Kirche
(Farbt. 47)

Datierung der Fresken: 17./18. Jh.
(s. auch Stilanalyse S. 82)
Die geräumige Hallenkirche wurde irgendwann im Westen (mit der Holzempore) verlängert, wobei die Fresken der Westwand mit zerstört wurden.

Fresken:
Die Malereien in der *Apsis* und in der Apsidiole (links) sind übermalt.

Die Fresken der *Längswände* sind von bestechender Qualität und großer Schönheit, sie zeigen in den oberen Wandzonen einen Streifen mit Heiligen und Propheten des Alten Testaments. Darunter verläuft ab dem Ikonostas der Südwand ein christologischer Zyklus, der sich auf der Nordwand im Westen fortsetzt, nach Osten verläuft und an der Südwand im Osten endet.
Südwand (ab Ikonostas, v.O.n.W.): Geburt Christi – Tempelgang Christi – Taufe Christi (durch ein Fenster zerstört) – Marientod – Erweckung des Lazarus (besonders qualitätvoll, Abb. 80) – Einzug in Jerusalem – der Zyklus wechselt jetzt zur *Nordwand* (v.W.n.O.): unkenntlich (Judasverrat ?) – Christus vor dem Hohenpriester Kaiphas – Judas erhält die Silberlinge (links), Christus wird abgeführt (rechts), im Hintergrund interessante Kuppelkirche – Christus vor Pilatus und seiner Gemahlin Prokla (ikonographisch sehr selten, Farbt. 47) – Zerstörung durch ein Fenster – Elkomenos (Kreuzbesteigung) – Kreuzigung (rechts unten sind berittene Soldaten wie bei Elkomenos zu sehen!) – (Ikonostas) – Altarraum mit Beweinung Christi – Hadesfahrt (westliches Thema ›Höllenfahrt‹); Fortsetzung an der

Südwand (v.O.n.W.): die drei Frauen am leeren Grab (durch ein Fenster zerstört) – Myrophoren.

Untere Wandzonen (teilweise stark übermalt, völlig anderer Stil), *Norden:* zwei Heilige, zwei Soldatenheilige, ein Heiliger – Tür – drei Soldatenheilige – holzgeschnitzter Altar (19. Jh.) – *Altarraum:* Petros von Alexandrien, ein Heiliger – Diakone Laurentsios und Stephanos; *Süden, Altarraum:* drei frontal dargestellte Kirchenväter – *Kirchenraum:* Rundbogenvertiefung, oben Synaxarium der Kirchenpatronin, darunter Heilige Katharina, vor dieser Nische steht ein holzgeschnitzter Altar mit einer Ikone der Hl. Katharina (19. Jh.), Hll. Nikolaus und Spyridon – Tür – Hl. Antonios, ein Heiliger und zwei heilige Frauen.

Kassiópi (NK)

Kassiópi ist zwar aufgrund seiner schönen Lage und seiner mittelalterlichen Festung sowie der traditionsreichen Muttergotteskirche Kassópitra (in den Sommermonten) mit am stärksten von allen Ortschaften der Insel besucht, aber dennoch lohnt sich ein kurzer Aufenthalt. Noch ist Kassiópi touristisch nicht perfekt überorganisiert, und das macht es sympathisch. Noch kann man bei den Menschen jene sprichwörtliche Philoxenía Griechenlands entdekken, die schon Homer besungen hat, kann die liebenswürdige Gastfreundschaft speziell der Korfioten erfahren. Freilich: Wenn sich gerade mehrere Busse auf eine kleine Taverne stürzen, der Besitzer oftmals nur wenig Zeit für die meist ungeduldigen Gäste hat, die nicht selten lieber ›Wiener Schnitzel‹ als Dolmádhes, Kokóretsi oder frischen Fisch haben wollen

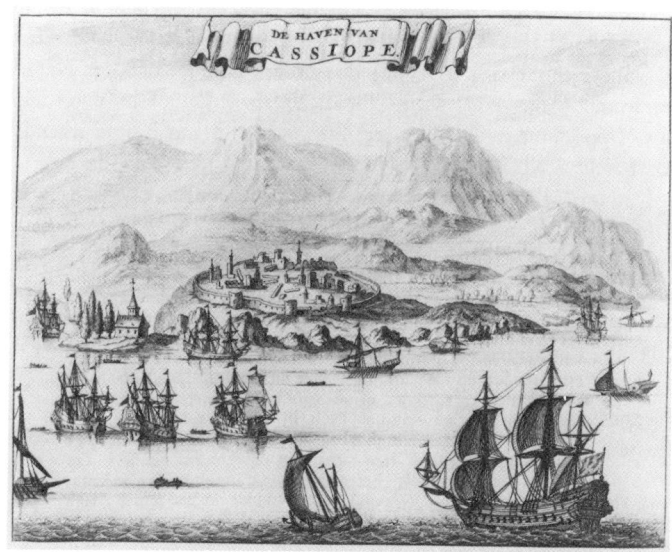

Der Hafen von Kassiópi im Jahre 1688. Von O. Dapper

(der in Griechenland tatsächlich teurer ist als Fleisch!), dann verliert auch der geduldigste Tavernenbesitzer und Kellner seine Ruhe, nicht aber seinen Stolz, widmet sich dem kurzen saisongebundenen Geschäft und hat später wieder voller Heiterkeit Zeit für seine echten Xenoi!

Kleine Hotels, mehrere Pensionen und Privatunterkünfte sowie ein schöner Strand an der Nordostküste unterhalb des Kastells sind vorhanden und erleichtern von hier aus Erkundungen Nordkorfús.

Daß ein Seefahrervolk wie die Griechen schon in frühester Zeit für seine Küstenschiffahrt die topographisch günstige Lage der natürlichen Hafenbucht von Kassiópi erkannte und nutzte, ist nur zu verständlich. Schon bei der Stadtgründung Kerkyras (s. S. 25), lieferte für die Korinther gerade die sichere Meerenge zwischen der Insel und dem Festland die wichtigsten Entscheidungsgründe für den Zwischenhandelsstützpunkt Kerkyra auf dem Wege nach Sizilien und Italien. Und bevor man sich in das offene Meer westwärts gen Italien stürzte, das noch heute von den Korfioten ›Agriothálassa‹ (Wildmeer) genannt wird, mag bereits im 8./ 7. Jh. v. Chr. besonders die ruhige Bucht von Kassiópi als Naturhafen für die Aufnahme von Proviant- und Wasservorräten, aber auch zum Schutz vor dem ›wilden Meer‹ gedient haben.

Das fruchtbare Küstenland, der Wasserreichtum und der Naturhafen haben somit in Kassiópi die Herausbildung einer frühen städtischen Siedlung durchaus begünstigt. Frühste Nachrichten aus der Antike über die Hafenstadt Kassiópi kennen wir jedoch erst von Cicero[1] (106–43 v. Chr.), der 48 v. Chr. 7 Tage in der Stadt wohnte. Überhaupt scheint Kassiópi während der römischen Epoche neben Kerkyra die wichtigste Stadt auf der Insel gewesen zu sein. Auch der Name geht wohl auf die Römer zurück, die in ihrem Haupttempel der Stadt Zeus Cassius verehrten, der unweit südlich von der Panajía-Kirche (s. S. 33) lag und von dem 1970 spärliche Fragmente entdeckt wurden. 67 n. Chr. besuchte Kaiser Nero Kassiópi und sang dem Göttervater zu Ehren ein Lied im Zeus-Heiligtum.

Andere Forscher vertreten jedoch die Meinung, daß der Name mit Kássope in Epíros zusammenhängt; einer antiken Stadt, die im 4. Jh. v. Chr. nach dem städtebaulichen Raster des Hippodamos von Milet errichtet wurde, deren Bürger irgendwann an der Nordküste Korfús die Stadt Kassiópi gegründet hätten.

Daß im 7. Jh. Bischof Johannes von Euroia (in Epíros) die Reliquien des Hl. Donatos von Euria (Ende 4. Jh.) nach Kassiópi überführte, deutet daraufhin, daß die Stadt zu dieser Zeit keine geringe Bedeutung gehabt hat.

Als im 11. Jh. die Normannen von Sizilien aus weite Gebiete der Adria und des Ionischen Meeres beherrschten und auch Korfú für einige Jahre unter ihre Kontrolle brachten, gab es 1084 bei Kassiópi eine heftige Seeschlacht, bei der die Venezianer die Normannen besiegen konnten. Doch erst in der 2. Hälfte des 13. Jh. errichteten die Anjou des Königsreiches Neapel, die von 1267–1386 Herren der Insel waren (s. S. 41), das noch heute erhaltene Kastell.

---

1 Cicero: *Epistulae ad familiares*, 16, 9, 1

Bei dem Herrschaftswechsel von Anjou zu Venezianern wurde 1386 das Kastell bei einem venezianischen Angriff erheblich beschädigt. Auch scheint Kassiópi während der Venezianischen Epoche seine einstige Bedeutung verloren zu haben. 1537 (?) mußte die Stadt eine Eroberung und Plünderung durch die Türken erdulden.

Römische Ausgrabungen

Südlich der Küstenstraße, die an Kassiópi vorbeiführt, hat man nahe der westlichen Zufahrtstraße direkt am südlichen Straßenrand einen Teil der römischen Wohnstadt aus der Zeit des 1. Jh. v. Chr. bis zum 2./3. Jh. n. Chr. freigelegt.

Panajía Kassópitra-Kirche

Die Panajía-Kirche ist ein gutes Beispiel dafür, wie mit Beharrlichkeit die Heiligkeit eines Ortes über Jahrhunderte – von heidnischen Tempeln auf christliche Gotteshäuser übertragen – kontinuierlich in der Bevölkerung weiterlebt. Dort, wo man in unmittelbarer Nähe einst den Göttervater Zeus verehrte, baute man in frühchristlicher Zeit eine dreischiffige Basilika und schließlich, nach der Zerstörung (1537?) des orthodoxen Gotteshauses durch die Türken, 1590 eine römisch-katholische Kirche für die Venezianer, die aber schon Anfang des 17. Jh. den griechisch-orthodoxen Christen übergeben wurde. Eine lateinische Inschrift über dem Portal erinnert an den Wiederaufbau der Kirche durch den venezianischen Gouverneur Petro Francisco Malipetro, an die spätere Vergrößerung durch Philippo Pascalico und an die Ausschmückung der Kirche durch Nicolao Suriano.

Innenraum:

Die relativ große tonnengewölbte Hallenkirche ist im Altarraum links und rechts mit einer Nische für Seitenaltäre ausgebildet, besitzt noch einige Freskenfragmente und auch einige Ikonen.

Nordnische (links): Thronende Muttergottes mit Christus (Panagia Kassópitra) von Th. Poulákis (1690), der die Ikone nach Errettung aus Seenot der Panagia verehrte. Im unteren Teil der Ikone erzählt Poulákis die Lokallegende eines Stéfanos, der nach ertapptem Diebstahl von dem venezianischen Statthalter Simon Lion dazu verurteilt wird, daß ihm das Augenlicht genommen wird. Nach der Blendung vollbringt die Muttergottes das Wunder und macht Stéfanos wieder sehend. – *Rechts der Nische* Freskenfragmente (17. Jh.): Panagia (nur noch der sehr schöne Kopf) und Kopf des Hl. Pandeleimon; *Südnische* mit schönem Altar und stark verrußten Fresken im Gewölbe (17. Jh.); *links:* Verkündigung (?), darunter zwei Heilige in Medaillons; *rechts:* Tempelgang Mariens, darunter ein Heiliger im Medaillon. – *Links der Nische* Freskenfragmente (17. Jh.): Hl. Nikolaus erhält von (Christus, nicht mehr erhalten) und Maria (rechts oben) die Bischofsweihe; Kopf eines Erzengels. *Altarraum*, in der Apsiswölbung (stark verrußt): Panagia Platytera mit zwei adorierenden Erzengeln.

Kastell

Gegenüber der Panajía-Kirche führt rechts der Hauptstraße ein Weg zum Kastell hinauf. Es sind nur noch die kräftigen Außenmauern mit dem Doppeltor im Osten erhalten. Die Gebäude im Innern des Kastells sind bis auf die Grundmauern zerstört, die nun von Macchia und Wiesen überwuchert sind. (Im Kastell wurden häufig Schlangen gesichtet!).

Kulúra (OKn)
(Farbt. 32 u. 35)

Sehr kleiner Fischerort mit nur wenigen Wohnbauten und einem romantischen Segelhafen. Unmittelbar an der Küste steht ein venezianisches Landhaus aus dem 16. Jh. Nach Osten wölben sich über zwei Geschosse zwei Apsiden aus der Außenmauer heraus, die so dicht an der Ostküste stehen, daß sie teilweise vom Meer umspült werden (Privatbesitz).

In der Sommersaison (Mai-September) ist am Hafen ein kleines Terrassenrestaurant geöffnet. Sehr schön ist der Blick von Kulúra zum nur etwa 2 km entfernten Festland Süd-Albaniens und in die fruchtbare Ebene von Butrinti, das römische Buthroton.

Laghúdhia (Insel vor der Westküste)

Die kleine Insel liegt südlich vom Korissión-See, gegenüber von Arjirádhes. Hier entdeckte man Grundmauern und Keramikfunde der frühchristlichen Epoche (6. Jh. n. Chr.).

Lefkímmi (LIs)

Ganz unattraktive Stadt, aber mit teilweise gut erhaltener Bausubstanz der venezianischen Epoche, die jedoch weder restauriert noch sonstwie erhalten wird. Die Privatkirchen der Familie Petretrí (Ajía Paraskewí und Panajía Wlachérnas) sind teilweise mit frühchristlichem Baumaterial irgendeiner Basilika gebaut worden.

Liniá (LIs)
(Abb. 77)

Pantokrátor-Klosterkirche

Den Schlüssel der Kirchen erhalten Sie bei dem Priester Aristídhis Kulúris in Arjiádhes.

Die Pantokrátorkirche des verlassenen Klosters wird häufig in anderen Büchern in das Gebirgsdorf Chlomós verlegt. Von Korfú kommend erreichen Sie das Kloster, indem Sie kurz vor der linken Abzweigung nach Chlomós rechts 300 m einem Schotterweg folgen und dann links abbiegen; nach weiteren 300 m liegt links bei einer Weggabelung das Kloster. Der Eingangscampanile und die große Kirche sind Werke aus dem Jahre 1908. Im Klosterhof liegen rechts alte Häuser, ganz links schließt die byzantinische Pantokratorkirche an. Die Nordwand der ehemaligen Zweiraumkapelle wurde nach 1950 erneuert. Datierung der Fresken: 14 Jh. (?) und 16. Jh. (s. auch Stilanalyse S. 82)

Altarraum: in der Apsiswölbung Panagia mit Christus, darunter vier Kirchenväter: Nikolaos, Basileios, Chrysostomos (?) und ein nicht identifizierbarer Hierarch (alles 16. Jh.) – oben am Triumphbogen: Verkündigung und Apostelkommunion (beides 14. Jh. ?); *Südwand* mit drei Freskenschichten: 1. Fußwaschung (17. Jh. ?), 2. Metamorphosis/Christus in der Mondorla (16. Jh.) und Paradies (s. Westwand, 14. Jh. ?), 3. Einzug in Jerusalem (?) Anfang 14. Jh. ?); *Westwand:* Jüngstes Gericht mit Aposteln (14. Jh. ?) teilweise aufgerauht für eine jüngere Freskenschicht).

Moní Myrtiótissa (WKn)
(Farbt. 37)

Von der Straße Wátos/Pélekas führt westlich eine sehr schlechte Schotterstraße zu der landschaftlich schön gelegenen Myrtiótissa-Bucht mit gutem Kieselstrand hinunter und weiter zum Kloster Myrtiótissa (1,8 km). Das oberhalb der Küste liegende Kloster ist eine Gründung des 14. Jh., die heutigen Bauten stammen hingegen größtenteils aus dem 17./18. Jh. Reizender Innenhof, bezaubernde Lage. Rechts führt am Kloster ein Wanderweg entlang der Küste bis nach 'Ermones; botanisch interessant.

Moraïtika (OKs)

Verläßt man das Dorf auf der Küstenstraße Richtung Süden, dann kommen Sie am Dorfende links bei einer BP-Tankstelle vorbei; rechts gegenüber liegt im Gelände auf der anderen Straßenseite eine *römische Villa,* von der noch die Wände zweier Räume aus dem Erdreich herausragen.

Nýmfai (LIn)
(Farbt. 38)

Landschaftlich sehr schön gelegener Ort mit Blick zur Nordküste. In dem Dorf gibt es eine sehenswerte *Kirche* und ein außerhalb liegendes *Kloster.* Den Schlüssel für die Klosterkirchen erhalten Sie in Nýmfai von dem sehr gebildeten Priester Meneláos Moraïtis.

Stawroménos-Kirche

Liegt auf der Ausfahrtstraße Richtung Norden nach Ródha, etwa am Dorfende rechts der Straße. Sie ist von ganz eigenartiger architektonischer Gestalt; sie besitzt eine der byzantinischen Architektur völlig fremde Bauform, die an ceylonesische Dagoba-Bauten und an buddhistische Stupas in Indien erinnert. Vielleicht war der unbekannte Stifter ein weitgereister Seefahrer, der – begeistert von der ihm fremden exotischen Architektur in Fernost[1] – in seiner Heimat Korfú die christliche Kirche in dieser Bauform errichten ließ. Auch das Westportal, der Altartisch und die Sakramentsnischen zeigen diese fremdartige Formensprache der Bauplastik. Ein Anhaltspunkt über die Entstehungszeit erhalten wir nur über die stilistische Beurteilung der Fresken, die wohl ins 17./18. Jh. gehören.

Die Kirche ist als Zentralbau mit einem sechseckigen Grundriß gebaut. Im Aufriß steigen die Wände etwa 2 m vertikal hoch, um sich dann zur Mitte hin zu neigen, wo alle sechs schrägen Kuppelflächen sich mit der Laterne vereinigen. Die sechs Fenster in der Kuppel verleihen dem Innenraum eine ungewöhnliche Helligkeit und damit Weite. Der Narthexanbau im Westen entstand 1860.

Fresken (schlecht erhalten bzw. verunreinigt):
In der Apsiswölbung Panagia Platytera, darunter vier Hierarchen in Seitenansicht und über dem Apsisfenster Christus (wahrscheinlich als Melismos).

Pantokrátor-Kloster und Ewangelístria Askitariú-Kirche

Stimmungsvolle romantische Klosteranlage, die seit 1930 verlassen ist. Beim Dorfbrunnen vor der Schule links den etwas ansteigenden Weg hinauf; auf der Höhe rechts dem Schotterweg ca. 20 Minuten folgen. Bei dem neuen Friedhof steht das kleine Kirchlein, links ins Tal hinunter (2 Minuten) erreichen Sie das Kloster. Botanisch sehr interessant; ein längerer Aufenthalt ist sehr lohnend.

Ewangelístria Askitariú-Kirche
Datierung der Fresken: 1690
(s. auch Stilanalyse S. 82)
Kleine Einraumkapelle mit dreiseitig geschlossener Apsis, die ursprünglich zum Klosterfriedhof gehörte.

Altarraum, in der Apsiswölbung: Panagia Platytera, darunter vier Hierarchen und ein Cherub in der Mitte (unter dem Apsisfenster); *links der Apsis:* Stifterinschrift mit der Jahreszahl 1690 (AX ϟ) und Apsidiole mit dem Schmerzensmann (Akra Tapeinosis), links anschließend (in der Nordwand) eine weitere Apsidiole mit dem Diakon Stephanos – zylindrischer Altarfuß: Jonas und der Walfisch. *Nordwand:* Hl. Artemnios, Hl. Paraskeue mit ihrem

---

[1] Vgl. hierzu die Ausführungen über das Asiatische Museum mit den chinesischen Exponaten mit westlichen Themen der Ikonographie, S. 186 ff.

abgeschlagenen Haupt und der Hl. Georgios (ohne Pferd!), der den Drachen erlegt. *Süd-wand:* Verkündigung, Prophet Jesaja und Hl. Antipas von Pergamon.
Der Ikonostas mit der Deesis und den 12 Aposteln gehört dem 18./19. Jh. an.

Pantokrátor-Klosterkirche
(Metamórphosis Christú, 6. August) Datierung der Fresken: 18. Jh. (alle größtenteils übermalt) Einfache Einraumkapelle mit holzgeschnitztem Ikonostas (18./20. Jh.) und neuzeitlichem Satteldach. *Fresken,* in der Apsidiole: Schmerzensmann an der Südwand unter der Ikone Evangelist Johannes mit einer fragmentarischen Jahreszahl (16 ... ?).
Im Narthex, der einer anderen Bauphase angehört, an der Süd- und Nordwand je ein Teil eines übermalten Freskos 17./18. Jh.

Klosteranlage
Der größte Teil der Gebäude, links vom Klosterhof, stammt aus dem Jahre 1740. Das Erdgeschoß hingegen mit der noch vollständig erhaltenen Olivenmühle gehört wahrscheinlich noch in die byzantinische Zeit. Eine Urkunde aus dem Jahre 1371 erwähnt das Kloster bereits.

Felsenkapelle
Nur etwa 5 Minuten weiter talabwärts liegt nahe einer Quelle, rechts in den Steilfelsen der Ausläufer des Loketários-Gebirges, eine kleine Felsenkapelle. Die Legende berichtet, daß hier ein Eremit lebte, der später das Kloster gegründet habe. Die Gedenkinschrift wurde 1965 aufgestellt.

Omalí s. Zyghós S. 296

Palaiokastrítsa (WKm)
(Farbt. 16, 31, 34, 64; Abb. 38, 68)

Kein Landschaftsraum der Insel Korfú wird von so vielen Reisenden besucht wie die Westküste bei Palaiokastrítsa. Diese bezaubernde Küstenlandschaft gehört zum obligatorischen Besichtigungsprogramm. Licht und Schatten verändern die Küste mal zu einer bizarren Halluzination, mal zu einem dramatischen Bühnenbild. Ganz elementar spürt man Sonne und Meer, spürt ihre Kraft und Energie. Stunden möchte man hier verweilen, dem Gesang des Windes und des Meeres lauschen. Man kann sich nicht satt sehen an dem sich durch die Sonne ständig verändernden Farbenmeer der heranstürzenden Brandung. Doch man findet keine Ruhe, keinen Platz, zu viele drängeln sich herbei, um auch ein Stück dieser atemberaubenden Naturszenerie für sich festzuhalten.
Daß ein solcher Landschaftsraum, fruchtbar und wasserreich, schon in frühester Zeit besiedelt war, ist nur zu gut verständlich. Und daß schon Archäologen zu Anfang unseres

Jahrhunderts gerade hier, in dieser grandiosen Landschaft, den Palast des Alkinoos vermuteten, hoch oben auf dem Vorgebirge, wo seit byzantinischer Zeit das Kloster der Gottesmutter steht, ist auch zu verstehen. Aber W. Dörpfeld und andere Archäologen, die nach ihm hier die Hinterlassenschaften der vorhomerischen Welt suchten (jedoch immer nur wenig intensiv), waren alle erfolglos. Gefunden hat man nur byzantinische Siedlungsspuren am kleinen Ajios Pétros-Hafen, Reste einer mittelalterlichen Siedlung auf dem Ajios Nikólaos-Vorgebirge und eine Nekropole mit Funden, die an jene von Afiónas erinnern (s. S. 257), bei der heutigen Polizeistation im Dorf.

Panajía Theotókos-Kloster
Bitte beachten Sie bei Ihrem Besuch, daß das Kloster meist in der Zeit zwischen 13.00 und 16.00 Uhr Mittagsruhe hat.

Museum
Im Klosterhof gleich links gibt es ein kleines Museum mit teilweise sehr wertvollen Ikonen.
Kassenraum, gegenüber der Eingangstür: holzgeschnitzter Ikonostas mit vergoldeten Arkaden und wertvoller Ikonenmalerei (17. Jh.), *oben:* Marientod, Himmelfahrt Mariens, thronende Muttergottes; *Mitte:* Liebkosung Mariens, Tempelgang Mariens, 2 mal Verkündigung (übermalt); *unten:* Josephs Traum, Zurückweisung der Opfer, Verkündigung, Elisabeth und Maria, Maria und Joseph – *darüber* Ikonen: Taufe Christi, Hl. Dreifaltigkeit und Kreuzigung (alle 17./18. Jh.), Muttergottes (17. Jh.), – *rechte Wand:* weitere Stücke des holzgeschnitzten Ikonostas (17. Jh.), *oben:* Thomas, Himmelfahrt, Pfingsten; *Mitte:* Einzug in Jerusalem, Metamorphosis, Kreuzigung, Hadesfahrt, *unten:* Verkündigung, Geburt Christi, Tempelgang Christi, Erweckung des Lazarus – *ganz oben:* thronende Muttergottes (18. Jh.), links: Marientod von E. Lambárdos (Wende 16./17. Jh.). *Nebenraum* (hinter dem Gitter, v.l.n.r./Auswahl): Ikone mit den drei Kirchenvätern Basileios d.Gr., Gregorios von Nazianz, Johannes Chrysostomos und unten eine Wunderszene, gestiftet im Jahre 1653 – Weinstock-(Ampelos-)Ikone, Christus und die 12 Apostel (Wende 17./18. Jh.) – Tempelgang Mariens (19. Jh.) – Ikone mit den 12 Kirchenfesten (18. Jh.) – Deesis mit Maria, Christus und Johannes d. Täufer, qualitätvolle Malerei des 17. Jh. – Georgios zu Pferde von Th. Poulákis (1679) – Prophet Elias (17. Jh./Abb. 68).

Panajía-Klosterkirche
Der Ikonostas des 19. Jh. ist mit nicht nennenswerten Ikonen gemäß der orthodoxen Tradition geschmückt.

Nordwand (v.l.n.r.): Ikone in einem Barockrahmen mit vier Szenen aus der Schöpfungsgeschichte von Dimítrios Foskális (1713) – Konstantin und Helena (Meisterwerk des 17. Jh.) – die Heiligen im Himmelreich von J. Chrysóloras (1752) – u. a.: *Südwand:* Silberbeschlagene Ikone der Muttergottes mit Christus aus dem 18. Jh. –

barocke Muttergottes des 18. Jh. (jedoch datiert 1494!), darüber: Kreuzigung und Säulenheiliger (18. Jh.) – Jüngstes Gericht (17. Jh.) – *Brüstung der Westempore:* Erweckung des Lazarus (17./18. Jh.?) – zwei Erzengel (17. Jh. ?), Muttergottes (17. Jh.).

Pantokrátor-Kloster (LIn)
(auf dem Pantokrátor-Berg, 906 m)

Von der Ostküste nach Pyrjí die sehr schöne Serpentinenstraße nach Spartýlas hinauffahren. Nach der Ortschaft folgt nach 2,1 km rechts eine schlechte Schotterstraße, der Sie 4,5 km bis Strinýlas folgen (sehr schöner Ort). Etwa 700 m nach der Ortschaft rechts einer noch schlechteren Schotterstraße folgen, die nach 5 km (immer schlechter werdend) zum Kloster (mit dem Telefon-Sendemast) hinaufführt.

Der Weg zum Pantokrátor, zum höchsten Berg der Insel Korfú, ist mühsam, aber lohnend. Botanisch sehr interessante Gegend. Weniger die Kirche des verlassenen Klosters mit seinen schlecht erhaltenen Fresken, als vielmehr der Fernblick machen diesen Ausflug zu einem kleinen Abenteuer. Bei klarer Sicht, die man meist nur im Winter (!) hat, kann man weit über die ganze Insel hinwegschauen. Albanien und das griechische Festland sind zum Greifen nahe.

Einige Forscher lokalisieren auf diesen höchsten Punkt der Insel die von Thukydides beschriebene Festung *Istone,* die Ende des 5. Jh. v. Chr. von den Aristokraten Kerkyras errichtet worden sein soll. Auch vermutet man, daß hier ein Tempel des Zeus Cassios gestanden haben soll (archäologisch geforscht wurde bisher hier noch nicht).

Den ältesten Bericht über diese Klosteranlage haben wir von dem Mönch 'Antimos aus dem venezianischen Gebirgsdorf Períthia, an den nördlichen Hängen des Pantokrátor gelegen. Er berichtet, daß 1347, als Roberto von Taranto der Anjou über Korfú herrschte, 23 Dörfer aus der Region des Pantokrátorberges dieses Kloster gegründet hätten. Die Baugeschichte des Klosters ist jedoch ungeklärt. Wahrscheinlich wurde es 1537 von den Türken zerstört und spätestens zur Wende des 16./17. Jh. wieder aufgebaut. Ikonostas und Seitenaltar sind barock gestaltet und gehören dem 18. Jh. an.

Innenraum mit dem Freskenprogramm: Datierung: 17. Jh. (wahrscheinlich von Ioánnis Tziliós gemalt, teilweise stark übermalt). *Altarraum:* Muttergottes mit adorierenden Engeln in der Apsiswölbung, darunter Fragmente von Hierarchen. *Westen:* Verklärung im Gewölbe, darunter zwei Heilige in Medaillons und ein ganzfiguriger Heiliger; *Norden:* Gastmahl des Abraham (?) im Gewölbe, darunter zerstört. *Gewölbescheitel* (sehr breit als eigenständige Malfläche konzipiert, sehr selten; v.W.n.O.): die vier Evangelistensymbole, Engel für Matthäus, Stier für Lukas, Löwe für Markus und Adler für Johannes – Christus Pantokrator (s. Fig. S. 284) – Evangeli-

Pantokrátor-Kloster-kirche: Christus Pantokrátor aus dem Tonnengewölbe (17. Jh.)

sten (?) – Christus mit Engeln – Himmelfahrt (teilweise durch das südliche Kappengewölbe zerstört).

Nördliches Gewölbe: christologische Themen, die teilweise nur schwer zu identifizieren sind; unter den Übermalungen befinden sich aber sicherlich qualitätvolle Fresken der nachbyzantinischen Zeit –

Wandzone: 16 Heilige in Medaillons und darunter 13 ganzfigurige Heilige.

Südliches Gewölbe: in dem Stichkappengewölbe rechts des Ikonostas Hadesfahrt, dann Verkündigung, Besuch der Maria bei Elisabeth, Geburt Christi, Tempelgang Christi (?) – unkenntlich; Wandzone Fries mit Heiligen in Medaillons und ganzfigurige Heilige.

Páxos
Insel südlich von Korfú (Farbt. 33)

Páxos gehört zum Verwaltungsbereich der Insel Korfú und wird unregelmäßig (!) mehrmals in der Woche vom Neuen Hafen aus angelaufen. (Fest angekündigte Rückfahrten werden oft storniert[!].)

Misorachi
Porto Lákka
Plani
Leuchtturm
Arkudaki
Kolosirtis
Lákka
Orokos
Kastanida
Wasilatika
Argyratika
Glyfada
Dendiatika
Katergon
Porto Longós
Mastoratika
Longós
Marmaria
Ipapandi
Kipiadi
Manesatika
PÁXOS
2,0
Erimítis
0,9
Maghasia
Alati
1,0
Turkos
Aj. Apostóloi
0,5
1,0
Funtana
Punda
Boïkatika
0,7
Kaki Lagatha
Ahai
1,1
Aj. Isawros
1,4
Eleusa
Aj. Charalambos
Wlachoplatika
Geromonachos
Xolitharo
Panajía
0,6
Woghdanátika
Leuchtturm
Kastell
Aj. Nikólaos
Ortholithos
Makrátika
Porto Gajós
GAJÓS
1,3
Fanariotika
1,1
Páxos Beach
Pantokrátor
(Makrátika)
Ballos
Prases
4,0
Oxías
Lioniskari
Sterna
Gowrena
Porto Sputzo
Musmuli
Aj. Stéfanos
Mongoníssi
Tripitos
Kalkioníssi
Aj. Marína
St. Spyridon
Mesorachi

nach Korfu

N

Stamateli
Kethros
Gremos
Mirtila
Wigla
Wrika
Rodowani
Wutumi
Aj.
Alikes
Emilianos

Kaloiri
Stawrou
Agrapidia
ANTIPÁXOS
Karawi
Agni
Sarakiniko
Skidi
Katergo
Tripitos
Modina
Ovoros
Leuchtturm
Daskaliá-Inseln

0,4   Entfernungen in Kilometern

Der Name der Insel wird erstmals von Luitprandus im Jahre 968 erwähnt. Ihre Bedeutung in der Antike war gering, bisher liegen keine nennenswerten archäologischen Ergebnisse vor. Aus frühchristlicher Zeit sind Reste von vier Basiliken erhalten. Kunstwerke aus byzantinischer Zeit sind selten. Erst aus der spät- und nachbyzantinischen Zeit ist uns eine große Zahl von Beispielen sakraler Architektur mit leider meist stark zerstörten Fresken bekannt.

Ein Ausflug nach Páxos ist lohnend. Fern vom Massentourismus findet man hier noch Ruhe und Erholung. Gute Wandermöglichkeiten; es gibt nur Privatunterkünfte. Hier kann man noch das Griechenland der Jahre 1960/65 kennenlernen, vor den großen Touristenströmen aus aller Welt.

Gajós (Hauptort mit Hafen)

Auf der vorgelagerten Ajios Nikólaos-Insel liegen die Reste eines venezianischen Kastells aus dem 15. Jh. Das gleichnamige Kirchlein steht auf den Grundmauern einer frühchristlichen Basilika, von der noch die halbkreisförmige Apsis zu erkennen ist. Auch auf der unweit liegenden Panajía-Insel sind Reste einer frühchristlichen Basilika erhalten; heute erhebt sich dort die *Koímisis Theotóki-Kirche*. Die Apsis der Kirche ist als Trikonchos ausgebildet, wobei die östliche Konche (Apsis des Altarraumes) an der Außenwand dreifach abgestuft ist. Dieser Bauteil gehört mit Sicherheit der frühchristlichen Epoche an; möglicherweise sind unter dem Innenputz noch frühe Malereien erhalten.

In Gajós selbst gibt es zwei nennenswerte Kirchen: *Análipsis,* direkt auf der Platía mit einem gebauten Ikonostas und teilweise gut erhaltenen Fresken sowie einigen Ikonen des 18. Jh. Die Malereien stammen ebenfalls aus dem 18. Jh. und sind, wie auch der Ikonostas, typisch für die Insel Páxos. In fast allen nachbyzantinischen Kirchen gibt es einen ganz ähnlichen Ikonostas mit meist den gleichen ikonographischen Freskenthemen, oben: Deesis – Apostel – und an der Wandzone Muttergottes, Christus und ein/zwei Heilige.

Die zweite Kapelle befindet sich westlich in der übernächsten Straße, links von der Platía: *Ajíoi Apolóstoi* (18. Jh.) mit sehr schönem Ikonostas und Fresken.

Osía

Nur 4 km südlich von Gajós liegt an der Ostküste die kleine Ortschaft Osía. Hier sind die stattlichen Reste zweier frühchristlicher Basiliken erhalten:

Ajía Marína
(Fig. S. 287)
(liegt unmittelbar rechts der Straße)
Datierung: Ende 7./Anfang 8. Jh.
Dreischiffige Anlage mit Narthex, von der nur noch die halbkreisförmige Apsis und Teile des Nordschiffes erhalten sind. Die inneren Mauern stammen aus neuzeitlicher Epoche.

Ajios Stéfanos
(Abb. 123; Fig. S. 287)
(Kurz vor der Ajía Marína-Basilika rechts rampenartigem Weg/Spitzkehre folgen; nach 300 m bei dem Tor rechts entlang der Mauer, nach weiteren 300 m erheben sich links die Reste der Basilika).
Datierung: Ende 7./Anfang 8. Jh.
Dreischiffige Anlage mit Narthex; ähnlich

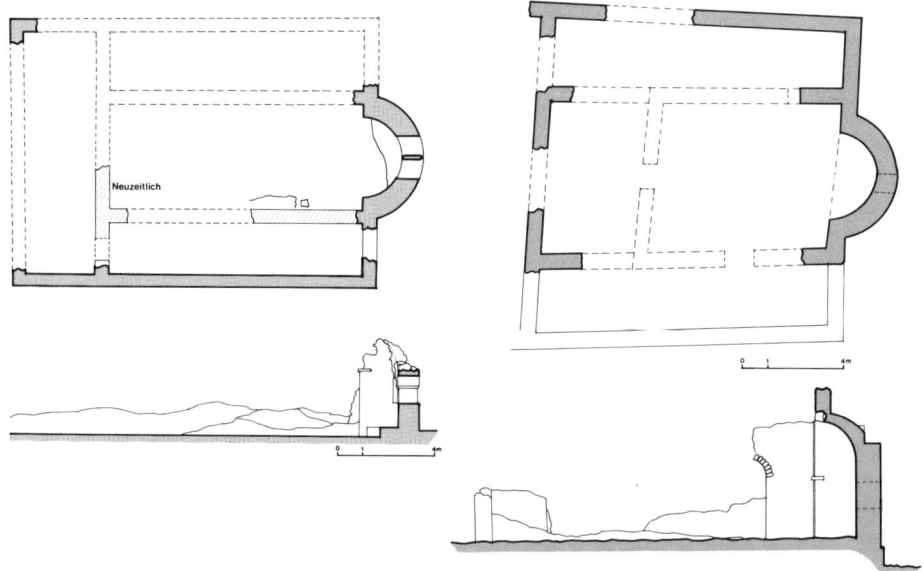

*Ajía Marína-Basilika in Osía/Páxos, Ende 7./
Anfang 8. Jh. (Arch. Deltion, Bd. 25, S. 343,
Abb. 4, Athen 1970)*

*Ajios Stéfanos-Basilika in Osía/Páxos, Ende 7./
8. Jh. (Arch. Deltion, Bd. 25, S. 344, Abb. 5, Athen
1970)*

wie die Ajía Marína-Basilika hat auch sie nur eine Mittelapsis, die noch gut erhalten ist.

Hier ist also eine landschaftsgebundene Typologie für Páxos erkennbar.

Weitere sehenswerte Kirchen der Insel

Makrátika

(0,3 km nach der Ausfahrtstraße von Gajós) (Abb. 124): Ehemalige Pantokrátor-Klosteranlage (17./18. Jh.); links der Straße. Die halbkreisförmige Ostapsis zeigt Ziegeldekor mit Arkaden, die auf einen älteren Teil der Kirche schließen lassen (15./16. Jh.). Rechts ein Portal, das in den Klosterhof führt.

Im Innenraum ist ein alter Fußboden erhalten. Sowohl im Altarraum als auch an der Westwand gute Fresken des 18. Jh.

Wogdhanátika

Panajía Labowítissa-Kirche, rechts der Straße im Dorf. Einraumkapelle mit gebautem Ikonostas des 18. Jh. und Fresken; oben: Deesis und 12 Apostel, unten: Stephanos, Muttergottes mit Kind, Maria mit Elias, Christus als Hoherpriester, Christus und die Samariterin, Johannes der Täufer – Nordwand: Hl. Nikólaos – Südwand: Geburt der Gottesmutter – Apsidiole im Bema: Schmerzensmann.

Boïkátika

(Etwa 3 km nördlich von Gajós links abzweigen, am Ende der Schotterstraße liegt rechts leicht erhöht die Kapelle. Schöner Blick zur Westküste der Erimítis-Bucht, s. Farbt. 33.)

Ajíoi Apostóltoi-Kirche. Einraumkapelle mit steinernem Ikonostas und guten Fresken des 18. Jh. In der Apsidiole des Bema: Akra Tapeinosis (Schmerzensmann) mit Maria und Johannes (sehr selten!). Ikonostas, oben: Deesis und 12 Apostel – Wandzone: Johannes der Täufer als Engel, Enthauptung des Täufers – Muttergottes mit Christus, Heiliger – Christus als Hoherpriester – Heiliger – Spyridon und Wunder des Heiligen.

Maghasía

Ajios Antónios-Einraumkapelle mit gebautem Ikonostas und Fresken des 18. Jh.

Sernátika

Ajios Jeórjios, große Einraumkapelle mit Ikonostas und Fresken des 18. Jh.

Ipapandí

Ipapandí-Kuppelkirche aus der 2. Hälfte des 17. Jh., Campanile 1772. Die Kirche ist vollständig neu überputzt, so daß ihre nachbyzantinische Architektur nicht transparent wird. An der Südwand eine Vitrine mit dem Bischofsgewand des Chrysántou († 1848), der aus diesem Dorf stammte und Anfang des 19. Jh. Metropolit von Epíros und Korfú war.

Kalódhikatika (Aj. ᾽Isawros)

Die Ajios ᾽Isawros-Einraumkirche ist an dem Ikonostas und im Altarraum mit Fresken aus dem Jahre 1790 (?) ausgeschmückt.

Pélekas (WKn)

(›Kaiser-Thron‹ Wilhelms II.)

Pélekas war ein Lieblingsausflugsort von Wilhelm II. (s. S. 252 f.), der gern vom Achíllion hierher fuhr, um den Sonnenuntergang von Myrtiótissa und ᾽Ermones im Norden zu bewundern. Am Dorfende führt rechts eine Asphaltstraße zum Aussichtspunkt hinauf (ca. 1 km).

Ajia Warwára-Kirche

Noch bevor man Pélekas erreicht, links der Straße nach Sinarádhes folgen; nach 0,8 km links Schotterweg, nach 0,5 km links das ganz unscheinbare Kirchlein. Fragmentarische Fresken des 17./18. Jh.: Apsiswölbung Panagia Platytera. – Nordwand: Spyrídon und Deesis mit sehr schönen Köpfen von Maria und Christus; Südwand: Johannes Damaskenos (schlecht erhalten).

Pálaio Períthia (LIn)
(Abb. 115–118)

Pálaio Períthia, ein verlassenes venezianisches Dorf von ganz besonderem Charme, liegt in etwa 650 m Höhe an den nördlichen Hängen des Pantokrátor-Gebirges. Von Néa Períthia führt bis Lutsés 3,5 km eine Asphaltstraße den Berg hinauf, dann folgen 4 km sehr schlechte Schotterstraße. Seit 1985 haben sich wieder zwei Familien in dem Dorf niedergelassen.

Die älteste schriftliche Erwähnung von Períthia kennen wir von dem Mönch 'Antimos aus dem Jahre 1347 (s. S. 283). Die venezianischen Bauten des Dorfes stammen jedoch aus dem 15.–17. Jh. Die Bausubstanz ist teilweise hervorragend erhalten; bei entsprechenden denkmalpflegerischen Maßnahmen könnte Pálaio Períthia ein besonders gutes Beispiel mittelalterlicher Stadtbaukunst Griechenlands sein.

In der Ortschaft bzw. etwas außerhalb gibt es auch spät- bzw. nachbyzantinische Kapellen.

Ajíos Nikólaos
(Abb. 118)
(liegt am südlichen Dorfrand, folgen Sie der Hauptgasse, dann links; ca. 10 Minuten):
Die *Ajíos Nikólaos-Kirche* gehörte ehemals zu einer wohlhabenden Klosteranlage, die wahrscheinlich auf den Grundmauern eines frühchristlichen (?) oder mittelbyzantinischen Vorgängerbaus errichtet wurde. Kapitelle, monolithische Säulenschäfte und Fragmente des Stein-Ikonostas liegen in der Kirche. Die Ausstattung der Kirche gehört der 2. Hälfte des 19. Jh. an; Fresken im Altarraum (1865): in der Apsiswölbung Christus segnet die Gottesmutter; in der Apsidiole (l.) Schmerzensmann; Sakramentsnische: Fresko mit älteren Ornamenten; Nordwand ein Heiliger unter einer Arkade.

Ajios Pandeleïmon:
Kleine Einraumkapelle (16./17. Jh.), in der die Fresken noch nicht freigelegt sind. Steinerner Ikonostas mit einfachen ionischen Kapitellen. In der Apsidiole Schmerzensmann.

Ajios Spyrídhon:
Einraumkapelle mit gebautem Ikonostas und Fresken des 17./18. Jh. Ikonostas oben: Deesis, darunter die 12 Apostel und ganz links Spyrídon mit drei Heiligen. Apsiswölbung Panagia Platytera mit Erzengel Michael und Gabriel (sehr gute Qualität; 17. Jh.); westliche Seite des Altarsockels Fresko mit dem Thema ›Abraham opfert Isaak‹ (18. Jh.).

Panajía Zoodhóchos Pijí:
Einraumkapelle mit Ausstattung aus den Jahren 1886 und 1901 (stark zerstört). Nachbyzantinische Fresken des 18. Jh.; Apsiswölbung Panagia Platytera mit Erzengel und Wolkenband (Farbt. 38); Apsidiole: Schmerzensmann; Nordwand: Panagia Zoodhóchos Pege.

Periwólia (LIs)

Auf der Hauptstraße in Richtung Lefkímmi befindet sich auf der linken Straßenseite (bei Haus Nr. 94) die Ajíoi Sarándes-Kirche. Den Schlüssel der Kirche erhalten Sie bei dem Priester, der direkt gegenüber auf der rechten Straßenseite wohnt.

Ajíoi Sarándes-Kirche
(Abb. 74)
Datierung der Fresken: 1704
(s. auch Stilanalyse S. 83)
›Zyklus des Credo‹, der nach den Vorbildern des holländischen Kupferstechers Jan Sadeler d. Ä. entstanden ist. Eine völlige Abkehr von allen byzantinischen und eine totale Hinwendung zur westlichen Kunst.

Altarraum: die Apsis ist stark übermalt; Panagia Platytera mit zwei adorierenden Erzengeln, darunter Apostelkommunion und vier Hierarchen unter gemalten Arkaden. *Apsidiole:* Kreuzabnahme und Ohnmacht der Gottesmutter. *Ikonostas* (18./19. Jh.), ganz *oben:* Holzkreuz mit Maria und Johannes (17. Jh.?), darunter Deesis und 12 Apostel (18. Jh.); *Wandzone:* Johannes der Täufer als Engel (17. Jh.), Johannes Chrysostomos, Panagia, römischer Papst, Christus als Hoherpriester, Timotheos und (?), (alle 18./19. Jh.) rechts an der Wand die ›40 Heiligen‹. – *Nordwand* (nach den Kupferstichen von J. Sadeler d. Ä.), oberes Register: die ersten beiden Bildfelder sind nicht zu identifizieren, Christus heilt Kranke, ein weiteres christologisches Thema – unteres Register: Christus im Tempel (?) vor einer großartigen Architekturlandschaft (s. Fig. S. 291), Szene mit Papst Gregor d. Gr., auch Dialogos genannt (590–604), einem der strengsten Gegner der Ostkirche (Abb. 74), Erschaffung der Welt (?), letztes Bild nicht identifizierbar.

Petrití (OKs)
(Abb. 108)

Von Wasilátika kommend, zweigt vor dem Dorf Petrití die Straße links im rechten Winkel ab; an der Kreuzung das Kafeneion ›Oladhás‹. Etwa 100 m vor der Kreuzung liegt rechts im Gelände ein *römischer Ziegelbau.* Er ist im Grundriß kreisförmig mit einem Durchmesser von ca. 5 m, hat etwa 1 m starkes Mauerwerk, das noch bis zu 0,8 m aufrecht steht und ist innen nicht verputzt. Wahrscheinlich war der Rundbau ein römischer (Getreide-)Speicher; als Zisterne scheint der Bau ungeeignet gewesen zu sein.

Fresko aus der Ajíoi Sarándes-Kirche in Periwólia mit Architekturlandschaft. Nach Jan Sadeler (1704)

Pótamos (OKn)

Leicht erhöht liegendes Dorf an der Ostküste, nördlich von Korfú, benannt nach dem gleichnamigen Fluß, der hier verläuft. An der Flußmündung soll nach Auffassung einiger

Dorfansicht von Pótamos aus dem Jahre 1834. (Bleistiftzeichnung von Leo von Klenze, Staatliche Graphische Sammlung, München, Inv. Nr. 27726)

Forscher Odysseus an Land gegangen sein und Nausikaa getroffen haben, die ihn in den Palast ihres Vaters Alkinoos führte (s. S. 12).

Im Jahre 1787 ließ Enrico Erizzo an der Flußmündung eine venezianische Brücke errichten. Heute ist die Küstenlandschaft des Pótamos ganz unansehnlich und völlig zerstört.

Das Dorf selbst hat noch etwas von jenem Charme bewahrt, wie ihn einst Leo von Klenze festgehalten hat.

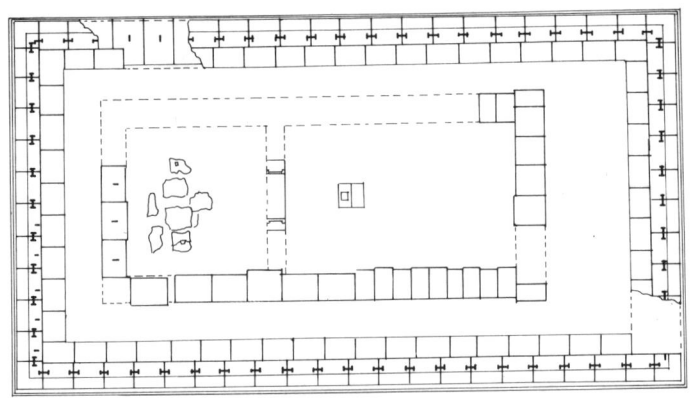

N

Stylobat des (Apollon?-)Tempels von Ródha, 5. Jh. v. Chr. (Nach Arch. Deltion, Bd. 24, S. 267, Abb. 7, Athen 1969)

Ródha (NK)

Am nördlichen Rande der lockeren Streusiedlung von Ródha konnte bereits 1940 der Stylobat (20,84 × 10,91 m) eines dorischen Peripteros-Tempels freigelegt werden

Ornamentaler Palmettendekor des (Apollon?-)Tempels von Ródha. (Aus Praktika, S. 89, Abb. 8, Athen 1941/42)

(Fig. S. 292). Wahrscheinlich war der Tempel Apollon geweiht. Eine antike Stadt hat man bisher in dieser Gegend noch nicht gefunden, wohl aber eine ausgedehnte Nekropole bei Almirós weiter östlich. 1985 sind die Grabungen wiederaufgenommen worden.

Sidhári (NK)
(Farbt. 29, 30)

Ganz unorganische Ortschaft, die vornehmlich aus Ferienhäusern besteht. Westlich des Dorfes liegen die imposanten Steilfelsen, die romantischen Buchten und die schönen Sandstrände, die Sidhári für so viele Touristen anziehend machen. Das Küstengebiet von Sidhári gehört zu den ältesten Siedlungsgebieten der Insel Korfú; seit dem Neolithikum ist hier menschliches Leben bezeugt.

Skriperó (LIm)

Auf der landschaftlich sehr reizvollen Strecke nach Palaiokastrítsa die leichte Bergstraße über Skriperó und Pandeleïmon wählen. Die Straße verläuft nördlich der fruchtbaren Ropá-Ebene (Farbt. 36 u. 65) und bietet jeden Augenblick neue Aus- und Einblicke in die schöne korfische Landschaft; an einigen Stellen kann man die West- und die Ostküste zugleich sehen.

Skriperó ist ein angenehmes Gebirgsdorf, in dem es sich lohnt, eine Kaffeepause zu machen. Etwa 1,5 km hinter dem Dorf, dort wo links die Straße nach Dhukádhes hinunterführt, liegt rechts der Straße, leicht erhöht, das *Frauenkloster Panajía Wlachérna*. Das Kloster wird z. Zt. nur noch von einer Nonne bewohnt, die Fremden die Klosterkirche nur sehr unwillig aufschließt.

In der einfachen Klosterkirche des 18. Jh. befinden sich drei sehenswerte Ikonen (17. Jh.): Christus Pantokrator, Panagia Hodegetria und die Tür eines Ikonostas mit der Verkündigung an Maria (oben) sowie Petrus und Paulus (unten).

Sehr schöne Lage; botanisch interessantes Gebiet.

Strongýli (LIs)

Der lohnende Ausflug nach Strongýli führt über Ajíoi Dhéka in die sehr reizvolle Mittelgebirgslandschaft (bis zu 400 m hoch/bei Dhafnáta) nordöstlich des Mesóngi-Tals. Links und rechts stehen jahrhundertealte Olivenbäume, Wahrzeichen der Insel Korfú. Etwa 0,7 km nach dem Ortsschild Stawrós (knapp 6,1 km nach Aj. Dhéka) liegt links das Haus der

Fresko aus der Panajía Odhijítria-Kirche in Strongýli: Judasverrat (Wende 17./18. Jh.)

Familie Ioánnis Balís. Seit Jahrhunderten ist sie Besitzer der Ländereien von Strongýli und einer Kirche mit bedeutenden Fresken aus der Wende des 17./18. Jh.

Den Schlüssel der Kirche müssen Sie bei der Familie Balís erbitten! Das Kirchlein gehörte wohl ehemals zu einer Klosteranlage und liegt ca. 600 m hinter dem Haus zwischen schattigen Olivenbäumen. Kommt man von Mesóngi und Strongýli, folgt etwa 300 m nach den beiden Kaffeehäusern (links und rechts der Straße) links die Ajios Jeórjios-Kirche (17./18. Jh.) und nach weiteren 500 m rechts das Balís-Haus.

Panajía Odhijítria-Kirche
(Abb. 75 u. 78)
Datierung der Fresken: Wende 17./18. Jh.
(s. auch Stilanalyse S. 84)
Die Malereien zeigen interessante stilistische und ikonographische Parallelen zu den Fresken der Ajíoi Sarándes-Kirche in Periwólia (s. S. 83). Höchstwahrscheinlich sind auch diese Themen nach holländischen Kupferstichvorlagen entstanden.

Altarraum (anderer Stil/ältere Malerei; 17. Jh.): Muttergottes mit (zwergenhaftem) Christuskind in der Apsiswölbung, darunter vier Hierarchen in Seitenansicht; Apsidiole mit Schmerzensmann; – Nordwand, *oberes Register:* (christologische Themen) Christus vollbringt ein Wunder (?), Brotvermehrung (?), Heilung eines Kranken, unkenntlich, Christus heilt einen Kranken, Christus vor einer Stadt, Erweckung des Lazarus, Einzug in Jerusalem, Kreuzigung, Hadesfahrt (das westliche Thema Höllenfahrt), Christus erscheint Maria Magdalena und Maria; *unteres Register:* Jüngstes Gericht (stark zerstört), Abendmahl (?), Judas erhält die 30 Silberlinge (?), im Hintergrund grandiose Architekturlandschaft, unkennt-lich (Menschen vor einem sakralen Zentralbau), unkenntlich (übermalt); – *Südwand* (diese Malereien zeigen noch viel stärkere byzantinische Reminiszenzen); *oberes Register:* Vertreibung aus dem Paradies, Metamorphosis, Geburt Christi, Verkündigung an Maria, Tempelgang Christi, Taufe Christi; *unteres Register:* Panagia Hodegetria, Kreuzabnahme und Ohnmacht der Gottesmutter, Hadesfahrt, Fenster, Judasverrat (gute künstlerische Qualität); – *Westwand:* oben im Giebeldreieck, links; brennender Dornbusch (?), unten: Noah läßt Tiere und Proviant auf die Arche bringen, im Hintergrund eindrucksvolle Architektur- und Stadtlandschaft.

Wátos (WKm)

Von 'Ermones kommend, folgt man am Dorfanfang links der schmalen Straße und erreicht dann nach knapp 500 m links die Ajios Nikólaos-Kirche. Weiter bergaufwärts können Sie noch etwa 2,5 km fahren, den Rest müssen Sie wandern (ca. 45 Minuten), um zum 360 m hohen Ajios Jeórjios-Gipfel mit der gleichnamigen Kapelle zu gelangen.

Ajios Nikólaos-Kirche

Stark veränderte Einraumkapelle, sie wurde im 19./20. Jh. nach Westen verlängert und mit einem neuen Dach überspannt. Die wenigen Freskenfragmente gehören wahrscheinlich dem 13. Jh. an und zeigen palaiologische Einflüsse. *Altarraum:* Panagia Platytera in der Apsiswölbung, darunter vier frontal dargestellte Hierarchen, am Triumphbogen irgendeine Auferstehungsszene, bei der zwei Engel sowie Petrus und Paulus (?) zu erkennen sind; seitlich der Apsis schöne Ornamente und rechts Verkündigung.

Ajios Jeórjios-Kirche

Einfache Einraumkapelle mit spärlichen Freskenfragmenten des 14. oder 15. Jh.; eine schriftliche Erwähnung der Kapelle gibt es aus dem Jahre 1469, jedoch unter dem Namen Geórgios Hypselos. In der Apsiswölbung der Kopf der Muttergottes, links in der Apsidiole ein Heiliger; der Schmerzensmann ist ein nach-byzantinisches Werk.

Zyghós (Omalí) (LIn)

An den westlichen Ausläufern des Pantokrátorgebirges breitet sich ein Landschaftsraum aus, der Omalí genannt wird, das ist eine weit verstreute Siedlung, zu der mehrere Weiler gehören. Von 'Ano Korakiána gelangt man über eine Bergstraße nach Zyghós und weiter nach Omalí; insgesamt können hier drei Kirchenruinen mit wenigen Freskenfragmenten besichtigt werden.

Ajíoi Theodhóroi

Am Ortsrand von Zyghós (bei der Einfahrt gleich rechts nach 200 m), Kirchenruine, die an ihrem gebauten Ikonostas links noch ein Fresko mit der Darstellung Johannes d. Täufers als Engel zeigt (17. Jh.); wahrscheinlich steht die ruinöse Kapelle auf einem byzantinischen Vorgängerbau.

Ajios Nikólaos

Verlassen Sie die Ortschaft Richtung Osten und fahren nach 2 km links in die Straße nach Epískepsis; nach 1,4 km rechts eine erste Kirchenruine Ajios Nikólaos und nach weiteren 0,8 km ebenfalls rechts eine zweite Kapelle, die auch dem Hl. Nikolaus geweiht ist. In der ersten Kapelle sind in der Apsis fragmentarisch Fresken mit Panagia Platytera und vier Hierarchen erhalten, links in der Apsidiole: Schmerzensmann; an der Südwand stark verblaßte Darstellung eines Engels. Das zweite Kirchlein zeigt Ziegelschmuck an der Apsis.

Botanisch sehr interessanter Landschaftsraum.

Vegetation und Naturräume
Von Eckhard Willing

Die Insel Korfú gehört geographisch gesehen zum epirotischen Festland. Nur zwei Kilometer trennen sie von der albanischen Küste im Norden und nur 8 Kilometer von der Küste des Epíros (Nomós Thesprotiás) im Süden. Die Küsten Korfús senken sich flach bis auf den Boden des nur 50–70 m tiefen Korfiotischen Binnenmeeres ab. Auch die steilen Westküsten gehen nicht direkt in die Tiefen des Ionischen Meeres über, sondern besitzen einen 2–8 km breiten, nur bis zu 200 m tiefen Flachseegürtel. Dieser flache Meeresbereich erstreckt sich im Nordwesten bis zu den Inseln 'Othoni und Erikússa. Würde im gesamten Bereich der Meeresspiegel um etwa 100 m abgesenkt werden, würde sich das Festland von Igoumenítsa über Korfú bis nach 'Othoni erstrecken.

Die Insel folgt in ihrer Erstreckung den Gebirgszügen des epirotischen Festlandes. 585 km² ist sie groß, etwa 62 km lang; nur im Norden erreicht sie eine Breite von 28 km, im mittleren und südlichen Teil liegt ihre Breite zwischen 3,5 und 9,5 km. Die Ost- und Westküsten liegen also überall sehr dicht beieinander, sind aber wegen der nordwest-südost verlaufenden Bergrücken nur an sehr wenigen Stellen durch direkte Straßen verbunden.

Der erste Eindruck der Insel kann sehr unterschiedlich sein, je nachdem aus welcher Richtung man sich Korfú nähert. Ihre Westseite zeigt auf weiten Strecken kliffdurchsetzte Steilküsten, die nur wenige geschützte, aber viele dem Westwind ausgesetzte offene Buchten besitzt und daher nur wenig besiedelt ist. Nach Norden zeigt sich eine weite, flach auslaufende, wenig strukturierte Strandküste, die nur ab und zu durch Kliffs unterbrochen ist. Der Reisende sieht zuerst den massigen Klotz des Pantokrátormassivs, der nach Norden wegen des Fehlens von Wäldern eher grau und abweisend wirkt. Erst wenn man das Kap Warwára umrundet und durch den schmalen Kanal zwischen Albanien und Korfú gefahren ist oder wenn man direkt vom epirotischen Festland, von Igoumenítsa anreist, zeigt sich die Insel mit dem Bild, das sie bekannt gemacht hat. Eine hügelige Insel, die im Süden flach ausläuft und deren Gesamtbild grün ist; mit buchtenreichen Küsten mit zum Teil steilen Hängen, die selten trocken und kahl wirken, denn entweder besitzen sie Ölbaumwälder oder dichtes Hartlaubgebüsch bis hinab zum Meer. Dieses für eine griechische Insel erstaunlich grüne Bild wird unterbrochen durch zahlreiche Ortschaften und Einzelgebäude, die sich der Küste entlang drängen und die Hügel hinaufsteigen. Wer aus der Luft anreist, muß bei guter Sicht das grüne Bild der Insel noch sehr viel stärker erhalten. Zwischen den Hügeln der Insel, deren Höhenrücken weitgehend kahl oder nur von einer dünnen Hartlaubgebüschschicht bedeckt sind, breitet sich ein ununterbrochenes grünes Meer von Ölbaumwäldern aus, die nur ab und zu von schlanken Zypressen unterbrochen werden.

Geologische und naturräumliche Gliederung

Deutlich setzt sich der etwa 28 km breite und 12–13 km hohe *Nordteil Korfús* vom Rest der Insel ab; er ist geprägt durch den massiven Bergklotz des Pantokrátors, der aus Massenkalk und Dolomit besteht. Auf etwa 700 m Höhe besitzt er eine Karstfläche, auf der drei Gipfel sitzen: der Stawroskiádhi (852 m) im Südwesten, der Lasí (830 m) im Norden und der Pantokrátor (906 m) im Osten. Nach Südosten fällt das Massiv steil zur Küste ab, während sich die Hänge nach Osten, Norden und Westen gleichmäßig, mit einzelnen steileren Partien absenken. Vom quellenreichen Spartýlas im Südwesten des Massivs zieht ein schmaler 400–600 m hoher, grau kahler Bergrücken, der Pylídhes, mit seinem Plattenkalk in westlicher Richtung bis Palaiokastrítsa und fällt nach Süden steil zum Tertiärhügelland der Insel ab. Zwischen Spartýlas, dem Eingangsort zum Pantokrátor, bis etwa zum Ort Klimatiá erstreckt sich auf 200–400 m Höhe eine Flachlandschaft mit einzelnen Kalkrücken, mit Resten von Eichenwäldern und Weinanbau. Den gesamten nordwestlichen Teil der Insel nimmt eine Tafellandschaft aus Tonen, Sanden, Sandsteinen, Konglomeraten und Gips ein. Die 100–200 m hoch gelegene Tafel ist durch zahlreiche Flüsse in breite Talbetten und Ebenen zerschnitten.

Ein deutlich sichtbarer Wechsel von Untergrund und Landschaft erscheint an den südlichen Steilabstürzen des Nordgebirges mit Palaiokastrítsa im Westen, Korakiána im Mittelteil und Pyrjí im Osten. Zwischen dieser Bruchkante und der Stadt Korfú erstreckt sich eine 12 km lange Tertiär-Ebene mit dem Tal des Rópa im Westen. Speziell dieses Tal soll noch vor drei Jahrhunderten ein ständiger, lebendiger See gewesen sein. Während die Rópa in der Bucht von 'Ermones in das Ionische Meer fließt, wird das östlich sich anschließende Hügelland von einigen Flüssen im Norden und dem Fluß Pótamos nach Osten in das Korfiotische Binnenmeer entwässert. Das Hügelland besteht aus pliozänen Ablagerungen, durch deren löcherigen Kalkstein nur selten Gips an die Oberfläche dringt. Immer wieder zeigen sich hier Karsterscheinungen und kleine abflußlose Becken, die zeitweilig mit Wasser gefüllt sind. Dieses Hügelland ist überwiegend mit Ölbäumen bewachsen.

Zwischen dem Tal des Rópa und der Steilküste im Westen zieht sich ein Höhenrücken aus Posidonienschiefer, Hornsteinen und Plattenkalk von Liapádhes im Norden bis nach 'Ermones; seine Gesteine schieben sich hier unter den gipsdurchsetzten Dolomitgipfel des Aj. Jeórjios (392 m). Von hier nach Südosten erstreckt sich das mittelkorfiotische Kalkgebirge gleichsam als Riegel quer über die Insel. Aus dem wenig gegliederten, kahlen Bergrücken ragt in der Mitte der Aj. Dhéka (576 m) heraus. Während der Hauptrücken nach Südosten in Richtung des Ortes Stawrós verläuft, zweigt nach einer kleinen Senke ein Seitenarm zur Westküste ab und führt über Káto Gharúna zum Klosterberg Aj. Matthaíos.

Zwischen beiden Höhenrücken verläuft das Tal des Flusses Mesóngi, des größten und ganzjährig Wasser führenden Flusses der Insel.

In der Mitte dieser Zentrallandschaft von Korfú, aber auch der ganzen Insel liegt die *Stadt Korfú* mit ihren beiden berühmten Kalkfelsen (51 und 65 m) und der südlich gelegenen Lagune Chalkiopúlu.

Ungefähr in Höhe des Berges Aj. Matthaíos beginnt der *Südteil*, der schmalste Teil der Insel; er streckt sich ungefähr 23 km nach Südosten bis zum Kap Asprókawos und ist an einigen Stellen nur 3,5 km breit. Er beginnt im Nordwesten mit dem einzigen ausgeprägten Bergmassiv, dem aus Konglomeraten aufgebauten Merowíghli (318 m); von ihm gehen zahlreiche Bäche in alle Himmelsrichtungen. Südwestlich dieses Massivs liegt der Korrission-See, der sich 5,4 km lang und etwa 1 km breit parallel zum Meer erstreckt, aber zu diesem keine offene Verbindung hat. Der See trocknet zunehmend in den Sommermonaten aus. Von hier nach Südosten erstreckt sich eine schwach gegliederte, dadurch oft eintönig wirkende Landschaft, die nur schwach besiedelt ist. Der Boden ist fruchtbar und wird überwiegend für Ölbaumkulturen genutzt.

Die Küsten

Die Küsten Korfús sind durch einen ständigen Wechsel von Steilküsten mit Kliffs und Geröll- und Sandstränden charakterisiert. Beeindruckend sind vor allem die Kliffs, die im äußersten Südwesten bis zu 100 m hoch sind und nach Norden allmählich bis auf 10 m abnehmen. Durch den ständigen Wechsel von steil ins Meer fallenden Berghängen, Kliffs und kleinen Buchten mit Sand- oder Geröllstrand erhalten letztere einen sehr eigenen, reizvollen Charakter, der ihre Nutzung für den Tourismus geradezu herausfordert.

Insgesamt bietet die Insel nur wenige wirklich geschützte Buchten, um kleineren Schiffen Schutz vor Nord- und Südostwinden zu geben. So ankerten die Schiffe schon immer bevorzugt vor der Mündung des Pótamos im Westen der Stadt Korfú; hier wurden sie vor den Südostwinden durch das Kap Sídheros und vor Nordwinden durch die Insel Vido (oder Ptychía) geschützt. In der Bucht von Pótamos gab es früher Salzgärten, die aber schon im vergangenen Jahrhundert aufgegeben wurden. Nördlich von Kondokáli liegt eine der wirklich geschützten Buchten, die Bucht von Ghuwía, die mit 7–9 m Tiefe auch größeren Schiffen Ankermöglichkeiten bieten. Von hier bis Pyrjí, wo die Südabstürze des Pantokrátormassivs das Meer erreichen, erstreckt sich eine buchten- und halbinselreiche Küste. Diese wird selbstverständlich überwiegend touristisch genutzt. Auf den Halbinseln reiht sich ein Hotelkomplex an den anderen, findet man viele Jachthäfen. Bei Dhasía und zwischen 'Ypsos und Pyrjí erstrecken sich schmale Strände; doch fällt es schwer, diese als Badestrände zu akzeptieren, da sie äußerst schmal zwischen der vielbefahrenen Straße und dem Meer liegen. Der gesamte Küstenbereich hat wegen fehlender oder mangelhafter Koordinierung von Baumaßnahmen für die touristische Erschließung leider sehr an landschaftlichem Reiz verloren.

Von Pyrjí bis Kulúra ist die Küste durch die Steilhänge des Pantokrátormassivs geprägt, die nur einen schmalen flacheren Küstenabschnitt erlauben und nur bei Barbáti und Nisáki nennenswerte Strände zulassen. Zu kleineren Stränden muß man auf steilen Wegen von der kurvenreichen Küstenstraße hinabsteigen oder sich auf unbefestigten Wegen durch Ölbaumwälder hindurchfragen.

Die Nordküste fängt im Nordosten, gleich westlich von Kap Warwára, mit zwei günstigen Buchten bei Kassiópi an, in denen in der Vergangenheit die Schiffe auf Reede gingen, wenn sie aufgrund ungünstiger Winde oder Strömungen nicht ins Korfiotische Binnenmeer einfahren konnten. Heute ist Kassiópi das wichtigste Touristenzentrum im Nordosten.

Westlich von Aj. Spyrídon erstreckt sich bis Ródha eine weitgeschwungene Strandküste, die vor ausgedehnten, heute zum Teil sehr trockenen Küstensumpfwiesen liegt. Die Ródha-Bucht ist eine der wenigen Strände von Korfú, in der man dank der Nordwinde eine kräftige Brandung erleben kann. Nach Westen, bis zum Kap Dhrástis wechseln sich kleinere Strände mit formenreichen Kliffs ab; ihr Hinterland wird überwiegend landwirtschaftlich genutzt. Die gesamte Westküste ist ein ständiger Wechsel von steil ins Meer sich absenkenden Hängen mit Hartlaubgebüsch, steilen Kliffs und immer wieder eingelagerten größeren und kleineren Buchten mit zum Teil schönem Sandstrand. Dieser Wechsel macht die Küste zwar ungeeignet für Häfen und Schiffahrt; aber die Badebuchten erhalten dadurch einen ganz besonderen Reiz, und es verwundert nicht, daß fast in jeder Bucht ein oder mehrere große Hotels und zahlreiche Privatunterkünfte dem Badetourismus dienen. Die wohl eindrucksvollste Bucht, aber auch die mit den kleinsten Stränden ist die von Palaiokastrítsa, die auch als einzige Möglichkeit für einen kleinen Hafen bietet. Bemerkenswert sind die Buchten Aj. Jéorjios bei Afiónas, vor allem wegen der Halbinsel des Kaps Awríla, die kleine Bucht von 'Ermones, die breiten Sandstrandbuchten von Ghlifádha und Aj. Ghórdhis. Südlich von Aj. Matthaíos wird das Hinterland der Küsten flacher und damit verlieren die Strände etwas von ihrem landschaftlichem Reiz. Vom Korissión-See an, der durch einen schmalen Festlandstreifen vom Meer getrennt ist, nehmen bis zum Kap Asprókawos die Kliffs wieder zu, um am Kap in einem 169 m hohen Kliff zu enden.

An der Ostküste zieht sich von Kawós an ein schmaler Strandstreifen bis nach Lefkímmi. Dieser ist wirklich schmal und oft durch Küstensumpfwiesen und landwirtschaftlich genutzte Flächen unterbrochen. Der Küstenbereich zwischen Lefkímmi und Kap Lefkímmi enthält ausgedehnte Küstensumpfwiesen und südlich des Kaps die einzigen in Betrieb befindlichen Salzgärten. Von der Bucht von Lefkímmi bis nach Korfú liegen der Berg von Chlomós und der östliche Höhenrücken direkt über dem Meer. Am Fuß der Berge und an den Hängen liegen zahlreiche Villen und Hotelanlagen, ist gerade noch Platz für die kurvige Küstenstraße und für einen äußerst schmalen Kiesstrand. Das Ende dieser Küstenrundfahrt bildet südlich der Stadt Korfú der Chalkiopúlu-See mit der Insel Pondikoníssi und dem Wlachérna-Kloster. Leider ist diese einmalig schöne Landschaft durch den Bau des Flughafens im See und den sehr intensiven Flugverkehr arg beeinträchtigt.

Die Flüsse

Im Nordteil der Insel gibt es zwei Flüsse, die auch in heißen Sommern nicht austrocknen: den Meghapótamos und den Typhlopótamos. Der Meghapótamos sammelt einzelne Bachläufe aus dem Bergland um Watoniés (nördlich von Palaiokastrítsa) und erreicht nach etwa 6–7 km die Aj. Jeórjios-Bucht. Der Typhlopótamos erfaßt verschiedene Quellen aus dem Pylídhes-Massiv, wird aber erst durch den Zufluß zahlreicher wasserreicher Bäche bei Aj. Dhulí ein etwa 10 m breiter Fluß, der mit sehr schwachem Gefälle in die Sidhári-Bucht fließt; Boote können ihn zwei Kilometer flußauf befahren. Im nordöstlichen Teil Korfús verhindern die steileren Hänge des Pantokrátormassivs eine ausgesprochene Flußbildung; zahlreiche Bäche aus dem Gebiet von Nýmfai und vom Pantokrátor können im Frühjahr für Bewässerungsmaßnahmen genutzt werden, erreichen aber oft nicht die Küste, sondern versickern vorher.

Im Zentralteil der Insel fallen drei Flüsse auf der Karte auf: der Rópa im Westen, der bei 'Ermones das Meer erreicht und der das ganze Jahr hindurch Wasser führt, der Stawropótamos, der im Frühjahr sehr viel Wasser führt, aber im Sommer trocken liegt, und der Pótamos. Diesen halten viele für den größten Fluß, wohl wegen seiner stattlichen Breite von 16 m nahe der Küste. Er besitzt aber gegenüber einer Vielzahl von kürzeren Bachläufen, z. B. bei 'Ypsos und südwestlich der Stadt Korfú keine wasserwirtschaftliche Bedeutung, da er bei starker Trockenheit keinen zusammenhängenden Wasserlauf bilden kann.

Im Süden der Insel liegt ihr bedeutendster Fluß, der Mesóngi, der von den Südhängen des Aj. Dhéka nach Süden und bei Mesóngi in die Mirángi-Bucht fließt. Er ist bis zu 20 m breit und kann auf 2 km Länge von Booten befahren werden. Im äußersten Süden gibt es eine große Zahl von Bächen, die bis auf den Pótami bei Lefkímmi keine größere Bedeutung besitzen. Der Pótami wurde zumindest früher bis zum Ort Pótami von Barken zum Obst- und Gemüsetransport befahren.

Die Wälder

Wir können sicherlich davon ausgehen, daß auch Korfú im Altertum ausgedehnte Wälder besaß. Welche Arten hier früher waldbildend waren, können wir nur näherungsweise und im Vergleich mit anderen Ionischen Inseln erahnen. Auch die Frage, wann die Wälder abgeholzt wurden, kann nicht eindeutig beantwortet werden. Doch schon 1402 mußten Bauholz zur Ausbesserung der Befestigungen von Korfú und Schiffsbauholz vom Festland, zum Beispiel von Párgha, beschafft werden.

Nachgewiesen sind ausgedehnte Bestände der Knoppereiche, *Quercus macrolepis (aegilops)* von den Nordabhängen des Pantokrátormassivs. Noch zu Beginn des 19. Jahrhunderts schätzte man die Stammzahl auf 100 000. Vermehrtes Schlagen von Bäumen und zu starke Beweidung führten zur deutlich sichtbaren Dezimierung des Eichenbestandes. Heute sind nur noch magere Bestände südlich von Lútses am Weg nach 'Ano Períthia zu sehen. Ebenfalls bei Lútses ist ein kleiner Fleck durch eine Mauer vor ständiger Beweidung geschützt, so daß sich ein dichter Q.macrolepis-Wald erhalten konnte. Ein Meer weißblühenden Alliums täuscht etwas darüber hinweg, daß dieses Wäldchen äußerst trocken und artenarm ist.

C. Sprenger (1912) vermutet, daß *Cupressus sempervirens, Pinus halepensis* und *Juniperus phoenica* dunkle Wälder auf den Höhenrücken des Pantokrátors und des Aj. Dhéka gebildet haben können. An den Nord- und Westabstürzen des Stawrowúni fand er Waldreste von *C. sempervirens* an schwer erreichbaren Felsvorsprüngen.

An einem nördlich von Káto Gharúna, südwestlich des Aj. Dhéka gelegenen Berg soll im 18. Jahrhundert noch dichter Eichenwald gestanden haben. Hier findet man heute nur Weinfelder.

Einen auch aus der Literatur bekannten in sich geschlossenen Waldbestand gibt es am Berg Aj. Mattáios unterhalb des Klosters. Dieser sehr dichte, zum Teil etwas verwahrlost wirkende Waldbestand setzt sich zusammen aus *Arbutus unedo, Pistacia lentiscus, Erica arborea, Quercus coccifera,* verschiedenen *Cistus*-Arten und *Phlomis* im Unterwuchs. Daneben sind *Quercus* und *Cupressus*, aber auch wilde Ölbäume eingestreut.

Den südlichsten Wald der Insel findet man im Tal des Klosters Panajía Arkodhíla kurz vor dem Kap Aspókawos. Hier wachsen Zypressen, Eichen, Eschen und Erdbeerbäume. Angeblich sollte das Wäldchen einstmals von Italienern abgeholzt und verwertet werden. Wegen der hohen Transportkosten für das Holz wurde der Plan glücklicherweise aufgegeben.

Die Hartlaubgebüsche

Neben den Ölbaumwäldern sind die Hartlaubgebüsche die verbreitetste Vegetationsform auf Korfú. Sie bestehen überwiegend aus *Quercus coccifera*, zum Teil stärker mit *Arbutus unedo* und *Erica arborea* vermischt. Speziell diese drei Arten bilden ein bodenbedeckendes, sperriges, schwer durchdringbares Gebüsch von einem halben bis zu einem, seltener bis zu 2 Metern Höhe. Bäume bis zu 4 m Höhe sind selten, doch kann man sie ab und zu von *Q.coccifera* und *P.lentiscus* sehen. Die Hartlaubgebüsche können manchmal einen etwas eintönigen grau-grünen Charakter besitzen; wenn aber *Calicotome, Spartium* und *Anthyllis* mit ihren leuchtend gelben Blüten, wenn *Phlomis* und die *Cistus*-Arten zur Blüte kommen, erscheinen die Hartlaubgebüsche außerordentlich farbenreich, ja bunt.

Eine Auswahl der typischen Pflanzen der Hartlaubgebüsche, die zum Teil mit ihren leuchtenden Blüten sehr auffallen, soll hier erwähnt werden. Gelb blühen *Anthyllis hermanniae* (Herrmanns Wundklee), *Calicotome infesta* und *villosa, Coronilla valentina* (Kronwicke), *Genista acanthoclada, Lonicera caprifolium* (Echtes Geißblatt), *Medicago arborea* (Baum-Schneckenklee), *Paliurus spina-christi* (Christus-Dorn), *Spartium junceum* (Pfriemenginster), *Phlomis fruticosa* und *Laurus nobilis* (Lorbeer). Weiße, weiß-rosa oder weißgelbliche Blüten besitzen *Cotoneaster integerrimus* (Gemeine Zwergmispel), *Cistus salviifolius* (Salbeiblättrige Cistrose), *Cistus monspeliensis* (Französische Cistrose), *Clematis flam-*

mula, Clematis vitalba (Gemeine Waldrebe), *Crataegus monogyna* (Eingriffeliger Weiß-
dorn), *Lonicera implexa, Myrtus communis* (Myrte), *Prunus spinosa* (Schwarzdorn), *Rosa
sempervirens* (Immergrüne Rose), *Viburnum tinus* (Stein-Lorbeer), *Nerium oleander* (Oleander) und *Olea europea* (Oleaster). Rote oder rötliche Blüten zeigen *Cercis siliquastrum*
(Judasbaum), *Cistus incanus, Pistacia lentiscus* (Mastix-Strauch) und *P.terebinthus* (Terpen-
tin-Baum), *Rosa canina* (Hunds-Rose). *Clematis viticella* blüht blau bis purpurn, violette
Stauden sind meist *Salvia triloba.*

Die Hartlaubgebüsche sind zum Teil so dicht und dornig, daß man kaum durch sie
hindurchdringen kann. Es lohnt sich auch selten, da sie meist im Innern sehr trocken sind
und dort auch wenige Kräuter und Blumen beherbergen. Bilden sich aber an ihrem Rand
wiesige, vielleicht sogar wechselfeuchte Stellen, können hier zahlreiche Monokotyledonen,
vor allem Orchideen wachsen.

Die Ölbaumwälder

Sicherlich gab es Ölbäume schon im Altertum auf Korfú. Doch als sich die Insel im Jahr 1386
unter den Schutz Venedigs begab, spielte die Ölbaumkultur offensichtlich keine hervorragende Rolle. Denn im Gegensatz zu Weinstöcken wurden Ölbäume nicht als Besitztum und
Steuerobjekt ausgewiesen. 1413 wird zwar die Besteuerung der Ölbäume erwähnt, aber erst
ab 1565 nahm die Bedeutung der Ölbaumkultur zu. Damals nämlich sah sich Venedig vor
der schwierigen Aufgabe, die durch die türkische Belagerung verödete und entvölkerte Insel
mit wirtschaftlichem Leben zu füllen; dies mußte flächendeckend, aber mit geringem
Arbeitseinsatz möglich sein. Gleichzeitig versuchte man, aus eigenen Ländereien so viel wie
möglich Öl zu gewinnen. Man versuchte deshalb die Bevölkerung dazu zu bewegen, in
kurzer Zeit ihre Ödlandflächen durch Veredelung von wildwachsenden Oleastern oder
durch Stecklinge in Ölbaumkulturen zu verwandeln. Dies hatte nicht sonderlich viel Erfolg,
so daß die Regierung sich im Jahr 1623 genötigt sah, die Anpflanzung von jeweils 100
Ölbäumen mit 12 Zechinen zu belohnen. Das zeigte Wirkung; doch statt neue Flächen zu
roden, wurden bestehende Weinpflanzungen in Ölbaumhaine umgewandelt. Als Ergebnis
wurden im Jahr 1766 auf Korfu 1.873.730 Ölbäume gezählt. Diese Zahl dürfte eine untere
Grenze angeben, denn bereits 1879 wurden 3.814.730 Ölbäume gezählt. Dies bedeuteten
damals 150–200 Ölbäume je Kopf der ländlichen Bevölkerung. Es war klar, daß diese
enorme Zahl von Bäumen nicht intensiv gepflegt werden, sondern nur geerntet werden
konnte. Als Folge entwickelten sich die Ölbaumhaine zu wahren Ölbaumwäldern. Die
einzelnen Bäume zeigten eigentümlich dicke, verkrüppelte Stämme, die fruchttragenden
Baumkronen erreichten manchmal eine Höhe von 20–25 m. Dies alles führte zu einem
eigentümlichen, stimmungsvollen Bild dieser Ölbaumwälder, behinderte aber die weitere
Pflege der Bäume und die notwendige Ertragssteigerung. Durch die weitgehend geschlossene Kronendecke bekam der Boden unter den Bäumen so wenig Licht, daß eine Nutzung
für Getreide- oder Gemüseanbau zum Teil unmöglich wurde. Die Ölbaumwälder konnten
also nur noch für die Schafbeweidung genutzt werden.

Dieses Bild der Ölbaumwälder hat sich im wesentlichen bis heute erhalten. Weite Teile der Insel, Talauen, sanft geneigte Hänge, aber auch künstlich angelegte Terrassen an zum Teil überaus steilen Berghängen sind mit oft sehr dichten Wäldern hoher, stark verwachsener Ölbäume bedeckt. Und dennoch bieten diese uralten Ölbaumwälder ein überaus vielfältiges Bild. Im südlichen Teil der Insel, dort wo die Hänge weniger steil sind, sind die Wälder lichter, sonnendurchfluteter, bieten sie mehr Raum für ausgedehnte blumen- und kräuterreiche Wiesenflächen. Diese wechseln oft mit kleineren Phryganaflächen ab. Sie werden selten landwirtschaftlich genutzt, sondern meistens nur von Schafen beweidet; doch im Gegensatz zum Festland sind die Schafherden klein und die Beweidung landschaftschonend. Von den Schafen unbehelligt bleibt auf jeden Fall *Asphodelus microcarpa*, die an ihren mehrfach verzweigten, über einen Meter langen Ästen zahlreiche weiße Blüten tragen, aber einen unangenehmen Geschmack besitzen. Sie bilden oft umfangreiche Bestände, in denen sich trotz der Beweidung auch zahlreiche andere Blumen behaupten. Neben reichhaltigen Vorkommen verschiedener *Ophrys-*, *Orchis-* und *Serapias*-Arten blühen hier unter anderem *Cerinthe maior*, *Tordylium apulum*, *Arum italicum*, *Helleborus cyclophyllus*, *Ranunculus muricatus*, *Anemone hortensis* und verschiedenste Schmetterlingsblütler. Entsprechend reichhaltig ist die Insekten-, speziell die Schmetterlingsfauna.

An den Hängen des Aj. Dhéka und des östlichen Hügelzuges stehen die Ölbaumwälder auf Terrassen an zum Teil sehr steilen Hängen. Sie werden hier oft umgepflügt und für Gemüseanbau genutzt oder beweidet. Als Folge sind sie hier artenarm oder bieten sie eine hochwuchernde Unkrautflora. Für den Hobbybotaniker bieten diese Ölbaumwälder nur wenige schöne Flächen, auf denen dann aber zum Beispiel *Centaurium maritimum* und *Parentucellia viscosa* begeisternde Bestände besitzen können.

An noch steileren Hängen liegen die zum Teil sehr schmalen Terrassen der Süd- und Südwestabhänge des Pantokrátormassives. Diese zeigen eine sehr reizvolle, abwechslungsreiche Flora, wenn nicht gerade Erntezeit ist. Dann sind die Böden mit Herbiziden gespritzt, sind sie gelbbraun und kahl; oder es sind gar die schwarzen Erntenetze rings um die Bäume gelegt, in die die Oliven fallen sollen. Zu dieser Zeit wirken die Wälder noch dunkler, ja schwarz. Auf den Netzen sammeln sich die teils verschrumpelten, teils prallen, fett glänzenden Oliven, ab und zu schiebt sich ein *Allium*, eine *Ophrys* oder eine andere spät austreibende Pflanze durch das Netz. Speziell *Ophrys ferrum-equinum* mit ihren dunklen Blüten wirkt dann wie eine ›Olive am Stiel‹.

Auch die Ölbaumwälder des nordwestlichen Hügel- und Tafellandes werden sehr unterschiedlich genutzt, häufiger als sonst auf der Insel mit Herbiziden behandelt. Auch hier findet man daher oft nur Unkraut- oder ausgedehnte Farnfluren; diese Ölbaumwälder reizen den Hobbybotaniker nur an wenigen Stellen zu eingehenden Studien, obwohl sicherlich auch sie eine Vielzahl interessanter Pflanzen enthalten.

Trotz des stark gestiegenen Einsatzes von Herbiziden bieten die Ölbaumwälder Korfús ein unerschöpfliches Potential für den botanisch und zoologisch Interessierten; doch auch für den, der nur die Landschaft und ihre wechselnden Stimmungen genießen will, sind sie sicherlich weitaus reizvoller und abwechslungsreicher als die ausgedehnten Hartlaubgebüsche und Phryganaflächen anderer griechischer Inseln. Glücklicherweise werden chemische Mittel nur in den erntereifen Waldteilen eingesetzt, so daß man neben diesen deprimierenden Flächen immer intakte, erfreulich artenreiche Ölbaumwälder findet. Im Sinne der wirtschaftlichen Nutzung gilt sicherlich auch heute noch, daß man durch Auslichten der Wälder und durch größere Pflege der Bäume die Zahl der Bäume verringern und dennoch die Erträge steigern könnte. Es ist aber zu befürchten, daß dann der einmalige Charakter der Ölbaumwälder Korfús, den man nur an wenigen Stellen des griechischen Festlandes und Kretas wiederfindet, verlorengeht.

Der Weinanbau

Zahlreiche Abbildungen und Schriften weisen darauf hin, daß der Weinanbau auf Korfú bereits im Altertum eine bedeutende Rolle gespielt hat. Welche Bedeutung er in den vergangenen Jahrhunderten besaß, zeigt unter anderem, daß bei Übergabe der Insel an Venedig im Jahre 1386 die Weinberge ausdrücklich als Besitztümer erwähnt und besteuert wurden. Wie bei den Ölbaumkulturen erwähnt, nahm der Weinanbau ab 1623 deutlich zugunsten der Ölbäume ab. Von da an wird er zunehmend von den günstigen, sonnenreichen Hängen in die Talniederungen verdrängt. Bartsch berichtet, daß die Einheimischen diesen Weinanbau in zum Teil sumpfigen Talniederungen sogar als den richtigen Weg rechtfertigten. Doch ist kaum zu bezweifeln, daß dies einer der wesentlichen Gründe für die mindere Qualität des korfiotischen Weins ist.

Heute sieht man kleinere Weinfelder über die gesamte Insel verteilt. Besonders fallen sie auf dem Kalkrücken zwischen Palaiokastrítsa und Trumbéta auf, wo sie auf Terrassen und leicht geneigten Hängen die volle Sonne erhalten und auch gute Qualitäten erbringen sollen. Aber auch hier, wie auf der ganzen Insel, sind die Felder relativ klein und werden sie offensichtlich eher nebenberuflich und nicht so professionell wie in anderen Gegenden Griechenlands bewirtschaftet.

Die Orchideen

Das Bild wäre unvollständig, wenn wir nicht die Orchideen Korfús etwas genauer betrachteten. Die Insel birgt zwar keine endemischen Arten, keine Spezialitäten, die hier eine besondere Verbreitung hätten. Die geologischen und klimatischen Bedingungen und natürlich die unterschiedlichen Erscheinungs- und Nutzungsformen der Ölbaumwälder bieten aber den Orchideen insgesamt ideale Wuchsbedingungen. Das Ergebnis sind arten- und pflanzenreiche, großflächige Orchideenvorkommen, von denen man immer nur kleine Ausschnitte erkunden kann. Knapp 50 Arten kommen auf der Insel vor, davon 20 über die ganze Insel verbreitet und in zum Teil erstaunlich großen Einzelvorkommen. Die meisten von ihnen wachsen in den Ölbaumwäldern, vor allem dort, wo sich kraut- und blumenreiche Wiesen erhalten haben, gerne in wechselfeuchten Partien; hier findet man häufig die insektenähnlichen Vertreter der Gattung Ophrys: *Ophrys apifera, attica, bombyliflora, ferrum-equinum, fusca, lutea* (Farbt. 26), *mammosa* (Farbt. 25), *cornuta, reinholdii* (Farbt. 17a), *sphegodes ssp. sphegodes, tenthredinifera* (Farbt. 27) und sehr selten *O.helenae* und die aus Italien bekannte *O.bertolonii*. Die meisten von ihnen blühen im Laufe des Monats April, nur *O.cornuta* und *sphegodes* findet man häufiger im Mai. Sehr selten findet man auch die gelbrandige *O.sphegodes ssp. epirotica*, die auf dem Festland ein größeres Verbreitungsgebiet besitzt. Neben Ophrys ist Orchis mit ihren Arten häufig in den Ölbaumwäldern vertreten: *O.coriophora, italica* (Farbt. 19, 24), *lactea, laxiflora, morio, papilionacea* (Farbt. 18), *simia* (Farbt. 22) und *tridentata*. Häufiger als sonst üblich findet man die Hybride *Orchis coriophora x O.laxiflora*. Einige Orchis-Arten findet man fast ausschließlich auf der Hochfläche des Pantokrátormassives: *O.pauciflora* (Farbt. 28), *quadripunctata* und *ustulata* sind hier vergesellschaftet mit *Aceras anthropophorum*, einer Art, die nur selten auf das angrenzende Festland geht und auf dem Pantokrátor eines der schönsten und reichhaltigsten Vorkommen Griechenlands besitzt.

Wer Anfang Mai nach Korfú kommt, ist überwältigt von den vielen und großen Vorkommen der verschiedenen Serapias-Arten. Klar voneinander getrennte Populationen von *Serapias vomeracea ssp. vomeracea* und *ssp. laxiflora*, daneben reichhaltige Vorkommen von *S. parviflora* (Farbt. 20), *cordigera* und *lingua* (Farbt. 18) werden nicht nur wegen der vielen und variablen Hybriden nie langweilig. Rätsel geben einem die zahlreichen Zwischenformen von *S.vomeracea ssp. laxiflora* und *S.parviflora* auf, die über die gesamte Insel verbreitet vorkommen und fast als eigene Art angesehen werden könnten. Auch die Gattung Serapias besitzt ihre Hauptverbreitung in den Ölbaumwäldern. Im äußersten Nordosten und im Süden, hier in Hartlaubgebüschen, sind Serapias-Sippen gefunden worden, die von den einen als *S.neglecta ssp. ionica* und von den anderen als *S.vomeracea ssp. orientalis* angesehen werden. Sie scheinen äußerst selten und nur an diesen beiden extremen Positionen der Insel vorzukommen.

Bis auf die erwähnten Zwischenformen in der Gattung Serapias und bis auf die Vertreter der Arten *Ophrys sphegodes* und *O.mammosa* gibt es auf Korfú keine Schwierigkeiten in der Erkennung und Bestimmung der Orchideen. Die Insel ist daher sehr gut geeignet, sich in die manchmal etwas komplizierte Pflanzenfamilie einzuarbeiten. Der günstigste Reisemonat für einen Orchideenurlaub auf Korfú dürfte der April sein; doch auch noch in der ersten Maihälfte ist die Insel ein wahres Orchideenparadies. Einige Arten, vor allem die der Gattung *Serapias* findet man überhaupt erst im Mai in voller Blüte.

Die Tiere

Größere Säugetiere kommen heute auf Korfú nicht mehr vor. Dies liegt in erster Linie wohl daran, daß es neben den Ölbaumwäldern und Hartlaubgebüschen kaum noch natürliche Wälder als Rückzugsgebiete gibt. Im Altertum soll es gemäß den Überlieferungen noch

Hirsche hier gegeben haben. Kleine Säugetiere, wie Hase, Fuchs, Igel, Marder und Wiesel gibt es wohl noch häufiger, obwohl man sie seltener in der freien Natur als vielmehr als Opfer des Straßenverkehrs sieht. Partsch berichtete noch von einem Vorkommen des Schakals (Canus aureus) aus den Ölbaumwäldern um Gardheladhes und aus dem Buschwald bei Lefkími.

Der Besucher der Insel wird sich daher eher auf Vögel, Schmetterlinge, Amphibien und Reptilien konzentrieren, die jeweils auf der Insel durch zahlreiche Gattungen und Arten vertreten sind. Es überschreitet den Rahmen dieses Beitrages, alle auf der Insel vorkommenden Arten vorzustellen. Es soll nur ein kurzer Abriß gegeben werden, was man auf Korfú erwarten kann und wo es besonders besuchenswerte Gebiete gibt.

Unter den Vögeln fallen einem natürlich zuerst die zahlreichen Möwen auf, die die ankommenden Schiffe schon weit vor der Küste in Empfang nehmen. Im Gegensatz zum griechischen Festland werden Greifvögel selten beobachtet; lediglich Bussarde und Falken sind zu sehen, aber auch diese sehr viel seltener als sonst in Griechenland. Häufig hört und sieht man den Pirol und den Kuckuck, noch häufiger Elstern und Eichelhäher, seltener den Wiedehopf. Auch der Eisvogel, den wir sonst nur bei Ioánnina sehen konnten, soll vorkommen. Selbstverständlich sind die Ölbaumwälder ein wahres Vogelparadies. Nur bedarf es großer Geduld und eines guten Blickes, um die Vögel im dichten, im Sonnenlicht flimmernden Laubwerk erkennen und verfolgen zu können. Dennoch sieht man häufig Grasmücken, Steinschmätzer, Schwarzkehlchen, Steinrötel, Rotkehlchen, viele Sperlinge im Siedlungsbereich, Grünlinge, sehr häufig Scharen von Stieglitzen, viele Ammerarten, vor allem die schöne Goldammer; die nicht seltene Nachtigall hört man häufiger als daß man sie sieht, ebenso die Käuzchen, Rauch-, Rötel- und Mehlschwalbe gehören selbstverständlich ins Stadt- und Dorfbild. Erstaunlicherweise sahen wir keine Störche, die auf dem angrenzenden Festland nicht selten sind. Zahlreiche Sänger und Wasservögel gibt es am Korissión-See im Südwesten, dessen Schilfgürtel zum Teil einen jämmerlichen Eindruck machen. Nördlich des Sees in den Sumpfwiesen zwischen See und Ghardhíki-Kastell findet man ein wahres Vogelparadies. Ebenso empfehlenswert für Vogelfreunde sind die küstennahen Sumpfwiesen zwischen Lefkími, Alikés und den Salzwiesen beim Kap Lefkími. Dieses Gebiet ist zwar durch tiefe Wassergräben unterteilt, so daß das Laufen abseits der wenigen Fahrwege etwas beschwerlich ist; wenn man aber erst einmal in die Wiesen gefunden hat, eröffnet sich einem ein wahres Vogel-, Reptilien- und Pflanzenparadies.

Diese beiden Sumpfwiesengebiete nördlich von Lefkími und nördlich des Korissión-Sees sind mit ihren ausgedehnten Blumenwiesen ebensogut für Schmetterlingsbeobachtungen geeignet. Doch auch in den lichteren, wiesigen Teilen der Ölbaumwälder konnten wir viele Schmetterlinge beobachten. Unter diesen fielen uns natürlich der Schwalbenschwanz (*Papilio machaon*), der *Papilio alexanor*, der Segelfalter (*Iphiclides podalirius*) und neben vielen aus Mitteleuropa bekannten Arten die vielen Weißlinge und Bläulinge besonders auf. Vielleicht liegt es am Mangel an offenen Wiesen- und Phryganaflächen, daß man den Eindruck gewinnt, es gäbe auf Korfú etwas weniger Schmetterlinge als auf dem griechischen Festland; dennoch lohnt es sich unbedingt, ein gutes Bestimmungsbuch für Tagfalter und sehr viel Ruhe zum Suchen und Beobachten mitzubringen, denn die Vielfalt der Arten ist hier noch sehr viel größer als in Mitteleuropa.

Wie im gesamten Griechenland sind Amphibien und Reptilien nicht aus der Landschaft wegzudenken. Man sieht aber deutlich seltener Schildkröten als auf dem Festland, und zwar ausschließlich die Griechische Landschildkröte. Wenn man Glück und Geduld hat, kann man in Tümpeln und Wassergräben auch die Europäische Sumpfschildkröte und die Kaspische Wasserschildkröte beobachten. Sie sind überaus scheu und flüchten beim ersten Schatten, den man aufs Wasser wirft. Wenn man mit Geduld wartet, kann man sie leicht wieder hervorkommen sehen und länger beobachten.

Häufiger sind alle Arten von Eidechsen. In Ortschaften kann man die Pracht-Kieleidechse mit ihrem rostroten Rücken, dem hellroten Bauch und der blauen Kehle leicht erkennen. In flachem, trockenem Gelände scheucht man oft die manchmal glatt grüne, manchmal grün mit gelblichen Längsstreifen gefärbte Taurische Mauereidechse auf. Erschrecken kann einen hier immer wieder das schreckhafte Fluchtverhalten der Riesen-Smaragdeidechse und der Smaragdeidechse; beide zeigen eine für den Laien oft verwirrende Farbvielfalt. Mit viel Glück kann man an Mauern oder Baumstämmen, so im Park des Achíllions, den Hardun (Agama stellio) entdecken. Diese urtümliche Echse, deren Verwandte in wärmeren Gebieten Afrikas, Asiens und Australiens zu Hause sind, läßt sich lange beobachten und flieht nur bei heftigen Bewegungen in Mauerritzen oder in die Baumkronen.

Auch Schlangen gibt es auf Korfú zahlreich, doch gelingt es selten, sie in Ruhe zu beobachten. Denn allzu schnell flüchten sie in schützende Büsche. Nur die träge, aber sehr giftige Sandotter läßt sich leichter beim Sonnen beobachten. Eidechsennattern, Zornnattern und Schlanknatter schreckt man immer wieder auf und man kann nur jedem empfehlen, weniger Angst vor diesen erstaunlichen Reptilien zu haben und eher zu versuchen sie zu beobachten. Häufiger als erwartet kann man auf Korfú das Blödauge sehen, eine Blindschlange, die eher wie ein großer Wurm aussieht und die man öfters in wechselfeuchten Wiesen oder in Sumpfwiesen aufschreckt. In den küstennahen Sumpfwiesen, aber auch in den Ölbaumwäldern in Bachnähe findet man zahlreiche Frosch- und Krötenarten.

Durch die Rópa-Ebene über Palaiokastrítsa nach Trumbéta

In diesem und den folgenden Kapiteln sollen einige floristisch und faunistisch interessante Rundfahrten über die Insel beschrieben und Hinweise auf besonders besuchenswerte Gebiete gegeben werden.

Eine landschaftlich überaus abwechslungsreiche und floristisch-faunistisch sehr interessante erste Rundfahrt führt von der Stadt Korfú durch die Rópa-Ebene nach Palaiokastrítsa, in Kehren hinauf auf den Pylídhes, einen Kalkhöhenrücken, der quer über die Insel zum Pantokrátormassiv führt, mit einem Abstecher zum Angelókastro und über den Pylídhes nach Trumbéta.

Wenn man die letzten Häuser der Stadt Korfú und des Vorortes Alepú verlassen hat, fährt man südlich des Flusses Pótamos über Aj. Ióannis in die Ebene des Rópa. Diese besitzt einen für die Insel einzigartigen Charakter. Auf 6–8 km Nordsüderstreckung und teilweise bis zu 3 km Breite ist sie völlig flach; man sieht in ihr kaum einen Baum, nur einzelne Buschhecken. Genutzt wird sie offensichtlich nur für Mähwiesen. Den Grund hierfür spürt man schnell, wenn man zu Fuß in das Anfang Mai knie- bis hüfthohe Gras und Kraut steigt; denn den größten Teil der Ebene bedecken auch heute noch Sumpfwiesen. Neben einer Vielzahl interessanter Sumpfpflanzen findet man hier Populationen mit Tausenden von *Orchis laxiflora*: Hohe Gummistiefel sind natürlich zu empfehlen.

Die westlich der Ebene ansteigenden Hügel zwischen der Bucht von Érmones und Liapádhes, an denen eine schlecht gepflegte Straße entlangführt, sind mit dunklen Ölbaumwäldern und dichtem Hartlaubgebüsch bedeckt. Hier steht neben Kalk auch Gips an. Die Flora macht, wohl auch wegen der großen Trockenheit des Bodens, einen insgesamt ärmlichen Eindruck. Aufgrund der geringen Bodenbedeckung auf anstehenden Felsen verdorren die Pflanzen bereits im Mai, sehr viel schneller als sonst auf der Insel.

Dieser Eindruck der Trostlosigkeit ändert sich sehr schnell, wenn man nordwestlich in Liapádhes zum Hafen von Palaiokastrítsa hinunterfährt. Hier sind die sehr steilen Hänge bis hinab zum Meer teils mit Ölbäumen, teils mit Hartlaubgebüsch bedeckt, nur unterbrochen durch die Riesenhotels der Stadt. Ihren einmaligen Reiz erhält diese Bucht durch ihre Vielgestaltigkeit, durch die vielen kleinen Halbinseln unterhalb der steilen Hänge. Floristisch bietet die Bucht nicht viel. Hierfür sollte man von Palaiokastrítsa über Lakónes nach Kríni und weiter über den Rücken des Pylídhes nach Trumbéta zu fahren; und dies nicht nur wegen der alten Burg von Angelókastro und den wirklich schönen Blicken hinab aufs Meer und die Bucht von Palaiokastrítsa. Viel interessanter ist der Kalkhöhenrücken mit seinen sich ständig ändernden Landschafts- und Vegetationsbildern. Teils zieht die Straße durch mannshohe, leuchtend gelb blühende Pfriemenginsterhecken, teils durch terrassierte Wein-, Obst- oder Gemüsefelder. In Richtung Trumbéta nehmen offene Phrygana und Magerrasen zwischen steilen Kalkfelsen zu. Dazwischen liegen an ebeneren Stellen einige wechselfeuchte Wiesen und in einzelnen Talklingen ziehen die Ölbaumwälder fast bis auf den Kamm hinauf. In diesen sich ständig ändernden Landschaftstypen findet man eine äußerst vielgestaltige Pflanzen-, Vogel- und Schmetterlingswelt mit idealen Beobachtungsmöglichkeiten. Daneben hat man sowohl nach Norden bis zu den Óthoni-Inseln als auch nach Süden bis zum Aj. Dhéka einen sehr schönen Überblick über die Insel.

Von Trumbéta führt eine gut ausgebaute, schnelle Straße durch Ölbaumwälder, die immer wieder durch Wiesen, Hartlaubgebüsche und Zypressenwäldchen unterbrochen werden, zurück zur Ostküste und zur Stadt Korfú.

Das Pantokrátormassiv

Das Pantokrátormassiv gehört nicht nur wegen seiner die ganze Insel überragenden Höhe zu den beeindruckendsten Landschaften Korfús. Es hebt sich floristisch und faunistisch deutlich von den ausgedehnten Ölbaumwäldern ab und erinnert in vielem an die Bergmassive des Festlandes. Mindestens zwei Tage sollte man für dieses Gebiet reservieren.

Die Ölbaumwälder sind sehr schattig. Leider wird hier oft mit Herbiziden gearbeitet, so daß auf den ersten Blick die Flora stark reduziert wirkt. Doch zwischen 320 und 400 m Höhe im Bereich des Ortes Spartýlas werden die Terrassen blumenreich, auch wenn sie oft den nackten Fels zeigen. Bei ungefähr 430 m kommen zu den Ölbäumen lichte Hartlaubgebüsche mit eingestreuten Wiesen, auf denen sich neben zahlreichen Orchideen eine blumenreiche Flora angesiedelt hat; Tordylium, Allium, Crepis, Helianthemum und Muscari bilden hier Blumenteppiche, die ein Paradies für Insekten und Schmetterlinge bilden. Von hier an wechseln sich Hartlaubgebüsche und äußerst blumen- und krautreiche Wiesen-Ölbaumterrassen ab. Ab 450 m Höhe hören die Ölbaumwälder völlig auf und machen ausgedehnten, sehr trocken erscheinenden Hartlaubgebüschhängen mit eingestreuten Zypressenwäldchen Platz. Unter den Orchideen werden plötzlich *Aceras anthropophorum, Orchis pauciflora, quadripunctata* und *simia* häufig. Auf etwa 700 m Höhe gelangt man auf ein felsiges, hügeliges Hochplateau, das wie eine Steinwüste wirkt. Doch hat sich zwischen den Felsen so viel Erde angesammelt, daß man – zumindest im April und Mai – die Trostlosigkeit der Kalkfelsen wegen des Blütenmeeres kaum wahrnimmt. Beim Studium der Pflanzen merkt man oft nicht, daß plötzlich von Norden kühle Winde dunkle Wolkenfelder die Hänge hinaufschieben und das ganze Plateau in dicken Nebel hüllen; dann wird es hier oben empfindlich kühl und ungemütlich. In Erinnerung bleibt ein vor allem durch die Tausende von Orchideen geprägtes Blumenmeer, wie man es in NW-Griechenland selten zu sehen bekommt.

Das Hochplateau des Pantokrátors bietet nur einen Aspekt dieses Massivs; überaus eindrucksvoll und empfehlenswert ist eine Fahrt rings um das gesamte Massiv, wenn man versucht, die Hänge hinauf bis zur oder über die Waldgrenze zu gelangen, wo immer dies möglich ist. Hierfür fährt man, von der Stadt Korfú aus kommend, nicht die Straße nach Spartíllas hinauf, sondern die Küstenstraße nach Nordosten weiter. An den Südost-Abhängen, oberhalb der Barbáti- und der Nisáki-Küste zeigt der Pantokrátor seine steilsten Abstürze. Doch auch diese sind im unteren Bereich durch Anlage von sehr schmalen und steilen Terrassen für Ölbaumkulturen genutzt. Es gibt kaum Möglichkeiten, in größeren Höhen des Massivs vorzudringen, es sei denn, man steigt von Terrasse zu Terrasse hangaufwärts. Erst an der Ostflanke, wo das Massiv sanfter in die Vorhügel zwischen Kulúra und Kap Warwára ausläuft, hat man die Möglichkeit, auf schmalen und kurvigen, aber gut ausgebauten Wegen bis auf knapp 500 m Höhe hinaufzukommen. Auch hier sind die Hänge bis auf eine Höhe von 350 m ausschließlich mit Ölbäumen bedeckt. Darüber werden die Ölbaumwälder lichter, sind sie häufiger durch blumenreiche Wiesen unterbrochen. Ab 380 m Höhe gibt es einen steten Wechsel von Ölbäumen, Zypressenhainen, Hartlaubgebüsch und Edelkastanien. Dieser häufige Biotopwechsel macht diese Hänge floristisch wie faunistisch überaus interessant. Dazu kommt bei guter Sicht ein faszinierender Blick auf die albanische Küste und die dahinter liegenden Berge des Festlandes. Über 400 m Höhe werden die Hänge des Pantokrátors eintöniger. Kein größerer Busch, geschweige denn ein Baum ist zu sehen; nur ausgedehnte, kahle felsige Hänge, die im Frühjahr mit Blumenteppichen bedeckt sind. Schon Mitte Mai bildet sich hier ein zum Teil geschlossener Distelbewuchs, der das weglose Gehen äußerst beschwerlich macht.

Die nächste gute Möglichkeit, auf die Höhen des Pantokrátormassives zu gelangen, bietet sich südöstlich von Aj.Spyrídon im Norden. Von hier führt eine auf allen Karten eingezeichnete und gut beschilderte Straße von Káto Períthia nach Lutsés und in Richtung des Pantokrátorgipfels. Leider verändert sich die Straße kurz hinter Lutsés in einen felsrippendurchsetzten üblen Steinweg, den man keinem Auto zumuten möchte. Dieser Weg führt an den Westhängen eines tief eingeschnittenen und nur zeitweilig Wasser führenden Tales in Richtung des hoch gelegenen Áno Períthia. Bereits ab 300 m Höhe fehlt an diesen Hängen fast jedes Buschwerk. Nur einzelne *Quercus macrolepis* zeigen, daß die Hänge früher mit sommergrünen Eichen bestanden sein können. Ein ummauertes kleines Areal mit dichtem *Q.macrolepis*-Wald zwischen Káto Períthia und Lutsés vermittelt einen guten Eindruck, wie diese Wälder einmal ausgesehen haben mögen. Auch in ihrer Kahlheit bieten diese Nordabhänge zumindest im April und Mai ein farbenprächtiges Blumenbild, das sich mit zunehmender Trockenheit im Sommer in eine trostlose Steinwüste verwandelt.

Wegen der schlechten Straße empfiehlt es sich, für die Rückfahrt die asphaltierte Straße über Acharávi und Episképsis nach Spartýlas zu wählen. Diese hat ihren besonderen Reiz, weil sie immer zwischen den kalkreichen Abhängen des Pantokrátors und dem nordwestlichen Hügelland durch abwechslungsreiche und artenreiche Ölbaumwälder führt.

Das mittlere Bergland

Einen sehr schönen Eindruck von der Vielfalt der Ölbaumwälder Korfús erhält man bei einer Rundfahrt durch das mittlere Bergland. Für diese Exkursion sollte man sich viel Zeit nehmen, sie sogar möglichst auf mehrere Tage aufteilen.

Man verläßt Korfú-Stadt in Richtung Westen und zweigt die Straße nach Südwesten in Richtung Pélekas ab. Vom Abzweig bis zur Kehrenauffahrt nach Pélekas fährt man durch alte, teils sehr schattige, teils lichte sonnige Ölbaumwälder mit weitläufigen kraut- und blumenreichen Wiesen. Asphodelus, Phlomis, Cistus und Acanthus prägen auf den ersten Blick das Bild. Auf vielen Wiesenflecken aber sind im April und Mai die Monokotyledonen, vor allem die Orchideen fast aspektbildend. Hunderte Pflanzen der verschiedenen Ophrys- und Orchis-Arten stehen hier neben einer faszinierenden und verwirrenden Vielfalt von Serapias-Arten mit allen möglichen Hybriden. Zwischen Pélekas und Sinarádhes werden die Ölbaumwälder stärker genutzt, machen sie deswegen einen etwas eintönigeren Eindruck. Weiter südlich werden sie wieder abwechslungsreicher, wird das Gelände vielfältiger; steilere Hangwiesen wechseln mit feuchten flachen Teilen ab, nehmen die Zypressen und Hartlaubgebüsche, z. B. *Erica arborea* in den Ölbaumwäldern zu. Das Ergebnis sind wiederum artenreiche Biotope, in denen man dank des vielfach abgestuften Strauch- und Baumbewuchses sehr schöne Vogelbeobachtungen machen kann. Vor allem Ammern, Grasmücken und ganze Scharen von Stieglitzen scheinen sich hier besonders wohl zu fühlen. Ein völlig anderes Bild bieten die Hartlaubgebüsche an den Hängen des Klosterberges Aj.Mattháios, die zum Teil richtigen Waldcharakter erreichen. Wenn man von dieser Straße durch das westliche Hügelland eine der vielen kleinen, oft unbefestigten Straßen zur Westküste nimmt, zum Beispiel westlich von Aj.Mattháios zur Makrúlo-Bucht, taucht man in tief eingeschnittenen Tälern oft in ausgesprochen dunkle, feucht wirkende Ölbaumwälder ein. Ihr Untergrund wird meist genutzt, so daß sie für botanische Studien unergiebig sind.

Bevor man südöstlich von Aj.Mattháios auf die östliche Bergstraße oder die Küstenstraße nach Norden zurückkehrt, sollte man – nicht nur wegen des Ghardhíki-Kastells – einen Umweg nach Südwesten wählen. Denn östlich am Kastell vorbei führt ein unbefestigter, aber gut befahrbarer Weg in die flache Ebene nördlich des Korissión-Sees. Man sollte sich von der sonnendurchglühten offenen Ebene nicht abschrecken lassen; es weht hier meist ein leichter Wind vom Meer her. Diese Ebene besitzt neben Getreide- und Gemüsefeldern ausgedehnte, zum Teil stark verkrautete Feuchtwiesen und viele von kleinen Schilfbeständen umrahmte Wasserlöcher und Wassergräben, daneben aber auch Cistus-Erica-Hartlaubgebüsch. So findet man nicht nur ausgezeichnete Möglichkeiten zur Vogel-, Schmetterlings- und Reptilienbeobachtung, sondern auch eine überaus reichhaltige Flora. Bis zum Nordende des Korissión-Sees mit seinen hohen Schilfbeständen und seinen ausgedehnten Küstensümpfen bietet sich hier eins der schönsten Gebiete Korfús für faunistisch-floristische Studien. Es muß wohl nicht erwähnt werden, daß hier Gummistiefel sehr angebracht sind.

Zurück zum Ghardhíki-Kastell und zur Hauptstraße kann man die Küstenstraße zur Stadt Korfú wählen oder die östliche Bergstraße. Um die Vielfalt der Ölbaumwälder kennenzulernen, sollte man eher die Bergstraße nehmen. Sie führt an den Hängen der östlichen, küstenbegleitenden Hügelkette aus Kalk und oberhalb des Mesóngi-Flusses, später an den östlichen Hängen des Aj.Dhéka entlang. Stets bewegt sie sich an der Grenze der für Ölbaumkulturen nutzbaren flacheren Hänge und der steileren Hartlaubbuschzone der Kalkrücken. Hier werden die Ölbaumwälder sehr viel stärker genutzt als im westlichen Teil der Insel, werden sie stärker von Schafen und Ziegen beweidet, machen sie oft einen leicht verwilderten, verunkrauteten Eindruck. Die von den Kalkrücken herabziehenden Hartlaubgebüsche und die eingestreuten Wiesen wirken auf den ausgewaschenen und ausgetrockneten Böden überaus artenarm. Man muß schon sehr suchen, um kleinere artenreichere, dann auch hier meist orchideenreiche Wiesenflecken zu finden. Im Norden, bei Kinopiastes, sind die Ölbaumwälder stärker als sonst mit einzelnen Zypressen oder kleinen Zypressenhainen durchsetzt.

Der Süden der Insel zwischen Mesóngi und Kawós

Im Süden der Insel setzt sich insgesamt das Bild der Ölbaumwälder fort. Doch bewegt man sich im Normalfall nur in einer Höhe bis zu 60 m, nehmen die offenen Wiesenflächen und küstennahe Hügelchen mit niedrigem Hartlaubgebüsch zu. Höher hinaus gelangt man nur am Hügel von Chlomós, wo bereits bei 170 m Höhe die Ölbaumwälder in lichtes, trockenes Hartlaubgebüsch mit überwiegend Cistus, Erica und Arbutus übergehen.

Von Mesóngi folgt man zwangsweise der einen zentralen Hauptstraße in Richtung Kawós; sie führt bis Áno Lefkímmi durch eine Vielzahl sehr lichter, wiesenreicher Ölbaumwälder, die jeder für sich für floristische und faunistische Studien überaus geeignet sind. Gleich südlich von Áno Mesóngi findet man rechterhand ausgedehnte krautreiche Wiesen unter wenigen alten Ölbäumen, die wahre Orchideenparadiese sind und wegen des reichen Blumenflors vor allem für Insekten- und Schmetterlingsbeobachtungen sehr geeignet sind. Derartige sehr lichte Ölbaumwälder mit zum Teil feuchten oder wechselfeuchten Wiesen und eingestreuten Hartlaubgebüschen findet man immer wieder, besonders südöstlich von Arjirádhes und Periwólia. Diese Biotope alleine lohnen den weiten Weg in den Süden der Insel. Doch sollte man unbedingt, wann immer es möglich ist, von der Hauptstraße zur Nordost- oder Südwestküste abzweigen. So zweigt in Arjirádhes eine Straße nach Norden in Richtung Petrití ab. Sie führt durch sehr dichte, von Gemüsekulturen durchsetzte Ölbaumwälder bis zur Küste bei Petrití, wo man in den küstennahen Feuchtwiesen und Bächen ideal Wasservögel und Wasserschildkröten beobachten kann.

Auf jeden Fall sollte man in Áno Lefkímmi nach Norden in Richtung Alikés fahren. Auf halbem Weg findet man ausgedehnte Wiesen unter Ölbäumen und eingestreute Zypressenwäldchen mit einer überaus reichhaltigen Orchideenflora. Noch reizvoller wird es, wenn man in Alikés nach Osten und Nordosten in die Küstensumpfwiesen südlich der Salzgärten fährt oder wandert. Hier hat man neben der reichhaltigen Flora die besten Möglichkeiten, Schlangen, Frösche, Land- und Wasserschildkröten, Schmetterlinge und vor allem Vögel zu beobachten. Man wird sicherlich von niemandem gestört, denn dieses Tier- und Pflanzenparadies liegt zu abgelegen und fern von touristisch interessanten Stränden. Zurück in Áno Lefkímmi hat man zwei Möglichkeiten, ins touristisch verdorbene Kawós zu fahren. Direkt auf der küstennahen Hauptstraße oder über die nach Südwesten ausholende Straße über Sparterá. Von der Küstenstraße hat man ab und zu die Möglichkeit direkt an die Küste zu gehen. Doch ist der Küstenstreifen sehr schmal, sehr stark für landwirtschaftliche Zwecke genutzt oder gar verbaut. Man merkt ihm die Nähe der nächsten Städte allzusehr an. Direkt hinter Lefkímmi findet man südwestlich der Straße ausgedehnte Wiesenterrassen, die zum Teil überaus trocken, zum Teil wechselfeucht eine interessante Flora aufweisen, die man wegen ihrer Lage in etwa 10 m über dem Meeresspiegel sehr früh im Jahr besuchen muß.

Interessanter als diese Küstenstraße ist der Umweg über Sparterá. Hier findet man ausgedehnte Wiesenhügel, nur zum Teil mit lichten Ölbaumwäldern, aber auch mit dichtem Hartlaubgebüsch, das hier Baumhöhe erreichen kann. Höhepunkt dieser Fahrt in den Süden der Insel bildet sicherlich die Fußwanderung zu den hohen Klippen des Kaps Asprókawos, des südlichsten Punktes der Insel.

Der Englische Friedhof in Korfú

Einen floristischen Höhepunkt darf man auf keinen Fall vergessen zu besuchen; er liegt mitten in der Stadt Korfú zwischen betriebsamen Einkaufsstraßen und dem Gefängnis: der

Englische Friedhof. Man vermutet kaum, was sich hinter den Mauern im Schatten der weit sichtbaren hohen Nadelbäume verbirgt. Das besondere des Friedhofs ist, daß diese schattige Oase des Friedens auch heute noch so vorbildlich gepflegt wird, wie man es selten sieht und daß sich hier eine reichhaltige Flora angesiedelt hat bzw. angesiedelt worden ist. Auf den Wiesen und Wegen, ja auf den Blumenrabatten vor den Grabsteinen kommen fast alle Orchideen der Insel vor; nicht nur einzelne, sondern in großen, eindrucksvollen Gruppen. Der Gärtner kennt diesen Schatz des Friedhofes genau und läßt beim Mähen alle blühenden Pflanzen säuberlich stehen oder spart ganze Flächen beim Mähen aus. So kann man nur 750 m vom Hafen und von der Hektik der Stadt entfernt viele Orchideen nicht nur des Flachlandes und der Ölbaumwälder, sondern auch der Höhen des Pantokrátormassives blühen sehen. Von *Aceras anthropophorum* über *Barlia robertiana*, über viele Ophrys- und Orchis-Arten bis zu *Serapias vomeracea* und *Spiranthes spiralis*, kann man hier fast alles auf kleinster Fläche finden, daneben sogar einige Hybriden wie *Orchis coriophora x Orchis laxiflora*. Dank der Pflege des Gärtners werden hoffentlich noch viele einen sicheren Hort mitten in der Stadt haben.

Ausgewählte Literatur

Aghorópoulou-Birbíli, A.: *Die Architektur der Stadt Kerkyra* (neugriechisch), Athen 1977

Bondelmontil, Christoph: *Librum Insularum Archipelagi*, 1414, Reprint, Berlin 1824

Braun, Georgius/Hohenberg, Frantz: *Contrafactur und Beschreibung von den vornehmbsten Stetten der Welt*, Brüssel 1574

Braun, Georgius/Hohenberg, Frantz: *Civitates orbis terrarum 1572 bis 1618*, Kopenhagen 1618/1623; Faksimile, Kassel/Basel 1965

Bulle, Heinrich: *Ausgrabungen bei Aphiona auf Korfu*, in: AM Bd. 59, S. 147–240, Athen 1934

Christomanos, Constantin: *Das Achilles-Schloß auf Corfu*, Wien 1896

Cremer, Marielouise: *Zur Deutung des jüngeren Korfu-Giebels*, in: AA, Berlin 1981, S. 317–328

Crome, Johann Fr.: *Löwenbildnis des siebenten Jahrhunderts*, in: ›Mnemosynon Theodor Wiegand‹, München 1938, S. 47–53, Taf. 17, 18

Dicks, Brian: *Corfu*, London/Vancouver 1977

Dörig, José/Gigon, Olof: *Der Kampf der Götter und Titanen* (Bibliotheca Helvetica Romana, Bd. IV), Lausanne 1961

Durrell, Lawrence: *Schwarze Oliven. Korfu. Insel der Phäaken*, Hamburg 1963

Engel. Eduard: *Griechische Frühlingstage* (Korfu, S. 13–29), Jena [3]1911

Gerola, Giuseppe: *Appunti sui monumenti Veneti di Cefalonia e di Corfu*, Venedig 1908

Goodisson, W.: *Historical and topographical Essay upon the Island of Corfu*, London, 1822

Gregorovius, Ferdinand: *Korfu. Eine jonische Idylle*, Leipzig 1882

Hamann, Brigitte: *Elisabeth. Kaiserin wider Willen*, München 1982

Hopf, Karl: *Geschichte Griechenlands vom Beginn des Mittelalters bis auf unsere Zeit*, Leipzig 1867/68, Reprint, New York 1960

Jervis-White Jervis, Henry: *History of the Island of Corfú and of the Republic of the Ionian Islands*, London 1852

Kahli, Lilly: *Lexicon Iconographicum Mythologiae Classicae* (LIMC), München/Zürich 1981 ff.

Kaiser Wilhelm II.: *Erinnerungen an Korfu*, Berlin/Leipzig 1924

Kaiser Wilhelm II.: *Studien zur Gorgo*, Berlin 1936

Kaklamanáki, R.: *Die Stellung der Griechin in der Familie, in der Gesellschaft, im Staat*, Athen [2]1984

Kátsaros, Spíros: *A brief History of Corfu*, Korfu 1984

Kerkyraika Chronika, Neugriechische Zeitschrift, Korfu 1953 ff.

Kirkwall, Viscount: *Four years in the Ionian Islands. Their political and social condition. With a History of the British Protectorate*, 2 Bände, London 1864

Kunze, Emil: *Zum Giebel des Artemistempels in Korfu*, in: AM, Athen 78/ 1963, S. 74–89, Beilagen 36, 37

Leekley, Dorothy/Noyes, Robert: *Archaeological Excavations in the Greek Islands*, New Jersey 1975

Lumpp, Hans-Martin: *Die Arniadas-Inschrift aus Korfu*, in ›Forschungen und Fortschritte‹, S. 212–215, 37. Jahrg., Berlin 1963

Lunzi, Ermano: *Storia delle isole Ionie sotto il*

reggimento dei Republicani francesi, Venedig 1860

Marmora, Andreas: *Della Historia di Corfu descritta da Andrea Marmora nobile Corcirese Libri otto*, Venedig 1672; neugriechische Übersetzung: Korfu 1960

Matton, Raymund: *Corfou*, Athen 1960

Melas, Evi: *Die griechischen Inseln*, Köln 1976

Miller, W.: *The Latins in the Levant*, London 1908

Mustoxydes, Andreas: *Illustrazioni corciresi*, Mailand 1811/14

Mustoxydes, Andreas: *Delle cose corciresi*, Korfu 1848

Paradissis, Alexander: *Fortresses and Castles of Greek Islands* (Korfu: S. 18–42), Athen 1976

Partsch, Joseph: *Die Insel Korfu. Eine geographische Monographie*. Ergänzungsheft Nr. 88 zu ›Petermanns Mitteilungen‹, Gotha 1887

Philippson, A./Kirsten, E.: *Die griechischen Landschaften. Eine Landeskunde*, 3 Bände, Frankfurt 1950–1959

Pinargenti, Simon: *Isole che son da Venetia nella Dalmatia et per tutto l'Arcipelago, sino ò Constantinopoli...*, Venedig 1573

Quirini, Angelo Maria: *Primordia Corcyrae*, Venedig 1725; altgriechische Übersetzung: Moskau 1804

Railton, W.: *The newly discovered temple of Cardachoi* in: ›Stuart and Revett: Antiquities of Athens and other places in Greece and Sicily‹, 1822

Riemann, Othon: *Recherches archéologiques sur les Isles Ioniennes*, in: ›Bibliothèque des ecoles françaises d'Athènes et de Rome, Band 8, Paris 1879; Bd. I: Corfou

Rodenwaldt, Gerhart: *Altdorische Bildwerke in Korfu*, Berlin 1938

Rodenwaldt, Gerhart: *Korkyra. Archaische Bauten und Bildwerke*, Bd. 1: *Der Artemistempel*, Berlin 1940, Bd. 2: *Die Bildwerke des Artemistempels*, Berlin 1939, Bd. 3 nicht erschienen, das Manuskript wurde im 2. Weltkrieg vernichtet

Ross, Ludwig: *Archäologische Aufsätze*, 2 Bde., Leipzig 1861

Sordinas, Augustus: *Stone Implements from Northwestern Corfu, Greece*, Anthropol. Research, occas. papers 4, Memphis 1970

Schmidt, Bernhardt: *Korkyraeische Studien. Beiträge zur Topographie Korkyras und zur Erklärung des Thukydides, Xenophon und Diodoros*, Leipzig 1890

Stamatópoulos, Nóndas: *Old Corfu. History and Culture;* Corfu ²1978

Steub, Ludwig: *Bilder aus Griechenland* (Korfu: S. 260–297), Leipzig 1885

Triantaphyllopulos, Dimitrios: *Kerkyra und die Ionischen Inseln*, in: RbK, Bd. 4, Sp. 1–64, Stuttgart 1982

Vischer, Wilhelm: *Archäologisches und Epigraphisches aus Korkyra, Megara und Athen*, in: ›Beiträge aus Griechenland‹, Basel 1855

Warsberg, Alexander von: *Odysseeische Landschaften*, Bd. 1: *Das Reich des Alkinoos*, Bd. 2: *Die Colonialländer der Korkyräer*, Bd. 3: *Das Reich des Odysseus*, Wien 1878

Warsberg, Alexander von: *Homerische Landschaften*, Bd. 1: *Das Reich des Sarpedon/Rhodos/Im Aegäer Meer*, Wien 1884

Weigeln, Christoph: *Schul- und Reisenatlas aller zur Erlangung der Alten, Mittleren und neueren Geographie*, Nürnberg 1719

Empfehlenswerte Literatur zum Thema Vegetation und Naturräume

Arnold, E. N., J. A. Burton: *Pareys Reptilien- und Amphibienführer Europas*, 2. Aufl., Hamburg/Berlin 1983, 270 S.

Bruun, B., A. Singer u. C. König: *Der Kosmos-Vogelführer*, 2. Aufl., Stuttgart 1972, 317 S.

Hansen, A.: *Additions to and notes on the flora of Corfu and Vidos (Ionian islands, Greece)*, Bot. Chron. 2 (1): 18–49, 1982

Higgins, L. G. u. N. D. Riley: *Die Tagfalter Europas und Nordwestafrikas*, 2. Aufl., Hamburg/Berlin 1978, 377 S.

Partsch, J.: *Die Insel Korfu. Eine geographische Monographie*, Petermanns Mitt., Ergänzungsheft 88: 1–97, 1887

Philippson, A. (ed. E. Kirsten): *Der Nordwesten der griechischen Halbinsel. Teil II. Das westliche Mittelgriechenland und die westgriechischen Inseln*, Frankfurt/Main 1956, 422–455

Polunin, O.: *Flowers of Greece and the Balkan. A field guide*, Oxford 1980, 592 S., 64 Taf.

Sprenger, C.: *Corfu's Wälder in unseren Tagen*, Mitt. Deutsch. Dendrol. Ges. 21: 127–132, 1912; 22: 208–212, 1913

Willing, E.: *Stand der Orchideenkartierung auf den Inseln Kerkira (Korfu) und Paxos (NW-Griechenland)*, Ber. Arbeitskr. Heim. Orchid. 1 (1): 23–40, 1984

Raum für Reisenotizen

Anschriften neuer Freunde, Foto- u. Filmvermerke, neuentdeckte gute Restaurants, etc.

Raum für Reisenotizen

Anschriften neuer Freunde, Foto- u. Filmvermerke, neuentdeckte gute Restaurants, etc.

Raum für Reisenotizen

Anschriften neuer Freunde, Foto- u. Filmvermerke, neuentdeckte gute Restaurants, etc.

Praktische Reisehinweise

Anreise nach Korfú

Mit dem eigenen Auto

Von Deutschland aus führt der direkte Weg nach Griechenland über Österreich und Jugoslawien: Köln – München – Klagenfurt (972 km); Klagenfurt – Loibl-Paß – Zagreb – Belgrad (614 km); Belgrad – Nis – Skopje – Evzoni – Thessaloníki (602 km), Thessaloníki – Kozáni – Konítsa – Ioánnina – Igoumenítsa (443 km); insgesamt *Köln – Igoumenítsa/Korfú:2631 km*. Von Igumenítsa verkehren täglich mehrere Fähren zur Insel Korfú (Fahrzeit ca. 2 h).

Mit der Autofähre von Italien

Ancona – Igoumenítsa (ca. 22 h)
März bis November mit der Minoan Lines
April bis Oktober mit der Strintzis Lines

Ancona – Korfú (ca. 20 h)
März bis Dezember mit Maritime Company of Lesbos

Brindisi – Korfú/Igoumenítsa (ca. 7 bzw. 9 h)
März bis Oktober mit der Adriatica Lines und der Frag Line
Ganzjährig mit HML und Libra Maritime

Brindisi – Korfú (ca. 7 h)
Juni bis September mit der Ionian Lines (fährt weiter über Páxos, Ithaka und Kefallinía nach Pátras)

Venedig – Korfú (ca. 26 h)
April bis November mit der Sol Lines

Buchungsstellen in Deutschland

Adriatica Lines, Ionian Lines und Minoan Lines bei:
Seetours International
Weißfrauenstraße 3, 6000 Frankfurt/Main 1
∅ 069/13 33 26 2; Telex: 4 189 723

HML, Maritime Company of Lesbos, Sol Lines, Stability Maritime und Strintzis Lines bei:
Viamare GmbH
Apostelnstraße 14–18, 5000 Köln 1
∅ 02 21/23 49 11; Telex: 8 883 423

Frag Line bei:
Ikon Reiseclub
Schwanthaler Straße 2, 8000 München 2
∅ 0 89/59 59 85–86; Telex: 5 214 696

Libra Maritime bei:
Karl Geuther Reisebüro
Heinrichstraße 9, 6000 Frankfurt/Main 1
∅ 069/73 04 74; Telex: 414 331

Mit dem Flugzeug

Keine Direktverbindungen mit *Linienmaschinen;* von Frankfurt, Düsseldorf und München täglich mit der LH nach Athen, innergriechischer Weiterflug nach Korfú mit der Olympic Airways – mehrmals täglich.

Chartermaschinen (Mai bis September/Oktober) von fast allen deutschen Flughäfen.

Günstige Reisezeiten und Klima[1]

In den Monaten Ende März, April und Mai herrscht Frühling auf Korfú. Anfangs ist das Wetter jedoch sehr unbeständig, kalt und regnerisch. Erst ab Ende April/Anfang Mai stabilisiert sich die Wetterlage mit schönen Sonnentagen und Tagestemperaturen zwischen 17–24°C. Die Sommermonate sind sehr angenehm, nie zu heiß, mit ganz geringen Niederschlägen und somit besonders gut für Wanderungen oder Aktivurlaub geeignet. Ab Ende September/Anfang Oktober setzt die Regenzeit wieder ein.

Die Ionischen Inseln liegen zwar bereits im östlichen Bereich des Mittelmeers, die Wetterentwicklung steht jedoch überwiegend unter dem Einfluß der weiter westlich stattfindenden Zyklonenbildung. Das Mittelmeerbecken ist von allen Seiten geschützt, so daß die besonders im Winterhalbjahr aus dem nord- und mitteleuropäischen Raum und vom Atlantik herangeführten Kaltluftmassen nur wenige Einbruchspforten vorfinden. Im westlichen Mittelmeergebiet sind dies das Gebiet um Gibraltar und das Gebiet zwischen den östlichen Pyrenäen und den Ausläufern der Seealpen. Den Weg durch die Straße von Gibraltar nehmen Zyklone relativ selten, so daß die wichtigste Kaltlufteinbruchstelle im Rhônetal liegt. Die Zufuhr von Kaltluft führt im gesamten westlichen Mittelmeer zur Neubildung von Zyklonen (Genuazyklone), die auch sehr häufig über das griechische Festland ziehen. Da die Gebirge Westgriechenlands in Nordwest-Südost-Richtung verlaufen und eine Stauwirkung auf die Wolken ausüben, gehören die Ionischen Inseln und der Nordwesten zu den regenreichsten Gegenden Griechenlands. Die Stauwirkung der mächtigen westgriechischen Gebirge reicht bis weit vor die Küste und führt dazu, daß die jährliche Niederschlagsmenge von Korfú nur wenig geringer ist (1239 mm) als die von Ioánnina (1253 mm). Der Niederschlag fällt überwiegend in den Monaten November bis Januar an verhältnismäßig wenigen Tagen.

Andererseits bildet das hohe Pindosgebirge aber auch eine Barriere gegen die kalten Nord- und Nordostwinde während des Winters, was dazu führt, daß die Temperaturen an der Westküste Griechenlands im Winter wärmer sind als an der Ostküste. Im Winter überwiegen südliche bis südwestliche Winde, die oft stratiforme Bewölkung mit Regen bringen. Mit aufgelockerter cumulusartiger Bewölkung (Haufenwolken) sind hingegen die Sommerwinde aus überwiegend nordwestlicher Richtung verbunden. Die Ionischen Inseln weisen überraschenderweise mehr Sonnentage auf als Ostgriechenland. Der mittlere Wolkenbedeckungsgrad erreicht im Juli z. B. dieselben Werte wie in der Ägäis. Allerdings sind die Sommer wegen der geringeren Windstärken schwüler als in der Ägäis.

1 Der Autor dankt Dr. Peter Wendling, München, für die fachgerechte Klimabeschreibung und für die Klimadaten des Deutschen Wetterdienstes

Klimadaten

Station: *Korfu* (Insel Korfu), Griechenland
Periode: 1951–1970
Seehöhe: 2 m
Koordinaten: 39°37'N, 19°55'E

	Jan.	Febr.	März	April	Mai	Juni	Juli	Aug.	Sept.	Okt.	Nov.	Dez.	Jahr
Lufttemperatur (°C)													
Mittlere Tagesmittel	9,6	10,1	11,9	15,2	19,5	24,1	26,7	26,7	22,9	18,3	14,7	11,4	17,6
Mittlere tägliche Maxima	13,8	14,2	15,9	19,1	23,6	28,1	31,0	31,5	27,7	23,1	19,1	15,7	21,9
Mittlere tägliche Minima	5,0	5,4	6,7	9,1	12,2	15,9	18,0	18,4	16,4	13,0	10,2	7,0	11,4
Absolut höchste Maxima	20,5	22,8	24,4	28,7	34,4	35,8	38,3	40,7	37,8	30,6	26,1	21,4	40,7
Periode: 67 Jahre aus 1894–1970													
Absolut tiefste Minima	−4,5	−5,0	−2,8	−0,1	3,6	8,7	10,9	11,3	6,8	3,8	−2,5	−2,5	−5,0
Periode: 67 Jahre aus 1894–1970													
Relative Luftfeuchtigkeit (%)													
Mittlerer Terminwert um 08 Uhr Ortszeit	83	84	83	85	81	73	71	73	84	85	85	85	81
Periode: 1951–1960													
Mittlerer Terminwert um 14 Uhr Ortszeit	67	66	63	62	60	52	47	44	57	61	67	66	59
Periode: 1951–1960													
Niederschlag (mm)													
Mittlere Monats- und Jahreshöhen	190	138	95	63	43	11	6	14	94	155	209	221	1239
Mittlere Zahl der Tage mit mindestens 1,0 mm Niederschlag	13	11	9	7	5	2	1	1	5	9	12	15	90
Sonnenscheindauer (Stunden)													
Mittlere Zahl der Sonnenstunden pro Tag	4,1	4,6	5,7	7,8	9,6	11	12,5	11,2	9,1	6,7	4,5	3,2	274
Periode: 1961–1970													
Wassertemperatur (°C)													
Mittlere Monatsmittel an der Meeresoberfläche	14	14	14	16	18	21	23	24	23	21	18	16	

Quelle: Deutscher Wetterdienst

Verkehrsverbindungen auf der Insel Korfú

Gute Busverbindungen zu nahezu allen (auch kleineren) Ortschaften der Insel. Die gültigen Fahrpläne erhalten Sie im EOT-Büro.

1. Bushaltestelle: Platía Néo Frúrio/ Odhos Solomu

Von Korfú nach ... und zurück: (täglich = Mo–Sa)

Acharáwi und Ajios Martínos 2 × täglich

Afiónas und Aríllas 2 × täglich

Ajios Mattháios 5 × täglich

Glifádha s. Wátos

Karusádhes 3 × täglich

Kassiópi 6 × täglich, So und feiertags 1 × täglich

Káto Mesóngi 2 × täglich

Kawós 6 × täglich

Nýmfai 2 × täglich

Pají 2 × täglich

Palaiokastrítsa 5 × täglich, So und feiertags 2 × täglich

Pyrjí. Ýpsos

Ródha 3 × täglich, So und feiertags 1 × täglich

Sidhári 6 × täglich, So und feiertags 1 × täglich

Sinarádhes 7 × täglich, So und feiertags 2 × täglich

Wátos und Glifádha 9 × täglich, So und feiertags 4 × täglich

Ýpsos und Pyrjí 7 × täglich, So und feiertags 6 × täglich

Athen 2 × täglich

Thessaloníki Mo, Mi, Fr 1 × täglich

2. Bushaltestelle: Platía San Rokko

Von Korfú nach ... und zurück: (täglich = Mo–Sa)

Achíllion (Nr. 2) 5 × täglich, So und feiertags 4 × täglich

’Afra (Nr. 8) 7 × täglich, So und feiertags 8 × täglich

Ajios Ioánnis (Nr. 8) 11 × täglich, So und feiertags 8 × täglich

Benítses (Nr. 6) 14 × täglich, So und feiertags 10 × täglich

Dhasía (Nr. 7) 12 × täglich sowie So und feiertags stündlich

Kanóni (Nr. 2) täglich sowie So und feiertags alle 30 Minuten

Karusádhes (Nr. 5) 12 × täglich, So und feiertags 9 × täglich

Pélekas (Nr. 11) 8 × täglich, So und feiertags 4 × täglich

Pótamos (Nr. 4) 10 × täglich, So und feiertags 7 × täglich

Wichtige Adressen

Diplomatische Vertretungen
a Botschaften in Athen
Deutsche Botschaft
Odhos Karaolí kai Dhimitríu 3,
℘ 01 / 3 69 41, Telex: 215441

Österreichische Botschaft
Leofóros Alexándras 26
℘ 01 / 81 10 36 und 81 68 00

Schweizer Botschaft
Odhos Iásiu 2, ∅ 730364–66

b Konsulate auf Korfú
Deutsches Honorarkonsulat
Dipl. Ing. Dimítri Zervós
Leofóros Alexándras 11, GR
49100 Korfú
∅ 0661/31453 und 32027, Telex: 332301

**Krankenhäuser
(in Korfú-Stadt)**
Ajía Iríni Hospital
Odhos P. Konstánta, ∅ 0661/30562
und 39403

Allgemeines Krankenhaus:
Odhos Márkora 38, ∅ 0661/32686
(Privatklinik)

Stadtkrankenhaus
(mit Dialysestation; aber unbedingt
3 Monate zuvor anmelden!)
Odhos I. Andreádhi, ∅ 0661/39403

Touristenpolizei
Korfú
Platía Theotóki, ∅ 0661/30639
Odhos Arseníu 20, ∅ 0661/30265

Deutsch-(englisch-)sprachige Ärzte
(alle in Korfú-Stadt)

Internist: Dr. Grigórios Kouloúris
Odhos Samará 2, ∅ 0661/35125

Kinderarzt: Dr. Spýros Savanís
Leofóros Alexándras 44, ∅ 0661/
33788

Frauenarzt: Dr. Andréas Tsiólis
Odhos E. Wulgaréos 77, ∅ 0661/
31819

Zahnarzt: Dr. Spýros Chrysikófilos
Odhos Schúlenburg 11, ∅ 0661/
37890

Augenarzt: Dr. Avríllis Pándis
Odhos Ioánnu Theotóki 232,
∅ 0661/26381

Haut- und Geschlechtskrankheiten:
Dr. Níkos Triántos (Vorsitzender
der korfischen Ärztekammer),
Odhos Aj. Apóstola 2,
∅ 0661/39149

Facharzt für Chirurgie:
Dr. Spýros Chrysikófilos
Odhos Mustoxídhu 15, ∅ 0661/
37284

HNO-Fachärzte:
Dr. Pétros Chrysikófilos
Odhos Dónzelot 9, ∅ 0661/36702

Dr. Théodor Grimás
Odhos Maitjáru 44, ∅ 0661/25583

Griechische Zentrale für Fremdenverkehr (GZF)
BRD
Neue Mainzer Straße 22, 6000 Frankfurt/Main 1
∅ 069/236262–63, Telex: 412034

Pacellistraße 2, 8000 München 2
∅ 089/222035–36, Telex: 528126

Neuer Wall 35, 2000 Hamburg 36
∅ 040/366973, Telex: 2162934

Österreich
Kärntner Ring 5, A 1015 Wien
∅ 0043/222/525317,
Telex: 111816

Schweiz
Gottfried-Keller-Straße 7, CH 8001 Zürich
∅ 0041/1/2518487–89,Telex 57720

Auf Korfú
EOT (Ellinikós Organismós Tourismou Ipírou–Kérkyra)
Platía Dhiïkitírio 59
∅ 0661/30520 und 39730

Essen und Trinken

a Restaurants (eine ganz kleine Auswahl)

Kostas
Platía Taxiárchu (Altstadt)
(einfache und gute griechisch-korfische Küche)

Ioánnis (Yannis Taverna)
Odhos Jáson kai Sosipátru 43 (bei der gleichnamigen Kirche)
(typisch griechisch, mit guter Atmosphäre)

Orestes
Xenofóndos Stratighú 78 (beim Neuen Hafen)
(gepflegte Atmosphäre, sehr gute Küche)

Porto Corfu Pizza
Odhos Kapodhístriu 6 (auf der Esplanade)
(Pizza und korfische Gerichte)

außerhalb von Korfu in:
Kynopiáste (ca. 12 km südwestlich)
Trypa-Restaurant
(sehr gute korfische Spezialitäten und korfischer Wein; vermeiden Sie es aber, in der ›Touristenhalle‹ zu essen, versuchen Sie in der alten Taverne einen Platz zu bekommen!)

b Speisekarte

Vorspeisen

Angináres mé domátes	Artischocken mit Tomaten und Kartoffeln, gewürzt mit Zwiebeln, Dill, Salz und Pfeffer
Dolmádhes	frische oder in Salzlake eingelegte Weinblätter, gefüllt mit Lammhack und Reis, gewürzt mit Dill, Salz, Pfeffer, Tomatenmark und Pinienkernen; wird warm und kalt gegessen!
Kokorétsi	Leber mit Knoblauch und Oregano in Blätterteig
Kolokithiákia jachnistá	Geschmorte Zucchini mit Schalotten und Tomaten, gewürzt mit Dill, Salz und Pfeffer

Oktapódhi krasáto	Polyp in Weinsoße, gewürzt mit Lorbeerblättern, Salz und Pfeffer	*Chirinó me séllino avgolémono*	Schweinefleisch mit frischem Sellerie in einer Ei-Zitronensoße
Saganáki	gebratener Hartkäse (Kefalotíri)	*Jirós*	Spießbraten; dünne Schweinefleischscheiben an einem
Spanakórizo	Frischer Spinat mit Schalotten und Reis, gewürzt mit Oregano, Salz und Pfeffer		vertikalen Spieß, gewürzt mit Majoran, Knoblauch, Salz und Pfeffer, wird häufig in einem Pfannkuchen
Spanakotrígona	Strudelteig (Fíllo) gefüllt mit Spinat, gewürzt mit Salz, Pfeffer und Zwiebeln		mit Zwiebeln, Tomaten und frischen Kräutern im
Taramás	Fischrogen mit Mayonnaise und Öl, Zwiebeln und Zitronensaft	*Keftédhes*	Straßenverkauf angeboten Lamm-Fleischbällchen, gewürzt mit Minze, Parmesan, Salz und Pfeffer
Tirotrígona	Strudelteig (Fíllo) gefüllt mit Schafskäse (Féta) und Topfkäse aus Molke (Mizíthra), gewürzt mit Petersilie und weißem Pfeffer	*Kokorétsi*	Spießbraten aus Därmen, die mit Lamminnereien gefüllt sind, gewürzt mit Knoblauch, Majoran, Salz und Pfeffer
Tzatzíki	Joghurt mit geraspelten Gurken, Knoblauch, Olivenöl und Weinessig	*Kotópulo tu fúrnu*	Backhuhn
		Musakás	Auberginen-Hackfleisch-Auflauf mit Lamm- und Rinderhack, gewürzt mit Knoblauch, Zwiebeln, Salz und Pfeffer

Suppen

Fakí	Linsensuppe		
Fasoládha	Bohnensuppe		
Majirítza	Ostersuppe; Innereien von jungen Lämmern, gekocht mit Reis, Zwiebel, Dill, Weißwein und Zitronensaft	*Pastítsio*	Nudel-Hackfleisch-Auflauf mit Lamm-, Hammel- und Rinderhack, gewürzt mit Weißwein, Knoblauch, Zimt, Salz und Pfeffer
Psaró-Súpa	Fischsuppe		
Revítha-Súpa	Kichererbsensuppe	*Pastitsádha*	Makkaroni mit geschm. Rindfleisch
Súpa Avgolémono	Hühnerbrühe mit Reis, getrennten Eiern und Zitronensaft, gewürzt mit Pfeffer und Salz	*Stifádho*	Rindergulasch mit viel Zwiebeln, gewürzt mit Tomaten, Knoblauch, Lorbeer, Weinessig, Salz und Pfeffer

Hauptgerichte
Fleisch

Arnáki jachnistó	Lammgulasch	*Suvláki*	Schaschlik
Arní païdhákia	Lammkotelett	*Fisch*	
Arní psitó	Lammkeule mit Knoblauch gewürzt, im Ofen gebacken	*Burdetto*	Fischgulasch in Pfeffersauce
Arní suwlá	Gegrilltes Lamm	*Gemüse*	
		Bámies	Okras-Bohnen

Domátes jemistés	Gefüllte Tomaten
Kolokithákia jachnistá	Geschmorte Zucchini
Patátes jachnistés	Geschmorte Kartoffeln
Piperiés jemistés	Gefüllte Paprika
Turlú-Briámi	Gemüseeintopf

Salate

Angurisaláta	Gurkensalat
Chorjiátiki	Bauernsalat mit Schafskäse und Oliven
Domatasaláta	Tomatensalat
Láchano saláta	Krautsalat
Marúlo saláta	Grüner Salat nach Jahreszeit (Endivien- und Löwenzahnsalat)
Pantzariá-saláta	Salat aus Rote Beete und Zwiebeln

Süßspeisen

Amigdalotá	Mandelgebäck
Baklawás	Strudelteig, gefüllt mit gemahlenen Walnüssen, Orangensirup, Zitronensaft, Zimt und Muskat
Chalvás spitísios	Gemahlener Sesamsamen mit verschiedenen Getreidesorten, Trockenobst, Nüssen und Zitronensirup
Kadaïfi	Türkisches Gebäck mit Nußfüllung

Kidhóni glikó	Quitten-Konfitüre
Kréma Karamélla	Karamelpudding
Lemonópitta	Zitronenkuchen
Lukumádhes	Hefeteigbällchen in Öl gebacken, in Honig eingetunkt und mit Sesam bestreut
Melópitta	Honig-Käse-Pastete aus einer Art Blätterteig, gefüllt mit gesüßtem Molkekäse (Mizíthra)
Plakúndes	Nußröllchen
Rawaní	Walnußkuchen mit Orangenscheiben und Rum
Rizógalo	Reispudding mit Zimt
Sumádha	Mandelgetränk (sehr süß)
Tirópitta	Blätterteig gefüllt mit süßem Molkekäse (Mizíthra), mit Zimt und Zucker bestreut

Trinken

Uzo	Anisschnaps aus Trebern gebrannt
Retsína	Geharzter Weißwein
Mastícha	Mastix-Likör

Von den lokalen Weinen, die auf Korfú sehr selten sind, seien empfohlen: *Trýpa, Rópa, Fäax* und *Wassiláki*. Sehr gut sind die trockenen Weiß- und Rotweine Nordgriechenlands, z.B.: *Boutári*.

Korfischer Festkalender

Karnevalssonntag	Volksfest in *Epískepsis*, ›Tanz des Priesters‹ 1987–1990: 1. März / 21. Februar / 12. März / 26. Februar
Rosenmontag	›Kathará Dheftéra‹ (40 Tage vor Ostern)
Palmsonntag	Sonntag vor Ostern 1987–1990: 12. April / 3. April / 25. April / 8. April
	Prozession der Reliquie des Heiligen Spyrídon in *Korfú* (zur Erinnerung an die Pest von 1629)
April/Mai	Orthodoxes Osterfest, fällt nur selten mit dem lateinischen Osterfest zusammen (demnächst wieder 1987: am 17.–20. April)
Karfreitag	1987–1990: 17. April / 8. April / 28. April / 13. April
Ostersamstag	Prozession und Ausstellung der Reliquie des Heiligen Spyrídon in Korfú (zur Erinnerung an die Hungersnot von 1550)
1. Freitag nach Ostern	1. Volksfest in *Palaiokastrítsa*, Tanz im Freien 2. Mariä Himmelfahrt in *Análipsis* (Ostküste bei Pyrjí)
Mai/Juni	Pfingsten (›Pendikostí‹, 50 Tage nach Ostern); besonders schöne Feste gibt es in *Lákones* (Westküste bei Palaiokastrítsa) und in *Kastelláni* (Zentralkorfú, südwestlich von Korfú)
8. Mai	Volksfest mit Gottesdienst in *Kassiópi*
21. Mai	1. Hl. Helena und Hl. Konstantin in *Nýmfai* 2. ›Nationalfeiertag‹ zur Erinnerung an die Vereinigung der Ionischen Inseln mit dem griechischen Mutterland im Jahre 1864; festliche Umzüge in Korfú
8. Juli	1. Hl. Prokopios in *Kawós* 2. Volksfest in *Lefkímmi*
20. Juli	Profítis Ilias in *Maghuládhes* (im Nordwesten bei Kefáli)
2.–6. August	Metamórphosis (Verklärung Christi) auf dem *Pantokrátorberg* bzw. in der gleichnamigen Kirche
6. August	Metamórphosis in dem Kirchlein auf der *Pondikoníssi-Insel*
11. August	Prozession und Ausstellung der Reliquie des Hl. Spyrídon in *Korfú* (zur Erinnerung an den Sieg über die Türken im Jahre 1716)
15. August	1. Mariä Himmelfahrt in *Mandúki* (Vorort von Korfú) 2. in *Kassiópi*
24. September	Muttergottesfest im Kloster *Myrtiótissa*
28. Oktober	›Ochi‹-Tag zur Erinnerung an das italienische Ultimatum von 1940, das Korfú nicht akzeptierte
12. Dezember	Namenstag des Hl. Spyrídon mit Ausstellung seiner Reliquie in Korfú

Kurzinformation von A bis Z

Antiquitäten

Die *Einfuhr* von Kunstgegenständen ist erlaubt, die *Ausfuhr* von in Griechenland/ Korfú gefundenen oder gekauften Antiquitäten ist strengstens verboten. In *Ausnahmefällen* kann die Ausfuhr vom ›Ministerium für Kultur und Wissenschaft‹ genehmigt werden: Abteilung Antiquitäten-Verkäufe, Athen, Odhos Polygnofú 13.

Autoreisende

Der ADAC hat in Zusammenarbeit mit dem griechischen Straßenhilfsdienst ELPA *Notrufstationen* eingerichtet:
Athen, ∅ 01/7775644
Thessaloniki, ∅ 031/412290

ELPA-Vertretung auf Korfú
Korfú, Odhos P. Athinághora, ∅ 0661/ 39504

Rechtshilfe bei Unfällen
über: Motor-Insurences
Athen, Odhos Xenófontos 10, ∅ 01/ 3236733

Führerschein
Deutsche Reisende benötigen nur den Nationalen oder Europa-Führerschein

Geschwindigkeitsbegrenzungen
Innerhalb geschlossener Ortschaften
    PKW 50 km/h Motorräder 40 km/h
Landstraßen
        80 km/h   70 km/h
Autobahnen
        100 km/h   70 km/h

Banken

Griechische Banken sind *nur vormittags* von 8.00–14.00 Uhr geöffnet. Wechselstuben an den Grenzen und Flughäfen sind je nach Saison bis 24.00 Uhr offen.

Camping

Dhasía (nördliche Ostküste)
Kárdha-Beach, ∅ 0661/93595
Kormári-Camping, ∅ 0661/93587

Ghuwía (nördliche Ostküste)
Diónyssos-Camping, ∅ 0661/91417 und 91357

Karusádhes (Nordküste)
Karusádhes-Camping, ∅ 0665/71211 und 71245

Kawwadhádes (nördliche Westküste)
Méga Lithári-Camping, ∅ 0663/41254 und 41384

Kondokáli (nördlich von Korfú)
Kondokáli Beach Intern, ∅ 0661/91170 und 91202

Mesóngi (südliche Ostküste)
Ippókambos (Sear Horse), ∅ 0661/92364

Palaiokastrítsa (nördliche Westküste)
Palaiokastrítsa (Lithípsio), ∅ 0663/41204 und 41300

Pyrjí (nördliche Ostküste)
Parádise-Camping; ∅ 0661/93282

Ródha (Nordküste)
Ródha-Beach, ✆ 0663/31120

Wátos (Ostküste/Südspitze)
Vátos-Camping, ✆ 0661/94393

Ýpsos (nördliche Ostküste)
Corfú Ipsos-Camping, ✆ 0661/93246 und 93308

Devisen

Unbegrenzte Ein- und Ausfuhr ausländischer Währungen. Beträge über US $ 500,– pro Person sollten bei der Einreise deklariert werden, um eine evtl. Ausfuhr eingeführter Devisen nachweisen zu können.

Einfuhr griechischer Drachmen (DR) ist auf DR 3000,– pro Person beschränkt. Vermeiden Sie es, Bargeld mitzunehmen, die Gefahr des Verlustes ist groß; zudem werden auch Euro-Schecks günstiger gewechselt als Bargeld.

Sie erhalten (Stand April 1986):
in Griechenland   für DM 1 = DR 63,–
in Deutschland   für DM 1 = DR 52,–

Einreise

(Bei Aufenthalt bis zu drei Monaten):
Für Staatsbürger der BRD, Österreichs und der Schweiz ist ein *noch drei Monate gültiger Reisepaß oder Personalausweis* erforderlich; Kinder (ab 10 Jahre) benötigen einen Personalausweis oder eine Kinder-Reise-Kennkarte.

Achtung: Bei einer Anreise über Jugoslawien benötigen Sie für Jugoslawien einen gültigen Reisepaß!

Eintrittsermäßigungen

Archäologen, Architekten, Historiker, Bildende Künstler und Studenten dieser Fachrichtungen erhalten bei *persönlicher Vorsprache* und einer entsprechenden Universitätsbescheinigung sowie zwei Lichtbildern bei der *Generaldirektion für Archäologie,* Athen, Odhos Aristídhu 14 (geöffnet nur Mo–Fr. 11–14 Uhr) einen Ausweis, der zum kostenlosen Eintritt zu allen archäologischen Grabungsplätzen und in alle Museum berechtigt.

FKK

Wird von der griechischen Bevölkerung sehr ungern gesehen und war bis 1981 grundsätzlich strafbar. Heute ist FKK dort erlaubt, wo die griechische Bevölkerung dadurch nicht belästigt wird.

Haustiere

Für die Mitnahme von Haustieren benötigen Sie für das Tier ein Gesundheitszeugnis mit folgenden Eintragungen:
Hunde: gegen Tollwut geimpft, mindestens 15 Tage vor Reiseantritt, längstens vor 1 Jahr
Katzen: frei von ansteckenden Krankheiten
Vögel: seit mindestens 6 Monate frei von Psitakose

Notrufe	
Polizei	0661/30639
Erste Hilfe	0661/39403
Pannenhilfe	0661/39504

Porto (Stand April 1986) innerhalb Europas
Postkarte (Normalgröße)   : DR 27,–
Postkarte (Übergröße)   : DR 35,–
Brief   : DR 35,–

Stromspannung

220 Volt Wechselstrom, auf Schiffen oft noch 110 Volt

Telefon

Von Korfú aus kann man von jeder Telefonzelle und von jedem Kiosk aus Ferngespräche führen:

Vorwahlnummern:

BRD 0049, Österreich 0043, Schweiz 0041 Nach der Ländervorwahl entfällt die nationale Vorwahl-Null (z. B. bei München 089 wird gleich nach 0049 mit 89 weitergewählt).

Wasser

Wasser ist in Griechenland sehr kostbar; gehen Sie sparsam mit Wasser um!

Währung

Die griechische Währungseinheit ist die Drachme

1 DR = 100 Lepta; z. Zt. sind im Umlauf: Banknoten: 1000 DR, 500 DR, 100 DR, 50 Dr

Münzen: 50 DR, 20 DR, 10 DR, 5 DR, 2 DR, 1 DR und 50 Lepta

Zeit

Winterzeit vom 25. September bis 1. April MEZ + 1 Stunde (München 12 Uhr = Korfú 13 Uhr)

Sommerzeit vom 2. April bis 24. September MEZ + 1 Stunde

Zoll

Einfuhr: Gesamtwert darf DR 11000,– pro Person nicht übersteigen

Ausfuhr (pro Person): 300 Zigaretten oder 150 Zigarillos oder 75 Zigarren; 1,5 l Spirituosen, 750 g Kaffee, 150 g Tee, 75 g Parfüm, DR 3000,–

Ausflugsziele außerhalb der Insel Korfú

Reisenden, die der Verlockung des Festlandes und der Ionischen Inselwelt nicht widerstehen können, obwohl die Insel Korfú für einen 2–3wöchigen Urlaub eine reichhaltige Fülle landschaftlicher und kulturgeschichtlicher Sehenswürdigkeiten bietet, seien hier verschiedene ein- und mehrtägige Ausflugsziele mit den bedeutendsten Sehenswürdigkeiten Nordgriechenlands (Epiros) und einiger Ionischer Inseln vorgeschlagen. Genaue archäologische und kunstgeschichtliche Beschreibungen würden den Rahmen dieses Buches sprengen. Als Lektüre seien die Bände von Evi Melas empfohlen: ›Alte Kirchen und Klöster Griechenlands‹, ›Tempel und Stätten der Götter Griechenlands‹ und ›Richtig reisen Griechenland‹.

Am günstigsten sind die Ausflüge mit einem Privatauto oder einem Mietwagen; die Fahrt mit Linienbus und Fähre ist sehr zeitraubend, durchaus aber lohnend, da Sie so guten Kontakt mit der Bevölkerung bekommen. Wer nach dem Motto: ›Weniger ist mehr‹ reist, sollte das Erlebnis mit dem Linienbus wagen.

Fährverbindungen zum Festland: 6.00 – 7.00 – 8.00 – 9.30 – 11.00 – 12.30 –
April–September (im Winter unregelmäßig) 14.00 – 15.30 – 17.00 – 19.00 – 20.00 – 21.30
Telefonische Auskunft: 0661 / 3 26 55 Uhr
Korfú–Igoumenítsa (täglich; bitte stets vor- Igoumenítsa–Korfú (täglich ...)
her bestätigen lassen) 6.00 – 7.00 – 9.00 – 10.00 – 11.30 – 13.00
14.30 – 16.00 – 17.30 – 19.00 – 20.30 – 22.00
Fahrtdauer ca. 2 Stunden. Uhr

A   Ausflugsziele zum griechischen Festland

1. Westküste (1 Tag)

Nach Párgha – Nikópolis – 'Aktion und zum Golf von Amwrakikós (Ambrakikós)
Von Igoumenítsa (0/0 km) nach Süden, landeinwärts über Mazarakiá (16/16 km)[1], weiter bis
zur Kreuzung (9/25 km), rechts zur Küste nach *Párgha* (10/35 km) – zurück zur Kreuzung
(10/45 km), rechts über Kanallákion (20/65 km) nach *Nikópolis* (35/100 km) und nach
Préveza (8/108 km)/*'Aktion* (auf dem südlichen Kap der gegenüberliegenden Küste). Landschaftlich besonders reizvoll ist die Fahrt um den *Golf von Amwrakikós* über Amfilochía
und 'Arta (25/203 km); bei Ausweitung der Exkursion bis nach 'Arta empfiehlt sich eine
Übernachtung in der Stadt mit anschließender Besichtigung von 'Arta (s. S. 334).

Párgha

Landschaftlich sehr schön gelegener Fischerort, der (leider) mehr und mehr touristisch
erschlossen wird. Oberhalb der Stadt (ca. 3000 Einwohner) liegen die Reste eines normanni-
schen Kastells, das später von den Venezianern (1401–1797) beherrscht wurde.
   Der Küste gegenüber liegt die Insel Páxos (s. S. 284), weiter nördlich die Inselgruppe von
Sybota.

Nikópolis

Römische Stadt, die Kaiser Augustus (63 v. Chr.–14. n. Chr.) nach seinem Sieg bei 'Aktion
(31. v. Chr.) errichten ließ. Das etwa 3,0 km × 1,5 km große Areal der antiken Stadt ist ein
lohnender archäologischer Ausflug, aber auch botanisch interessant. Besonders sehenswert:
Theater, Stadion und römische Bäder nördlich der Stadtmauer; eine etwa 500 m lange
byzantinische Stadtmauer aus der Zeit Justinians (527–565), ein Odeion und mehrere frühchristliche Basiliken mit teilweise sehr gut erhaltenen Fußbodenmosaiken; Museum mit
ausgezeichneter Sammlung von Fundstücken aus Nikópolis.

'Aktion

Historischer Landschaftsraum; vor der Küste dieses sandigen Vorgebirges besiegte am
2. September 31. v. Chr. die Flotte des Kaisers Augustus die vereinigte Seestreitkraft von
Antonius und Kleopatra.

---

1 Erste Zahl in der Klammer km-Angabe von Ort zu Ort, zweite Zahl Gesamtkilometer

2. Ioánnina, Dodóni und 'Arta (3 Tage)

Von Igoumenítsa Gebirgsstraße Richtung Osten über den Plakóti-Paß (ca. 600 m) nach *Ioánnina* (104 km) (1. Übernachtung); serpentinenreiche Strecke durch grandiose Landschaft – die Stadt auf der südlichen Ausfahrtstraße verlassen, nach 8 km rechts über Pedhiní nach *Dodóni* (14/22 km) fahren – zurück zur Hauptstraße (14/36 km), rechts weiter nach *'Arta* (78/114 km) (2. Übernachtung) – Rückfahrt über Nikópolis (42/156 km) und entlang der Festlandküste (s. Ausflug 1, S. 333)

Ioánnina

Am gleichnamigen See gelegene Hauptstadt von Epíros (ca. 11 000 Einwohner). Die erst im Mittelalter gegründete Stadt (1020 erstmals erwähnt) war zur Wende des 18./19. Jh. Hauptstadt des Ali Pascha (1741–1822), der dort einen von Istanbul unabhängigen ›Kleinstaat‹ gegründet hatte.

Malerische Altstadt in der Festung mit viel türkisch-orientalischem Charme und Flair. Die ehemalige Moschee mit dem Grab Ali Paschas ist heute ein sehenswertes Museum. Lohnend ist auch eine Bootsfahrt zur Ioánnina-Insel mit verschiedenen byzantinischen Klosteranlagen: *Ajios Nikólaos Dhiliós* aus dem 11. Jh. mit Fresken des 16. Jh. – *Ajios Nikólaos Spanós* aus dem 13. Jh. mit Fresken des 16. Jh. – *Ajios Ioánnis Pródomos* aus dem 13. Jh. mit Fresken des 16. und 18. Jh. – *Ajios Pandeleimon* aus dem 16. Jh., hier wurde am 17. Januar 1822 Ali Pascha ermordet; kleines Museum mit Exponaten griechischer Trachten und verschiedene Gebrauchsgegenstände.

Dodóni (Dodona)

Ältestes Orakel-Heiligtum Griechenlands, älter als das berühmtere Apollon-Orakel von Delphi. Schon Homer erwähnt das Zeus-Heiligtum mit der heiligen Eiche von Dodóni in der Ilias (16, 233 ff.) und in der Odyssee (19, 296 ff.). Unterhalb der nordöstlichen Hänge des Tómaros-Gebirges (1974 m) liegt das Heiligtum in einer imposanten Landschaft, die auch botanisch interessant ist. Man erreicht das Grabungsgelände von Westen und sieht dann folgende Gebäude: *Theater* für 18 000 Zuschauer aus der Zeit des Pyrrhos (297–272 v. Chr.); davor liegen Treppenstufen, die zu einem *Stadion* (Ende 3. Jh. v. Chr.) gehörten – in der südlichen Verlängerung des Theaterrunds im Osten Grundmauern eines *Prytaneions* (Versammlungshaus) des 4. Jh. v. Chr. – *Buleuterion*, hypostylartige Halle des ›Epirotischen Bundes‹ von König Pyrrhos (3. Jh. v. Chr.) – *Aphrodite- und Themis-Tempel* (Anfang 3. Jh. und 3. Jh. v. Chr.) – *Zeus-Tempel* (Ende 3. Jh.), heiliger Bezirk mit Antentempel und drei offenen ionischen Hallen; an der Nordseite stand die *heilige Eiche* des Zeus. – *Frühchristliche Basilika* mit einer für Griechenland seltenen Trikonchos-Ausbildung im Osten (5./6. Jh.). – Nördlich der verschiedenen Heiligtümer erkennt man die Umfassungsmauern der antiken Akropolis.

'Arta

Sehr sehenswerte Stadt mit vielen byzantinischen Kirchen und wenigen Resten des antiken Ambrakia (korinthische Kolonie aus der Zeit um 625 v. Chr.). Ganz im Norden, dort wo der Arachthós-Fluß sich um die Stadt windet, liegt ein byzantinisches Kastell aus dem 13. Jh. mit venezianischen Erweiterungen (heute liegt hier das Xenía-Hotel). Der südlichen Hauptstraße vom Kastell in die Stadt folgend erreichen Sie die *Ajios Wassílios-Kirche* mit herrlichem Außendekor (13. Jh.). Wenn Sie in der Straße bis zur Schule gehen, liegt rechts die *Ajía Theodóra-Kirche* (13./14. Jh.); im Narthex befindet sich der Marmorsarkophag Theodoras, Gemahlin Michaels II. Angelos, Despot von Epiros (um 1231–1371). – Weiter südlich, an der Ostseite der Platía Skufás, erhebt sich die *Panajía Parijiorítissa-Kirche*, ein Juwel byzantinischer Architektur aus der Zeit um 1290. Der Kuppelbau gehört zu den bedeutendsten byzantinischen Sakralbauten ganz Griechenlands; teilweise sind noch Mosaike erhalten.

Etwa 5 km südwestlich der Stadt, auf der Strecke nach Polýdhroson, liegt die älteste byzantinische Kirche aus der Umgebung 'Artas: *Ajios Demétrios Katsúris*, Kreuzkuppelkirche aus dem 9. Jh. (?) mit Skulpturen (eines Ikonostas des 12./13. Jh.) an den Außenwänden und Fresken des 12./13. Jh. und des 17./18. Jh.

Ganz im Süden der Stadt, nahe dem Flußufer, liegt das *Frauenkloster Káto Panajía;* die Klosterkirche des 13. Jh. zeigt Fresken, auch an der Außenwand im Westen, von 1725.

3. Metéora-Klöster und Tríkala (3 Tage)

Von Igoumenítsa nach *Ioánnina* (104 km). Östlich der Stadt führt eine Gebirgsstraße über das Pindus-Gebirge hinweg zu den Metéora-Klöstern. Landschaftlich sehr reizvoll. Etwa auf halber Strecke gelangt man nach *Métsowon* (58/162 km). Gebirgsdorf (ca. 3000 Einwohner) von ganz besonderem Charme; es lohnt sich, hier zu übernachten! Das Dorf wird durch die Metswótikos-Schlucht geteilt, im Norden liegt das von der ›Sonne bestrahlte‹ Prósilio und im Süden das ›nicht von der Sonne beschienene‹ 'Anilio. Schöne Architektur; die Menschen tragen noch häufig ihre alten Trachten; gute Handarbeiten und Milchprodukte (Métsowon-Räucherkäse); im Museum ›Archontikón‹ sind ausgezeichnete hier gefertigte Webarbeiten ausgestellt. Im Winter ist Métsowon ein beliebtes Skiparadies der Griechen. Auf halbem Weg ins Tal hinunter (ca. 20 Minuten) liegt das *Ajios Nikólaos-Kloster* mit sehr guten Fresken aus dem Jahre 1702 und einem kleinen Ikonenmuseum. – Weiterfahrt über den 1705 m hohen *Kátara-Paß* (17/179 km); in Richtung Südwesten (rückwärts) herrlicher Blick auf Métsowon – talabwärts nach Metéora/Kalambáka (59/238 km) – *Tríkala* (24/262 km).

Metéora

Weibliche Reisende werden nicht in Hosen und/oder kurzärmeligen Blusen hereingelassen; männlichen Besuchern in Shorts wird ebenfalls der Eingang verwehrt. *(Öffnungszeiten: ca. 8.00–12.00 Uhr und 15.00–18.00 Uhr).*

Einzigartige Felsenlandschaft mit festungsartigen Klosteranlagen auf den Plateaus der steilen Kegelberge. Einer der interessantesten Landschaftsräume Griechenlands. Die meisten Klöster können bequem mit dem Auto erreicht werden (insgesamt ca. 10 km Rundfahrt). Weitaus lohnender ist hingegen eine Wanderung (ca. 2,5 h) von Kalambáka aus: nördlich bei der Panajía-Kirche führt ein Pfad zum Ajios Stéfanos-Kloster, von hier aus kann man der Asphaltstraße und den kleinen Abzweigungen folgen.

Anfang des 14. Jh. entwickelten sich aus Stätten von Eremiten die ersten Klosteranlagen; zur Blütezeit waren 13 Klöster und mehr als 20 kleinere Anlagen bewohnt; während der

Türkenzeit boten die uneinnehmbaren Klöster immer wieder der griechischen Bevölkerung Schutz vor feindlichen Übergriffen.

Von Kastrákion (hier gibt es einen Campingplatz!) kommend, sollten Sie folgende Anlagen besuchen: *Ajios Nikólaos* (nach ca. 500 m links der Straße), eine der kleinsten Klosteranlagen mit Fresken ganz besonderer Qualität aus dem Jahre 1527 von dem kretischen Maler *Theophanes*, besonders sehenswert. – Nach ca. 1,2 km rechts das *Frauenkloster Russánu* aus dem Jahre 1545 mit Fresken aus dem Jahre 1560 – bei der Straßengabelung links, dann folgt links das *Metamórfosis-Kloster* (auch ›Großes Metéoron‹ genannt) aus der 2. Hälfte des 14. Jh.; sehr gute Malereien in der Klosterkirche (16. Jh.); Museum mit erlesenen Exponaten (Ikonen, Handschriften, sakrale Geräte). Weiter der Asphaltstraße folgen; nach etwa 300 m liegt rechts das ebenfalls besonders sehenswerte *Bárlaam-Kloster* aus dem Jahre 1517, das an der Stelle der Eremiten-Höhle des Bárlaam (14. Jh.) errichtet wurde. Die Klosterkirche zeigt Fresken der nachbyzantinischen Epoche (2. Hälfte 16. Jh.); Museum mit wertvollen Ikonen, Kirchengeräten, Büchern und Manuskripten. – Rückfahrt über die Kreuzung hinaus bis zum Ende der Asphaltstraße; hier liegt das Frauenkloster *Ajios Stefanos* aus der Zeit um 1400; eine Urkunde aus dem Jahre 1192 berichtet, daß hier ursprünglich ein Eremit namens Jeremias gelebt habe. Die Anlage wurde von Antonios Kantakouzenos (Sohn Michaels II. von Epíros?) gegründet und zeigt teilweise Fresken aus dem Jahre 1501; das Katholikon stammt aus dem Jahre 1798.

Tríkala

Panajía Portas-Kirche

Westliche Ausfahrtstraße Richtung ’Arta fahren. Nach 21 km erreichen Sie Pýli und die Einfahrt zur Schlucht der Wutsikáki-Berge (2148 m/Westen) und der Kerkétion-Berge (1901 m/Osten). Bei diesem ›Portas-Engpaß‹ liegt die *Panajía Portas-Kirche* aus dem Jahre 1283; größte ›Kreuztonnenkirche‹ Griechenlands mit Mosaikresten am Ikonostas und Fresken im Kuppelnarthex; ein gelungenes Werk byzantinischer Sakralarchitektur.

B   Ausflüge zur Ionischen Inselwelt

Neben Páxos und Antipáxos, die beide direkt von Korfú aus mit dem Schiff erreicht werden können (s. S. 284), ist nur der Besuch von *Lefkás* ohne größeren Zeitaufwand durchführbar. Itháka und Kefallinía können nur von Pátras und Zákynthos von Killíni auf der Peloponnes aus mit der Autofähre angelaufen werden; Kefallinía kann man im Sommer auch von Killíni aus erreichen.

Leukás (2–3 Tage)

Der Besuch von Leukás kann gut mit dem Ausflug zur Westküste verbunden werden. Von Préveza aus erreicht man die Insel direkt über den Landweg der Halbinsel Plajiá und einen Straßendamm. Auf Leukás suchte W. Dörpfeld vergeblich den Palast des Odysseus; seine Grabungen bei *Nídhri* an der Ostküste brachten nur bronzezeitliche Funde aus dem Anfang des 2. vorchristlichen Jahrtausends zutage. Von hier aus hat man einen sehr schönen Blick auf die Paláero-Bucht mit der Onassis-Insel Skórpios. Landschaftlich sehr lohnender Ausflug; auch die gleichnamige Inselhauptstadt an der Nordspitze ist sehr reizvoll.

Große Korfú-Inselrundfahrt mit Abstechern ins Inselinnere

Die in (...) angegebenen Ziffern sind Kilometerangaben. Die erste Ziffer entspricht der Entfernung von einer Ortschaft zur anderen, die zweite den Gesamtkilometern des jeweiligen Routenabschnittes. Die halbfett gesetzten Ortsnamen bezeichnen kunstgeschichtlich-archäologisch interessante Ortschaften; ein * verweist auf besonders schöne Landschaftsräume. Die Beschreibung der Kunstwerke s. unter ›Inselortschaften mit den wichtigsten Sehenswürdigkeiten‹, S. 249 ff..

1. Nördliche Ostküste und Nordküste
Korfú-Ghuwía (8/8) venezianische Schiffshallen – links Abzweigung nach Tó Chorió/Dhanília (2,5/10,5) Museumsdorf – zurück zur Küstenstraße (2,5/13) und links weiter Richtung Norden – bei der nächsten Kreuzung in Limní (2/15), rechts über Dhasía in Richtung Ýpsos* (5,5/20,5) – bei Pyrjí (1,5/22) rechts der Küstenstraße* folgen – Jimári* (12/34) mit sehr schönem Blick zur albanischen Festlandküste – Abzweigung (1,5/35,5) rechts nach Kalámi und Kulúra* (2/37,5) – Rückfahrt zur Küstenstraße (2/39,5) – **Kassiópi** (6,5/46) Küstenstadt mit antiken Bauresten – Weiterfahrt bis Ajios Ilías (5/51) – links über Néa Períthia nach **Pálaio Períthia*** (7,5/58,5), verlassenes venezianisches Dorf – Rückfahrt zur Küstenstraße (7,5/66) – Richtung Westen (links) nach **Acharáwi** (8/74) antike Nekropole – Ródha (4/78), Stylobat eines griechischen Tempels – Karusádhes (4/82), Ajía Ekateríni-Kirche – Sidhári* (7/89), Steilfelsen – Rückfahrt nach Korfú wieder entlang der Küste; mit der Abendsonne fahren Sie durch eine ganz andere, für Sie völlig neue Landschaft (64/153).

2. Nördlicher Inselteil/Landesinneres
Der östlichen Küstenstraße über Ghuwía und Ýpsos nach Pyrjí (16/16) folgen – am Ende der Ortschaft, dort wo die Küstenstraße eine scharfe Rechtskurve macht, links die Straße ins Landesinnere nach **Ajios Márkos** nehmen (2/18), Pantokrátorkirche mit Fresken nach kretischer Art und Ajios Merkúrioskirche mit den ältesten Fresken Korfús – **'Ano Korakiána:** (4/22) mit drei byzantinischen Kirchen: Michaíl Archángelos stó Wunó (11. oder 12. Jh.), Ajios Nikólaos (Kirchenruine) und Ajios Athanásios (Anfang 18. Jh.) – über Sokráki nach **Syghós** (8/30), Kirchenruine mit Freskenfragment – Weiterfahrt nach Osten (rechts) bis zur Kreuzung (2/32), dann links nach **Omalí*** (ca. 2/34) mit zwei Kirchenruinen – Rückfahrt über Sghurádhes bis zu einer Asphalt-Schotterstraße, die links abzweigt (ca. 4/38) – Strinýlas (4,5/42,5); bescheidenes Gebirgsdorf, geeignet für eine letzte Rast vor dem letzten Weg-

stück zum Pantokrátor-Berg* (906 m) und zur **Pantokrátor-Klosterkirche;** etwa 0,7 km nach dem Dorf rechts Schotterstraße folgen, nach knapp 5,5 km (sehr schlechte Straße) erreichen Sie den Gipfel des Pantokrátors (6/48,5) – Rückfahrt über Strinýlas zur Hauptstraße (10,5/59), links nach Spartýlas* (2/61), von hier aus Abfahrt über eine Serpentinenstraße* zur Ostküste bei Pyrjí (5/66) – Korfú (16/82).

3. Nördliche Westküste

Der östlichen Küstenstraße über Ghuwía bis nach Limní folgen (10/10) – geradeaus weiter, bei der 2. Abzweigung (4/14) rechts nach **Skriperó*** (4/18); leichte Gebirgsstrecke, von der aus man teilweise die Ost- und die Westküste zugleich sehen kann, westlich des Dorfes liegt ein kleines Frauenkloster – Weiterfahrt über Pandeleïmon, Arkadhádhes, Dhafní und Armenádhes nach **Afiónas*** (19/37), bronzezeitliche Grabung, schöne Strände und eindrucksvolle Landschaft – Rückfahrt bis Arkadhádhes (15/52) – im Dorf rechts Schotterstraße nach Paghí (5/57) und weiter zur Ajios Jeórjios-Bucht* (3,5/60,5), sehr schöner Strand – Rückfahrt nach Paghí, rechts über Prinýlas nach Wístonas (5/65,5) – auf der Hauptstraße rechts nach Makrádhes und Krminí (2/67,5) – Wanderung zur byzantinisch/venezianischen Festung **Angelókastro*,** besonders schöne Küstenlandschaft – Weiterfahrt nach Bella Vista* (4,5/72) und über Lákones (0,5/72,5) zur Hauptstraße (4,0/76,5) – hier links nach **Palaiokastrítsa*** (3,5/70); Kloster und sehr eindrucksvolle Küstenlandschaft – Rückfahrt durch das Rópatal nach Korfú (25/105).

4. Zentralkorfú und mittlere Westküste

a) Halbinsel Análipsis mit dem Wlachérna-Frauenkloster und der Pondikoníssi-Insel*
b) Ghastúri und das Schloß Achíllion*
c) Westküste: Der westlichen Ausfahrtstraße in Richtung ʼErmones folgen; nach ca. 9 km rechts nach **Ajios Ioánnis** (1,5/10,5), venezianisches Landhaus – von der Hauptstraße (1,5/12) über Kokkiní zur Bucht von ʼErmones* (8/20) – Rückfahrt bis zur Abfahrt zum Rópa Golf Club (links, 2/22) – rechts nach **Wátos** (1,5/23,5), Ajios Nikoláos-Kirche mit Fresken des 13. Jh. und Ajios Jeórjios (14./15. Jh.) – Rückfahrt zur Hauptstraße (1,5/25), kurz zuvor scharf rechts abzweigen, nach ca. 2 km (27) führt rechts eine teilweise sehr schlechte Schotterstraße zur Bucht* und zum **Kloster Myrtiótissa** (1/28) – Rückfahrt zur Hauptstraße (2/30), rechts weiter nach Pélekas* (5/35), ›Kaisersitz‹ Wilhelms II. – Rückfahrt nach Korfú (13/48).
d) Inselinneres: Ausfahrtstraße in Richtung Flughafen; über Kynopiáste (9,5/9,5) nach **Kamára** (2,5 bis zur Abzweigung links und nochmals ca. 2 km/14), Ajios Wlásios-Kirche sowie Erzengel-Michael- und Gabriel-Kirche – Rückfahrt zur Hauptstraße (2/16) und rechts in Richtung Kynopiáste, nach ca. 1,5 km (17,5) rechts nach Ajíoi Dhéka* (1,5/19); grandiose Landschaft mit Blick zum Achíllion, nach Korfú sowie zum Pantokrátor-Berg (906 m) und zur Festlandküste Albaniens und Griechenlands – Strongýli* (7,5/26,5), Panajía Odhijítria-Kirche mit guten nachbyzantinischen Fresken – ʼAno Mesóngi (4/30,5); rechts in Richtung Ajios Mattháios, nach ca. 4 km (32,5) links Abzweigung zum byzantinischen

Kastell Ghardhíki (0,5/33) – Rückfahrt über 'Ano Mesóngi und der Küstenstraße* nach Korfú (26/59).

5. Südkorfú

An der Ostküste in Richtung Süden bis **Benítses** (13/13), römisches Privathaus mit Badeanlage – **Moraïtika** (8/21), römisches Haus – **Linía** (8/29), Pantokrátorkloster – links Abzweigung nach Chlomós* (4/33), sehr reizvolles Gebirgsdorf mit Blick zur Küste – Rückfahrt zur Hauptstraße (4/37) – Arjyrádhes (3/40), links Abzweigung nach **Petrití** (3,5/43,5), römischer Rundbau – Rückfahrt zur Hauptstraße (3,5/47) und links weiter nach **Periwólia** (5/52), Ajíoi Sarándes-Kirche mit Fresken nach holländischen Kupferstichen (1704) – über Lefkímmi und Kawós (12/64) weiter zum Kap Asprókawos*, Südspitze der Insel Korfú (3/67) – Weiterfahrt über Sparterá, Dhraghótina* (6/73) und Neochóri bis nach Lefkímmi (8/81) – Rückfahrt nach Korfú (41/122).

Glossar

Abakus Rechteckige Abdeckplatte über einem Säulenkapitell

Acheiropoietos Nicht von Menschenhand gemachtes Bild Christi, Mariä oder eines Heiligen (s. auch Mandylion)

additiv Etwas hinzufügend; in der Architektur mehrere Gebäude aneinanderreihend

Adorant Männliche oder weibliche Gestalt, eine Gottheit anbetend

Adyton Allerheiligster Raum in einem griechisch-römischen Tempel, der nur von Priestern betreten werden durfte

Agorá Marktplatz einer antiken Stadt, auf dem sich das öffentliche Leben abspielte

Agriothálassa 'Wildmeer' westlich von Korfu

Akathistus-Hymnus Marienhymnus, der während der ersten fünf Wochen der Fastenzeit jeden Freitag in 24 Strophen (Alpha bis Omega) in der orthodoxen Kirche gesungen wird. Er steht im Zusammenhang mit einer durch die Anrufung Mariä aufgehobenen Belagerung Konstantinopels. Der Hymnus wurde im Stehen gesungen, daher sein Name (= nicht niedergesetzt)

Akra Tapeinosis Der Schmerzensmann (lateinisch vir dolorum, seit dem 15. Jh. Ecce-Homo-Darstellungen). Dieses ikonographische Thema, das auf die Eucharistie Bezug nimmt, wird vorwiegend in der Prothesis dargestellt (in Einraumkapellen meist in den Apsidiolen des nördlichen Bereichs der Ostwand)

Akropolis Burgberg mit Stadtanlage oder heiligem Bezirk (z. B. Akropolis von Athen)

Ambitus Vorhof einer Kirche

Ambo Lesebühne in frühchristlichen und romanischen Kirchen, erhöht vor der Chorschranke stehend

Amphiprostylos Griechischer Tempel mit Vorhalle und Säulenhalle an der Vorder- und Rückseite (s. Fig. S. 342)

Analepsis Himmelfahrt Christi

Anapeson Christus im Typus des Emanuel; er liegt stets auf einem Lager, den Kopf auf den Ellenbogen gestützt, die Beine meist gekreuzt, die Augen geöffnet

anikonische Malerei Nichtfigurale (= ornamentale) Motive; vorwiegend ist damit die Malerei des Ikonoklasmus gemeint

Ante Stirnseite einer Wand, die bei griechischen Tempeln durch Mauervorsprünge gekennzeichnet ist (s. S. 342)

antithetisch In Plastik und Malerei zwei sich gegenüberstehende symmetrisch angeordnete figurale Motive

Anuli (Meist) drei ringförmige Profile auf dem Echinus des dorischen Kapitells

Apotheose Ein Mensch wird zu einem Gott erhoben

Apsidiole Halbkreisförmige Nische, ›kleine Apsis‹

Apsis Halbkreisförmige Nische im Altarraum christlicher Kirchen; erscheint in den islamischen Gotteshäusern (Moscheen) als Mihrab

Aquädukt Wasserleitungsbrücke zur Überquerung von Tälern; in der römischen Baukunst monumentale, oft mehrstöckige Bogenreihen

Atrium Innenhof des römischen Privathauses; in der frühchristlichen und mittelalterlichen Epoche ein der Basilika vorgelagerter, von einer Säulenhalle umstandener Hof

Architrav Im Querschnitt rechteckiges Konstruktionselement aus Holz oder Stein für hori-

zontale Abdeckungen von Fenster- und Türöffnungen oder über Säulenstellungen

Autochthone Alteingesessene und bodenständige Urbevölkerung eines Kulturkreises

Baiophoros Einzug in Jerusalem

Baptesis Taufe Christi

Basilika Mehrschiffiger frühchristlicher Kirchenbau, auf die Bauform der römischen Gerichtsbasilika zurückgehend. In frühchristlicher Zeit und bis heute im katholischen Westen können Kirchen jeden Bautyps die Bezeichnung ›Basilika‹ bekommen

Basis Sockel von Statuen, Säulen und Pfeilern

Blacherni(o)tissa siehe Panagia

Bema In der orthodoxen Kirche der erhöht liegende Altarraum im Osten

Bosse Rauh bearbeitete Außenfläche eines Quadersteines

Brephoktonia Der Kindermord zu Bethlehem

Beleuterion Rathaus der Griechen in der Antike

Caldarium Römisches Warmbad

Cella Hauptraum eines griechisch-römischen Tempels

chthonisch Erdverbunden, zum Bereich der Erde gehörig

Ciborium Baldachinartiger Überbau von Altären

Deesis (= Fürbitte) Muttergottes und Johannes der Täufer (Prodomos) beiderseits von Christus dargestellt als Mittler zwischen diesem und den Menschen

Deutera Parusia Das Jüngste Gericht, triumphierender Christus

Devotionskunst Kunstgegenstand für den liturgischen Gebrauch

Diakonikon Südlicher Nebenraum im Osten der frühchristlichen Basilika; heute Bestandteil jeder mehrschiffigen, orthodoxen Kirche. Raum, in dem der Priester für den Gottesdienst vorbereitet wird

Diáchora Gerahmtes Bildfeld

Dipteros Tempel mit zwei umlaufenden Säulenreihen und mindestens acht Frontsäulen (s. S. 342)

Dodekaorton Festkalender der orthodoxen byzantinischen Kirche mit den zwölf (gr. dodeka) Hauptfesten: Verkündigung, Geburt Christi, Darstellung im Tempel, Taufe Christi, Verklärung Christi, Erweckung des Lazarus, Einzug in

Dorische Säulenordnung

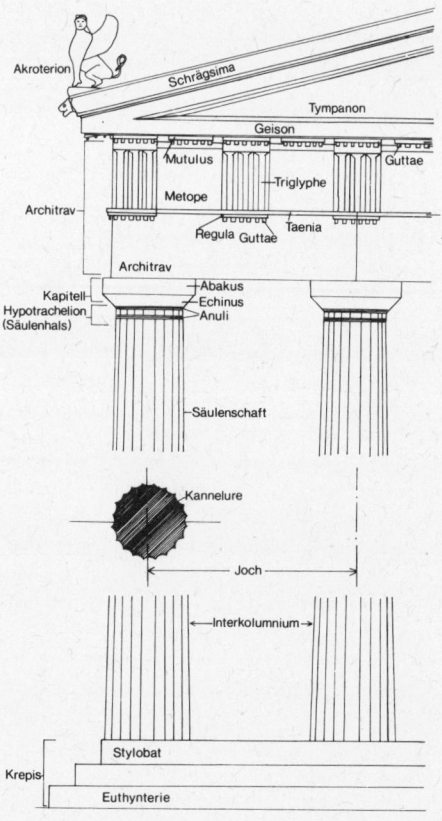

Jerusalem, Kreuzigung, Hadesfahrt Christi, Himmelfahrt Christi, Pfingsten, Tod der Maria

Dromos Korridor unter freiem Himmel zu einer Grabkammer

Egersis Lazaru Erweckung des Lazarus

Ekklesia Personifikation der Kirche, die in spätbyzantinischer Zeit manchmal das Blut des gekreuzigten Christus auffängt

Eklektizismus Rückgriff auf unterschiedliche Stilmittel von Künstlern vergangener Epochen

Ektypoma Abdruck

Elkomenos Gefangenführung Christi oder Christus beim Besteigen des Kreuzes

Emanuel Nach Jesaja 7.14: Bezeichnung für den verheißenen Messias; Bild des präsistenten Gottessohnes

Enklave Einschluß eines Gebiets

Entaphiasmos Grablegung Christi

Entasis Leichte konvexe Schwellung dorischer Säulen

Epiphanie Erscheinung einer Gottheit

Epistyl Architrav

Epitaphios Liturgisches Tuch mit dem Bild des toten Christus auf dem Salbstein

Epitaphios Threnos Beweinung Christi

Eroten Geflügelte Knaben, aus dem griechischen Liebesgott Eros entstanden (römisch: Amor wird zu Amoretten; in der Renaissance: Putten)

Euangelismos (Evangelismos) Verkündigung an Maria

Euthynterie Unterstes Fundament der Krepis

Evangelistensymbole Die vier Wesen nach Apok. 4.7. Sie wurden als Sinnbilder der Evangelisten gedeutet; später galten sie darüber hinaus als Symbole der Menschwerdung: menschengesichtiges Wesen (Engel für Matthäus); Opfer (Stier für Lukas); Auferstehung (Löwe für Markus); Himmelfahrt (Adler für Johannes). In der orthodoxen Kirche jedoch selten vorkommend

Exedra Halbkreisförmiger oder dreiseitig geschlossener Versammlungsplatz unter freiem Himmel

Exonarthex Außen gelegene Vorhalle, Vorhalle zum Narthex

Flamboyant-Stil Spätgotischer Stil Frankreichs, bei dem die Maßwerkrippen ›geflammt‹ in die Höhe gestreckt werden

Fresko Wandmalerei auf feuchtem Putz

Genesis Geburt Christi

Genesis Theotoku Geburt der Gottesmutter

Glykophilusa siehe Panagia

Grafitto In die Wand eingeritzte Inschrift

Griechische Tempelformen Entwicklungsstufen vom Antentempel bis zum Dipteros

Antentempel

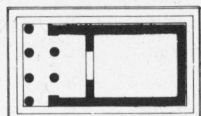
Prostylos

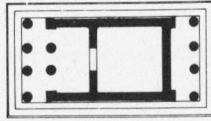
Doppel-Antentempel Amphiprostylos

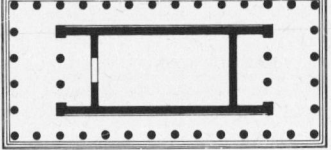
Peripteros
Dipteros

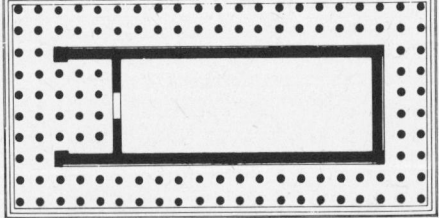

Gurtbogen Konstruktives Bogenelement zur Unterstützung von Gewölben (meist Tonnengewölben) und zur Jochunterteilung von Innenräumen; der Gurtbogen ruht entweder auf Pilastern oder auf Konsolen

Gynaikaien Emporen

Hagiologischer Zyklus   Szenen aus einem Heiligenleben

Hagia Trias   Heilige Dreifaltigkeit

Heptanes   Name für die Ionischen Inseln (erster griechischer Staat der Neuzeit)

Hexapterygon   Sechsflügeliger Engel

Hierarchen   Kirchenväter: frühchristliche Theologen, deren Werke für die orthodoxe Kirche allgemeinverbindlich anerkannt werden. Athanasius der Große, Kyrillos von Alexandrien, Basileios der Große, Gregor von Nazianz, Johannes Chrysostomos u. a.

Hieratisches Programm   Älteres Programm kirchlicher Ausschmückung ohne szenische Bilder, nur mit Figuren Christi, Mariä, der Engel, Propheten und Heiligen. Vornehmlich literarisch bezeugt

Hippodamos von Milet   Griechischer Architekt und Städtebauer des 5. Jahrhunderts v. Chr., der erstmals eine Stadt nach einem rechtwinkligen Straßensystem anlegte

Hodegetria   siehe Panagia

Hypapante   Darstellung Christi im Tempel

Idol   Abbild einer Gottheit

Ikonographie   Lehre von den Bildinhalten

Ikonoklasmus   Bilderfeindschaft, Bilderzerstörung. Das Zeitalter des Ikonoklasmus der byzantinischen Welt dauerte von 726 – mit einer Pause zwischen 780 (787 7. Ökumenisches Konzil zu Nikaia) und 815 – bis 843.

Ikonostas   Bilderwand zwischen Altar- und Gemeinderaum in einer orthodoxen Kirche

Inkarnat   Hautfarbe

in situ   Am ursprünglichen Ort

Interkolumnium   Zwischenraum zwischen zwei Säulen

Isokephalie   Kompositionsschema, nach dem alle dargestellten Personen nebeneinander aufgereiht sind, die Köpfe auf einer Höhe

Joch   Säulenabstand von Achse zu Achse

Johannes der Theologe (Theologos)   Ehrenname für Johannes Evangelista

Johannes der Täufer   Johannes Prodomos (= Vorläufer). Johannes wird auch als Engel dargestellt (s. Markus 1,2)

Kanneluren   Vertikale konkave Ausarbeitung des Säulenschaftes

Kapitell   Oberstes Architekturglied einer Säule oder eines Pfeilers

Katholikon   Klosterkirche

Kline   Bettartige Liege, die in der Antike (speziell bei den Römern) sowohl zum Schlafen und Essen als auch als Totenbett diente

Koimesis   Tod der Maria

Koinonia ton Apostolon   Apostelkommunion

Konche   Halbkreisförmige Nische oder im

Koinonia ton Apostolon (Apostelkommunion), Kurnás/Kreta, Ende 12. Jh.

*Melismos-Darstellung,
Ajios Jeórjios (Ierápetra)/
Kreta, Mitte 14. Jh.*

Grundriß halbkreisförmiger Bauteil (z. B. Kreuzarm einer Drei-Konchenanlage)

Konsole Konstruktives Element zur Unterstützung von auskragenden Bauteilen (z. B. zur Unterstützung eines Gurtbogens)

Krater Mischkrug für Wein

Kreuzgratgewölbe Durchdringung von zwei Tonnengewölben: an ihrer Verschneidungskurve entstehen Grate, die diagonal zu den Ecken des überwölbten Raumes verlaufen

Kreuzrippengewölbe Kreuzgratgewölbe, dessen Grate zu Rippen verstärkt wurden

Krypta Unterirdischer Kultraum

Libation Trankopfer für die Gottheit

Lithos Die Frauen am Grabe

Mandylion Nicht von Menschenhand gemachtes Bild Christi (Acheiropoietos); das bekannteste ist das sog. Abgar-Bild von Edessa, das 944 von Konstantin VII. Porphyrogenetos nach Konstantinopel geholt worden war; 1204 wurde das Abgar-Bild (nun meist Mandylion genannt) von den Kreuzfahrern verschleppt. Paris (Ste. Chapelle), Rom und Genua erheben den Anspruch, heute im Besitz des Mandylion zu sein

Maphorion Über den Kopf gezogener Frauenmantel

Mega Archiereus Christus, der große Hohenpriester

Megaron Hausform von länglichem Grundriß mit einer Vorhalle an der Schmalseite, durch die man den Innenraum betreten kann

Melismos Zwischen die den die Liturgie mitfeiernden Hierarchen ist das geopferte Lamm Gottes (Christus) dargestellt, stets in der Apsis

Menologia Festkalender für jeden Monat

Metadosis Christus reicht bei der Apostelkommunion Petrus das Brot (meist linke Bildhälfte)

Metalepsis Christus reicht bei der Apostelkommunion Johannes oder Paulus den Wein (meist rechte Bildhälfte)

Metamorphosis Verklärung Christi

Metope Platte, die den Raum zwischen zwei Triglyphen verkleidet

Mihrab Gebetsnische, die nach dem Vorbild der im christlichen Kirchenbau üblichen Ostapsis für die islamische Moschee übernommen worden ist

Mohammad (570? – 632 n. Chr.) Arabischer Prophet, Stifter der islamischen (mohammadanischen) Weltreligion

Monolith Säule oder Pfeiler aus einem einzigen Werkstein

Myrophores Die Frauen am Grabe (auch als Lithos bezeichnet)

minysch Kunst der Minyer, altgriechischer Volksstamm in Boiotien mit der Hauptstadt

Orchomenos, die von dem mythischen König Minyos gegründet wurde

Mystikos Deipnos   Das letzte Abendmahl

Naos   Cella eines griechischen Tempels; in der christlichen Kirche Kirchenschiff (Gemeinderaum)

Narratives Programm   Erzählende Bildzyklen

Narthex   Ursprünglich Vorhalle einer frühchristlichen Basilika, später allgemein Vorhalle

Nekropole   Totenstadt, Begräbnisstätte

Neolithikum   Vorgeschichtliche Zeiteinteilung: Jungsteinzeit

Nomarchó (neugriech.)   Präfekt einer Provinz

Nymphaion   Brunnen, der einer Nymphe geweiht ist

Odeion   Theaterähnliches Gebäude der Antike für musikalische oder schauspielerische Aufführungen

Oligarchen   Aristokraten und Landadel im antiken Kerkyra; politische Gegner der Demokraten

Opisthodom   Rückhalle eines griechischen Tempels (s. S. 342)

Orchestra   kreisrundes Zentrum des griechischen Theaters

Orthostaten   Unterste Schicht einer Mauer (Tempelwand), bestehend aus hochkant stehenden Quadern

Ossilegium   Begräbnisstätte für die Gebeine vieler Toter

Palaios Hemeron   Nach Daniel 7,9: Der Alte der Tage

Panagia   (= die Allerheiligste) Muttergottes

Panagia Blacherni(o)tissa   Stehend betende Maria (ohne Kind), benannt nach der Blachernen-Kirche in Konstantinopel; auch ›unerschütterliche Mauer‹ genannt, weil das Bild in der Blachernen-Kirche beim Sturm der Kiewer Rus auf die Straße im Jahre 860 vom Patriarchen Photios zum Schutz angefleht wurde: die angeblich tausend russischen Schiffe zogen ab (daher auch der seltene Name ›Theotokus der tausend Schiffe‹).

Panagia Eleusa   Gottesmutter des Erbarmens

Panagia Glykophilusa   Das Kind liebkosende Maria

Panagia Hodegetria, Kádhios/Kreta, 2. H. 14. Jh.

Panagia Platytéra, Sklawopúla/Kreta, 1290/91

Panagia Hodegetria   Bild der stehenden Gottesmutter (oft als Halbfigur) mit dem segnenden Christus-Knaben auf dem linken Arm. Das Ur-

345

bild gilt als vom Evangelisten Lukas geschaffen. Benannt nach dem Hodegon-(Wegleiter-)Kloster in Konstantinopel, wo sich das Bild des Lukas befunden haben soll

Panagia Nikopoia(os) Siegbringende Muttergottes

Panagia Platytera Die Muttergottes als Symbol der Inkarnation. Der Name stammt aus einem Marienhymnus, in dem es heißt, Gott habe Mariens Schoß weiter (gr. platytera) gemacht als den Himmel, um den aufzunehmen, der Himmel und Erde geschaffen hat. Dargestellt wird die Platytera betend, vor der Brust ein Tondo mit dem Bild des segnenden Christus Emanuel

Panagia Skepe Gottesmutter des Schutzes, marianischer Ehrentitel

Panagia Zoodhochos Pege Maria als lebensspendende Quelle. Sie sitzt mit dem Kind in einer Brunnenschale

Pantokrator Christus als Weltenherrscher und -erhalter

Paraklesis (= Trost). Ehrentitel für Maria, dargestellt mit Schriftrolle als Symbol des vermittelnden Dialogs mit Christus zur Erlösung der Menschheit

Parekklesion Kleine Seitenkapelle einer Kloster- oder Bischofskirche, auch kleine, vom Kloster entlegene Land- oder Friedhofskapelle

Parusia (Deutera) Das Jüngste Gericht

Pektorale Kostbarer Brustschmuck, der oftmals mit mythischen oder religiösen Motiven verziert ist

Pendentif Konstruktives Element in Form eines sphärischen Dreiecks, das von einem quadratischen Raumteil zu einem im Grundriß kreisförmigen Bauteil (Tambour einer Kuppel) übergeführt

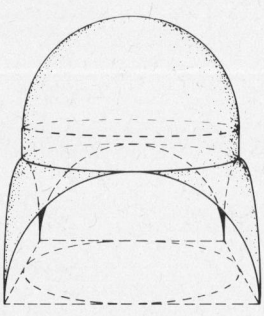

Pentekoste Pfingsten

Peribolos Umfriedung eines Heiligtums

Peripteros Tempel mit einer Säulenhalle (s. S. 342)

Peristasis Säulenhalle des Peripteros

Peristyl Säulenhalle, die einen Innenhof umschließt

Philoxenia (ton Angelon) Bewirtung der Engel durch Abraham

Photodotes Christus der Lichtspender

Pilaster Vertikale, im Grundriß meist rechteckige Stützgliederung in Form einer Wandvorlage

Platytera siehe Panagia

Plinthe Rechteckige oder quadratische Standplatte unter Säulenbasen, Pfeilern und Statuen

Polychromie Bemalung mit kräftig abgesetzten Farben

Polystauria Das mit Kreuzen geschmückte Meßgewand der Bischöfe

Polythron Wandfläche, die von mehreren nebeneinanderstehenden Türen durchbrochen ist

Portikus Säulenhalle

Prätorium Amtssitz eines römischen Statthalters

Prodosia Judaskuß (Verrat/Gefangennahme Christi)

Prodomos (= Vorläufer): Johannes der Täufer

Pronaos Vorhalle eines Tempels (s. S. 342)

Proskynese(sis) Demütige Ehrenbezeigung in Form eines Kniefalls, oft mit einem Fußkuß verbunden

Prothesis Nördlicher Nebenraum im Osten der frühchristlichen Basilika, heute Bestandteil jeder orthodoxen Kirche. Ort der Vorbereitung der eucharistischen Elemente

Risa tu Jesse Die Wurzel Jesse

Rotunde Gebäude über rundem Grundriß

Rhyton Trink- oder Opfergefäß

Satrap Altpersischer Statthalter

Schildwand Stirnwand unter einem Gewölbe

Sima Architekturdetail am Giebel eines Tempels

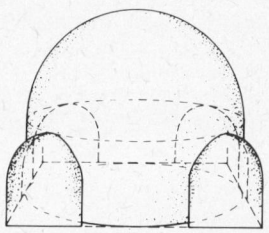

Skene Bühnengebäude des griechisch-römischen Theaters

Soter Heiland

Soteriologie Heilslehre

soteriologisches Dogma Lehre von der Erlösung durch Christus

Staurosis Kreuzigung

Stylobat Oberste Stufe des dreistufigen Unterbaus (Krepis) eines griechischen Tempels, auf der direkt die dorischen Säulen bzw. die Basen der ionisch/korinthischen Säulen aufgestellt sind

Sylliturguntes Hierarches Die Liturgie feiernde Kirchenväter

Symmachie Bundesgenossenschaft altgriechischer Städte

Synaxarion Liturgischer Kalender mit Lebensbeschreibungen von Kirchenheiligen

Taenia Vorspringendes Profil am Architrav des dorischen Tempels

Tambour Zylinderförmiger Unterbau einer Kuppel

Temenos Umfriedeter Bezirk eines Heiligtums

Terrakotta Aus gebranntem Ton hergestellte Plastiken, Gefäße und Architekturglieder

Thalassokratie Herrschaft über das Meer; ein Land (z. B. das minoische Kreta), das seine politische und wirtschaftliche Stärke aufgrund seiner Flotte erzielt

Theotokos siehe Panagia

Tholos Rundbau

Thysia tu Abraam Abrahams Opfer (Opferung Isaaks)

Torus Gewölbtes Rundglied einer Säulenbasis

Trapeza Speisesaal der orthodoxen Klosteranlage, entsprechend dem westlichen Refektorium

Tribelon Mit drei Arkaden gegliederter Wandteil zwischen Langhaus und Narthex einer Basilika

Triglyphe ›Dreischlitz‹, viereckige, durch drei senkrechte Stege gegliederte Platte mit Relief zwischen zwei Metopen (dorische Ordnung)

Trikonchos Dreikonchenanlage: Kirche mit im Osten, Norden und Süden halbkreisförmig (konchenartig) ausgebildeten Kreuzarmen

Trompe Konstruktives Element in Form einer Viertelkuppel, die von einem quadratischen Raumteil zu einem im Grundriß kreisförmigen Bauteil (Tambour einer Kuppel) überführt

Tumulus Vor- und frühgeschichtliches Hügelgrab

Viadukt Straßenbrücke über eine Schlucht

Zeitangaben Oftmals gaben die Byzantiner Zeitangaben statt in arabischen Ziffern mit großen Buchstaben des griechischen Alphabets an. Zahlen bis 999 erhalten stets rechts oben einen Beistrich (Oxía genannt), Zahlen über 1000 links unten davor; bei mehrstelligen Zahlen erhalten nur der erste und letzte Buchstabe einen Beistrich. Die Zeitangabe bezieht sich auf das apokryphe Nikodemus-Evangelium, nach dem Christus 5500 Jahre ›nach Erschaffung der Welt‹ geboren wurde, historisch etwa acht Jahre vor unserer Zeitrechnung

Unzialschrift	Minuskelschrift	Zahlenwert:
Α'	α	1
Β'	β	2
Γ'	γ	3
Δ'	δ	4
Ε'	ε	5
ϛ' στ'		6
Ζ'	ζ	7
Η'	η	8
Θ'	ϑ	9
Ι'	ι	10
Κ'	ϰ	20
Λ'	λ	30
Μ'	μ	40
Ν'	ν	50
Ξ'	ξ	60

O'	o	70	*Zahlenbeispiele*
Π'	π	80	IA' – 11
Ϟ		90	IΘ' – 19
P'	ϱ	100	MΔ' – 44
Σ'	σ	200	‚ΣΙΓ' – 213
T'	τ	300	‚ΑΡΚΖ' – 1127
Y'	υ	400	‚ΑΦΠΒ' – 1582
Φ'	φ	500	‚Α ϡ ΜΑ' – 1941
X'	χ	600	‚ΕΧΝΘ' – 5659
Ψ'	ψ	700	
Ω'	ω	800	
ϡ (σαμπί)		900	
‚Α	α	1000	**Ziste** Kastenförmige Vertiefung, meist mit Plat-
‚Β	β	2000	ten ausgekleidet
‚Γ	γ	3000	**Zyklopenmauerwerk** Aus unbehauenen und un-
‚Δ	δ	4000	regelmäßigen Felsblöcken sorgfältig geschichte-
‚Ε	ε	5000	tes, monumentales Mauerwerk

Register

Orte

Personen

DuMont Kunst-Reiseführer

»Richtig reisen«